現代哲学

バートランド・ラッセル
高村夏輝 訳

筑摩書房

AN OUTLINE OF PHILOSOPHY
by Bertrand Russell
This edition first published in 1927 by George Allen & Unwin Ltd, London
First published in Routledge Classics 2009 by Routledge

Authorised translation from English language edition published
by Routledge, a member of the Taylor & Francis Group.
Japanese translation published by arrangement with Taylor &
Francis Group through The English Agency (Japan) Ltd.

現代哲学【目次】

現代哲学

凡例

一、本書は Bertrand Russell, 'An Outline of Philosophy', 1927 の全訳である。
底本は、二〇〇九年の Routledge Classics 版を用いた。

二、原著には本文に加え、ジョン・G・スレイターによる解説が付されている。

三、原著の引用符 '……' は「……」とした。

四、原著に何もないところにも、読みやすさを勘案して「……」で閉じたところがある。また説明や原語を挿入する際には〔……〕を用いた。

五、原著における註は［原註1］のように表示し、各章の末尾に収めた。

六、訳者による註は（1）（2）のように表示し、一括して巻末に収めた。

第1章　哲学的な疑い

「哲学」の定義から話は始まるに違いない、もしかするとそう思われたかもしれないが、正しいやり方であれ間違ったやり方であれ、私はそんなことをするつもりはない。哲学の定義は、どういう哲学を受け入れるか次第で変わる。だからこれから始めようという時点で言えることは、ある種の諸問題があり、その問題に興味を持つ人がおり、そしてそれらの問題は少なくとも現時点ではいかなる特定の科学にも属さないということでしかない。それらの問題はいずれも、ふだんは知識として認められている事柄に疑いを投げかけるという形を取る。もしこれらの疑いが答えられるものなら、それはある特殊な研究によらざるをえないのだが、我々はそうした研究のことを「哲学」と呼んでいるのである。そこでそれらの問題や疑いを指摘することが「哲学」を定義する第一歩になるのであり、それは同時に、実際に哲学の研究をすることの第一歩でもある。伝統的に哲学の問題とされてきたものの中には、我々の認識能力を超え出ているために、知性の手には負えないと思えるものもある。私はそんな問題には関わるつもりはない。しかし他にも問題はあるのであって、それらに対しては、確かに現時点では決定的な解決はむりだとしても、解決を求めるべき方向や、そのうち可能だと分かるかもしれない解決の種類を明らかにするために、いろいろできることがあるのだ。

　哲学は、真の知識にたどり着こうと異様なまでに頑なに試みることから生まれる。日常生活で知識だと認められているものには、思い上がり、曖昧さ、自己矛盾という三つの難点がある。哲学の第一歩はこれらの難点を意識すること、しかもただのんびり疑って済ませるためではなく、確信こそされないものの、正確で整合的であるよう改善された知識に置き換えるためにこそ意識することである。もちろん正確さや整合性以外にも、知識が持つことが望まれる特質はある。それは包括性である。我々は自分の知識ができるかぎり広範囲に及ぶことを望む。しかしそれは哲学ではなく科学の仕事である。科学的事実をより多く知ったとしても、必ずしも哲学者としてより優れた者になるわけではない。哲学に興味を持つ人が科学から学ぶべきは、科学の原理と方法、そして一般的諸概念である。哲学者の仕事は、言わば、ありのままの事実から離れる第二歩目を印すことにある。すなわち、科学者は事実を集めて科学の法則でまとめようとするが、哲学の材料になるのは、元の諸事実ではなくこれらの法則のほうなのだ。また、哲学は科学的知識の批判も含む。ただしそれは、科学と根本的に異なる観点からではなく、細部よりも個別科学からなる全体の調和に重きを置こうという観点からの批判である。

個別科学はこれまでずっと、物体とその性質、空間・時間、そして因果といった、常識が生んだ概念を用いることで発展してきた。ところが、これらの常識的概念のどれもが、世界の説明にまったく役立たないことを科学自身が明らかにした一方で、根本概念の再構築という必要な作業はどの個別科学の領分にも属さないのである。それは、哲学がなすべき仕事である。はじめに言っておきたいのは、これがこの上なく重要な仕事だと私は信じているということだ。常識的信念が含む哲学的誤りは、科学に混乱をもたらすだけでなく、倫理学や政治活動、社会的組織、そして日常生活での行動にとっても災いとなると思われる。悪しき哲学のこうした実際上の影響を指摘することは、本書での私の仕事ではない。私の為すべきは、どこまでも知的なことであろう。だがもし私が正しいなら、我々の目の前に拡がる知的冒険は、一見したところ我々の話題とはまったくかけ離れているかに見える多くの方向に影響するのである。感情は信念に影響し、そしてそれは現代の心理学者のお気に入りの話題であるが、それとは逆に信念が感情に影響することもあるのだ。ただしそれは、古臭い知性主義的心理学が考えるようなものではない。この影響については論じないが、我々の議論が純粋に知的な領域の外の問題にも関わりうると認めるために、それを気に留めておくことにしよう。

先ほど、思い上がり、曖昧さ、自己矛盾という常識的信念の三つの難点に言及した。知識を完全に捨てることなく、これらの難点をできるかぎり正すこと、それが哲学の仕事である。良き哲学者であるためには、「自分はすでに知っている」と信じることを強く警戒しながらも、知りたいと強く望まなければならない。また論理的鋭さと正確に考える習慣を持つべきである。もちろん、こうしたことはどれも程度問題である。特に曖昧さは、人間が考えるときにはつねにある程度は含まれるのであり、どこまでも減らしていくことはできるが、完全に洗い流せはしない。それゆえ、哲学は一気呵成に完成させられるようなものではなく、持続的な活動なのである。この点で哲学は、神学との関係から悪しき影響を受けている。神学上の教義は確定しており、正統によって改善の余地なきものと見なされている。哲学者たちもまたこれまでしばしば、同様に究極的な体系を作り出そうと試みてきた。彼らはだんだんと真理へと近づいていくという、科学者なら満足するようなやり方に甘んじなかったのである。私が思うに、この点で彼等は間違っていた。科学のように、哲学も一歩一歩暫定的に進めていくべきなのであり、究極的な真理は天にあるのであってこの世にではない。

先ほど言及した三つの難点は互いに結びついているので、どれか一つに気づけば、残り二つもそれと認めることになるだろう。いくつか事例を挙げて、三つすべてを解説することにしよう。

はじめに、テーブルや椅子、樹木のようなありふれた対象についての信念を取り上げよう。日常生活では、誰もがこれらをきわめて確かなものと感じている。しかし実は、その確信はまったく不適切な理由によるのである。素朴かつ常識的には、それらは見える通りにあると考えられるが、それは不可能である。二人が同時にそれらを観察するとき、完全に同じように見えることはないからだ。少なくとも、単一の事物が対象となるときには、観察者全員に同じように見えることはありえない。もしそれらの対象と我々が見ているものとは違うと認めるのなら、これまでと同じようにそれらが存在すると確信し続けることはもはやできなくなる。ここで、疑いが最初の一歩を印している。しかし我々はこのつまずきから即座に立ち直り、「もちろんそれらの対象は、「実は really」物理学が語るようなものなのだ」とする［原註1］。では物理学はどう語っているかと言えば、テーブルもしくは椅子は、「実は」すばしこく動く電子と陽子、そしてその間の空っぽの空間からなる信じがたく大がかりなシステムであるとする。それはそれで大いに結構だが、しかし物理的世界は存在するとするとき、物理学者も素人と同じく自分の五感に頼っているのである。もし科学者に真面目に「物理学者として教えていただきたいのですが、椅子とは実際にはどんなものなのですか」と尋ねれば、学問的に答えてくれるだろう。しかし何の前置きもなしに「ここに椅子がありますか」と尋ねたら、「もちろん。それが見えないのかね」と答えるだろう。この言葉には否定的に答えなければならない。「見えませんよ。一片の色なら見えますが、電子も陽子もまったく見えません。椅子はそうしたものからできているとおっしゃいましたよね」と言うべきである。科学者は「言ったとも。だが膨大な量の電子と陽子が密に集まると、それは色片のように見えるのだ」と答えるかもしれない。それなら、「「ように見える」ってどういう意味ですか」と尋ねよう。科学者は一つの回答を用意している。それは「電子と陽子から出発した（あるいは、光源から発してそれらによって反射されたとする方がよりもっともらしい）光波が目に届き、それから桿状体に錐体、視神経、そして脳へと順に影響を及ぼし、ついには感覚を生み出す」という意味なのだ。しかし科学者は、椅子と同様、目も視神経も脳も決して見たことはないのである。見たことがあるのは、彼の言う「ように見える」ものである色片だけである。つまり科学者の考えでは、あなたが椅子を見ている（と思えるような）ときにあなたが持つ感覚には、身体的あるいは心理的な一連の原因があるのだが、しかし科学者自らが明らかにしたように、そうした原因はどれも本質的かつ永遠に経験の外部にある。にもかかわらず、科学者は科学が観察に基づくかのようなふりをするのである。明らかに、ここには論理学者のための一つの問題がある。それは物理学とはまったく別種の研究に属する問題である。以上が、正確さを追求することで確実さがどう損なわれるか、その第一の例である。

物理学者は、自分は知覚したものから電子や陽子を推論しているのだと信じている。だがその推論は、論理的な連鎖という形ではっきり述べられることは決してなく、また仮に述べられたとしても、大いに信頼してよいと認められるほど十分なもっともらしさを持つようには見えないかもしれない。事実としては、常識的対象から電子や陽子へと至る過程の全体は、ほとんど意識されないが、特別な知識を持たない人なら誰もが信じている諸々の信念に導かれている。それらの信念は不変のものではないが、一本の木のように枝分かれしながら成長してゆく。我々は始めは、椅子が見える通りにあること、そして見ていないときにもそこにあり続けることを信じる。だが少し考えてみれば、この二つの信念は両立不可能であることが分かる。もし椅子が見られることから独立に存在し続けるものなら、それは我々が見ている色片とは異なるもののはずである。なぜなら色片に関しては、光の当たり具合はどうか、サングラスをかけていないかなど、椅子とは関係のない諸条件に左右されることが判明するからだ。ここから科学的な人は、「実在の real」椅子とは、我々が椅子を見ているときに持つ感覚の原因（あるいは原因のうちの不可欠な部分）なのだとせざるを得なくなる。こうして我々は、アプリオリな信念としての因果に頼ることになり、この信念がなければ「実在の」椅子があると想定する理由はまったくなくなってしまう。さらには、持続性を認めるために、我々は実体という概念を考え出す。「実在の」椅子は実体である、あるいは実体の集まりであるとし、持続性を有し感覚を惹き起こす能力を持つとするのである。感覚から電子や陽子が推論されるときには、こうした形而上学的信念がいくらか無意識的に働いている。哲学者はこれらの信念を白日の下へと引きずり出して、なおもそれらが命脈を保つかどうか、見てみなければならない。明るみの中でそれらが息絶えるところを、今後しばしば目にするだろう。

別の論点を挙げよう。物理法則に対する証拠は、あるいはどんな科学的法則であれ、それに対する証拠はつねに記憶と証言を含んでいる。我々は、以前に観察したと記憶していることと、他人が観察したと語ること、この両者に頼らざるをえない。科学が始まった直後なら証言なしで済ませられるときもあったかもしれないが、それからいくらも経たないうちに、すべての科学的探究は、それまでに確かめられた結果に、それゆえ他人による記録に基づいて形成され始めたのである。実際、証言によって裏付けられないなら、物的対象が存在することすら確信されないに違いない。人はときに幻覚を経験する。すなわち、自分では物的対象を知覚していると考えるのだが、それに対して他人の証言による裏付けが得られないことがある。こうした場合、そう考えた人は間違っていると結論される。知覚する人が異なっていても、類似の状況下では知覚の間に類似性があり、だからこそ我々は知覚に外的な原因があることを深く確信するのである。この類似性がなかったとしたら、我々が物的対象について何を素朴に信じるにせよ、そんな信念はとうの昔に消えてしまっていただろう。このように、記憶と証言は科学にとって欠かせないものである。にもかかわらず、そのどちらに対しても懐疑論による批判が可能なのである。たとえその批判にある程度応対できたとしても、我々が理性的であるならば、もとの信念は以前ほど信用されなくなるだろう。またもや、正確さが増すほど思い上がりは少なくなるのである。

記憶と証言について論じ出すと、心理学の領域に踏み込むことになる。だが現段階では、どちらについても、そこには解決されるべき本物の哲学的問題があることが明らかになるところまでで議論をとめておこう。まずは記憶からはじめよう。

「記憶」という語には様々な意味がある。私が今取り上げたいのは、過去に起きたことの想起という種類の記憶である。この種の記憶はたいそう間違いやすいので、実験者はできるかぎり早く実験結果を記録しようとする。つまり実験者は、記憶という形で過去のことを直接信じるよりも、書かれた言葉から過去の出来事を推論したほうが間違いにくいと考えているのである。しかし、せいぜい二、三秒かもしれないが、やはり観察してから記録するまでの間にいくらか時間が経ってしまう。それを避けようとすると、記録が断片的になりすぎて、それを解釈するのに記憶が必要になるだろう。したがってある程度は記憶を信用せざるをえない。さらには、記憶がなかったとしたらそもそも過去が存在したことすら知らないことになるので、記録を過去に関するものとして解釈するなど思いつきすらしないはずである。ところで、「記憶は間違いうる」という周知のことに関する議論以外にも、懐疑論者が言い立てるかもしれない厄介な考えがある。懐疑論者によれば、現在において生じるものである記憶には、記憶されていることが今とは別の時点で生じたということを証明することができない。というのも、完全に間違った数多くの記憶も込みにして、今から五分前に世界は現在のようなあり方で誕生したのかもしれないからである。エドムンド・ゴスの父[1]のようなダーウィン[2]に反対する人々は、これとよく似た議論を使って進化論に反対した。彼らの言うところでは、我々の信仰心を試すために化石まできっちりと揃えたうえで、世界は紀元前四〇〇四年に創造されたのである。世界は突然に、しかしあたかも進化によって成立したかのような仕方で創造されたのだ。この見解には論理的不可能性はまったくない。そして同様に、記憶や記録を完全に備えて世界が五分前に創造されたとする見解にも、論理的不可能性はまったくない。もっともらしくない仮説に思えるだろうが、論理的には論駁不可能なのである。

　以上の、ばかばかしいと思われたかもしれない議論とは別に、記憶という事態の細部に踏み込んで、それは大なり小なり信頼性を欠いているとする理由がある。過去は再生できない以上、過去の事象(3)に関する信念を直接裏付けることができないのは明らかである。他人による示唆やその過去の時点で採った記録によって、間接的に裏付けることならできる。このうち後者は、すでに見たようにある程度は記憶を含む。たとえば会話や講演の最中に速記記録を採るときのように、ほんの少ししか記憶を含まないこともあるが、しかしこの場合ですら、より長い期間にわたる記憶の必要性から完全に逃れられるわけではない。ある犯罪的な目的のために、まったく無かったことについて会話がなされたとしよう。法廷でその会話がでたらめだったことを立証するためには、目撃者の記憶に頼らなければならない。そして長期間にわたる記憶というものは、いずれもかなり間違いやすいものである。諸氏の自叙伝中にきまって誤りが発見されていることからも、それは明らかである。何年も前に自分で書いた手紙を見れば、記憶が過去の出来事[4]をどんなふうに捻じ曲げるかを、誰でも確かめることができる。これらを根拠として、知識を形成する際に記憶に依存せざるをえないという事実は、知識として通用しているものが完全には確実ではないと見なすための一応の理由となる。記憶という話題の全体について、後の章ではもっと念入りに考察したい。

証言はさらに厄介な問題を惹き起こす。それがより厄介なのは、物理学の知識を作るときには証言が必要だが、証言の信頼性を立証するときには逆に物理学が必要になるという事実のためである。さらに証言は、心と物質の関係にまつわるあらゆる問題を惹き起こす。ライプニッツ[5]のような傑出した何人かの哲学者は、証言といったものは存在しないとするが、証言がなければ知りえない多くの事柄を真理として受け入れるような体系を作り上げた。私は、哲学がこれまで証言の問題を十分正当に扱ってきたとは思わないが、ほんの少し論じるだけでもその重大さは明らかだと思う。

我々の目的からすれば、証言は次のように定義してよい。すなわち、我々がある主張を伝えたいと思ったときに話したり書いたりするはずの音や形に類似し、またそれを聞く人や見る人が、主張を伝えたいという他人の欲求のために発されたのだと信じるような、そういう音や形としてである。具体例を挙げよう。私が警官に道を尋ねると、相手が「四つ目を右、それから三つ行って左」と言ったとする。すなわち私はこれらの音を聞き、また彼の唇の動きだと解釈するものをおそらくは見るのである。私は、相手が自分自身とある程度似た心を持っていると前提している。また彼がその音を発するのは、仮に私がそれらを発するとすれば抱くはずのものと同じ意図を持つからだと、つまり情報を伝えようという意図を持つからだとも前提する。普段の生活では、これらはいずれも、いかなるまともな意味でも推論ではない。適当な状況で、我々の中に信念が生じたというだけである。しかしもし疑いが出されたなら、我々はその自発的な信念を推論に置き換えなければならない。そしてその推論たるや、検討すればするほど怪しげに見えてくるのである。

なされるべき推論は二段階に分かれる。物理的な推論と心理的な推論である。物理的な推論は少し前で取り上げたが、そのとき我々は、感覚から物理的事象を推論した。音が聞こえ、それからその音は警官の身体から来たのだと考える。あるいは動き回る形を見て、それを警官の唇の物理的運動と解釈する。先に見たように、これらの推論を正当化するには、部分的には証言によらなければならなかったが、今や逆に、証言のようなものが存在すると信ずべき理由を我々が持ちうるとしても、そう信じる前にまずはこの推論がなされなければならないことが分かったのである。しかも、確かにこの推論はときおり間違う。狂人は他人には聞こえない声を聞くが、我々は彼が異常なほど鋭い聴覚を持つとは認めず、彼を部屋に閉じ込めてしまう。しかし、我々もときには、身体から発されたのではない文を聞くことがある。ではなぜそうしたことが常に起きているわけではないとするのだろうか。我々の想像力が、他人が語っているかに思われる様々な事柄を呼び出しているのではあるまいか。だがこれは、感覚から物的対象への推論に関する一般的な問題の一部にすぎない。これがすでに難問であるが、証言に関わる論理的パズルの最も難しい部分であるわけではない。最も難しいのは、警官の身体からその心への推論にある。別に私は警官だけを貶めるつもりはない。政治家であろうと、あるいは哲学者についてさえ同じことが言えるのである。

警官の心への推論は、確かに間違いでありうる。蠟人形の作者が、内部に蓄音器を備えた生きているような警官を作ることができるのは明らかである。その人形を入り口に立たせ、一定時間ごとに、客にどの辺の展示物が一番面白いかを案内させることができる。他の警官の場合なら生きているとする有力な証拠とされる種類のものを、この人形は備えているだろう。デカルト[6]は、動物は心を持たない、複雑な自動機械にすぎないと信じていた。十八世紀の唯物論者たちはこの考えを人間にまで拡張したが、今は唯物論までは取り上げないことにしよう。今の問題はそれとは別である。話をするときには自分は何かを伝えようとしていること、すなわち、語を単なる雑音としてではなく記号として用いていることは、唯物論者ですら認めざるをえない。このように言うことで、いったい我々は何を意味しているのか。それを正確に決定することは難しいかもしれない。それでも、明らかに何かを意味しているのは明らかであり、そして自分で述べた言葉についてそのように言えば、それは明らかに真である。そこで問題はこうなる。自分で発した言葉だけでなく、聞いた言葉についてもそのように言うことは正しいか。我々が聞く言葉は、他の雑音のように、意味を欠いた空気の乱れにすぎないのではないか。この疑いに対する反論は、主に類推によるのである。すなわち、我々が聞く言葉は自分で発する言葉とあまりに似ているので、そこには類似の原因があるはずだと思われる、とする議論である。しかし類推は、一つの推論方法として不可欠であるとはいえ、決して決定的な論証ではないし、我々を惑わせることもまれではない。かくしてまたもや、不確実さと疑いの一応の理由が残されたのである。

　話すときに我々が自分に対して意味していることに関する以上の問いは、さらに別の問題を連れてくる。すなわち内観の問題である。多くの哲学者が、内観はあらゆる知識のうちで最も疑いえない知識を与えるとする一方で、内観など存在しないとする哲学者もいる。デカルトは、あらゆる事柄を疑おうと試みた結果、他の知識の根拠としての「われ思う、故にわれ在り」に到達した。これとは対照的に、行動主義者であるジョン・B・ワトソン教授[7]は、我々は考えず、ただ話すだけだと主張する。他の人々と同じように、ワトソン教授も普段、考えているという多くの証拠を与えるような仕方で生活している。だからこそ、その彼が自分は考えているということに納得しないとき、我々はみな困ってしまうのである。いずれにせよ、能力のある哲学者の中に彼のような見解の持ち主がいるだけでも、内観が思ったほど確実ではないことは十分に明らかだとしなければならない。だが、この問題をもう少し詳しく検討してみよう。

「外的対象の知覚」と呼ばれているものと内観との違いは、知識の出発点ではなく、推論されたものに関わる違いだと思われる。我々は、あるときは自分は椅子を見ていると考え、またあるときは自分は哲学について考えていると考える。前者が「外的対象の知覚」と呼ばれ、後者が「内観」と呼ばれる。常識は十分に豊かな意味での「外部知覚」を受け入れているが、それを疑う理由はすでに確認した。知覚の中に、疑いえない原始的なものとして何があるかは、後で考察することにしよう。さしあたり今は、「椅子を見ること」における疑いえないものは、さまざまな色からなる一定のパターンが起きることだとしておく。だが後で見るように、この事象は、椅子だけでなく私とも関わっており、私以外の誰も、私が見ているパターンそのものを見ることはできない。それゆえ、我々が外部知覚だと認めているものには主観的かつ私的なところがあるのだが、根拠なく物的世界へと「知識が関わる範囲が」拡張されていくために、それが隠されてしまうのである。これと対照的に、内観は心的世界への根拠なき拡張を含んでいると思われる。それぞれからこの拡張部分を取り去ってしまえば、内観と外部知覚にはそれほどの違いはない。この点を明確にするため、哲学について考えていると言えるようなときに、起きていると我々が知るものにはどんなものがあるか、これを明らかにしてみよう。

内観の結果、あなたが「私は今、心と物は違うと信じている」という言い回しで表現される信念を認めたとしよう。この場合、そこから推論されること以外に、あなたはいったい何を知っているか。何よりもまず、「私」という語は切り落とさなければならない。信じている人物は推論されたものであり、直接知られているものの一部ではない。次に、「信じている」という語に注意しなければならない。私は今、この語が論理学や知識の理論において何を意味すべきかではなく、直接的な経験を記述するために用いられるときに、その語が何を意味しうるかを考察している。こうした場合には、この語はある種の感じを記述することしかできないだろう。そして、自分が信じているとあなたが思っている命題、すなわち「心と物は違う」については、あなたがこの命題を信じていると思うときに実際に何が生じているのかを語ることは、非常に難しい。それは口に出されたり、または視覚的に思い浮かべられたり、あるいは聴覚的・運動感覚としてイメージされた言葉にすぎないかもしれない。あるいは言葉が「意味する」もののイメージかもしれないが、その場合でも、そのイメージは命題の論理的内容を正確に描出しているわけではまったくないだろう。「ただ一人、未知の思考の海を航海する」でニュートン[8]の像のイメージを持つかもしれないし、「何という違いだ」という語に結び付けて、坂を転がる石のイメージを持つかもしれない。あるいは、講義の構想を練ることと夕食を食べることとの違いについて考えてみてもよい。考えを言葉で表現しようとするときにはじめて、論理的正確さは問題になるのである。

内観するときでも外部知覚するときにも、我々は知っていることを言葉で表現しようと試みるのである。

証言を問題にしたときと同じく、我々はここでも知識の社会的側面に出会っている。言葉の目的は、物的対象に要求されるのと同種の公共性を思考に与えることにある。話された語も書かれた語も物理的事象であるので、多くの人がそれらを聞き、見ることができる。私があなたに「心と物は違う」と言うとすれば、私が表現しようとした思考とあなたに生じた思考とは、ほとんど似ていないかもしれないが、しかしそれらは、同じ言葉によって表現しうる思考であるという、まさにこの点で共通性を持つ。同様に、「同じ椅子を見ている」と言われるようなときでも、あなたが見るものと私が見ているものは大きく異なりうる。それでもやはり、両者は自分の知覚を同じ言葉で表現できる。

このように、その本性に関しては思考と知覚はそれほど異なるわけではない。物理学が正しいとすれば、両者は「他のものとの」相関関係に関しては違ってくる。私が椅子を見ているとき、他の人々も多少は似た知覚を持ち、そしてそれらの知覚はいずれも椅子から発する光波と結びついている。一方、私が何かを考えているとしても、他の人々はそれと似た何かを考えていないことがありうる。しかしこの点は、普通は内観の一事例とは見なされない歯痛の感覚にも当てはまる。それゆえ全体的に言って、内観と外部知覚を異なる種類の知識と見なす理由はないように思われる。だが、この問題全体は後の段階で再び浮上するだろう。

内観は、その信頼性についても、外部知覚と完全に並行関係にある。どちらの場合でも、現に与えられているものは文句のつけようがないが、我々がそこから本能的に拡張していく部分は疑わしい。「私は、心と物は違うと信じている」とではなく、「一定のイメージがある関係に立ちつつ、ある感じを伴って生じている」と言うべきなのである。このときに実際に生じている事象の個別性を、余すところなく述べつくせる言葉など存在しない。すべての言葉は一般的であり、固有名ですらそうなのである。「これ」という語は例外でありうるが、しかしそれは多義的である。この事象を言葉に直すとき、「椅子がある」と言うときとまったく同様に一般化と推論が行われている。二つの事例の間に決定的な違いはまったくない。どちらの例でも、実際に与えられているものは言い表せず、言葉にされたものは誤りでありうる推論を含むのである。

「推論」が含まれていると言うときに私が言っていることは、そのままではあまり正確ではないので、注意深く解釈しなければならない。たとえば我々が「椅子を見る」とき、まず色のパターンを把握してそれから椅子を推論する、などということをしない。色のパターンを見ると、おのずと椅子についての信念が生じるのである。しかしこの信念は、現在の物理的刺激だけでなく、過去の経験も、また反射もその原因の一部とする。動物にとっては反射が非常に大きな役割を果たすが、人類にとっては経験の方が重要である。乳児は、触覚と視覚を関連させること、そして自分が見ているものを他人も見ていると期待することを、ゆっくりと学んでゆく。椅子のような対象について成熟した考えを持つには、こうして形成される習慣が欠かせない。視覚による椅子の知覚は、その物理的刺激は直接には視覚にしか影響しないが、しかしそれに先立つ経験を通じて硬さなどの観念なども惹き起こす。こうした推論は、「生理的推論」と呼んでよいだろう。この種の推論は過去の相関関係の証拠、たとえば視覚と触覚の間に相関関係があった証拠ではあるが、しかし現在の事例については誤りかもしれない。例をあげれば、大きな鏡に映った「今いる部屋の」光景を、別の部屋と間違うかもしれない。夢を見るときにも、同様の間違った生理的推論がなされる。それゆえ、この意味で推論された事物に関しては、我々は確信することができない。というのも、これらの推論の多くを許容できるものとして受け入れるには、整合性を持たせるためにいくつかを退けなければならなくなるからである。

　我々は先ほど、物理的対象という常識的概念に不可欠な要素として「生理的推論」と呼ばれるものに到達した。最も簡単なまとめかたをするなら、生理的推論は次のことを意味している。刺激SとS′があるとし、Sには反射によって身体運動Rで応じられ、S′にはR′で応じられるとする。このとき、もし二つの刺激が頻繁にともに経験されるなら、そのうちSはR′を生み出すであろう［原註2］、つまりあたかもS′が存在したかのように身体が反応することになるだろう、ということである。生理的推論は知識の理論にとって重要なので、後にもっと多くを述べるつもりである。今これに言及したのは、一つには論理的推論と混同しないようにするためであり、また一つには、帰納の問題を持ち出すためである。帰納について、この段階で予備的に少し論じておかなければならない。

帰納法は、知識の理論全体の中でもおそらく最も難しい問題を惹き起こす。すべての科学的法則がこの方法によって確立されるにもかかわらず、なぜ帰納法が妥当な論理的過程だと信じるべきなのかを理解するのは難しい。帰納法の本質だけを取り出してみれば、次のような論証になる。「AとBがしばしばともに見出され、別々には決して見出されなかった、それゆえAが再び見いだされたときにはおそらくBも見出されるだろう。」この論証はまず「生理的推論」として存在し、またそのようなものとして動物も用いている。我々が反省し始めたときにも、たとえば見ている食べ物がある種の味がすると予想することなど、自分が生理的な意味での帰納をしていることにまず気づく。砂糖だと思って塩をなめたときのように、裏切られたときになってようやく自分が期待していたことに気づくのもしばしばである。科学を始めたとき、人類はこの種の推論を正当化する論理的原理を定式化しようと試みた。そうした試みについて論じるのは後の章にし、現時点では、私にはそれらはほとんどどうまくいっていないと思えるとだけ言っておこう。私も、帰納法が何らかの妥当性をある程度持っていなければならないとは確信するが、帰納法がなぜ、そしていかにして妥当でありうるかを示すという問題は、依然として解決されていない。それが解決されないかぎり、合理的な人は、食べ物が自分にとって栄養になるかどうかや、明日も太陽が昇るかを疑うことだろう。私はこの意味では合理的な人間ではないが、今のところは合理的なふりをしておこう。また、たとえ完全に合理的ではありえないのだとしても、今よりも少しは合理的になるために、おそらく我々は向上すべきであろう。議論が我々をどこに連れていくか、それを見届けることは、どんなにその意義を少なく見積もっても興味深いものだろう。

これまで取り上げてきた諸問題はいずれも新しいものではないが、世界についての、そして我々と世界との関係についての我々の日常的な見方が、満足できるものではないことを十分に示している。今まではあれやこれやを知っているかどうかを問題にしてきたが、我々はまだ「知っている」とは何かを問うてはいなかった。おそらく我々は後で、知ることについても間違った考えを持っていたこと、そしてこの点についてもっと正しい考えを持てば困難も減少することを認めるだろう。私の考えでは、我々の哲学的な旅は、次のことから始めるとうまくいく。すなわち、これまで考察してきた根本的な疑いはいったん忘れ、人間の環境に対する関係の一種としての知識を理解しようと試みることである。ひょっとすると現代の科学が、哲学的問題を新しい光の下で理解できるようにしてくれるかもしれない。こうした希望の下に、何が知識を形作るかについて科学的見解を得ることをにらみつつ、人と環境との関係を検討することにしよう。

原註1　ここで私が考えているのは、教科書に載っている初歩的な物理学のことではなく、現代の理論物理学、とりわけ原子の構造に関わるものである。これについては後の章でもっと論じることにする。

原註2　たとえば、鋭い音を聞くと同時にまぶしい光を見るという経験を何度もすると、そのうち光がなく音だけでも瞳孔が収縮するようになる。

第1部

第2章　人間とその環境

もし科学的知識が完全だったとしたら、我々は自分自身と世界について、そして自分と世界との関係についても理解していたはずである。しかし今のところ、どれについても我々は断片的にしか理解していない。そこでさしあたって三つ目の問題、我々と世界との関係について考えてみたい。というのも、この問題こそが我々を哲学の諸問題に肉薄させてくれるからである。我々はやがてこの問題を通じて他の二つの問題、すなわち世界の問題と自分自身の問題へと連れ戻されるけれども、ただしそのときには、世界が我々にどのように働きかけ、我々が世界にどのように働きかけるかを先に考察したので、二つの問題がより深く理解されるようになっているだろう。

人間を論じる科学は数多く存在する。自然誌では、人間は動物の一種として進化の流れの中に位置づけられ、他の動物と実際に確認できるような様々な関係を持つものとして論じられるだろう。生理学では、一定の機能を実行し環境に反応できるような構造として論じられ、そしてそうした機能や反応の少なくとも一部は化学的に説明できるだろう。社会学では、家族や国家といった様々な有機体を構成する単位として、心理学では人間自身に「人間とはこのようなものだ」と思える通りのものとして、人間は研究されるだろう。これらの科学のうち、はじめの三つでは人間を外側から眺めているが、対照的に最後に挙げた科学では「内側から見た人間観」とでも呼べるようなものが得られる。すなわち、心理学が用いるデータは、観察する者とされる者とが同じ人物であるときしか得られないのに対し、その他の研究方法でのデータはいずれも他人を観察することによって得ることができる。この区別は様々な仕方で解釈できるし、またこの区別が重要なのかどうかについても諸説あるけれども、区別があること自体は間違いない。自分が見た夢は覚えていられるが、他人の夢は当人に教えられなければ知りえない。自分の歯が痛むときのこと、食事が塩辛すぎるときのこと、また過去の事象を思い出すときのこと、そうしたことを我々は知っている。人生で起きるこれらの出来事はいずれも、当人と同じような直接的な仕方では、他人には知りえないものである。この意味で我々はみな内的な生活を持っており、それは自分自身による内観には開かれているが、いかなる他人にも閉ざされている。伝統的な心と身体の区別は、間違いなくこれに由来する。つまり我々の部分のうち、他人によって観察可能な部分は身体であり、私的な部分が心であると想定されたのである。近年、この区別の重要性は疑われ出しており、それが根本的な哲学的意義を持つとは私自身も思わない。だが歴史的には、この区別が支配的な役割を果たすことで確定されたさまざまな考えを手がかりとして人々は哲学をしはじめたのであり、そうであるかぎりは、たとえ他に理由がなかったとしてもこの区別は心に留めておくに値する。

伝統的には、知識は内側から眺められてきた。すなわち、他人が表出するのを見て取れるような何かとしてではなく、自分自身の中に見て取られる何かとして考察されてきたのである。そのように「眺められた」ということで私が言いたいのは、あくまで哲学者たちがそう見なしてきたということであって、ふだん人々はもっと客観的に生活している。日常生活では、知識とは試験によってテストしうるようなもの、一定の刺激に対する一定の反応からなるものである。知識についてのこうした客観的な見方は、哲学が習慣的に取ってきた見方よりもずっと実り豊かだと思われる。つまり「知る」ということを定義したいのなら、その知識を持っている人だけが観察できるような何か（ある「心の状態」）を含むものとしてではなく、環境に対する反応の仕方として定義すべきである。こうした見方を取るからこそ、私は［哲学的考察を］、観察する者とされる者とが同じであらざるをえない事柄からではなく、人間とその環境から始めるのが最善だと考えるのである。私見によれば、知識とは、環境に反応する際に表出されうるような一つの特徴である。それゆえ、何はさておきまずは、科学的に捉えられたものとしての環境に対する反応の本性を考察しなければならない。

ごくありふれた状況を例としよう。あなたがレースを見物していて、しかるべき瞬間に

「出発した」と叫んだとする。この叫び声は環境に対する一つの反応であり、そしてもしあなたが他人と同時に声を挙げたのであれば、それは知識を示すものとして理解される。では、科学によるとこのとき実際にどんなことが起きているとされるかを考えてみよう。このとき、まったく途方もなく複雑なことが起きているのである。便宜上、それは四つの段階に分けることができる。一、外の世界、つまり走者とあなたの眼の間に生じている事柄。二、あなたの身体の中の、眼から脳までの間で生じている事柄。三、あなたの脳の中で生じている事柄。四、あなたの身体の中の、脳から始まり声を出す喉と舌の運動までの間に生じている事柄。この四つのうち、第一段階は物理学に属し、主に光学が論じることである。第二と第四は生理学に属する。第三段階は、理論的にはこれも生理学に属すべきだが、脳に関する知識が欠けているため実際は心理学に属する。第三段階には経験と学習の成果が蓄積されていて、動物は話せないのにあなたは話せるのは、あるいはフランス人には英語が話せないのにあなたは英語を話せるのも、この段階があればこそである。以上の例は事象としては限りなく複雑だが、しかし手にしうる知識の中でこれ以上単純な例はない。

この過程のうちの外の世界で生じる部分、すなわち物理学に属する部分はいったん脇に除けておこう。この部分に関しても後で論ずべきことがいろいろとあるのだが、それは必ずしも容易に理解されることではないので、まずはあまり難しくない事柄から取り上げることにしたい。今のところは、我々が知覚したとされる出来事、つまり走者がスタートしたという出来事は、眼の表面で生じる出来事に始まる長短様々な出来事の連鎖とは独立だということだけを押さえておこう。眼の表面で生じる出来事は「刺激」と呼ばれる。したがって見るときに我々が知覚しているとされるのは、刺激に先行し、研究を必要とするような関係を刺激に対して持つある出来事であって、刺激そのものではない。以上のことは聴覚と嗅覚に関しても言えるが、触覚や自分の身体状態の知覚といった感覚の場合は、先の四段階の一つ目が欠けているため、成り立たない。視覚、聴覚、嗅覚の場合には、知覚しているとされる出来事と刺激との間に一定の関係が成立していなければならないのは明らかだが、この関係がどのようなものであるべきかは今は論じない。ここではむしろ、知覚的に知るという働きが含む第二、三、四段階を考察することにしたい。これらの段階はつねに存在しているのに対し、第一段階は特定の感覚に限定されているのだから、これはかなり理に適った論じ方だろう。

第二段階は、感覚器官から脳へと至る過程である。我々の目的からすれば、この過程の間にどのようなことが起きるのかを正確に考慮する必要はない。まぎれもなく物理的な一つの出来事、すなわち刺激が身体表面で生じ、そこから求心性神経に沿って脳へと向かう一連の結果が生じる。刺激が光であるとき、それは眼に入らなければ特徴的な結果は生じない。体の他の部分に光が当たっても確かに何らかの結果が生じるが、視覚を特徴づけるようなものにはならない。同じように、刺激が音であるときには耳に入らなければならない。写真乾板と同じで、感覚器官は特定の種類の刺激にしか反応しないのである。眼に入る光による結果は、波長、強さ、方向の違いに応じて変わってくる。入射光によって眼の中で出来事が生じると、それに続いて視神経上で一連の出来事が生じ、ついには脳内で生じる事象に到達する。この事象もまた刺激に応じて変わってくる。違いを知覚できるいかなる場合でも、刺激の違いに応じた差異が脳内事象間に必ずあるはずである。たとえば赤と黄色は知覚的に区別されるが、赤い光によって惹き起こされる場合と黄色い光による場合とで、視神経上および脳内の事象には異なる特徴があるに違いない。しかし、二つの色が非常に似ているため知覚的には区別できず、精密な機械を使ってようやく区別できるような場合には、視神経上および脳内でそれぞれ異なる特徴を持つ事象が惹き起こされているかどうか、定かではない。

状態の変化が脳まで届いたとき、特徴的な一連の出来事が脳内に惹き起こされることもあれば、惹き起こされないこともある。惹き起こされないとき、我々はそれを「意識している」と言われる状態にはないだろう。というのも、黄色を見ていることを「意識する」には、他の何をさておいても、視神経がもたらしたメッセージに対する大脳の何らかの反応がなければならないのは確かだからだ。求心性神経を通じて脳にもたらされたメッセージの大半に対して、何らかの注意がはらわれる保証はまったくないと言ってよい。官公庁に宛てて手紙を書いても、返事がないまま終わるのと同じことである。視野の周辺領域にある事物は、なんらかの興味を引かないかぎり普通は気づかれない。気づかれると、意図的に抵抗しないかぎり視野の中心部へと持ってこられてしまう。このような事物は、我々がしようと思えば意識できるという意味で、見ることができるものである。つまりそうした事物が反応を惹き起こすには大脳の変化さえあればよく、物理的環境や感覚器官のあり方を変える必要はまったくない。しかし普通、それらは何の反応も駆り立てない。視野の中のすべてにつねに反応していたらくたびれ果ててしまうだろう。何の反応もないとき、第二段階の過程が終了しても第三、四段階は生じない。この場合には、問題となっている刺激と関連するもので「知覚」と呼びうるものは何も存在しない。

しかし我々の興味を惹くのは過程が続いていく場合である。この場合、まずは脳内に一つの過程が存在する。その本性についてはいまだ推測の域をでないが、それは問題にしている感覚に割りあてられた中枢に始まり運動中枢へと至る。そして次にそこから出発して、遠心性神経に沿って一連の過程が生じていき、何らかの身体運動を惹き起こす筋肉上の出来事を結果する。先にあげたレースの開始を見ている人の例で言えば、まず視覚に関わる脳の部位に始まり発話に関わる部位にまで至る過程があり、これは我々が第三段階としたものである。それから、遠心性神経に沿って進行し、「出発した」という発話を成立させる運動をもたらす過程があり、我々はそれを第四段階とした。

四つの段階すべてが存在しないかぎり「知識」と呼びうるものはなにもない。そしてそれらがすべて存在するときでさえ、「知識」があるとするためには、さらに様々な条件が満たされなければならない。しかしこれらの論点を確認するのはまだ時期尚早であり、我々は第三、四段階の分析に戻らなければならない。

考察対象が反射であるか、それともワトソン博士の言う「学習された反応」であるかにより、第三段階は二種類に分けられる。反射の場合、生まれた時点でそれが完全に成立しているとすれば、新生児や動物の脳はしかるべく構成されており、そのため先立ついかなる経験も必要とすることなく、求心性神経と遠心性神経それぞれの過程の間につながりがあることになる。反射の好例はくしゃみである。鼻の中のある種の刺激がかなりはっきりした特徴を持つ非常に激しい運動を生みだすが、この刺激と運動のつながりは生まれてすぐの赤ん坊にもあるものだ。これとは対照的に、先に脳内で生じた事象の影響がなければ学習された反応は生じない。あまり強調すると誤解のもとになるだろうが、一つのアナロジーによって以上の違いを例解することができる。これまで一度も雨が降ったことのない砂漠でついに嵐が起きたところを想像してみると、そのとき水が通る道筋があるが、それが反射に対応する。しかしその後も雨がしばしば降ると、やがて水路や谷川ができ、そうなると水はつねに出来上がった路を流れていくだろう。こうなる原因はその地域の過去の「経験」にあると言えるだろうが、これが「学習された反応」に対応する。学習された反応の例として、最も目を引くのは発話である。我々が話すのはある言語を学んだからであって、まさにそう反応するような何らかの傾向を脳がもともと持っていたからではない。このような反応に依存しているということは、大半の知識については確実に、そしておそらくはすべての知識ついて言えるだろう。つまり知識は人が先天的に備えている部分にではなく、その人に起きた出来事の結果成立した脳内のつながりに依存するのである。

学習された反応とそうではない反応を区別することは、必ずしも容易ではない。いくつかの反応が生後数週間のうちに現れないからといって、それらはいずれも学習されたものだなどと決めつけることはできない。この上なく明らかな例を挙げれば、思春期になると性的な反応が多少なりとも人の性格を変えてしまうが、これは内分泌腺の変化によるのであって経験の結果ではない。ただしこれは唯一の例ではなく、体が大きくなり発達するにつれて働き始める新たな反応様式があり、それらは確かに経験によって変化するけれども、すべてを経験のせいにすることもできない。たとえば新生児は走れないので、成長した子供のように怖いものから走って逃げることができない。成長した子供は走ることを学び終えているが、しかし必ずしも走って逃げることを学んではいない。走ることを学ぶ際の刺激は、怖くない対象ばかりだったのかもしれないからだ。このように後の段階になって反射が働き始めることもありうるのだから、新生児がすることを観察すれば学習された反応とそうではない反応を区別できると想定するのは間違いだろう。反対に生後すぐの子供がすることのうち、子宮の中でもできるようなこと――何度か蹴ったり伸びをしたりなど――は、学習されたのかもしれない。それゆえ学習された反応とそうでない反応は、期待されるほどはっきり区別されないのである。くしゃみを一方の端、話すことをもう一方の端として、両端では違いは明確なのだが、もっと分類しがたい中間段階の行動形式が存在するのである。

学習された反応とそうではない反応の区別はこの上なく重要だとする人さえ、以上のことは否定しない。ワトソン博士の『行動主義の心理学』（一〇三頁〔邦訳一六七頁〕）にある「非学習的な技能についての要約」は、以下のパラグラフで閉じられている。

> その他の活動は後の段階になってから現れる。まばたきをする、手を伸ばす、つかむ、利き手のちがい、這う、立つ、上体を起こす、歩く、走る、ジャンプするといった活動である。後の段階になってから現れるこれらの活動の大部分では、ひとまとまりの行動として見たときに、それがどれくらい訓練ないしは条件づけによるものかを判断するのは難しい。かなりの部分が生体組織の成長変化によるものであることは間違いなく、訓練と条件づけによるのはその残りである。（強調はワトソンによる）

この問題に関しては、論理的に明確な線引きは不可能である。場合によっては、我々は精確さを欠く状態に甘んじざるをえない。例えば、「正常な成長のみに基づく発達は非学習的なものに数えるべきだが、個人が生きていく中で出会う個別の状況に依存する発達は学習されたものに数えるべきだ」と言えるかもしれない。しかし筋肉の発達はどうか。筋肉は普通使われないかぎり発達しないだろうし、使われると筋肉は相応の技術を学ぶことになる。また目の焦点を合わせることのように間違いなく学習されたとされるものの中にも、子供が盲目でないかぎり必ず出会うはずの、ごく普通の状況に基づくものがある。それゆえ総体的には、これは種類ではなく程度の区別なのである。それでも、これらは区別するに値する。

学習された反応とそうではない反応の区別に価値があるのは、それが次章で取り上げる学習の法則と関連するからである。経験が行動を変化させるとき、それは一定の法則にしたがう。そこで、学習された反応とは、形成される際にそうした法則が一役買うような仕方での反応だと言える。例を挙げよう。子供は生まれたときから大きな音を怖がるが、始めから犬を怖がるわけではない。しかし犬がうるさく吠えるのを聞いた後では、犬を怖がるようになるかもしれない。これこそ学習された反応である。もし脳について知識が十分にあれば、「学習された反応とは、単なる成長によるのではない脳の変化に依存する反応である」とすることで明確な区別ができるかもしれない。だが今のところ我々は身体行動の観察によって区別せざるをえず、行動に伴う脳の変化は、実際になされる観察ではなく理論に基づき仮定されるのである。

我々の目的にとって本質的な論点は比較的単純である。人間であれ他の動物であれ、生まれた時点では特定の刺激に対しては特定の決まった仕方で、つまり特定の身体運動で反応する。そうした反応の仕方は成長するにつれ変化するが、この変化には、身体組織の発達の結果にすぎないものと、生きていく中で出会った出来事の帰結であるものとがある。後者の影響は特定の法則に即しており、この法則こそが「知識」の発生に大きく関わるので、これを考察することにしよう。

しかし読者の中には、憤然として「知るということは身体［物体］運動ではなく心の状態ではないのか。それにまだ、くしゃみする等々しか論じていないではないか」と抗議する人もいるかもしれない。そういう怒れる読者の方々には、我慢してくださいとお願いせざるをえない。このように言って怒る人は、自分が心の状態を持っていることを「知って」おり、また何かを知ること自体が一つの心の状態であることも「知って」いる。私としても、その人が心の状態を持っていることは否定するつもりはないが、二つほど尋ねたいことがある。一つは、心の状態とはいかなるものなのか、もう一つは、自分の心の状態を知っている証拠としてどんな事を挙げられるかである。第一の問いが非常に難しいことは、そうした人にも認めていただけるだろう。そしてもしこの問いに答えようとして、心の状態は身体［物体］運動とはまったく種類が異なることを明らかにしようとすれば、そのときには身体［物体］運動とは何かをも論じなければならなくなる。かくして、その人もまた物理学の非常に難解な部分へと引きずり込まれてしまうのである。そこで提案なのだが、こうしたことの考察はすべて後に回すことにして、怒れる読者の方々には落ち着いていただきたいのである。第二の問い、すなわち他人に対し、自分の知識に関するどんな証拠を提出できるかについては、話すことや書くこと、つまり結局は身体運動を持ちださなければならないのは明らかである。それゆえ、知る人自身にとってどんなものであるにせよ、社会的現象としては知識は身体運動を通じて表出されるものなのである。現時点では、知る人自身にとって知識とは何かという問題はそっと棚上げしておき、外部の観察者にとって知識とは何かに話題を限定したい。そして外部の観察者にとっては必然的に、知識とは刺激に対する——もっと具体的に言えば試験課題に対する——応答として為される身体運動を通じて示されるものなのである。これ以外にどんな知識のあり方があるにせよ、それはもっと後の段階で考察することにしたい。

我々の現在の説明方法に、知る人自身に知識がどう見えるかの考察を後から付け加えたとしても、外部の観察者にはどう見えるのかの考察を通じて得た見解が妥当でなくなるわけではない。また、我々が考察しているのは、まずは環境が人に働きかけ、それに応じて人が環境に反応するという一つの過程であること、これを認めておくことも重要である。知識とは何かを論じようというのなら、この過程を一つのまとまりとして考察すべきである。もっと古い見解にしたがうなら、環境の我々に対する影響の方は一種の知識（知覚）だとしても、環境に対する反応はむしろ意志に相当するとされるだろう。これらはいずれも「心的」事象であり、それらと神経や脳との関係は完全に神秘的なままに終わる。私の考えでは、この神秘は取り除くことができ、知識を推測でしか語れない話題にせずに済む。そうするには、刺激から身体運動に至るサイクル全体から出発すればよい。それにより、知ることは観照的ではなく活動的なものとなる。それどころか、知ることと意志することは一つのサイクルの異なる側面にすぎないのだから、正しく理解するためにはこのサイクル全体を丸ごと考察すべきなのである。

メカニズムとしての人間の身体について、二、三言うべきことがある。人間の身体は信じがたいほど複雑なメカニズムである。科学者の中には、身体は物理学や化学では解明不可能であり、なんらかの「生命原理」によって制約を受けると、そしてこの原理のおかげで身体と死せる物質では従う法則が違ってくるのだと主張する者もいる。こうした人は「生気論者」と呼ばれる。私自身としては、こんな考えを受け入れるべき理由はどこにも見当たらないと思うのだが、一方でそれを決定的に退けられるほど十分な知識が得られているわけでもない。言えることは、彼等の主張が証明されていないこと、そして反対の見解の方が科学的にはより実りの多い作業仮説だということである。できることなら物理的もしくは化学的説明を求める方がよい。なぜなら、こうした仕方で説明できる身体内の過程は多く知られている一方、そうした説明ができないことが確かなものなどないからである。「生命原理」に訴えることは、おそらくもっと精を出して調べればなしで済ませられるのに、そうした努力をせず怠けている言い訳に他ならない。それゆえ私は作業仮説として、以下のように仮定したい。死せる物質を支配するのと同じ物理学と化学の法則に従って、人間の身体は活動する。そして人間の身体が死せる物質と異なるのは法則のためではなく、その組織の並はずれた複雑さのためである。

とはいえ、人間の身体運動は、それぞれ「機械的」と「生命的」と呼べるような二つのクラスに分けることができる。前者の例としては、断崖から海に落ちる人の運動を挙げるべきだろう。この運動のおおよその特徴を説明するのに、その人が生きているという事実を考慮する必要はない。彼の重心は、石が落ちるときのその重心とまったく同じように運動する。これに対し崖を登るときには、人は同じ形や重さをした死せる物質が決してしないようなことをする。これこそ「生命的」運動である。人間の体には多量の化学的エネルギーが蓄えられており、それは多少不安定ながらも均衡状態にある。ほんの少しの刺激があればこのエネルギーを放出しかなりの身体運動を惹き起こすことができる。この状況を、円錐形の山の頂上で危うくバランスを保っている大きな岩になぞらえてもよい。どちらであれ好きな方向に軽く押せば、岩に地響きを立てさせながら谷に落とすことができる。もし人に「あなたの家が火事だ」と言えば、その人は走りだすだろう。刺激の中にはわずかのエネルギーしかないのに、彼が消費するエネルギーはとてつもない量になりうる。呼吸が荒くなることで身体の燃焼が早まり、それによる分だけ利用可能になるエネルギーが増える。ちょうど、かまどの通風口を開けるのと同じことだ。「生命的」運動は、このような不安定な均衡状態にあるエネルギーを消費する運動である。生化学者や生理学者、心理学者にかかわりがあるのはこの運動だけである。人間の研究に集中するときには、死せる物質の運動とまったく同様の運動は無視してよい。

生命的運動にとっての刺激は身体内にも身体外にもありえ、一度に両方あることもある。飢えは身体内部の刺激だが、おいしそうな食べ物を見ることと結びついた飢えは、内部と外部の二重の刺激である。理論的には、刺激の影響の仕方は物理学と化学の法則に従って決まることもありうるが、今のところほとんどの場合について、そう考えるのは敬虔な信仰以上のものではない。観察から分かるのは、行動が経験によって変化すること、すなわち間隔を空けて類似の刺激を繰り返すと、次第に異なる反応が生み出されていくということである。バスの車掌が「運賃をお願いします」と言っても、かなり幼い子供は何の反応も示さないが、大きくなるにつれて硬貨を探すことを学んでいく。そして成人すると、最終的には、意識的に努力せずとも求めに応じて必要金額を取り出す能力を獲得する。経験によって反応が変化するのは動物ならではの特徴である。さらに言えば、下等動物よりも高等動物により顕著であり、人間においてもっとも顕著になる。これは「知性」と密接に関連する話題であり、この点を検討して、ようやく外部の観察者の視点から知識を構成するものを理解できるようになる。そこで次章ではこの点を詳細に考察することにしよう。

大まかに言うと、すべての生き物の行為は生物学的存続、すなわち数多くの子孫を残すことを目指している。しかし最も下等な生物のレベルまで降りると、個体性と呼べるものはほとんどなく分裂によって増えるので、より単純な見方を採ることができる。一定の限界内ででではあるが、生物には自己を永続させ、都合のよい元素からなる他の物質との間で化学的合成物をやり取りするという化学的特性を持っている。よどんだ池に落ちる一つの胞子は、何百万という小さな植物性有機体を生み出すことができる。次にそれらの有機体によって、一匹の小さな生物の残した多くの子孫が小さな草の上で生きられるようになる。そして今度はそれらの生き物のおかげで、イモリやオタマジャクシ、魚といったより大きな動物が生きられるようになる。その結果この領域には、始めよりもはるかに多くの原形質が存在することになる。以上のことは確かに、生物の化学構造の結果として説明できるが、しかしこの純粋に化学的な自己保存と集団的成長は、生物の行動を特徴づけるものの中でも最下層に位置する。あらゆる生物は一種の帝国主義者であり、自分の周囲環境をできるかぎり自分自身とその種子へと変えようとし続ける。性別のない単細胞の有機体では自己と子孫の区別は発達した形では存在していないので、その区別を忘れることによって初めて理解可能になる事実が数多くある。そうした事実は人間の生活の中にすらある。進化の全体は、この生体の「化学的帝国主義」から生じると見なすことができる。人間はこの流れの（今のところ）最後の例であるにすぎない。人間は灌漑、耕作、採鉱・採石し、運河や線路を作り、ある種の動物を飼育し別種の動物を絶滅させることで、地球表面を変化させている。それらすべてによってどんな目的が達成されるかを、こうした活動から身を引き離した観察者の視点から問うてみれば、答えは一つの非常に単純な形にまとめられることが分かる。それは、地球の表面上の物質を可能なかぎり人間の身体に変えてしまうことである。動物の家畜化、農業、商業、産業主義は、この過程の一段階として起きたのである。地球上の人間の数を他の大型動物の数と、そしてかつての人間の数と比べてみれば、「化学的帝国主義」こそ人類がその知性をささげてきた主要目的であることが分かる。おそらく知性は、生命の量よりも質に関わる、より価値ある目的を理解できる地点に到達しようとしているが、まだそうした知性は少数派であり、人類的問題の動向を左右していない。私は、こうした状況が今後変わるかどうか予言するつもりはない。また、人間の数を最大化するという単純な目的を追求していったとしても、結局我々は、この惑星上で生命が始まって以来の全体的な流れと一体感を感じ、慰めを得ることになるだろう。

第3章　動物と幼児の学習過程

動物は生まれつき多様な反射を持っているが、出来事が起きる結果、それらの反射はまったく異なる一組の習慣へと変化する。この章ではこの変化の過程と法則を考察したい。犬は、他の誰より優先して主人に従うことを学ぶ。馬は、厩舎の中の自分の部屋を見分けることを学ぶ。乳牛は搾乳の時間に牛小屋に戻ってくることを学ぶ。これらはいずれも獲得された習慣であって、反射ではない。これらはその動物種が生まれつき持つ特徴だけでなく、当該の動物が置かれている状況にも依存する。動物が何かを「学ぶ」ということに、その動物にとって有益であろうとなかろうと、習慣が獲得されるあらゆるケースを含めることにしよう。私がイタリアで出会った馬たちはワインを飲むことを「学んで」いたが、とてもではないがこれは望ましい習慣だとは思えない。犬は、自分を手ひどく扱う者に襲いかかること、また整然かつ獰猛に相手を殺すことまで「学ぶ」ことがある。私は「学ぶ」という語を称賛を含むような意味ではなく、ただ経験の結果としての行動の変化を表示するためにだけ使うことにする。

動物の学習の仕方については、近年、おびただしい回数の忍耐強い観察と実験を伴う多くの研究がなされている。これまで調べられてきた問題については明確な結果が得られているが、一般的原理に関しては依然として多くの議論がある。おおむね言えることは、注意深く観察された動物はみな、観察を始める前から観察者が信じていた哲学を裏付けるように行動するということだ。それどころか、動物は観察者の国民性を表現しさえする。アメリカ人が研究した動物は、信じがたいほどの精気と活力を発しながら狂ったように走り回り、最後は偶然に望みの結果を獲得する。ドイツ人が観察した動物は沈思黙考し、ついにはその内的意識から答えを導き出す。この本の著者のように平凡な人間にとっては、これは残念な状況である。しかし私の見るところ、当然のように動物に課されている問題の種類は、それを課す人自身の哲学に基づいて決定されているのであって、おそらくこれが観察結果の違いを説明するのである。動物はあるタイプの問題にはある仕方で応答し、別のタイプの問題には別の仕方で応答する。それゆえ研究者が違えば得られる結果も確かに違ってくるが、それらは両立不可能ではない。ただ、一人で全領域を調査してくれることをあてにできる研究者などいないことは、やはり覚えておくべきである。

この章で我々が考察するのは、行動主義心理学に、また部分的には理論的生理学に属する問題である。それでも、知識と推論を客観的に研究するためには必要なので、この問題は哲学を適切に理解するために決定的に重要だと思われる。「客観的」研究とは、観察する者とされる者が同一である必要がない研究という意味であり、同一でなければならないときには「主観的」な研究と言われる。いま我々が考察しているのは「知識」を客観的現象として理解するために必要な事柄である。知識の主観的研究に関わる問題は後の章で取り上げたい。

動物の学習について科学的研究が盛んになったのはつい最近のことである。一九一一年に出版されたソーンダイク[9]の『動物の知性』を、ほぼその始まりと見なしてよい。ソーンダイクが発明した研究方法は、彼以降、事実上ほとんどすべてのアメリカの研究者に採用された。この方法では、動物は食物を見たり嗅いだりできるが、障害物によってそれらから遠ざけられている。だがこの障害はなんらかの拍子に乗り越えられるようになっている。たとえばつまみの付いたドアのある檻に入れられたネコが、たまたま鼻でこのつまみを押してドアを開けることがある。始めはネコは、ただ偶然に成果が得られるまで完全にでたらめに動き続ける。二回目には、同じ檻の中でネコはやはりでたらめな動きをいくらかするが、一回目ほど多くはない。三回目になるとさらに上手くやり、ほどなく無駄な動きを一切しなくなる。今日ではネコの代わりにラットを用い、檻ではなくハンプトン・コートの迷路の模型に入れることが習慣になっている。ラットは始めは間違った角を曲がってばかりいるが、しばらくすると、まったく間違わずに迷路を通り抜けることを学ぶ。ワトソン博士は、迷路の外の食物の臭いを嗅げるようにした上で一九匹のラットを繰り返し迷路に入れ、平均を採った。実験のどの回でも注意深く、動物が確実にかなりの飢えを感じるようにした。ワトソン博士は次のように言う。「一回目の試行では平均して一七分以上かかった。その間ラットは迷路を走り回り、行き止まりに突きあたったり出発点に駆け戻ってきては、再び食物を求めて出発し直したりした。周囲のワイヤーを噛み、体を掻き、床のあちこちの匂いを嗅ぐ。そしてようやく食物にたどり着いても許されるのは一口だけで、再び迷路に戻される。味見したせいで活動はほとんど狂騒的になり、これまでよりも早く走る。二回目の試行では、グループの平均は七分をわずかに超える程度である。四度目になると三分もかからない。ここから二三回目の試行までは、タイムは非常に緩やかに改善されていく。」三〇回目の試行では、必要とされた時間は平均で約三〇秒であった。[原註1] この一連の実験は、それが属する研究集団全体にとっての典型例と理解してよい。

檻と迷路を使った実験の結果、ソーンダイクは次の二つの「予備的法則」を定式化した。「結果の法則：同じ状況に対してなされる複数の反応のうち、その動物にとっての満足を伴うもの、あるいは直後に満足が得られたりするものは、他の事情が同じならば状況とかなりしっかり結びつく。そのため、同じ状況が再び生じたとき、その反応はきわめて生じやすくなる。その動物にとっての不満を伴うもの、あるいは直後に不満が感じられたりするものは、他の事情が同じならば状況と弱い結びつきしか持たず、同じ状況が再び生じてもその反応が再び生じる見込みは少なくなる。満足あるいは不快が大きくなればなるほど、結びつきもより強くあるいはより弱くなる。」

「訓練の法則：ある状況に対するどのような反応も、他の事情が同じなら、その状況に結び付けられた回数と平均的な強さ、そして結びつきの持続性に比例して、より強く状況と結びつけられる。」

大まかに言えば、これら二つの法則は次の二つの言明に要約できる。一、動物は快が得られることを繰り返す傾向がある。二、動物は以前にしばしば行ったことを繰り返す傾向がある。どちらの法則も意外ではないが、しかし後に見るように、これらが動物の学習過程を適切に説明するとする理論にはいくつか難点がある。

先に進む前に理論上の要点をはっきりさせておこう。ソーンダイクはその第一の法則で満足と不快について語っているが、それらは主観的心理学に属する語である。我々には、動物が満足を感じているかどうか、あるいは不満を感じているかどうかを観察することはできない。観察できるのは、そうした感情のしるしとして解釈するのが習慣であるような仕方で動物が行動することだけである。ソーンダイクの法則はそのままでは客観的心理学に属さず、実験的にテストもできない。だがこれは見かけほど深刻な批判ではない。満足をもたらす結果について語る代わりに、実際にソーンダイクが言及する特徴をもつ諸結果――すなわち、それらを再び生じさせるべく行動する傾向があるという特徴を持つ結果――を枚挙するだけでよい。迷路の中のラットはチーズを手に入れようと行動し、一度ある行為によってチーズに到達すると同じ行為を繰り返す傾向がある。チーズが「満足をもたらす」、あるいはラットがチーズを「求める」と言うことで意味しているのは、こうしたことだと言ってよい。つまりソーンダイクの「結果の法則」を、欲求や満足、不快についての客観的定義を与えるものとして使用すればよいのである。そこで法則は次のように書くべきである。「動物がそこへと到った行為を繰り返す傾向を持つような、そうした状況が存在する。動物が「欲求する」と言われ、「満足を見出す」と言われるのは、こうした状況についてである。」それゆえ、ソーンダイクの第一の法則に対する以上の批判はそれほど深刻ではなく、これ以上我々を煩わせるものではない。

ワトソン博士は、すべての動物と人間の学習を説明するのに十分な原理として一つしか考察しない。すなわち「学習された反応」の原理である。この原理は次のように述べることができる。

> 動物や人間の身体が二つのほぼ同時的な刺激を十分なだけ頻繁に受けたとき、かつては二つのうち後に起きる刺激によって引き出されていた反応が、先に起きる刺激だけで引き出されがちになる。

私はこの原理だけで十分だというワトソン博士の考えには同意できないが、これがきわめて重要であることには同意したい。これは「連合」の原理の現代版である。「観念連合」は哲学において、とくにイギリスの哲学で大きな役割を果たしてきたが、いまやそれはもっと広くかつ原始的な原理、すなわち身体的過程についての連合の原理の一帰結になるように思われる。今述べたのはこのより広い原理である。そこでこの原理を支持する証拠はどのような性格のものかを見てみよう。

連合するのが「観念」ではなく動作であるという事実のおかげで、この原理は古い原理よりもずっと広い場面で検証可能になっている。研究対象が動物の場合、観念は仮説でしかないが、動作なら観察できる。人間の場合でさえ、多くの動作は非自発的であり無意識的である。しかし動物の動作や人間の非自発的で無意識的な動作も、大半の意識的観念と同じく連合の法則には従うのである。たとえば次の例を取り上げてみよう（ワトソン著、三三頁［邦訳五九―六〇頁］）。瞳孔は暗闇では開き、まぶしい光のもとでは収縮する。これは非自発的で無意識的な行動であり、他人を観察しなければこれに気づかない。では人を一人連れてきて、その人にまぶしい光を繰り返し当てながらブザーを鳴らしてみよう。するといくらも経たないうちに、ブザーだけで彼の瞳孔を収縮させられるようになるだろう。これまで判明しているかぎりでは、すべての筋肉がこのようにふるまい、腺もまたテストできたものについては同様であった。「ブラスバンドのメンバーの前でレモンをかじれば、彼らの唾液腺に影響を及ぼして演奏をやめさせることができる」などと言われることがある。私はこの発言を実地に試みたことは一度もない。それは認めるけれども、しかしワトソンの著書の二六頁［邦訳五一―二頁］に、この発言に厳密に科学的に類比する、犬を用いた実験例を見ることができる。犬の口にチューブを取り付けて、その中を伝う唾液の時間当たりの量を測定できるようにする。犬に食物を与えると、それが刺激となって唾液が流れ出すが、それと同時に犬の左後ろ足の腿に触れてみる。一定期間そうすることで、食物を与えずとも左の腿に触れるだけでまったく変わらず唾液が分泌されようになる。同じことは内分泌腺に依存する感情についても成り立つ。新生児は騒音を怖がるが、動物を怖がりはしない。ワトソンは、一匹のラットがお気に入りの十一か月の子供を使った。二回ほど、その子がラットに触れた瞬間に頭のすぐ後ろでいきなり音を鳴らした。これだけで、それ以降その子にラットを怖がらせるには十分だった。これは間違いなく、犬やトランペット奏者の唾液腺とまったく同じように、その子の副腎は今では置き換えられた刺激によって刺激されているという事実によるものである。これまで挙げてきたいくつかの例は、連合の本質的な単位が「観念」ではないことを示している。「心」が無関係であるだけでなく、脳ですらかつて考えられていたほど重要ではない。少なくとも、高等動物の腺や筋肉（横紋筋と平滑筋の両方）が転移の法則に従って反応することは、実験的に確かめられている。「反応の転移の法則」とは、二つの刺激がしばしばともに与えられるとき、以前は一方の刺激によって引き出されていた反応がついには他方によって引き出されるようになる、という法則である。この法則は習慣の主要基盤の一つであり、また我々の言語理解にとっても明らかに本質的である。犬を見ることが「犬」という単語を引き出し、そして「犬」という単語が実物の犬に対する適切な反応を引き出すのである。

だが、学習には単なる習慣以外の要素もある。それはソーンダイクの「結果の法則」が取り上げていた要素である。動物には、快い帰結を持つ行為を繰り返し、不快な帰結を持つ行為を避ける傾向がある。しかし少し前に確認したように、「快」や「不快」は、客観的な観察によって検証できない語である。観察して検証できるのは、動物がある結果を持つ状況を実際に求め、別の結果を持つ状況を実際に避けるということである。さらには、大まかには自分と子孫を生き延びさせそうな結果を求め、逆方向の傾向をもたらす結果を避けるとも言えるが、これはつねに成り立つわけではない。蛾は炎を求め人は酒を求めるが、どちらも生物学的に有用ではない。動物は環境に対し、生物学的観点からみて利益になる仕方でふるまうよう調節されているのだが、それは長期的に偏在している状況においてであり、また近似的にのみ言えることである。実際、生物学的効用が説明のために利用されることは決してなく、動物の行動様式に頻繁に見られる特徴として気づかれるにすぎない。

ワトソン博士は、ソーンダイクの「結果の法則」は必要ないという意見である。ワトソンは当初、習慣を説明するのに必要なのは頻度と近接という二要因だけだと示唆していた。

ソーンダイクの「訓練の法則」は頻度を取り込んでいるが、しかし近接も本物の要因であることはほぼ確実であるのに、ソーンダイクの二つの法則はそれを取り込んでいない。近接とは、数多くのランダムな動作をした末にようやく成功した場合、二回目に試行する際には動作のうちのより最近のものの方が、先に行われたものよりも早く反復されるということである。しかしワトソン博士は、最終的には習慣形成をこのやり方で扱うことをやめ、「条件づけられた反射」あるいは「学習された反応」という一つの法則を支持した。彼は次のように言う（『行動主義の心理学』、一六六頁〔邦訳二五四―五頁〕）。

「この問題に関心を持った心理学者は二、三人しかいない。嘆かわしいことに、心理学者の大半はここに一つの問題があることにすら気づいていない。彼等は、親切な妖精が形成済みの習慣を授けてくれると信じているのだ。たとえばソーンダイクは、成功した動作の際に刻印される快と、不成功の動作を根絶する不快について語る。心理学者の多くも、脳内での新たな回路の形成について多弁を弄する。それはあたかも、そこにヴァルカンの小さな召使たちがいて、ハンマーとのみを手に神経系を駆け回り、新しい塹壕を掘ったり、古い塹壕を深くしているかのようである。そんなやり方で設定されてしまうとき、問題が解決できるかどうか怪しいと私は思う。習慣形成の全過程を見通すもっと単純な仕方があるはずで、そうでなければ問題は解決できないまま終わるかもしれないと思われる。条件づけられた反射の仮説が心理学に登場し、あらゆる単純化（単純化しすぎではないかとしばしば恐れさえするが！）をもたらして以来、私は別の角度からこの問題に取り組むように自分の咽頭のプロセス〔他の人々はそれを「思考」と呼ぶ〕を刺激し続けている。」

習慣形成について通常与えられている説明がきわめて不適切であること、そして問題の重要性や難しさを認めている心理学者が少ないことについては、私はワトソン博士に同意する。また彼の条件づけられた反射の公式で扱えるケースがかなり多いことにも同意しよう。彼は、熱くなったラジエーターに一度触れただけで、その後二年間それを避け続けた子供の例を挙げ、こう付言する。「もし古くからのならわしとなった言い方を使わなければならないとすれば、この例では、一回の試行で形成された習慣を手にしたことになるはずだ。だとすれば、この場合は、「成功した運動の刻印」も「不成功の運動の根絶」も存在しないことがありうるわけである。」彼はこのような例に基づき、条件づけられた反射の原理から習慣形成の全体を導き出せると考える。その原理を、彼は次のように定式化する。（二六八頁〔邦訳二五七―八頁〕）。

今は、刺激Xは反応Rを引き出さず、それを引き出すのは刺激Yだろう（非条件づけられた反射）。だが、まず刺激Xを提示し、そのすぐ後でYを提示する（そしてそれがRを引き出す）なら、それ以後XはRを引き出すだろう。言いかえれば、その後ずっと刺激XがYに取って代わるのである。

この法則はあまりに単純かつ重要であり、そしてあまりに広範に正しいため、ちょうど一八世紀の物理学者たちがすべてを重力で説明しようと試みたのと同じように、その射程が過大評価される危険性がある。しかしすべてを説明するものと見なす場合、この法則は二つの反例によって損なわれるように思われる。第一に、法則によれば習慣が備わるはずなのにそうならない場合がある。第二に、現時点で判明しているかぎりでは異なる出自を持つとされる習慣がある。

第一の論点から始めよう。「コショウ」という単語が人にくしゃみをさせることはないが、法則によればそうならなければおかしい[原註2]。おいしそうな食べ物を言葉で描写すれば唾液が出るし、官能的な表現には、それが示唆する状況のせいで起きるであろうようなある種の効果がある。しかしどんな語をもってしても、くすぐりに対する反応やくしゃみが生じることはないだろう。ワトソンが示している図（二〇六頁［邦訳一七一頁、第二〇図］）には、条件づけられた反射の元にならないと思える反射が四つある。くしゃみ、しゃっくり、まばたき、そしてバビンスキー反射[10]である。ただしこの中で、まばたきは実はそれ自身が条件づけられた反射かもしれないと示唆されている（九九頁［邦訳一六〇―一頁］）。取って代わった刺激によって生じうる反応もあればそうでない反応もあるという事実を、直截的に説明することもできるのかもしれないが、そうした説明は一つも出されていない。

それゆえ定式化通りのままでは、条件づけられた反射の法則は広すぎ、またどんな原理でそれを制限すべきかもはっきりしないのである。

ワトソン博士の習慣の法則に対する第二の批判は、もしそれが妥当であるなら第一の批判よりもずっと重要なのだが、しかし妥当性にはかなり議論の余地がある。単なる偶然によって成功に至るでたらめな行為ではなく、物理的解決の準備として問題を「心的」に解決することを含む「洞察」から発する行為によって、問題が解決されるような場合があると強く主張されている。これはとくに、「ゲシュタルト心理学」ないし形態心理学を支持する人々の見解である。学習という主題に関する彼等の態度の典型例として、ケーラー[11]の『類人猿の知恵試験』を挙げることができる。一九一三年にケーラーは何匹かのチンパンジーを連れてテネリフェ島に赴いた。戦争のため、彼らとともに一九一七年までそこに留まらなければならなかったが、おかげで研究の機会が大幅に増えた。彼が不満としたのは、アメリカの研究者たちが課した迷路と檻の問題が、知性によって解決できないようなものであることだった。アイザック・ニュートン卿ですら、ハンプトン・コートの迷路から脱出するには試行錯誤するほかないだろう。これと対照的に、ケーラーは自分のチンパンジーたちに、彼が［原註3］「洞察」と呼ぶものによって解決できるような問題を課した。手の届かない高さにバナナを吊るし、さらにその近くに箱を置き、上に乗れば果物に手が届くようにした。バナナを取るためには、チンパンジーは箱を三つ、時には四つも積み重ねなければならなかった。続いてケーラーは檻の格子の外にバナナを、中には棒を置いておき、棒を取って手を伸ばせばバナナを取れるようにした。ある時のこと、ズルタンという名の一匹のチンパンジーが二本の竹の棒を手にしたが、どちらも短すぎてバナナに届かない。むなしい努力の後しばらく沈思黙考したズルタンは、短い方の棒をもう一方の穴にはめ込み十分な長さの一本の棒を製作したのだった。しかしケーラーの説明からすると、彼はまず多少偶然に二本をつなぎ、その後ようやく初めて解決が得られたことを認識したようだ。しかしそれでも、二つをつないで一本の棒にできると一たび認識したときのズルタンの行動はまったくワトソン的ではない。もはやためらいはなく、はっきりとした成功がまずは予測され、次に行為を通じて達成される。彼は自分の新しい技法に喜ぶあまり、一本も食べずにたくさんのバナナを檻の中に引っ張り込むほどだった。事実、彼は機械を手にした資本家としてふるまったのである。

　ケーラーは言う。「我々は自分の経験に基づいて、状況の諸特徴を考慮することから始まる行為と、そうではない行為を明確に区別できる。我々が洞察を持ちだすのは前者の場合だけである。また、動物の行動のうちはっきり知性を示すのは、始めから地上の状況を考慮に入れ、それを滑らかで連続的な手順で扱うことへと進む行動だけである。したがって従うべき指示はこうである。フィールドの構成全体に対する言及を伴う、完全な解決の成立を洞察の基準として設定せよ。」

ケーラーによれば、真の問題解決は繰り返しによって改善されはしない。解決は最初の機会ですでに完璧であり、発見の興奮が消えるとき、反復によってどちらかと言えば劣化するのである。チンパンジーの努力についてケーラーが与えた説明の全体からは、迷路中のラットの説明とはまったく異なる印象が得られる。そしてそこから、アメリカの研究は一つのタイプの問題に専念して一つのタイプの結論を引き出し、それが動物の学習という問題の全体に当てはまると信じたために、いくらか損なわれてしまったのだと結論したくなる。学習には、一つは経験によるもの、もう一つはケーラーが「洞察」と呼ぶもの、この二つの方法があるように思われる。大半の脊椎動物は経験による学習ができ、分かっているかぎりでは無脊椎動物にも稀ながらできるものがいる。反対に、「洞察」による学習は、類人猿より下等などの動物にもあるとは知られていない。ただし、イヌやラットをどれだけ観察してもそれは見つからないと結論するのは、性急に過ぎるだろう。たとえばゾウのように、かなり知性的かもしれないのに、それを用いた実験が実際上きわめて困難かつ多額の費用がかかるため、不運なことにしかるべき時が来るまで多くが知られそうにない動物がいる。だが真の問題はケーラーの本ですでに十分明確にされている。すなわち、条件づけられた反射の方法と対照的なものとしての「洞察」を分析することである。

まずは、行動しか引き合いに出さずに問題を記述する場合の、その本質を明らかにしておこう。飢えたサルは、バナナの十分近くにいるとき、普段通りの状況でこれまでバナナを手に入れてきたのと同様の行動をとるだろう。ここまではワトソンの説明ともソーンダイクの説明とも一致する。だがこうした身についた行為が失敗する場合にはどうなるだろうか。もし長い間何も食べずにおり、健康に問題がなくあまり疲れてもいないなら、サルはそれとは別の、これまで決してバナナが得られなかった行為を始めるだろう。ワトソンの意見に従おうとする人は、これまでの状況下では一連の諸動作の末にバナナにたどり着いたわけだが、そうした手持ちの駒としての各動作をつなぎ直して新しい行為が形成されるのだと、こう考えるかもしれない。一方ソーンダイクなら、途方に暮れて動物たちはでたらめに行為し、まったくの偶然で解決されるのだと考えるかもしれない。ただし、第一の仮説においてさえ偶然は非常に大きな要因となっている。行為A、B、C、D、Eの各行為が、先立つ状況では成功裡に終わった一連の諸行動の部分だったとしよう。だが、初めて目にする状況で、AからEのすべてを正しい順で実行しなければならなくなったとすると、もし単に偶然に任せてそれらを並べるのであれば、チンパンジーはよほど運に恵まれないかぎり、正しい順でそれらを実行する前に餓死するのは目に見えている。

対照的にケーラーは、自分のチンパンジーが偶然的な部分から解決策を作り上げるのではないことは、誰の目にも明らかだと主張する。彼は次のように言う（一九九―二〇〇頁［邦訳一八七―八頁］）。

「実験状況に置かれたときに、偶然に任せて様々な動作をやってみれば、その中からまぐれで解決が生まれるかもしれない。チンパンジーがこんなことをする性格でないのは確かである。チンパンジーが、状況に照らせば偶然的と考えざるをえないようなことを試みているところなど、滅多に見られない(もちろん、関心が目標から別のものへと逸れたときは別である)。チンパンジーの行動は複数の段階に区別できるが、努力が目標に向けられているかぎり、行動の諸段階はいずれも解決を目指した完結した試みとして生じる傾向にある。そのどれもが、部分を偶然的に並べてできたようには見えず、とりわけ最終的に成功する解決について、それは真である。解決がしばしば、困惑したり沈黙したりする期間(あるいはしばしば探索の期間)を経てのものなのは確かだが、実際の説得力のあるケースでは、解決は決して盲目的な衝動のように無秩序に生じたりはしない。解決は一つの連続的で滑らかな行為であって、部分に分解できるとしても、それは観察者の想像力によるものでしかない。行為そのものにおいては部分が独立に生じることはないのである。しかし解決の全体が、これまで記述してきたような「本当の」解決がなされる多くの場合で、単なる偶然から生じたに違いないなどと想定することも、まったく許容できない。」

このように、表立ってなされた行動に関するかぎりでは、我々が初めに取り上げたタイプの理論を領域全体の説明と見なすなら、それに対しては二つの批判がなされることは、確かな事実だと考えてよい。第一は、偶然の学説が正しいなら解決までかなりの時間がかかるはずなのに、ある種の場合にはかなり早く解決されるということ。第二は、解決が一つの全体として生じること、すなわち動物は一定期間静止した後で、突如として一連の行為を正しい順で、滑らかにためらいなく行うということである。

人間に関しては、動物の場合ほどいいデータを手に入れるのは難しい。自分の子どもたちが飢えさせられ、部屋に閉じ込められる。部屋にはバナナがあるが、それを取るにはテーブルの上に椅子を乗せ、さらにその上に踏み台を乗せ、骨を折ったりしないよう気をつけてそこに登らなければならない。あるいは、自分の子どもがハンプトン・コートの迷路の中央に置かれ、迷路の外では夕食がしだいに冷めていく。人間の母親たちがそんなことを許すわけがない。たぶんそのうち国家が政治犯の子供を使ってそうした実験を行うだろうが、まだ今のところ、おそらくは幸運なことに、権力者たちは科学にそれほど興味を持っていない。しかし人間の学習にはワトソンが記述した種類とケーラーが記述した種類の両方があることを観察することはできる。単語にかぎれば、私は発話がワトソン式に学習されるとすることに納得している。単語はしばしば試行錯誤によって学習され、この試行錯誤は、ある程度成長した段階では暗黙的だが、初期段階では表立ってなされる。完全に発話できるようになるまで表立って試行錯誤する子どももいる。しかし文の発話になった段階ですでに、全体の把握抜きに説明することははるかに難しくなる。この全体の把握に重きを置くのがゲシュタルト心理学である。学習の後の方の段階では、ケーラーのチンパンジーに訪れたような突然の明察は、まじめな学生なら誰でもよく知る現象のはずだ。しばらくまごつき戸惑った後で、ある日、突きつめれば代数とは何なのかを悟る。あるいは本を書いているときに私自身経験することだが、しばらく口ごもったりためらったりしているうち、突然本の全体が見え、あとは完成した原稿をまる写しするように書き下ろせばよいだけ、ということがある。これはけっして誰にでもあることではないにせよ、よくある経験なのは承知している。

もしこうした現象まで行動主義心理学の射程内に収めるべきなら、それは「隠れた」行動によるものでなければならない。「自分自身に語る」という形でワトソンはよくそれを用いるのだが、類人猿ではそんな形を取りようがない。そしてそれを「思考」と呼ぶにせよ呼ばないにせよ、「隠れた行動」でうまく行くことを説明するためには、なんらかの理論が必要になる。おそらく、ワトソンの議論の方向に沿ってそうした理論を作ることもできるだろうが、しかし現時点で作られていないのも確かである。ケーラーの観察に見られるような発見を満足のいく仕方で説明するまでは、行動主義者のテーゼは証明されたとは言えない。後の章でまた、以上の問題に取り組むことになる。今のところは考えを固めずにいることにしよう。

原註1　ワトソン著『行動主義の心理学』、一六九―七〇頁〔邦訳一五九頁〕。

原註2　ワトソン博士は、コショウの瓶を見たときにくしゃみをすることを赤ん坊に教えたいと思っているようだが、まだ実現できていない。『行動主義の心理学』、九〇頁参照〔邦訳一四八頁〕。

原註3　「バナナ」という語は学習された仕事にとっては粗野に過ぎるためか、ケーラーはそれを「目標」と呼ぶ。しかし図から、明らかに「目標」は単なるバナナである。

第4章　言語

伝統的な哲学は、言語という主題を十分注意深く研究してきたとは言い難い。言葉は当然「思考」を表現するために存在するとされ、さらには「思考」は言葉が「意味する」ものであると「対象」を持つことまで当たり前のこととするのが一般的であった。言語によってそれが「意味する」ものを直接扱うことができると考えられ、また言葉に関して想定されている二つの性質、すなわち思考を「表現する」ことと物を「意味する」ことの性質のどちらについても慎重な分析は必要ないと考えられていた。哲学者は言葉で意味される対象を考察しようとしたが、実際は言葉の考察でしかないこともしばしばであったし、また言葉を考察するにしても、哲学者たちは多少無意識的に、単語は単一の存在者だとする間違った想定を持っていた。実のところ単語は、大なり小なり類似する出来事の集合なのである。伝統的哲学の難点の多くは明らかに、言語の考察に失敗したことに起因する。私自身の考えでは、言語を身体的習慣とし、フットボールや自転車と同じように学ばれるものとして扱うとき、初めて「意味」は理解できる。ワトソンと同じように、このように扱うことこそ満足のいく仕方で言語を論じる唯一のやり方だと思われる。言語の理論こそ、行動主義を支持する最も強力な論点の一つだと私は確信している。

人間はたとえば火を使うことや服を着ること、農業、そして道具を使うなど、多くの点で他の動物たちより優れている。家畜ならアリも飼うので、家畜の所有はそこに含まれない。しかしこのどれよりもはるかに重要なのが言語である。いつどのようにして言語が発生したのか、あるいはチンパンジーが話せないのか、それは分からない。書き言葉と話し言葉のどちらがより古い言語のあり方なのかすら、分かるかどうか怪しいところである。クロマニョン人が洞窟に描いた絵は、意味の伝達を意図した一種の書き言葉だったのかもしれない。書き言葉が絵から発展したことは歴史的に記録された時代に起きたことなので分かっていることである。しかし有史以前に、絵がどれくらい情報や要求の伝達手段として使われたかは分かっていない。話し言葉について言えば、それはたんなる感情の表現ではない点で動物の鳴き声とは異なる。動物は恐れから、あるいは食物を見つけた喜びを表現して鳴くなどし、そうした鳴き声によってそれぞれの行為に影響を与えあう。しかし動物は感情以外の何かを表現する手段を持っているようには見えないし、実際に感じている感情しか表現しないように見える。語ることに比すべき何かを動物が持っている証拠はない。それゆえ、言語こそは人間の特権であり、おそらくは我々が「愚かな」動物よりも優越している習慣の、その最たるものだと言っても誇張にはならないだろう。

言語の研究には始めに考察すべき三つの問題がある。第一に、物理的事象としては、言葉はどんなものなのか。第二に、どんな状況が一つの語を用いるよう導くか。第三に、ある語を聞いたり見たりした結果はいかなるものか。だが、第二と第三の問題については考察の対象を語から文へと移さざるをえなくなり、おそらくはゲシュタルト心理学の手法が必要となる新しい問題に直面するだろう。

普段使われる言葉には、話され、聞かれ、書かれ、読まれたものの四種類がある。我々がこれら以外の言葉を使わないのは、もちろん取り決めによるところが大きい。手話だってあるし、フランス人が肩をすくめるのも一つの言葉である。それどころか、社会的な使用法がしかるべく定められさえすれば、外から知覚できるどんな身体動作も言葉になりうる。しかし、話すことを最高位につけるという取り決めにはよき根拠がある。というのは、かくも素早く労せずに多くの知覚可能な異なる身体動作を生み出す方法は他にないからである。政治家が手話で演説すると、どうしようもなく冗長になるだろう。あるいはすべての語が、肩をすくめるのと同じくらい筋肉の負担を必要とするなら、疲れ果ててしまうだろう。話す、聞く、書く、読む以外の言語の形式はいずれも、比較的重要度が低く、特別な心理学的問題を発生させもしないので取り上げないことにしたい。

話された語を作りあげているのは、呼吸をともなう喉と口の動作の系列である。そうした動作の系列が二つあるとき、それらがきわめて類似するならば同じ語の複数の事例でありうる。ただし、意味の異なる二つの語が同じように聞こえることもあるので、そうでない可能性もある。一方、二つの系列がそれほど類似していない場合は、それらは同じ語の事例ではありえない（ここで私は一つの言語に話を限定している）。したがって、たとえば「犬（ドッグ）」のような単一の話された語は、互いにかなり類似性のある身体動作の系列からなる集合であり、それは、「犬」が発話される状況の数と同じくらい多くの数の要素を持つのである。事象が「犬」という語の事例となるためにはどの程度の類似性が必要になるか、それを正確に特定することはできない。「ドゥグ」と発音する人がいるが、これは間違いなく通じる。ドイツ人は「トク」と発音するかもしれないが、この場合は我々は首をかしげだすはずだ。限界的な事例になってくると、ある語が話されたかどうかすら確信できない。一つの話された語は、飛んだり跳ねたり走ったりすることと同じく、明確な境界のない身体行動の形式なのである。競歩競技で、ある人が走っているか歩いているかを決めるのに審判が大いに苦労することがあるのと同じように、ある人が「犬（ドッグ）」と言っているのか「波止場（ドック）」と言っているのかが決められない場合がありうる。それゆえ、話された語は一般的であるだけでなくある程度曖昧なものなのである。

我々は普通、話された語と聞かれた語の関係を分かりきったものと理解している。「私の言っていることが聞こえますか」と尋ねれば、尋ねられた人は「聞こえます」と答える、と。しかしもちろんこれは一つの幻想であり、世界に関して無反省な見方をする素朴実在論の一部である。我々は決して語られたことを聞いているわけではない。聞いているのは、語られたことと複雑な因果的つながりを持つ何かである。始めに、話し手の口から聞き手の耳に届く音波という純粋に物理的な過程がある。次に、耳および神経上の複雑な過程があり、続いて脳内の出来事がある。この出来事は音を聞くことと関係するが、この関係のあり方については後に検討する。ただいずれにせよ、我々が音を聞くことと同時的であるのは、この出来事なのである。話された語と聞かれた語の物理的な因果的結合は以上である。しかしこれとは別に、もっと心理的な種類の結合がある。ある人がある語を発するとき、彼はその語を自分で聞きもする。そのため、話し方を知る者すべてにとって、話された語と聞かれた語は密接に連合するようになる。また話し方を知っている人は、自分の言語に属する任意の語を聞いたときに、それを発することもできるのだから、連合関係は［話すから聞く、聞くから話すという］両方向に対して同じようにうまく機能するのである。この連合関係がなじみ深いせいで、普通の人々は話された語と聞かれた語を同一であるとする。しかし実は、これらの間には幅広い裂け目があるのだ。

　聞かれた語と話された語が同一でなくとも話すことはその役を果たせるし、またそれらは同一ではありえない。しかし異なる語を発するときには異なる語が聞こえなければならず、また二つの状況で同じ語を発するとき、それらの状況で聞かれる語はおおよそ同じでなければならない。このうち、第一の条件は耳の感受性と話者からの距離に依存しており、二つの非常に似た語が発されるときに話者からの距離があまりに遠いとそれは聞き分けられなくなる。第二の条件は物理的条件の一様性に依存しており、日常的な状況ではいつも実現されている。しかし、一定の音にだけ共鳴するような道具に話者が囲まれているときには、声の一部の音しか伝わらず、別の音は失われるかもしれない。こうした場合、話者が同じ語を異なる抑揚で発すると、聞き手が同じ語であることをまったく認識できないこともあるだろう。このように、話すことの効力は数多くの物理的条件に依存している。しかし、言語という話題のより心理的な部分にできるだけ早く到達するために、以上のことは当然だとしておこう。

書かれた語と話された語は、その物質的構造を異にする。話された語は、時間順序を本質とする物理的世界内での過程であるが、書かれた語は、空間的順序を本質とする物質片の系列である。「物質」の意味が何であるかは後の段階で詳しく論じるべき問題であり、今のところは、書かれた語の物質的構造は、話された語を構成する過程と違って、長時間——時には数千年にもなる——持続しうることを押さえておけば十分である。さらには、書かれた語は周りにいる人にだけ向けられているのではなく、世界中に伝えるために書かれることもありうる。これらが書くことが話すことに対して有する二つの大きな長所である。あるいは少なくとも最近まではそうだった。ラジオの登場に伴い、今では全国の人に向けて話すことができるようになり、書くことはその優越性を失いつつある。永続性に関してさえ、話すことは書くことと肩を並べるかもしれない。法的書類の代わりに音声で記録し、契約の当事者双方が声でサインするようになるだろう。ウェルズ(12)の『眠りから覚めるとき』のように、本はもはや印刷されず、レコードの形にまとめられるだけになるかもしれない。こうした場合、書く必要はほとんどなくなるかもしれない。だが憶測はこれくらいにして、今日の世界に戻ることにしよう。

書かれたあるいは印刷された語とは対照的に、読まれた語は、話された語や聞かれた語と同じく消えやすいものである。光の下で、書かれた語が正常な眼と適切な空間関係にあるとき、その語は眼にある複雑な影響を与える。この過程のうち、眼の外で生じる部分を探究するのが光学であるのに対し、眼の中で生じる部分は生理光学に属する。この過程に続いて、まずは視神経内で、次に脳内である過程が生じる。脳内の過程は視覚と同時的である。この過程が視覚に対して同時性に加えてさらにどのような関係を持つかは、多くの哲学的論争がなされてきた問題である。我々は後にこの問題に戻ることにする。書くことの因果的効力に関する問題の本質は、書くという行為は疑似‐永続的な物質的構造を生み出し、この構造がその持続期間の全体を通じて、それと適切な位置関係にある正常な眼にきわめて類似した諸結果を生みだすこと、そして話す場合と同じように、異なる語を書くことによって読まれる語の違いが導かれ、同じ語を二度書くことによって同じ読まれた語が導かれること——ここにも明らかに限界はあるが——、この二点にある。

しばしば不当に無視される言語の物理的側面については以上である。これから心理的側面に取り組むことにするが、これこそ本章での本当の関心事である。

語と区別されるものとしての文が提起する問題を除けば、我々が答えるべき問いは次の二つである。一、語を聞くという刺激によっていかなる行動が起きるか。二、いかなる状況が我々を刺激し、ある語を発するという行動をさせるのか。私がこの順で問いを並べたのは、子供は自身で言葉を使うことより先に、他人の言葉に反応することを学ぶからである。「人類の歴史の上では、初めに話された語は初めに聞かれた語に少なくとも数分の一秒は先行したはずだ」と批判されるかもしれないが、しかしこれはあまり関係がない。あるいは確実に正しいわけではない批判である。聞き手にとっては意味があるが、話し手にとっては無意味な音もありえ、その場合それは聞かれた語であるが話された語ではない（「意味」ということで私が何を意味しているかについては、すぐ後で説明したい）。フライデーの足跡は、ロビンソン・クルーソーにとっては意味があるが、フライデーにとってはそうではない。たとえ仮に批判者の言うとおりだったとしても、それは人類学上の非常に仮説的な部分を含むだろうし、そうした部分は避けたほうがよい。そこで、現在の人間の乳児に観察しうるものとしての言語学習を取り上げたい。そして分かっているかぎりでは、人間の乳児は自分で言葉を発する能力を身につける前に、他人の言葉に対して明確に反応するのである。

　子供が語の理解を学ぶとき、それは他のいかなる身体的連合過程の学習ともまったく変わらない。子供にいつも「ビン」と言いながら哺乳瓶を与えると、一定の限界はあるものの、やがて子供はそれまで哺乳瓶に対していたのと同じように「ビン」という語に反応するようになる。これは前章で考察した連合法則の一例にすぎない。連合が確立したとき、親は子供が「ビン」という語を「理解した」、あるいはその語の「意味」を知ったと言う。もちろん語は、本物の瓶が持つすべての結果を持つわけではない。語は引力を働かせず、また栄養にもならない。それで子供の頭を叩くこともできない。語と物が共有するのは、連合ないしは「条件づけられた反射」、あるいは「学習された反応」の法則に依存するようなものだけである。それらを「連合した」あるいは「ムネメ的」結果と呼ぶこともできるだろう。後者は、ゼーモン(13)の著書『ムネメ』からとった名前である。[原註1]この書でゼーモンは、記憶に類するすべての現象からさかのぼった結果、連合あるいは「条件づけられた反射」の法則とさほど異ならない法則に到達した。

　考慮される結果の集合は、もう少し精確にすることができる。ある物理的対象が中心となり、そこからさまざまな因果連鎖が拡がっていく。もしジョン・スミスがその対象を見ることができたなら、その対象から放たれる因果の鎖の一つは次の諸出来事からなることになる。まず、対象からジョン・スミスの眼まで届く光波（あるいは光子）。次にスミスの眼および視神経上の出来事。それからスミスの脳内の出来事。そして（おそらく）スミスの側での反応である。ところで、ムネメ的結果は生体内での出来事にのみ属する。それゆえ、哺乳瓶の惹き起こす結果のうち、スミスが「ビン」という語を聞くことと連合しうるのは、その身体の中で生じる結果か、あるいは哺乳瓶に対する彼の反応の帰結となる結果だけである。またそれらの中でも、特定の出来事しか連合しえない。栄養摂取は身体内で起きることだが、「ビン」という語は栄養になりえない。条件づけられた反射の法則には確認できるようないくつかの制約があるが、そうした制約の下でも、この法則は語の理解の説明に必要なものを与えてくれる。子どもは哺乳瓶を見ると興奮するようになるが、これがすでに一つの条件づけられた反射であり、その視覚が食事に先立つという経験に基づくものである。条件づけがもう一段階進むと、子供は「ビン」という語を聞くと興奮するところまで成長する。このときその子はその語を「理解した」と言われるのである。

　だとすれば、人が聞いた語を理解するのは、条件づけられた反射の法則が適用されるかぎりで、その語の結果とそれが「意味する」とされる物の結果とが同じであるときだと言えるだろう。これはもちろん、「ビン」のように何らかの具体的な対象やその集まりを表示する言葉についてのみ言えることである。「相互関係」や「共和主義」といった語の理解はもっと複雑な事柄であり、文を扱うまでは考察できない。しかし文の考察に入る前に、使われた語を聞くことの帰結とは対照的な、我々に語を使わせる状況について検討しなければならない。

　ある語を口にすることの方が、それを用いることよりも難しいものだが、ただし、「マーマ」や「ダーダ」のように、言葉だと分かる前から乳児が口にする二、三の単純な音の場合にはそれはあてはまらない。どの赤ちゃんもランダムに多くの音を出すが、これら二つはその一種である。母親の前で子どもが偶然「マーマ」と口にするとき、母親はその音が何を意味するかを子どもは知っていると思い、その子が喜ぶような仕方で喜びを露わにする。こうした状況では［音を発した］結果が快いので、ソーンダイクの結果の法則に従って、その子はしだいに母親が目の前にいる時にこの音を発する習慣を獲得していく。しかしこのようにして獲得される語は非常にわずかでしかない。大半の語は、まずは両親が意図的に早い段階で子どもが語から物を連想するようにしておき――生まれたての頃を除き、そのすぐ後から行われる――、子どもはそうした連想を伴う語を模倣することにより語を獲得するのである。語を自分で使うことは明らかに、その語の音から意味を連想することと以上の何かを含んでいる。犬は多くの語を理解するし、乳児は自分で言えるよりはるかに多くの語を理解する。乳児がしなければならないのは、聞いた音に似た音が出せること、そして出すことが有益だということ、これらを発見することである（この主張は字義どおりに理解すべきではない。さもなければ、あまりに理性主義的になりすぎてしまう）。そうしたことを乳児が発見できるとすれば、それはその子が話そうと意図せずにランダムに音を出すときである。こうして乳児はしだいに、自分が聞いたのと似た音を出せること、そしてその結果はおおむね快いということに気づいていく。両親は喜ぶし、望みの対象も手に入る。そして——おそらく中でも最も重要なことだが——偶然ではなく意図して音を発したという力の感覚がある。しかし、こうした過程のどこをとっても、ラットが迷路を学習することと本質的に異なることは何もない。ここでの学習の仕方はケーラーの類人猿よりもラットに似ている。なぜなら子供に物の名前を発見させるのには、迷路と同様に経験だけが唯一可能な導き手なのであって、知性の出番はまったくないからだ。

話し方を学ぶときにも条件づけ過程は進行するが、それは他人が言ったことを理解するときとは反対方向に働く。話し方を知っている人は、ネコに気づいたときには「ネコ」という語が自然に口をついて出る、という仕方で反応する。実際に声には出さないかもしれないが、その場合でもその行為へと向かう反応はしているのであり、ただ何らかの理由があって明示的に行為が実現しなかっただけである。あるいは実際にネコを見ず、ネコについて「考えた」せいで「ネコ」という語を発することも確かにあるかもしれないが、しかしすぐ後に見るように、これも条件づけ過程がもう一歩進んだ段階にすぎない。私に理解できたかぎりでは、文と対比されるものとしての単語の使用は、迷路中の動物に適用される原理によって完全に説明できるのである。

分析に反対する偏見を持つ哲学者たちは、文［の理解］が先行するのであり、単語の理解はそのあとだと言い張る。これとの関連で、彼らはいつもパタゴニア人たちの言語を引き合いに出すのだが、彼らに反対する者はもちろんそんな言語のことは知らない。パタゴニア人は、「私は西の丘の向こうの湖に釣りに行くつもりだ」というあなたの発言を理解できるが、「釣り」という語自体は理解できない（この例は空想上のものだが、しかしどんな主張がなされているかはこれで分かる）と言われる。パタゴニア人が特殊なのだ、ということはありうる。いや、実際そうに違いない。さもなければ彼らもパタゴニアに住もうとはしなかっただろう。しかし、トマス・カーライルとマコーレー卿[14]を例外として、文明国の乳児たちがそんな風に行動しないのは確かである。カーライルは三歳になり、弟が泣いているのを聞いて「ちびのジャック、どうしたの」と言うときまで一言も話さなかった。マコーレー卿がはじめて話したのは、パーティーでお茶をこぼしてしまった時に、しばらくしてパーティーの女主人に「ありがとうございます、マダム。苦しみが軽くなりました」と言ったときだった。彼は、「苦しみを感じているときに、そのことを歌って告げることで［話すことを］学んだ」のだった。だがこれらは伝記作家に関わりのある事実であって、乳児期での話し始めに関する事実ではない。注意深く観察されたすべての子供では、文は単語のずっと後で登場するのである。

子供は、始めのうちは音を出す能力も限られているし、また少ししか関連づけを学んでいないという点でも限界がある。私には確かなことだと思えるのだが、「マ－マ」や

「ダーダ」がその意味を持つのは、それらが乳児が初期段階で自発的に発する音であり、そのため大人が意味を割り当てるのに便利な音だからだ。まさに話し始めたちょうどその時には、大人の模倣ではなく、自発的に発した音が好ましい結果を持つという発見がある。模倣が登場するのはもっと後、音が「意味」というこの性質を持ちうることを子供が発見した後である。模倣の際には、ゲームをすることや自転車に乗ることを学ぶときに含まれている技術と、どこまでも類似した技術が用いられる。

以上の意味の理論は、単純に定式化できる。条件づけられた反応の法則によってAがCの原因になったとき、AをCに「連合した」原因と、そして、CをAに「連合した」結果と呼ぶことにしよう。ある人にとって、聞いた語AがCを「意味する」のは、語Aに連合した結果がCに連合した結果にきわめて類似しているときだと言うことにする。さらに、Aの発話がCに連合した結果の一つであるか、または以前にCに連合していた何かに連合する結果であるとき、その人がAを発話すると、それはCを「意味する」と言うことにしよう。話をより具体的にすれば、「ピーター」という語がある人を意味するのは、「ピーター」という語の聞き取りに連合した結果が、ピーターを見ることに連合した結果にきわめて類似しているとき、および「ピーター」という語の発話の連合した原因が、以前はピーターその人に連合していた事象であるとき、これらのときである。もちろん、経験が複雑さを増すにつれて、この単純な図式は上書きされ見通しにくくなるが、根本的には真であり続けると思われる。

C・K・オグデン氏とI・A・リチャーズ氏[15]による、『意味の意味』という興味深く価値ある本がある。この本は、語を聞き取った結果ではなく語を発する原因に話を限定しているため、上記の理論の半面しか与えておらず、その与え方もいくぶん不完全である。同書では、語とその意味は同じ原因を持つとされているが、人が語を発話するときの意味である能動的意味と、語を聞くときの意味である受動的意味は区別すべきである。能動的意味では、語はそれが意味するものによって、あるいは意味するものに連合した何かによって連合的に惹き起こされている。受動的意味では、語に連合する結果と、それが意味するものに連合する結果とはほぼ同じになる。

行動主義者の方針に従うと、「抽象名」あるいは「一般名」と呼ばれる語と固有名の違いはまったく重要ではなくなる。子どもは、「ネコ」という語の使い方を「ピーター」とまったく同じように学ぶが、「ネコ」は一般名だが「ピーター」は固有名である。しかし事実として「ピーター」は本当に数多くの異なる事象に適用されるのであり、ある意味で一般的なのである。ピーターは近くにいるかもしれないし、遠くにいるかもしれない。歩いて、あるいは立っているかもしれないし、座っているかもしれない。笑っていることもあれば、顔をしかめていることもある。これらはいずれも異なる刺激を生み出すが、生み出される刺激には「ピーター」という語からなる反応を生むのに十分なだけの共通性がある。したがって行動主義者の観点からは、「ピーター」と「人間」との間に本質的な違いはない。「人間」という語に対する刺激の間よりも、「ピーター」という語に対する様々な刺激の間の方がより多くの類似性があるが、程度の違いにすぎない。ピーターは幾通りもの見え方をするけれども、そうした見え方を作り上げている消えゆく個別的な事象については、我々はそれを表す名前を持っていない。それらはいずれも実際的な重要性を持たないからだ。それはむしろ純粋に理論的に、あるいは哲学的に重要なのである。そうした重要性を持つものとして、これらの事象についても語るべきことがたくさんあるのだが、それは後の段階のことで、今のところはピーターの事象が数多く存在し、また「ピーター」という語の事象も数多くあることに注意しておこう。ピーターを見ている人にとってはどちらの諸事象も、一定の類似性を持つ出来事の集合である。もっと正確に言えば、ピーターの諸事象は因果的に結合されるが、語「ピーター」の諸事象は類似性によって結合される。だがこの違いには、まだ我々は関わる必要はない。

「人間」や「ネコ」や「三角形」といった一般名は普遍を表示すると言われるが、プラトン[16]の時代から今日に至るまで、この普遍について哲学者たちは絶え間なく論争を続けてきた。普遍は存在するか、存在するとすれば、それはいかなる意味でなのか。これは形而上学的な問いであり、言語使用との関連では取り上げる必要はない。普遍に関して現段階で取り上げるべき唯一の論点は、一般名を正しく使えていることは、人が普遍について思考できるという証拠にはならない、ということである。我々は「人間」のような語を正しく使えるのだから、人間についての「抽象観念」をそれに対応させられるはずだとしばしば想定されるが、これはまったくの誤りである。どういう反応が適切かは人ごとに異なるとはいえ、それらはすべて一定の要素を共有している。「人間」という語が我々に共通の反応を生み出し、それ以外の反応を生み出さないとき、我々は語「人間」を理解したと言うことができる。幾何学を学ぶとき、我々は、「三角形」のような語を特定の仕方で解釈することを避ける習慣を身につける。三角形一般についての命題があるときには、正三角形やその他の特定種の三角形を特に念頭に置くべきではないことを、我々は知っている。これはつまるところ、あらゆる三角形と連合するものを言葉に連合させることを学ぶという過程であり、これを学んだときに「三角形」は理解されたのである。したがって、一般名を正しく使うからといって、我々が普遍を把握していると想定する必要はない。

　我々はこれまで、単語について語ってきた。とくに、一語だけでも自然に使用できる語のみを考察してきた。子どもは、文を作る以前にある種の単語を用いる。だが単語の中には文を前提するものもある。「ジョンはジェイムズの父である」のような文を用いた後でなければ誰も「父権」という語を使わないだろうし、「火が温めてくれる」のような文を使った後でなければ誰も「因果性」という語を使わないだろう。文は新たな考察を呼び込み、また行動主義者の方針に従って文を説明することはそれほど容易なことではない。それでも哲学では文を理解することが不可避的に要求されるので、それを考察しないわけにはいかない。

先に見たように、パタゴニア以外に住むすべての乳児は単語からはじめ、後になってようやく文に到達する。しかし語から文へと進むスピードに関しては、個人差がかなり大きい。私自身の二人の子供はまったく異なる道をたどった。息子はまず文字を一つ一つ練習し、それから単語に進み、そうして二歳三か月になってようやく三語か四語以上の正しい文に到達した。対照的に、娘は極めて速やかに文に進み、ほとんど間違うことがなかった。娘が十八か月の頃、寝ていると思われたときに、一人でこう言っているのが聞こえた。「きょねん、わたしいたからとびこんだのよ。わたしがやったの。」もちろん「きょねん」という語句は、理解せずにくり返していたに過ぎない。また確かに、子どもが初めて使う文はつねに、他人が使うのを耳にし、変化させずにそれを繰り返すことによるものである。このような場合、語の習得に含まれていなかった新しい原理の出番などない。新しい原理の存在を明らかにするのは、知っている語をつなぎあわせて、これまで聞いたことはないが乳児が伝えたい事柄を正しく表現する文を作る能力である。この能力は、形式と構造を操作する能力を含んでいる。もちろん、形式ないし構造を抽象的に把握することはそこには含まれない。それは「人間」という語の使用が普遍の把握を含んでいないのと同じことだ。しかしそれは、刺激の形式と反応の形式の間の因果的結合を含むのである。乳児は極めて速やかに、「ネコがネズミを食べる」によって、「ネズミがネコを食べる」とは違った仕方で影響されるようになり、またほどなくしてそれらを区別して作ることも学ぶ。こうした場合、(聞くことの)原因や(話すことの)結果は、一つの文全体である。一つの環境のある部分が一つの語を惹き起こすのに十分で、また別の部分が別の語を惹き起こすのに十分であるかもしれないが、文全体を惹き起こすには二つの部分が関係しあわなければならない。それゆえ、文が登場するときはいつでも、二つの複合的事実――主張されている事実とそれを主張する文――の間に因果関係がある。原因‐結果関係に立つのは一つの事実全体であり、この因果関係を事実の部分間の関係から構成されたものとして説明しつくすことはできない。さらには、子供は「食べる」のような関係語の正しい使用を学ぶとすぐに、環境の関係的特徴から因果的影響を受けることができるようになるが、この環境の関係的特徴は、ごく普通の名詞を使うには必要ない新たな段階の複合性を含んでいる。

　したがって関係語の正しい使用、つまりは文の正しい使用は、「形式の知覚」と正当に呼びうるものを含んでいる。すなわち、一つの形式である刺激に対するある定まった反応を含むのである。たとえば子供が、一方が他方の「上にある」ということを、実際にそれが成立しているときに言うことを学んだとしよう。「上にある」という語を使用するように刺激したのは、環境の関係的特徴であり、この特徴がある定まった反応を生み出したのだから、この特徴は「知覚された」と言うことができる。上にあるという関係は、「上にある」という語とあまり似ていないと言われるかもしれない。確かに似ていないが、同じことは日常的な物理的対象についても言える。物理学者によれば、石は我々がそれに目を向けたときに見るものとほとんど似ていないが、それでも我々は石を「知覚する」と正当に言うことができる。だがこれは先の話である。明確な論点として浮かび上がってきたのは、「人が文を正しく使えるとき、それは形式的ないし関係的な刺激に対する感受性の証明になっている」ということだ。

「これはあれの上にある」や「ブルータスはシーザーを殺した」のような関係的事実を主張する文の構造は、それが主張する事実の構造とある重要な点で異なる。上にある「という関係そのもの」は「これ」と「あれ」という二つの項の間に成立する関係であるが、「上にある」という語は関係ではない。文に含まれている関係は、語の時間的順序であるが（あるいは書かれた文の場合は空間的順序）、しかし関係を表す語そのものは他の語と同じく実体的である。ラテン語のような屈折語では、関係の「向き」を示すために語の順序は必要ないが、屈折語ではない言語では、語の順序が「ブルータスはシーザーを殺した」と「シーザーはブルータスを殺した」を区別する唯一のやり方になる。言葉は物理的現象であり、それは時間関係と空間関係を持つ。時間・空間以外の関係を記号化するときには、我々は主にその関係の「向き」――それがAからBに向かうのか、それともBからAに向かうのか――を示すために、言葉の時間・空間関係を用いるのである。

事実上すべての哲学は関係に関して混乱をきたしてきたのだが、この混乱のかなり多くが次の事実に由来する。すなわちつい先ほど注意した、関係は他の関係によってではなく、それ自体としては他の語とまったく変わらない語によって指示されるという事実である。このため、関係について考えるときには、関係そのものの非実体性と語の実体性の間で我々はいつも迷うことになる。稲妻が雷鳴に先立つという事実を例にしよう。事実の構造をそのまま汲み取る言語でそれを表現しなければならないのであれば、我々は単純に「稲妻、雷鳴」と言わねばならない。ここでは、第一の語が第二の語に先立つという事実が、第一の語の意味するものが第二の語の意味するものに先立つことを意味している。しかし、たとえ時間順序に対してはこの方法を採用するとしても、それ以外のすべての関係に対してはやはりどうしても語が必要になる。それらをも語の順序で記号化しようとすれば耐えがたいほど曖昧にならざるをえないからだ。後で世界の構造について考察することになったときには、こうしたことをすべて覚えておくことが重要になる。なぜなら、言語をあらかじめ考察しておく以外に、形而上学的省察の際に言語に起因する誤りから我々を守ってくれるものは何もないからである。

本章を通して、私は言葉の物語的、あるいは想像的な使用については何も論じなかった。言葉が意味するものと密接に結びついた、直接的な感覚刺激と関わるかぎりでしか、言葉を論じなかった。記憶と想像を考察しないうちは、言葉の他の使い方を論じることは難しい。私がこの章で取り上げたのは、ある語が刺激として聞かれた結果、および目の前にあると感覚されたものに適用しようとして話されるときの語の原因に関する、行動主義的な説明だけである。物語的、そして想像的であるような他の言葉の使用に対しては、連合法則を新たに適用すればよいだけであることが後に分かるだろう。だが、さらにいくつかの心理的問題を論じるまでは、この話題は論じることはできない。

原註1　ロンドンのジョージ・アレン・アンド・アンウィン社から出版されている。

第5章　知覚の客観的考察

覚えておられるだろうが、我々がいま取り組んでいる課題は、外から観察することによって知りうる現象としての「知識」を定義することである。この客観的観点から語りうることを語り終えたとき、我々は次の問いを自らに問うことになる。すなわち、主観的観点とは、我々は観察する者とされる者とが同じであるときはじめて見出しうる事実に注意する観点だが、そうした観点から「知識について」学ぶべきことはあるか。またあるとすれば、それはどのようなことか。しかし、今のところは範囲をはっきり限定し、人間に関する事実の中でも、他の人間が観察しうる事実とそこから引き出しうる推論だけを考察したい。

「知識」という語は非常に曖昧である。我々は、ワトソンのラットは迷路から抜け出る方法を「知っている」、三歳児は話し方を「知っている」、あるいはある人が面識のある人のことを「知っている」などと言う。また、ある人が自分は朝食に何を食べたかを「知っている」とか、コロンブスが初めて海を渡ったのはいつかを「知っている」などと言う。フランス語とドイツ語では、異なる種類の「知っている」に対して二つの言葉があるため、曖昧さが少ないけれども、英語はそれらを混同しているので、我々の考えも混乱しがちになる。今はまだ知識一般ではなく、普通は「知識」に含められる、より一般性の少ない諸概念を扱うことにしよう。そうした概念のうち初めに論じたいのは知覚——知覚者自身に「知覚とはこんなことだ」と思える通りのものとしてではなく、外部の観察者がテストできるものとしての知覚である。

　今後私たちがどんなものを「知覚」と呼ぶか、まずはそれらについて概略的で暫定的な見方を確保しておこう。人が感覚を通じて気づくものなら、何であれその人はそれを「知覚している」のだと言われるかもしれない。しかし、感覚器官は知覚の必要条件ではあるが、知覚は感覚器官だけの問題ではない。視界の中にないものを視覚によって知覚することは誰にもできないが、何かをまっすぐ見つめているのに知覚していないこともありうるのである。私はしばしば、眼鏡をかけたままそれを探し回るという経験——哲学者に特有な経験だと思うが——をする。それゆえ、観察の対象を感覚器官だけに絞り込んでしまうと、人が何を知覚していないかを知ることなら可能かもしれないが、何を知覚しているかは確認できない。人がある適切な仕方で反応してはじめて、その人が何を知覚しているかは観察者に知られるのである。もしある人に「カラシを取ってくれませんか」と頼むと渡してくれるとき、その人が私の言ったことを知覚したとすることはかなりもっともらしい。

もちろん、ただ偶然にその瞬間にカラシを渡してくれたということもありうる。だがもし私が彼に「あなたの知りたい電話番号は２４６７ですよ」と言い、その人がその番号を呼び出しはじめた場合、彼がただ偶然にそうする確率は非常に小さい——およそ一万分の一になる。また人が朗読しているときに肩越しに本を覗きこみ、読みあげられているのと同じ言葉をそこに見るなら、その人は言葉を知覚していないなど、考えるだにばかばかしくなる。このように多くの場面で、他人が何らかのものを知覚していることを実際上確信してよいのである。

知覚は、それよりも広い類、すなわち感受性に属する一つの種である。感受性は生物だけのものではない。それどころか、科学機器がその最善の例でありさえする。物理的対象が何らかの刺激に対して「感受性がある」と言われるのは、その刺激が現に生じたときに、生じていないときとは顕著に異なる仕方でふるまう場合である。感受性には写真乾板の光に対するもの、気圧計の大気圧に対するもの、温度計の温度に対するもの、検流計の電流に対するもの等々がある。以上のどの場合でも、ある比喩的な意味で機器はそれが感受性を持つ刺激を「知覚する」と言ってよいかもしれない。だが我々は実際にはそうは言わない。知覚は、科学機器に見られる以上の何かを含んでいるように感じられるのである。では、この「以上の何か」とは何か。

伝統的な答えでは「それは意識である」となろう。だがこの答えが正しかろうと間違っていようと、それは我々が今求めているものではない。なぜなら我々はいま、外部の観察者に知覚者がどう見えるかを考察しているのであり、外部の観察者にとって「意識」は一つの推論にすぎないからだ。外から見るとき、知覚に科学機器の感受性から区別されるようなところはあるだろうか。

もちろん事実として、人間にはどんな機器よりもはるかに多様な刺激に対する感受性がある。写真乾板は我々には見ることのできない星を写し、体温計は我々には感じられない温度の違いを記録するように、感覚器官を個別に取り上げれば、それぞれに固有の刺激に対するその感受性は人工物よりも劣るかもしれない。しかし、顕微鏡にマイク、温度計と検流計などを組み合わせて単一の組織にし、それから異なる「感覚器官」に作用する異なる種類の刺激の組み合わせに対して統合的に反応させる方法はないのである。だがこれはおそらく、現在の私たちの技術力が将来的に可能な技術ほど強力ではないことを証明しているにすぎず、生きていない機器と生きた身体の違いを定義するには確かに十分ではない。

主たる違いは、そしておそらく現在の観点からすれば唯一の違いは、生きた身体は連合法則あるいは「条件づけられた反射」の法則に従うということである。自動販売機を考えてみよう。自動販売機には一つの反射があり、そのためにペニー硬貨に対してチョコレートを与えるという仕方で感受的である。だが自動販売機はペニー硬貨を見ただけで、あるいは「ペニー」という語を聞いただけでチョコレートを与えることを決して学ばない。家にそれを置いて、硬貨を入れるたびに「アブラカダブラ」と言って聞かせても、いつまで経っても「アブラカダブラ」という言葉だけで動作するようにはならないだろう。自動販売機の反射は、くしゃみのような我々の反射のいくつかと同じく、条件づけられないままである。しかし我々にとってはこの点でくしゃみは特殊であり、またそれゆえ重要ではない。我々の反射の大半は条件づけられうるのであり、そして条件づけられた反射がさらに条件づけられ、と際限なく進めていくことができる。これが高等動物、特に人間の反応を機械の反応よりもはるかに興味深く複雑なものにしているのである。そこで、この「条件づけられた反射という」一つの法則が、その他の感受性のあり方から知覚を区別するのに十分かどうか、それを見てみよう。

ある刺激が与えられたとき、それに対する人間の反応は変化しやすい。伝統的に認知と意志が区別されてきたのも、そのためである。金持ちの叔父さんが家に泊まりにくると、そのときには笑顔が自然な反応となる。だが彼が財産を失ったあとでは、この新たな条件づけのためにもっと冷たい態度が生じる。そのため、刺激に対する反応は、純粋に受動的で感覚的な部分と能動的で運動的な部分に二分されることになった。伝統的な理解では、反応の受動的－感覚的部分の、いわば最終項となるのが知覚であり、能動的－運動的部分の最初の項になるのが（広い意味での）意志である。かつては反応の受動的部分は同じ刺激に対してはつねに同じであり、経験による違いが生じるとすれば運動的部分においてだけだと考えることができた。そして、受動的部分の最終項は、それが反応する人自身に対して現れるあり方としては、「感覚」と呼ばれたのである。だが実際には、条件づけられた反射の法則はこの理論が想定しているよりもずっと深くまで影響しているのである。すでに見たように、普通はまぶしい光によって起きる瞳孔の収縮を、騒音の結果として起きるよう条件づけることもできる。我々が見るものは、眼の筋肉の調節に大きく依存し、この調節はまったく無意識的になされる。しかし瞳孔の収縮をのぞけば、眼の筋肉調節のうち真の反射と言えるものは一つしかない。すなわち、明るい光の方へ目を向けることである。子どもは生まれたその日からこの動作をしてみせる。私はこれを自分で観察しもしたし、教科書を通じてさらに多くを知った。だが新生児は動く光を眼で追うことはできないし、焦点を合わせることや遠近の調節もできない。その結果、外部から観察するかぎり、新生児の視覚的対象に対する反応の純粋に受動的な部分は、もっと成長した子供や大人の反応の受動的部分とは違ってくるのである。後者においては、その目の筋肉ははっきりりものを見るために自ら調節するのである。

しかしここでもやはり多くの要因が絡んでくる。視野の中には数え切れないほど多くの対象があるが、我々の興味を惹くのは（あったとしても）いくつかだけだ。誰かが「見ろ、ヘビだ」と言えば、我々は眼を調節し直して新たな「感覚」を得る。この場合、純粋に視覚的な部分が終わった後で、連合によって、脳の別の部位の刺激が存在している。ケーラーの本に、一匹の類人猿が不安定に積み重ねられた箱の上に乗っている別の類人猿を見ている写真があるが、見ている方の猿はバランスをとろうとする動作に共感して両腕を伸ばしている。体操や巧みな舞踏を見ていると、誰でも容易に共感的な筋肉の収縮を経験する。太陽や月、星を除き、手で触れうるいかなる視覚的対象も触覚の初期反応を刺激するだろう。

逆に、他の刺激との連合を通じて視覚的反応が刺激されることもある。自動車がまだそれほど普及していなかった頃、ある日私が友人と散歩しているときに、すぐそばで大きな爆発音とともにタイヤが破裂したのだが、友人はそれを銃声と思い、閃光を見たと断言したのである。夢を見ているときには、こうした仕組みの働きは制御しようがなく、連合の支配の下で刺激――たとえばメイドがドアをノックする音――が不可思議な解釈を受ける。私はかつて、自分がドイツの片田舎の宿に泊まっていて、窓の外で歌う合唱に起こされるという夢を見たことを覚えている。結局実際目が覚めてみれば、春の雨が屋根にあたり、きわめて音楽的な音を立てていたのだった。少なくとも私は、きわめて音楽的な音を聞いていたとは言えるだろうが、それを今や屋根の雨音として解釈し直し、「雨音だという」この仮説を窓の外を眺めて確かめたのである。目覚めているときには、我々は自分が持っている解釈のための仮説に対し批判的になるので、夢見ているときほど大きな間違いはしない。だが、批判的な機構と対照的に創造的仕組みは目覚めているときと夢見ているときで変わらず、それゆえ感覚刺激しかない場合に正当に持ちうる内容よりも、つねに経験はかなり豊かな内容になるのだ。環境への適応は個人的生活を通じてなされるが、そうした適応はすべて、失敗に終わるものではなく成功する夢を見ることを学ぶことだと見なせるかもしれない。寝ているときの夢は普通は驚きとともに終わるが、目覚めているときの夢はそうなりにくい。「驕れるもの久しからず」と言われるように、目覚めているときの夢も驚きに終わるときもあるが、そうした場合は、地震のような大きな外的原因がないのなら、環境への適応不全を示すものと見なされる。環境に正しく適応している人とは、見る夢が驚くべき終わり方をして目が覚めたりしない人だと言ってよいかもしれない。目覚めない場合、その人は自分の夢が客観的な実在だと思うだろう。しかしもし現代物理学を信じるべきなら、我々が「目覚めているときの知覚」と呼ぶ夢は客観的実在と似ても似つかず、その点で寝ているときの奇妙な夢とほとんど変わらないのである。知覚はある程度真ではあるが、それはせいぜい知覚を有用にするのに必要な程度にすぎない。

深く考え始める前は、鏡の反射のような場合を除いて、我々は自分が見るものが実際に外界の「そこ」にあると、ためらうことなく決めつける。物理学と知覚の生じ方に関する理論が明らかにしたように、こうした素朴な信念は留保抜きでは正しくはありえない。知覚を通じて我々は外界について何事かを知ることができるかもしれないし、私もそう信じているが、しかし我々が自然に想定するのと違って、知覚は外界を直接見せてくれるものではないのである。哲学者が物理学から学ぶべきことを考察しないうちは、この問題に踏み込むのは適切ではない。今はただ議論を先取りして、知覚は知識の一形式ではなく環境への反応の一形式であり、ある身体動作を通じて外部の観察者にも明らかにされるものだと見なすべき理由を与えているだけである。知識を作り上げるものをさらに考察していけば、結局は知覚も一種の知識だと分かるかもしれない。しかしそれは、知識が我々が普通思っているようなものではまったくないからである。今のところは、外部の観察者にも持てるような知覚の見方に、つまり環境への反応の仕方によって明らかにされるものとしての知覚に集中することにしよう。

外部の観察者の観点から見れば、知覚の成立は、他のあらゆる因果的相関関係とまったく同じように確認される。ある対象がある人の身体に対して一定の空間関係に立つときには、つねにその人の身体が一定の諸動作をすることが観察されるとき、我々はその人はその対象を「知覚している」と言うだろう。そこで、視野の中心にない明るい光のほうへと新生児がゆっくりと眼を向けることが、その子が光を「知覚している」と言うことを正当にするのである。眼が見えないなら、その子の眼はそんな風には動かない。木の周りを飛び回る鳥は枝にぶつからないが、室内では窓ガラスにぶつかることが、鳥は枝を知覚するがガラスは知覚しないと言うことを正当にする。では、我々はガラスを「知覚している」のか、それともガラスがそこにあることを知っているだけなのか。この問いにより、我々は連合がもたらす複雑さに直面することになる。窓枠の中には普通はガラスがあることを、我々は触覚を通じて経験的に知る。そのため、我々は窓枠に対すると、あたかもガラスが見えるかのようにふるまう。しかしガラスがないときでも、おそらく我々はガラスがあるかのようにふるまうだろう。こんなことが起こりうるのであれば、我々の反応はガラスの有無にかかわらず同じなのだから、我々は明らかにガラスを知覚していない。だがもしガラスに色が付いていたり少しゆがんでいるとき、あるいは完全に透明でないときには、ガラスに慣れている人はガラスがはまっている窓枠とそうでない窓枠を区別できるだろう。この場合、その人がガラスを「知覚している」と言うべきか否かを決定することはかなり難しい。知覚が経験に影響されるのは確かである。字が読める人は、読めない人には知覚できないような字を知覚するし、音楽家は、訓練を受けていない人には区別できない音の違いを知覚する。電話に慣れていない人は、そこから聞こえるものを理解できない。しかし、おそらくこれらは実際にはいま問題になっている事例ではない。

我々が考察している困難は、連合法則の影響のために、人間の身体は科学機器とは違って与えられた刺激に対する反応を絶え間なく変えるという事実から生じる。さらには、人間の身体はつねに何かをしているが、すると、一体どうすれば為されていることがある刺激の結果なのだと分かるのか。しかし大半の場合には、特に話せるくらいまで成長した人に関わる場合には、これはそれほど深刻な問題ではない。眼科に行くと、次第に小さくなっていく文字列を読み上げるよう求められる。その列のどこかで読めなくなるのだが、読み上げられる地点では、どんな文字かを明らかにするのに十分なくらいは、あなたが文字を知覚していることを眼科医は知る。あるいはコンパスで人の背中をつつきながら、針先を二つ感じるか一つしか感じないかを尋ねてみる。二点が近いときには、相手は「一つ」と答えるかもしれない。あるいは、そんな風に間違えることを警戒しているときには、実際は一つしか突いていないのに「二つ」と答えるかもしれない。だが二点を十分に離せば、その人は決して間違わないだろう。つまり一定の刺激から、「二つ」という語を発するとからなる身体動作が恒常的に帰結するだろう（ここで「恒常的に」とは、ある一日のある一人の被験者については変わらず、という意味である）。それゆえ、「近すぎなければ、その人は二つの点があることを知覚できる」と言うことは正当である。あるいはまた、「水平線に何が見えますか」と尋ねると、ある人は「船が見える」と言い、またある人は「二本煙突の蒸気船が見える」と言い、三人目は「サウザンプトン発ニューヨーク行きの、キュナード汽船会社の船が見える」と言うとする。これら三人の言うことのうち、知覚と見なせるのはどこまでだろうか。言っていること自体は三人ともまったく正しいかもしれないが、船がサウザンプトン発ニューヨーク行きであることを「知覚」できるなどと主張すべきではないだろう。それは推論だと言うべきである。だが線を引くのは決して容易ではない。ある重要な意味で推論であるものの中にも、知覚として認められるべきものがあるからだ。「船が見える」と言う人は、推論を用いているのであって、それまでの経験を差し引くと、彼は青い背景の上の奇妙な形の暗い点を見ているにすぎない。彼はそのような点が船を「意味する」ことを、それまでの経験から教えられたのである。つまりその人は、眼が一定の仕方で刺激を受けたときに「船」という語を声に出したり内語することを惹き起こすような、条件づけられた反射を持っているのである。成人の知覚を経験によるものとそうでないものに分けることは絶望的な課題である。実際上は、前もって別の言葉に仲介されなくとも、知覚からある語が発されるときには、ふつう人は知覚の中にその語が意味するものを含めるだろう。これに対し、明示的にであれ心の中であれ言語的に準備した後でその語に到達するときには、知覚の中にその語の意味するものは含められないだろう。だがこうした区別の仕方は、それ自体としてはどの程度なじんでいるかの問題である。子どもに五角形を見せれば、その子は辺がどれだけあるかを知るために数えなければならないだろう。しかしわずかでも幾何学的図形を経験した後では、前もって何も言葉を使わなくても「五角形」という語が口を突いて出るだろう。結局、こんな基準は理論的には無価値である。事柄の全体が程度問題なのであり、知覚と推論の間に鋭く線を引くことは不可能なのだ。このことを認識すれば、困難はどこまでも言葉上のものでしかなく重要ではないとすぐに分かる。

押さえておいていただきたいのだが、我々は今、知覚が何から作られているかについてではなく、観察されている人の一部のどのような動作が、「その人は環境のあれこれの特徴を知覚している」と言うことを正当化するかを論じようとしているだけである。その上で私は、ある人が環境の特徴を「知覚する」と正当に言えるのは、一定期間――たとえば一日――を通して、その特徴が目の前にあるときにはつねに行い、そうでないときは行わないようなある身体行動があるときである、と提案したい。この条件は明らかに十分ではあるが、必要ではない。つまりこれが満たされていないときでも、知覚があるかもしれない。たとえ一日のような短い期間であっても、人の反応は条件づけを通じて変化することがありうる。さらには反応があっても観察するにはあまりにも微かかもしれず、この場合には知覚の基準は理論的には満たされているのに誰もそのことを知りえないのだから、実際上は満たされていないのである。しばしば当の知覚が起きた時点では何も反応を見つけられなかったが、後に、何かが知覚されていた証拠が得られることがある。子どもが、その時点では言われたことを聞いていないように思われたのだが、後になってそれを繰り返し口にするのを私は何度も目にした。こうした場合から、知覚のまた別種の証拠、すなわち遅れた反応による証拠が得られる。回想録の著者にありがちだが、おしゃべりな人たちの間で静かに座り、話を聞いているという証拠をまったく与えないが、家に帰ると日記にその会話を一字一句漏らさず書きつけるような人がいる。さらに驚くべき例として私の知人を挙げれば、絶え間なく一方的に話すのだが、しかしまったく見ず知らずの人に会った後で、もし「自分は黙って」相手に話す機会を与えたならば何と言ったはずかを正確に知っている人がいる。確かに一種の天才である。何がどうなっているのか私には分からないが、こうした人が「知覚している」と言っても間違いではない。

話せるくらいまで成長した人について論じるときには、知覚の最善の証拠を提供するのは明らかに言葉である。生まれて最初の数年が過ぎてしまうと、それ以降は知覚状況に対する言語的反応はあまり大きく変化しない。あなたがカワセミを見るのと同時に、連れが「カワセミがいる」と言ったとすれば、それは彼がカワセミを見たというかなり決定的な証拠である。しかしこのケースが例示しているように、我々にとって他人が何かを知覚したという証拠になることは、つねに我々自身が何を知覚するかに依存する。そして我々は自分自身の知覚を、他人の知覚を知るときとは異なる仕方で知るのである。これは、客観的な観点から哲学をする試みの、弱点の一つである。そうした哲学は、実は知識が現に得られていることを前提し、また知覚から導き出される世界を当然視しているのである。あらゆる哲学的な問題に客観的な方法で取り組めるわけではないが、しかし客観的な方法で行けるところまで行くことにも意味がある。これまで論じてきた知覚の問題全体は、異なる角度から改めて取り組まれるべきだろうし、またそのときには、行動主義的な観点は——たとえそれが上手くいく範囲内では妥当だとしても——不適切だと考えるべき理由を見出すことにもなるだろう。しかし主観的観点の考察に取り掛かるのはまだまだ先の話である。特に、「知識」と「推論」を行動主義的に定義しなければならないし、それから、現代物理学が「物質」をどのようなものにしたかについて、新たに考察を始めなければならない。だが今はまだ、客観的な観点から知覚について言っておくべきことが残っている。

我々の知覚の基準によれば、知覚される対象が知覚者の身体に接触している必要はないことが分かるだろう。この基準に従うなら、太陽も月も星も知覚される。しかし身体に触れていない対象が知覚されるためには、生理的な条件だけでなく物理的な条件も満たさなければならない。すなわち、問題となる対象が適切な位置にあるときには身体表面に存在しているが、適切な位置にないときには存在していないような何らかの物理的過程がなければならない。そしてその過程は感覚器官に影響しうるのでなければならない。物理学的に分かっているかぎりでも、必要な物理的条件を満たしているのに感覚器官に適合しないために我々に影響を与えられない過程はたくさんある。ある種の波は音になるが、しかしそれとまったく同種の波でも波長が短すぎると聞こえない。ある種の波は光になるが、波長が長すぎる、あるいは短すぎると見えない。無線には光と同じ種類の波が使われるが、波長が長すぎて見えないのである。だが道具を使わなければ我々は無線信号を感覚的に意識できないとする、アプリオリな理由は存在しない。X線もまた光と同じ種類の波だが、こちらは短すぎて見えない。しかし我々が異なる種類の目を持っていれば、X線を放つ対象が見えたかもしれない。我々はよほど強力でないかぎり磁気を感じないが、体がもっと鉄分を含んでいたら、水夫が使うようなコンパスはいらなかったかもしれない。我々は、物理的過程の本性からして可能な様々な感覚の中から、偶然選び出されたものを感覚するのである。それは様々な偶然事と生存競争の結果だと思われる。

我々の知覚の非常に多くが、形あるいは形態、もしくは構造に関わることを押さえておくことが重要である。これは「ゲシュタルト心理学」と呼ばれている心理学、あるいは形態の心理学によって強調された論点である。読むことがよい例になる。我々は、白い紙の上に書かれた黒い字を読んでいるのか、それとも黒板の上の白い字を読んでいるかはほとんど気にしない。我々に影響するのは、（色や大きさが読みやすいかぎりでだが）字の形であって、色や大きさではない。視覚はこの点に関しては他の感覚から傑出している。ただし、盲人（またはそこまではいかない弱視の人）も触覚によって形態について申し分のない知識を得ることができる。

知覚についての別の重要な論点は、一定の限度内ででではあるが、時間的継起の知識を与えてくれることである。あなたが誰かにまず「ブルータスがシーザーを殺した」と言い、ついで「シーザーがブルータスを殺した」と言うとき、言われた人がそれを聞いていたとすれば、その人はおそらくこの二つの違いを知覚するだろう。一方の言明に対しては「もちろん」と言い、他方については「ナンセンスだ」と言うだろうが、我々の定義によれば、これは二つの場合で異なる知覚を得たという証拠である。さらに、彼にその違いは何かとたずねれば、彼は言葉の順序の違いだと答えられるだろう。このように、短い期間内での時間順序は明らかに知覚可能である。

この章では客観的な方法を適用してきたが、これは動物や話すことのできない乳児の知覚を研究するために採りうる方法の一つにすぎない。眼を持つにはあまりに低い進化のレベルにあるが、光に向かって動いたり避けたりするという意味で光に対する感受性を持つ動物は多い。我々の基準によれば、そうした動物も光を知覚していることになるが、それらが色や視覚的な形、あるいはたんに光があること以上の何かを知覚しているとする理由は何もない。眼を閉じさえすれば、我々も光が存在することだけを知覚することができるが、このような制約下でのものといくらか似たものとして、そうした動物の感受性を想像すればよい。

いかなる場合であれ、ある対象を「知覚する」ことは、それがどのようであるかを知ることを含むとしてはならない。それはまったく別問題なのである。我々は後に、知覚から知覚された対象へとかなり抽象的な性格の推論をすることができることを確認する。こうした推論は難しく、かつ完全に確実でもない。知覚自身が対象の性格を明らかにするという考えは甘い幻想であり、さらにまた我々の哲学が楽しいおとぎ話以上の何かであるべきなら、絶対に乗り越えるべき考えなのである。

第6章　記憶の客観的考察

これまでの章では、他人の行動を観察するだけでその人について知りうることを考察してきた。この章では、一般に「記憶」と呼ばれると思われるもののすべてを、外から観察することによって論じうるかぎりで考察することにしたい。また、おそらくはここで「行動主義」の問題についての私自身の見解を述べておくのがよいだろう。この哲学――その主唱者はジョン・B・ワトソン博士であるが――によれば、外からの観察によって発見可能な知識が、人について知りうることのすべてである。つまりいかなる知識も、観察する者とされる者とが同一人物であるようなデータには本質的にも必然的にも依存しないのである。私はこの見解に根本的に同意しないが、しかしそこには多くの人が思う以上に真理が含まれているとも考えるし、行動主義の方法を限界まで推し進めることが望ましいと思う。この方法で得られる知識は、物理学を当然視するかぎりではそれ自身として完結しており、内観から得られるデータには、すなわち他人ではなく自分について可能な観察から得られるデータには、何ら訴える必要はないと思われる。しかしながら私には、そうした観察も内観に依存する知識も存在すると私には思えるし、さらには、行動主義が当然視している物理学を批判的に解明するためにはその種のデータが必要だとも考えている。それゆえ私は行動主義の人間観を説明した後で物理学の知識を精査することへと進み、それからまた人間に戻るが、今度は人間を内側から見ることにする。そして最後に、世界一般について我々が何を知っているかに関して、結論を引き出すことを試みたい。

「記憶」あるいは「覚えている」という語は一般に異なる複数の意味で使われているので、それらを区別することが重要である。より詳しく言えば、それまでに学んだ任意の習慣的行為を繰り返す能力に適用される広い意味と、過去の出来事の想起にしか適用されない狭い意味がある。犬が主人や自分の名前を覚えていると言われたり、あるいはフランシス・ダーウィン卿[17]は植物の記憶について語るが、それはこの広い意味でのことだ。サミュエル・バトラー[18]はかつて、一般に「本能的」と言われている行動は祖先の経験の記憶によるとしたが、明らかに彼は「記憶」という語を最大限広い意味で使っている。対照的にベルクソン[19]は「習慣記憶」は真の記憶ではまったくないとして退ける。ベルクソンにとって真の記憶は過去の事象の想起に限定されるのだが、過去の事象は習慣ではありえないと彼は主張する。記憶される出来事は一度しか生じないからである。行動主義者の主張するところでは、ベルクソンのこの言い分は間違っており、すべての記憶は習慣を保持することからなる。それゆえ行動主義者にとっては記憶は特別に研究する必要はなく、習慣の研究の中に解消されるのである。「行動主義者は決して「記憶」という語を用いない。客観的心理学の中に記憶の居場所はないと行動主義者は信じるのだ」とワトソンは言う。彼はそこから実例を挙げることへと進み、迷路の中の白いラットから始める。彼の言うところでは、最初はラットは迷路から脱出するのに四〇分かかったが、三五回の試行の後では、間違えた道を進むことなく六秒で脱出することを学んだ。それから六ヶ月間そのラットを迷路から引き離した後で再び中に入れたのだが、この時は脱出するのに二分かかり、六回間違えた。これはかつての二〇回目の試行のときと同程度の好成績である。こうして迷路の習慣がどの程度保持されるかが分かる。サルを用いて同様の実験をすると、サルが習慣をより一層保持することを示している。サルを課題箱の中に入れると、一回目はそれを開けるのに二十分かかったが、二〇回目の試行では二秒で開けた。それから六ヶ月間サルを箱から引き離した後に再び中に入れると、開けるのに四秒しかかからなかった。

周知のことだが、人間は学んだ習慣の多くを使わないまま長い間持ちつづける。身近な例としては、スケートをすること、自転車に乗ること、泳ぐこと、ゴルフをすることなどがある。「下手なゴルファーが打ちそこねたときに「五年前はもうすこしマシだったんだが、実戦から遠ざかってたから下手になったなぁ」と言ったとしても、信じてはいけない。彼がマシだったことなどないのである！」というワトソン博士の主張は、おそらく言いすぎではある。少なくとも、「身につけた技術を保つためには」毎日の練習は欠かせないとするヴァイオリニストやピアニストなら、そんなことは信じない。しかし、そこにいくらか誇張があるとしても、我々が身体的習慣をかなりよく持ちつづけるのも確かである。中には、水泳のように他のものよりもはるかに完全に保持されると思える習慣もある。使われないことによって大きく損なわれる例としては、外国語を話す能力がある。すべては程度問題であって、実験によって容易に検査できるのである。

しかし過去の出来事の想起という意味での記憶は、それが習慣として説明できるとすれば、――「予想どおり」と言われるかもしれないが――言語的習慣とされねばならないだろう。これについてワトソン博士は次のように言う。

「普通の人が「記憶していることを示す」ということで意味しているのは、通常はこんな状況で起きることである。何年も会わなかった旧友が会いにきた。その友人を見た瞬間、彼は言う。「こいつは驚いた！　シアトルのアディソン・シムズじゃないか。シカゴ万博以来だぞ。憶えているか、ワイルダネス・ホテルで何度も陽気にパーティーをしたよな。ミッドウェーは憶えているか？　それからあれはどうだ……」等々といつまでも続く。こうした過程についての心理学は、それを論じるとほとんど知性に対する侮辱かと思えるくらい単純なのだが、それでも多くの善良にして親切な行動主義の批判者たちは、行動主義は記憶を適切に説明できないと言っている。これが事実かどうか見てみよう。」

ワトソンは続けてこう言う。かつてこの人物とシムズ氏は会っていた間にお互いに対する言語的・肉体的習慣を形成していたため、「ついには、何か月も会わなかったにもかかわらず、その人を見ただけで以前の言語的習慣のみならず、他の多くのタイプの身体的・情緒的反応が呼び起こされたのだろう。」

そして彼はこう要約する。「であるから、「記憶」が意味するのは次のような事実以外の何物でもない。我々はある刺激を初めて受けたときに、習慣的にさまざまなことをすることを学び、そしてそれがしばらく欠けていた後で再びその刺激を受けると、かつての習慣(たとえばかつての言葉や、かつての情緒的――感情的――行動など)をする、という事実である。」

この理論は普通の心理学理論よりも多くの点で好ましい。まず、記憶をある種の神秘的な「能力」として扱おうとしていないし、適切に刺激されていたら記憶していただろうよぅな、そんな事柄すらもすべて我々はつねに「実際に」記憶しているのだなどと、想定したりもしていない。この理論は憶えるという特定の行為の因果性を論じているのであり、そしてそれは外部から完全に観察できる行為である。この理論を疑うべきまともな理由があるだろうか。「習慣によっては、一回きりの事象の想起を説明することはできない」とするベルクソンの主張は明らかに間違っている。動物にも人間にも、一回の経験によってしっかりと確立される習慣の例はたくさんある。それゆえ、一つの先行事象に連合した一つの刺激が、一連の身体的出来事が継起することを確定し、そしてその身体的出来事が逆にその先行事象を記述する言葉を生み出すということは、十分にありうるのである。しかしここには一つの困難がある。過去の事象について何度か述べたことがないなら、その事象の記憶は言語的習慣ではありえない、ということである。ワトソンの挙げた普通の人が「ミッドウェーを憶えているか」と言うとき、彼が使っているのは習慣化した言葉ではない。それ以前には彼はそれらの語を一度も使ったことがなかった可能性は非常に高い。その人が言語的習慣を連合させているのは、今まさに自身の中で生じているある出来事であり、シムズ氏と習慣によって連合しているのはこの出来事の方なのである。少なくとも、ワトソンの見解を受け入れるのならこう考えるべきである。だがこう考えると、ワトソンの見解はもっともらしくなく、また検証可能でもなくなってしまう。習慣的と見なせるのは用いられる言葉ではなく、言葉が表現するもの（先の例ではシムズ氏に結び付けられた出来事）だけである。暗記している詩を繰り返すときには言語は習慣的であるが、かつて一度も使ったことのない言葉で過去の出来事のことを述べるときには習慣的ではない。この場合に反復されるのは、用いられる言葉ではなくその意味にすぎないのである。それゆえ習慣的要素が本当に想起を説明するのであれば、そうした要素は言葉の中に求めるべきではない。

　ワトソン的言語理論にとってこれはちょっとした難点である。ラットが迷路の学習の際に学ぶのも、我々が暗記するときに学ぶのも、一定の身体動作である。しかし、私はある人には「今日、列車の中でジョーンズさんに会った」と、別の人には「ジョセフは今朝、九時三五分発の中にいた」と言うことができるが、「の中」という語を除くと、これらの文には言語的に共通するものは何もない。しかしそれでもこの二つの文が同じ事実に関係していることがありうるし、またその事実を想起するとき、私はこれらを区別せずに用いるかもしれない。それゆえ、私の想起が特定の言語的習慣でないのは確実なことである。しかし、自分がした想起を私が他人に知らせるとき、表立った身体動作となるのは言葉だけである。それゆえ、もし行動主義者が想起は身体習慣であると論じ、そしてその議論を「それは言語的習慣なのだ」という主張から始めるならば、以上の事例は行動主義者を追い詰め、それは別種の習慣のはずだと認めさせることができる。そしてそう認めるときには、行動主義者は観察可能な事実の領域を棄て、理論を救うために引っぱり出した仮説的な身体動作に逃げ込んでいるのだが、それは「思考」と比べて少しもましなものではない。

以上の疑問は、記憶についての問題よりずっと一般的な問題である。同じ「意味」を表現するために、異なる多くの言葉を用いることができる。またそうした様々な言葉で表現される一つの事柄について考えるとき、我々はその時々で違う言葉を用いるが、単なる習慣の中にこの事実を説明する理由があるとも思えない。連合は刺激から言葉へと直接にではなく、刺激から「意味」へと進み、それからその「意味」を表現する言葉へと進むのだと思われる。たとえば、あなたは自分が「ジェイコブはジョセフより年上だ」と言ったのか「ジョセフはジェイコブよりも若い」と言ったのかはまったく思い出せないが、これらの語の並びがともに表現している事実について語ったことは、はっきり憶えているかもしれない。また、たとえば数学の定理の証明を学ぶときには、よほど無能な数学者でもないかぎり本に書いてあることを暗記したりはしない。あなたは証明を——普通の言い方で言えば——「理解する」ことを学ぶのであり、その上で、本とはまったく異なる形をした記号でそれを再現することができる。語が連合の単位とされるときには、あるいは文ですらそうなのだが、記憶あるいは「思考」一般における連合の仕組みの説明は、とりわけ以上の事実によって困難になる。

あるいはここで、第4章で展開した言葉の「意味」に関する理論が、困難から脱け出る助けになるかもしれない。我々は語の「意味」を連合によって定義したので、二つの語が同義であるなら、それらは同じ連合を持っている。そして一方の語を呼び出す刺激がどのようなものであれ、それはもう一方の語も呼び出すだろう。このとき、二つの同義語のどちらが用いられるかという問題は、なんらかの外的事情に依存することになるだろう。

単一の語を問題にするかぎりでは、以上のように論じてもまったく問題はない。たとえば、ある人を姓で呼ぶときもあれば名で呼ぶときもあるという事実であれば、それで満足のいく説明が得られるだろう。しかし文を問題にする段になると、以上の議論はとてもではないが適切ではない。少し前に挙げた事例に戻ろう。「旅行中に何かありましたか」という刺激への応答として、あなたは「今日、列車の中でジョーンズ氏に会った」または「ジョセフは今朝、九時三五分発の中にいた」、あるいは同じ事象を表現する数かぎりない他の文を言うことができる。さてそれでは、列車に乗っている間にこれらの異なる文をすべて自分に向けて言っていたがために、それらはいずれも「今日の旅行」という語に堅く連合されたのだと、こう考えるべきだろうか。こんな考えは明らかに不合理だろう。文が含む個別の語はどれもこれ以外にたくさんの連合を持つが、旅行と連合しているのは文全体だけである。ジョーンズ氏以外の人と会うかもしれないし、今朝とは別の機会にジョーンズ氏に会うかもしれない。「列車」や「今日」も、あなたが語るかもしれない他の出来事にも同じ様に適用されるので、文全体を連合の単位としなければならないが、しかしその文はこれまで決して念頭に浮かんだことがなかったかもしれないのである。これまで一度も言葉にしたことがなかったとしても、あなたは明らかに、自分が憶えている事柄を言葉で述べることができる。私が「今日、朝食に何を食べましたか」と尋ねたとすると、まさにその瞬間まで、あなたが食べたものに言葉を割り当てていなかった可能性はきわめて高いが、それでもおそらくあなたは答えることができるだろう。

この問題の全体は文と単語の区別と関連している。言語について論じたときに、この区別の重要性を確認した。しかし話を単語に限定したとしても、ワトソン博士の見解には困難がある。子どもは話すことを学んだ後でも、話せるようになる前に起きた出来事を思い出し、それを正しい言葉で記述できると言われている。これは、子どもは話すことを学ぶずっと前から記憶を非言語的な形式で持ち続けていること、そして後になってはじめて言語的表現を見つけることを示しているのだろう。そんな極端な出来事はめったになく、疑わしいものかもしれないが、それほど極端でなければ同種の事例を得ることは難しくないはずである。たとえばある幼い子どもが「手首」という語を知る前に手首にひどいケガをしたとする。そしてその後しばらくして「手首」という語を学んだとしよう。その子が「手首」という語と手首にしたケガを関連付けられたとしても、私はまったく驚かない。しかしながらこのような事例はワトソンの理論の本質を退けはしないだろう。彼はたとえば、「本能的」記憶を認めて、「手首」という語はそれに継ぎ足されるのだとするだろう。私の考えでは、ワトソンの見解の真の困難は次の二つの事実にある。すなわち、文の「意味」を同一にし続けるかぎりで、文字面の上では好きなだけ変化させうること、そして問題となっているその「意味」を持ついかなる可能な文であれ、明らかに我々は前もってそれを自分に言ってみたりしていない、という事実である。

誰も観察できない動作を措定しなければならず、かつ「行動主義の理論を守るという以外に」それを前提する他の理由がないのであれば、行動主義はその魅力の多くを失うと認めざるをえない。ブロード博士[20]は『心と自然におけるその位置』という著書で、「全体的 molar」行動主義と「分子的 molecular」行動主義を区別している。前者は観察可能な身体動作しか前提しないが、対して後者は仮説的な微小な動作、とりわけ脳内でのそうした動作を許容し利用する。ここで、ひとつの区別をしなければならない。物理学はもっとも強力な顕微鏡を用いても小さすぎて観察できない数多くの現象を信じているので、もし物理学がとにかく正しいとすれば、人体のどの部分にも我々が決して見ることのできない微小動作があるはずである。物理学は申し分のない理由からそうした仮説を主張しているのに、その仮説に手を出すなと行動主義者に要求するのは筋が通らない。そして刺激から反応に至る過程には、生じたことを生理学的に説明するには欠かせないが観察できないような、そうした脳内の微小な事象が含まれているはずである。しかしながら、物理的根拠が何もないまま、行動主義者が自分の理論を守るためにのみ必要な微小な事象を前提するのであれば、彼はそれほど強い立場にいるわけではないのである。たとえばワトソン博士は、我々が「思考する」ときにはつねに喉頭に微小動作があると主張する。それは、語を声に出すときに行うはずの動作の発端なのだとされる。この主張は正しいかもしれない。確かに私には、それを否定する用意はない。しかし私には、「もしそれが正しくなければ、行動主義は間違いになってしまう」という理由だけからそれが真であるはず﹅﹅だと主張する用意もない。我々は、行動主義が正しいとあらかじめ知っているわけではなく、行動主義が観察された事実を説明するかどうかを見極めなければならないのである。批判を回避するためだけに観察されざる何かを措定しなければならないとき、つねにその分だけ行動主義の議論は弱まる。そしてワトソン博士の言い方からすれば、行動主義者は「我々はある事象を、それと関連づけられる言語的習慣を形成することによってのみ記憶する」と主張すると思われるのだが、もしそうだとすれば、一切証拠がないままに多くの隠された語の使用を措定しなければならなくなるのである。

以上の議論をまとめよう。ある人が過去の出来事を憶えているかどうかを行動主義者の方法によって確かめることは、その人が意図的に観察者の邪魔をしないかぎり十分可能であり、多くの記憶は習慣として十分適切に説明できる。しかし、記憶は習慣のみからなるという見方には、少なくとも過去の出来事の想起の場合にはいくつかの大きな困難があるように思われる。記憶を本質的に言語的習慣だと考えても、それらは克服できないように思われる。十分に小さな観察されない身体運動を措定するなら克服できないこともない。現時点では、人間の行動に対する厳密に客観的な態度をとり続けたいので、内観によって得られるデータを導入することで乗り越えられるかどうかは考慮しなかった。記憶を内観的に議論することには後の章で取り組むことにしよう。

第7章　習慣としての推論

この章では、ある人が実際に行うときに観察可能なものとしての推論を考察する。推論は知性のしるしであり、機械に対する人間の優越を示すものと考えられているが、同時にこの主張は疑われてもいる。というのは、伝統的な論理学における推論の取り扱いがあまりにもばかげていたからである。またアリストテレス[21]からベーコン[22]に至る（ベーコン自身は含まない）まで、推論の典型として理解されてきたのは三段論法であるが、それなどはまさに計算機の方が大学教授より上手くやってのけるだろう。三段論法では、すべての人が死すべきものであること、そしてソクラテス[23]が人であることがすでに知っていると想定され、それらから以前は思ってもみなかったこととして、ソクラテスが死すべきものであることを導出するのだとされる。こうした形式の推論が実際に生じることもあるが、非常にまれである。私がかつて聞いた唯一の例は、F・C・S・シラー博士[24]が挙げたものである。彼は以前、哲学雑誌の『マインド』のある滑稽な巻を発刊し、いろいろな哲学者にそのコピーを送った。送られた中に一人のドイツ人がいたが、彼はその雑誌の広告にすっかり困惑してしまい、そのあげくこう論じたそうである。「この本のすべてはジョークである、それゆえ広告もジョークである。」私はこれ以外、三段論法によって新しい知識が得られた事例についぞ出会ったことがない。二千年にわたって論理学を支配してきた方法にとっては、世界に蓄積された情報に新たにこれを付け加えたことを大した手柄とすることはできない。

我々が日常生活で実際に行う推論は、次の二点で三段論法とは異なる。すなわち、とるに足らないわけではなく重要であること、そして安全なわけではなく危険をはらんだものであることである。三段論法は、学問的臆病さの遺物と見なせるかもしれない。中世の修道士たちは、誤る可能性がある場合には推論を行うことは危険であるため、生活と同じく思考においても豊かさを犠牲にして安全を求めたのである。

ルネサンスとともにもっと冒険的な精神が現れたが、しかし哲学でははじめのうちは、それはアリストテレス以外のギリシャ人、特にプラトンに従うという形をとっただけだった。ベーコンとガリレオ[25]に至ってようやく、帰納的方法はしかるべく承認されたのである。ベーコンでは大きな欠陥を抱えたプログラムとしてであったが、ガリレオの場合、それは近代の数理物理学の基礎という輝かしい成果を実際にもたらしたと認められたのである。不幸にも、衒学者たちが帰納法を取り上げ、それを演繹法のように飼いならしてスコラ的にすることに取り掛かった。彼らは、帰納法がつねに正しい結果を導くようにする方法を探し、それにより帰納法から冒険的な性格を奪ったのである。ヒューム[26]は懐疑論によってそれを攻撃し、価値ある帰納は誤りうることを決定的に証明した。その直後に、カント[27]が哲学界を混乱と神秘に叩き込んでしまい、そこから立ち直りはじめたのはようやく最近になってからである。カントは近代最大の哲学者という世評を得ているが、私に言わせれば一箇の災厄にすぎない。

　教科書では、帰納は大まかに言って次のような推論からなるとされる。すなわちAとBがこれまでしばしばともに見出されており、別々には決して見出されていない。それゆえ、AとBはおそらくつねにともにあり、一方を他方のしるしと受け取ることができる。私は現段階で、こうした形式の論証が論理的に正当なのかを検討するつもりはない。いま私が考察しているのは、人間や動物の習慣のうちに観察することができる一つの実践としての帰納である。

　実践としては、帰納は我々にはすでにおなじみの条件づけられた反射、もしくは連合の法則以外の何物でもない。電気ショックを与えるノブに触れると、子供はそれ以降そのノブに触れるのを避け、話ができるくらい大きいなら「ノブに触ると痛い」と言うかもしれない。このとき、その子は一回の事例に基づいて帰納したのである。しかし、幼すぎて話せない時でも帰納は身体的習慣として存在するだろうし、また進化段階がそれほど低くない動物たちにも同様に帰納は生じている。帰納に関するさまざまな論理学的理論は、フロイト[28]主義者の言う「合理化」であり、すでにしてしまったことが理に適っていることだと証明するために、後から理由を発明するという作業である。だがそうだとしても、そこからはそれは悪しき理由だという結論は出てこない。生命が始まって以来、我々や祖先がなんとか生き延びてきたという事実を踏まえるなら、たとえ証明はできないとしても、我々や先祖の行動はかなり理に適っていたに違いない。しかしこれはいま我々に関わりのある論点ではない。今我々が考察しているのは、言語的な帰納は行動による帰納が発達し、最近になって到達した一段階なのであって、「学習された反応」の原理以上でも以下でもないという事実である。

　憶えておられるだろうが、「学習された反応」の原理が述べているのは次のことである。すなわち、ある出来事がある反応を呼び出すのと同時に、あるいはその直前に別の出来事が経験されるとき、しばらくすると、元々は第一の出来事が呼び出していた反応をもう一方の出来事が呼び出す傾向を持つようになる、ということである。これは筋肉にも腺についても言え、この原理が腺にも当てはまるからこそ、言葉は感情を惹き起こせるのである。また、連合の鎖をどれくらい先まで確立できるか、その長さを限界づけることはできない。赤ん坊の手足を握ると怒りの反応が引き出されるが、これは「学習されたのではない反応」のように見える。もし他の誰でもなく、あなたが繰り返し赤ん坊の手足を握れば、そのうちその子はあなたを見ただけで怒りの反応をするようになるだろう。その子が言葉のやりとりを学んだときには、あなたの名前が同じ結果をもたらすかもしれない。さらに後であなたが眼鏡屋であることを学ぶと、その子はすべての眼鏡屋を憎むようになるかもしれない。たとえばそのせいで、レンズ磨きであったスピノザ[29]を憎むかもしれない。さらにそこから形而上学者とユダヤ人を憎むようになるかもしれない。確かに、そうした人々を憎むべき申し分のない理由を色々と彼は持つだろうし、彼自身にはそれらが真の理由だと思えるだろうが、クー・クラックス・クラン[30]に熱狂するに到らせた実際の条件づけ過程に思い到ることは決してないだろう。以上は感情の領域での条件づけの例であるが、帰納という実践の起源はむしろ筋肉の領域に求めるべきである。

特定の人から習慣的に餌をもらっている家畜は、その人を見かけるとすぐにそちらに駆け出す。「食べ物を期待してるんだ」と我々は言い、また実際、その動物は食べ物を見かけたときに取るはずの行動によく似たふるまいをする。しかし、ここにあるのは実は「条件づけ」の一例にすぎない。動物たちは農夫を見てから食べ物を見ることがしばしばだったので、そのうちもとは食べ物に対するものであった反応を農夫に対してとるようになるのである。乳児は、はじめのうちは哺乳瓶の触った感触にしか反応しないが、すぐにその見た目に反応することを学ぶ。話せるようになると、同じ法則によって子どもはディナー・ベルを聞いた時に「晩ごはん」と言うようになる。彼らはまず「あのベルは晩ごはんを意味する」と考え、それから「晩ごはん」と言うのだと、そんなふうに考える必要はまったくない。食事を見ることが（先行する「学習された反応」によって）「晩ごはん」という語を惹き起こし、そしてしばしばベルが晩ごはんを見ることに先行する。それゆえ、しばらくするとベルが「晩ごはん」という語を生み出すようになるのである。おそらくはずっと年齢が上がってから、結果的に子どもは「晩ごはんの用意ができたって知ってたんだ。だってベルが聞こえたから」と言うかもしれないが、それは後から振り返ってのことに過ぎない。このように言えるようになるずっと前から、そのことを知っているかのようにその子は行為する。そしてあたかも知っているかのように行為する時に、その子が知っていることを否定するまともな理由はまったくない。知識が行動を通じて外に表されるべきものだとすれば、知識を表出しうる行動の種類を言語的行動に限定すべき理由は何もない。

状況を抽象的に述べれば次のようになる。もとは刺激Aが反応Cを生み出していたのだが、連合の結果、今では刺激BがCを生み出している。そこでAに対する適切な行動を惹き起こすという意味で、BがAの「記号」になる。どんな種類のものでも他のものの記号になりうるが、人間にとって記号の最上の例は言葉である。すべての記号は、なんらかの実践的帰納に依存している。我々がある言明を読むか聞くかするとき、その結果我々に起こることは、つねに以上の意味での帰納に依存するのである。なぜなら、語はその意味するものの記号であるが、ここで「記号である」とは、ある意味では、「語が表すものに対するような反応を語に対してする」ということだからである。もし誰かがあなたに「君の家が火事だ」と言うと、それは大火災を見たときと事実上同じ結果をあなたに与える。もちろんあなたは騙されているのかもしれないし、その場合あなたの行動は考えていた目的をなにも達成しないだろう。このように、間違う危険性はつねにある。なぜなら過去に二つのものがともに生じていたという事実は、それらが今後もともに生じるだろうということを決定的に証明することはできないからである。

以上の過程は「生理的帰納」と呼べるだろうが、科学的帰納はこの生理的帰納という過程を規則正しく行おうとする試みである。動物や乳児、未開人によってなされる生理的帰納は、明らかに頻繁に誤りの源になる。ワトソン博士が研究した乳児の中には、二つの事例に基づいて特定のラットを見るときにはいつも大きな音がすることを帰納した子がいた。エドマンド・バーク[31]は一つの事例（クロムウェル）から、革命は軍事的専制につながるということを帰納した。一度の不作から、白人の到着が作物の出来を悪くしたと論じる未開人がいる。一三四八年のシエナの住人はペストを、大きすぎるカテドラルを建て始めた自分達の高慢に対する罰だと考えた。こうした例は限りなく存在する。そこで、おおむね正しい結果に至るような帰納を可能にする何らかの方法を見つけることが、本当に必要になる。そんなことが可能であれば、ではあるが。しかしこれは科学的方法論の問題であり、今はまだ扱わないことにする。

考えるべきは、実際に生じるような推論はすべて条件づけという一つの原理が発展したものだという事実である。実際になされる推論は二種類ある。一つは帰納を典型とするもの、もう一つは数学的論証を典型とするものであり、前者の方がはるかに重要である。すでに見たように、前者の推論は、それらが言語的に表現する習慣だけでなく、記号の使用と経験的一般化のすべてを含むからである。伝統的な立場からすれば、この種の多くの場合には推論について語るのは不合理であろう。それは私も承知している。たとえば新聞にある馬がダービーで勝利したと書いてあるのをあなたが見たとすると、そのためにその馬が勝ったとあなたが信じるに至るとき、私の言い方ではあなたは帰納法を実行したことになる。刺激は、白い紙に——あるいはおそらくピンクの紙に——黒い印が印刷されることからなる。この刺激は連合によって馬とダービーに結びつけられているにすぎないが、あなたは、ダービーに対して適切であるような仕方でそれに反応する。伝統的な立場からすると、ここにあるのは、前提についてよく考えた後に、そこからの論理的関係の洞察を通じてある結論を主張をするにいたるという「心的過程」という推論に過ぎない。こうした用語が記述しようとしている過程は決して生じないなどと言うつもりはない。確かに生じはするだろう。私が言いたいのは、最も精巧な帰納と最も初歩的な「学習された反応」の間には、発生的かつ因果的には何ら重要な違いはないということである。一方は他方の発達した形にすぎず、根本的には異ならない。そして、たとえ論理学者にとっては帰納の結果を信じるべき理由がまったく見当たらなかったとしても、我々がそれを信じることに決めるのは、実は連合の原理の効果なのである。つまりそれはサンタヤナ[32]博士の言う「動物的信念」の一例――おそらくはその最も重要な例――なのである。

数学的論証の問題ははるかに難しい。私の考えでは、数学においては、結論はつねにいくつかの前提の全てであるいは一部を主張しているだけであり、ただ、普通は新しい方がなされるのだと言うことができる。数学の難しさは、この事実を個別の事例で見てとることにある。実際に数学をするときには、数学者は記号を操作可能にする一連の規則を手にしており、その規則に従って仕事をする専門的な技術を身につけている。この点ではビリヤードの選手と似たようなものだが、しかし数学とビリヤードには違いもある。ビリヤードの規則は恣意的だが、数学の規則の少なくともいくつかはある意味で「真」である。そうした規則の正しさを「見て」とらないかぎり、数学を理解したとは言えない。しかし、ではそれを見てとるとは一体どのようなことなのか。私の考えでは、それは「ナポレオン」と「ボナパルト」が同じ人物を指示することを理解する過程をずっと複雑にしただけである。しかしこれを説明するには、「言語」に関する章で形式の理解について述べたことに戻らなければならない。

人間は形式に反応する能力を持っている。高等動物の中にもこの能力を持っているものは確かにいるが、人間の能力のひろがりには到底及ばない。それに最も知的な二、三の種をのぞいて、残りのすべての動物はこの能力をまったくと言っていいほど欠いているように見える。人間のあいだでもこの能力は個人差が大きく、概して思春期に近づくにつれこの能力は向上していく。私としては、この能力こそが主として「知性」を特徴づけるのだと理解したいところだが、まずはこの能力の成り立ちを確認しておこう。

子供が読むことを教えられるとき、その子は与えられた文字を認識することを学ぶ。たとえばHであれば、それが大きかろうと小さかろうと、あるいは黒であれ白であれ赤であれ、こうした点で違いがあるにせよ、同一の反応をする。すなわち、「H」と言う。つまり、刺激の本質的な特徴はその形式にあるのだ。息子が三歳になるかならないかの頃、バターを塗った三角のパンを食べようとしていた時に、私はそれは三角だよと教えた（いつもは長方形のパンを与えていたのである）。次の日、アルバート・メモリアルの舗道で、息子は促されてもいないのに三角形の敷石を指さして「さんかく」と呼んだ。つまり彼の印象に残ったのは、食べられるということでも、柔らかさや色などでもなく、バターを塗ったパンの形だったのである。形式に対する最も初歩的な反応を形づくるのは、こうした事柄である。

ところで、アリストテレスの哲学では、「質料 matter（物質）」と「形相 form（形式）」は一つの階層秩序の中に位置づけられる。三角形から多角形へと上昇し、それから図形へ、さらに点の集合へと進むことができる。そこからさらに進んで、点をある形式的概念に変えることができる。すなわち、「ある形式的な側面において、空間的関係に似た諸関係を持つ何か」という意味の概念に変えるのである。これらはいずれも「質料」から離れて「形相」の領域へと進んでいくステップであり、段階を昇るごとに困難が増していく。すなわち、その種の刺激に対して一貫した反応をすることが難しくなる（うんざりするという反応は除く）。我々がある数学的表現を「理解」するということが意味するのは、我々がその表現に対して適切な仕方で反応しうるということ、要するにその表現が我々にとって「意味」を持つということである。この点では「ネコ」という語の場合と、「理解」の意味は変わらない。しかし「ネコ」という語を理解する方が容易である。なぜなら異なるネコの間には、動物にすらすべてのネコに対して統一的な反応をとらせるような類似性があるからだ。我々が代数学を学ぶことになり、x や y を操作しなければならなくなると、x や y が本当は何かを知りたいという欲求が自然にわいてくる。少なくとも私はそう感じていた。いつも、先生はそれらが本当は何かを知っているのに教えてくれないのだと思っていた。$(x+y)^2=x^2+2xy+y^2$ のようなもっとも単純なものも含め、代数学の式を理解するということは、二組の記号の集まりに対してそれらが表現する形式に応じた反応ができるということ、そしてそれらの形式が同一だと知覚できるということである。これは非常に骨の折れる仕事であり、子どもたちが代数学を嫌がるのも不思議ではない。しかしこれは一番初めの初歩的な形の知覚と連続的であり、原理的には新奇なところはまったくない。そして形式を知覚するということは、他の面では非常に異なるが形式は類似している二つの刺激に同じように反応するということにすぎない。そう反応できるなら、適切な状況で「あれは三角形だ」と言うことができ、そしてそれができるなら、三角形とは何かを知っているかどうかを検査しようとしている人を十分満足させられるからである。ただしその人が、言葉で定義を復唱することを期待するような古風な人なら話は別である。言うまでもなく、言葉で定義を復唱する方がはるかに容易であり、忍耐強くやればオウムにさえうまくやるよう教えこめるかもしれない。

複合的な数学的記号の意味はつねに、より単純な記号の意味に関わる規則によって確定される。よって、それらの意味は文の意味に比すべきものであって、単語の意味にではない。それゆえ、以前文の理解について述べたことは、数学において他の記号グループと同じ意味を持つと、あるいはその意味の一部を持つと主張される任意の記号グループにも適用されるのである。

これまでの議論は以下のようにまとめられる。数学的推論は、二つの異なる記号グループに同じ反応を割り当てることからなるが、それらのグループの意味はそれを構成する部分に関する規約によって定められる。これに対して帰納は、初めのうちはあるものを他の何かの記号として理解すること、そして後になると、AをBの記号として理解することを学んだならばAはCの記号でもあると理解することからなる。したがって帰納と演繹は、通常の場合では次の事実によって区別される。すなわち、前者では推論は一つの記号を二つの異なるものの記号として理解することからなるが、後者では二つの記号を同じものの記号として理解することからなる、という事実である。このように言うと、二つの推論を少し対比させすぎになり、問題となっている真理の全体を正確に表現したと受け取るわけにはいかなくなる。しかしどちらの推論も記号とそれが指示するものとの関係に関わり、それゆえ連合法則の射程内にあるとすることは正しいのである。

第8章　知識の行動主義的考察

行動主義者は「記憶」という語と同じく「知識」という語も避けるが、それでも一般に「知識」と呼ばれている現象は存在するのであり、種々の課題を通じて行動主義的にテストされている。本章では私はこの現象を考察するが、その際には、行動主義者が上手く扱えないものがこの現象の中にあるかどうかをはっきりさせることを念頭に置くことにする。

覚えておられるだろうが、我々は第2章で、知識とは刺激に始まり反応へと到り完結する過程の特徴であるという見解に到達した。さらに言えば、視覚や聴覚の場合であれば外的対象から反応にいたる過程の特徴でさえあり、この外的対象は外界で生じる物理的因果関係によって刺激と結びつけられる。いったんここで視覚や聴覚のようなケースは置いておき、話を限定するために触覚から生じる知識に集中することにしよう。

イモムシやイソギンチャクといったかなり低級の動物でも、何かに触ると反応することが観察できる。こうした動物たちは、自分が触れたものについての「知識」を持っていると言うべきだろうか。ある意味ではそう言うべきである。知識の有無は程度問題である。

知識を徹底的に行動主義流に理解するのであれば、特定種の刺激に対して特徴的な反応があり、かつその種の刺激が欠けているときには反応がない場合には、つねにある程度の知識があると言わねばならない。この意味での「知識」は、知覚との関連で取りあげた「感受性」と区別できない。温度計は温度を「知って」おり、方位磁石は北の方角を「知って」いると言ってよいかもしれない。この意味でのみ、進化段階のレベルが低い動物にも観察に基づいて知識を帰属することができる。たとえば多くの動物は光にさらされると隠れるが、概してそれらの動物は他の行動ができないのである。しかしながら、この点ではそれらは放射線計と何ら変わりはない。確かに反応が生じる仕組みは違うが、観察される一連の運動は類似した特徴を持っている。反射があるときはいつでも、ある意味で動物は刺激を「知っている」と言える。もちろんこれは普通の意味での「知識」ではないが、しかし普通の意味での知識もここから発達してくるのであり、これなくしてはいかなる知識もありえないのである。

そこから一歩でも進んだ意味での知識は、第3章で考察した意味での学習の成果としてのみ可能である。迷路を学習したラットは、そこから抜け出る道を「知って」おり、一定の言語的反応を学んだ少年は、九九の表を「知って」いる。これら二つの場合で重要な違いはまったくない。どちらの場合でも、「被験者が自分の利益になるような仕方で反応するゆえに、彼は何かを「知っている」のであり、一定の経験をする以前にはそうした仕方では反応できなかっただろう」と言われる。だが私は、知識との関連では、「利益になる」などといった概念を使わねばならないとは思わない。たとえば迷路の中のラットについて観察できるのは、食べ物に到達するまで荒々しく行動し、到達すると後には食べることが続くということ、また、食べ物に到らない行為が次第に排除されていくこと、これらである。こうした行動が観察されるのであれば、食べ物を目指した行動であると言え、また最短距離で食べ物を手に入れるときには、その動物は道を「知っている」と言えるのである。

だがもしこの見解が正しいなら、学習によって獲得されるどんな知識であれ、それを定義するには、動物の活動が目指す状況に言及しなければならなくなる。普通の言い方でなら、動物はそうした状況を「欲求する」と言うはずのところである。「欲求」は「知識」と同じく行動主義的に定義することができ、これらは相関すると思われる。そこで少し時間をとって、「欲求」を行動主義的に論じることにしよう。

行動主義的観点からすると、欲求の最善の例は飢えである。飢えに対する刺激は一定の身体状態だが、それがいかなる状態かは十分に確かめられている。この状態にあるとき、動物は落ち着きなく動き回る。食べ物を見るか匂いを嗅ぐかすると、ふだんの状況では食べ物が得られるような仕方で動物は動く。食べ物に手を伸ばして食べ、量が十分なら落ち着く。こうしたたぐいの行動は、まとめて、飢えた動物は食べ物を「欲求する」と言ってよい。この行動は、生命を持たない物質とはさまざまな点で異なる。というのは、落ち着きのない運動は、一定の状況が実現するまで持続するからである。なされる運動は、その状況を実現するのに最適なものでも、あまり適切でないものでもありうる。よく知られていることだが、水槽をガラスで区切り、それぞれにモロコとカワカマスを入れると、カワカマスは自分の鼻先をガラスにぶつけつづけ、六週間経ってようやくモロコを捕まえるという試みを諦めた。その後で区切りを取り外しても、やはりカワカマスはモロコを追いかけなかった。この実験で、迂回路を通ればモロコを捕まえられるようになっていたかどうか私は知らないが、迂回路を通ることを学ぶには、おそらく魚の能力を超えたレベルの知性が必要だろう。しかし犬や猿にとっては、それは何も難しくはない。

飢えについて言えることは、他のあり方をした「欲求」にも等しく当てはまる。すべての動物は、一定の「欲求」器官を生得的に備えている。つまり、ある身体状態にあるとき、動物は落ち着きなく行動するよう刺激され、その行動は反射行動を実行することを目指す傾向がある。そしてある状況がくり返されるほど、動物が反射行動を実行に移すまでの時間が短くなる。しかしこの最後の論点が正しいのは高等動物についてでしかなく、下等動物では全過程が終始反射的であり、通常の状況下でしか成功しない。高等動物、とりわけ人間の行動では、学習による部分がより大きく、反射による部分はより小さい。そのため、新たな状況にもかなり上手く順応することができる。赤ん坊は無力であるが、それは成人の適応能力の必要条件なのである。赤ん坊は動物の子どもに比べて、有用な反射を少ししか持っていないが、有用な習慣を形成する能力ははるかに優れている。この能力は状況に順応しうるものであり、生まれたときから宿命的に決定されてはいない。この事実は、獣と比べて人間の知性が優れていることと密接に関係している。

欲求は「条件づけ」にきわめてよく従う。Aが原始的な欲求であり、Bが多くの状況でAを満たす手段であるとすると、それまでAが欲求されていたのと同じ意味でBも欲求されるようになる。たとえば守銭奴のように、Bへの欲求がAへの欲求に完全にとって代わり、そのためBが獲得されたにもかかわらず、もはやAを満たす手段としては用いられないということさえ起きる。しかしそうしたことは多かれ少なかれ例外的である。一般的には、Bへの欲求がある程度独立して動きはじめても、Aへの欲求は存続する。

我々と動物の生活上のちがいの多くは、人類にとって原始的な欲求を「条件づけ」ることから生じる。大半の動物は飢えたときにしか食べ物を探さないので、見つける前に餓死することがある。それとは対照的に、人間は技芸としての狩りの悦びを早々と獲得するはずであり、実際に飢える前に狩りの遠征に出発するに違いない。飢えに対する条件づけの次の段階として家畜を飼育するに到り、さらに先の段階として農業が来る。今日でも生活のために人が仕事をするときには、あまり直接的にではないとはいえ、やはりその活動は飢えや、金銭で満足させうる他の原始的な欲求と結びついている。依然としてそうした原始的な欲求が、言わば発電所となるのである。もっともそのエネルギーは、一見したところ原始的欲求とは何のつながりもないように見えるあらゆる仕事に幅広くばらまかれる。ワトソン博士は、手足を「不自由」にした赤ん坊に怒りの感情を観察したが、そうした感情から「条件づけ」によって「自由」やそれが鼓舞する政治活動が生み出される。また我々は帝国の「没落 fall」や「堕落した fallen」女性について語るが、それは、支えなく放っておかれた赤ん坊が示す［落下への］怖れと結びついている。

これまで欲求の領域に寄り道してきたが、我々は今や「知識」に戻ることができる。すでに見たように「知識」と「欲求」は相関的であり、それぞれの語は同じ種類の活動が持つ別の特徴に適用されるのである。概略的に言えば、これまで論じてきた意味での欲求を含むような刺激に対して反応するとき、その反応が「知識」を示すのは、それがもっとも手早く容易な道筋を通じて欲求の対象である事態に到達するときである。そしてやはりこの事態も、これまで論じてきた意味での、行動主義的な欲求の対象なのである。したがって知識は程度問題であり、迷路の成績を次第に改善していくラットはどんどん知識を得ているのである。そのネズミの「知能指数 intelligence quotient」は、この特定の課題に関する限りでは、一回目の試行にかかった時間を、いま迷路から脱出するのにかかる時間で割った値になるだろう。さらなる要点としては、もし我々の知識の定義を受け入れるなら、純粋に省察的な知識などなくなる、ということがある。知識は欲求充足との関係においてのみ、あるいは目的を達成する正しい手段を選ぶ能力としてのみ存在するのである。

だが、以上のような定義は本当に上手くいっているのだろうか。一般に人が「知識」と呼ぶようなものを、そもそもそれは記述していないのではないか。私は、大筋では上手くいっていると考えるが、これを明白にするにはある程度の議論が必要である。

定義が明らかに適用できる場合がある。我々は迷路の中のラットを考察することで先の定義にたどりついたが、そのケースに類比的な場合である。あなたはトラファルガー広場からセントパンクラスへ行く道を「知っている」だろうか。間違った道を行くことなく歩いて行けるのなら、知っている。実際にその道を歩いてみせなくとも言語的に証明することもできるが、しかし言語的証明は名前と道の相関関係に依存し、物を言葉で置き換える過程の一部である。ここから確かに疑わしい場合が生じるかもしれない。私が以前ホワイトホールでバスに乗ったとき、隣の席の人が「これは何という通りですか」と尋ねてきた。彼のものの知らなさに驚くことなく私が答えると、次に「この建物は何ですか」と聞くので、「外務省です」と答えた。すると私の返事に、彼は「でも、外務省はダウニング街にあったと思うのですが」と切り返してきたので、彼の知識に今度こそは驚かされてしまった。彼は外務省がどこにあるかを知っていたと言うべきだろうか。彼の目的次第で、答えはイエスにもノーにもなる。外務省に手紙を出すという観点からすれば知っているが、そこまで歩いていくという観点からすれば知らない。事実、それまで彼は南アメリカのブリティッシュ・カウンシルにいたのであり、ロンドンは初めてだったのである。

では次に、我々の定義の射程に収まるかどうかそれほど明らかでない場合を取り上げよう。いま本書を読んでいるあなたは、コロンブスが一四九二年に海を渡ったことを「知っている」だろうが、どういう意味でそう言われるのか。「知っている」と言うことが、この言明を書くことが試験に通る方法であることを意味しており、それは迷路からの脱出がラットにとって有用であるのと同様に我々にとって有用であること、これはまず間違いない。しかし我々が意味しているのはそれだけではない。その事実には歴史的証拠がある。あるいは少なくともそう想定しよう。歴史的証拠となるのは、印刷された本や草稿である。歴史家たちは、本や草稿中の言明を真だと認める条件について一定の規則を開発してきたが、今回の証拠はそうした規則に適っている（のだと想定しよう）。たとえば遺言やいまだに撤回されていない法律のように、歴史的事実は現在でもしばしば重要になる。歴史的証拠を評価する規則は、おおむね整合的な結果をもたらすような規則である。二つの結果が整合的であるのは、両者が関わる一つの欲求に照らして、それらが同一の活動を要求するとき、あるいは異なりはするが、その目的へと向けた一つの動作の部分になるような活動を要求するときである。ケンブリッジ近郊のコトンには、正反対の方向を指す二本の腕の両方に、「ケンブリッジへはこちら」と書いてある道しるべがある（私がいた頃には）。正反対の活動を表す言明をしているのだから、この道しるべは自己矛盾の完全な実例である。またこれは、なぜ自己矛盾が避けられるべきかを例示してもいる。しかし、自己矛盾の回避が我々に要求するところは大きい。ヘーゲルやブラッドリー(33)は、この原理を使うだけで宇宙の本性を知りうると空想した。この点で彼等が間違っていたことはまったく確実だが、それでもやはり我々のかなり多くの「知識」はある程度はこの原理に依存するのである。

我々の知識の大半は料理のレシピのようなもので、必要な状況になればそれに従うべきだが、日々いつでも役に立つものではない。しかしいつか役立つかもしれないので、我々は条件づけを通じて、しだいに知識一般への欲求を持ちはじめる。学はあるが現実問題に対して無能な人は守銭奴と同類で、手段に拘泥している。また、さまざまな目的に対して知識は中立的であることも押さえておくべきである。ヒ素が毒であることを知っているとき、その知識を使ってヒ素を避けて健康であり続けることもできれば、飲んで自殺することもできる。ある人がヒ素が毒であることを知っているかどうかは、その人の欲求を知らないかぎり、ヒ素に対する行動からは判断できない。生きることに疲れはてているが、良薬だと教えられたせいでヒ素を避けるかもしれない。この場合、ヒ素を避けることは知識の欠如の証拠である。

だがここでコロンブスに戻ろう。読者はほぼ確実にこう言うだろう。「コロンブスは実際に一四九二年に大西洋を渡ったのであり、それが理由で我々はこの言明を「知識」と呼ぶのだ」と。これは「真理」を「事実との対応」として定義している。この定義は正しさについてのある重要な側面をとらえていると私は考えているが、しかしそれはもっと後の段階で、物理的世界について論じた後で引き合いに出すべきことである。またこの定義には弱点——これを強調するのはプラグマティスト達なのだが——もある。それは「事実」を手に入れ、我々の信念と比較する方法などないように思えるということである。我々が手に入れられるのは、他の信念でしかないのではないか。「知識」の定義としてはこの行動主義的でプラグマティズム的なものしか可能でない、などと言うつもりはない。しかし知識を、因果的重要性を持ち、刺激に対する反応として具体化されるものと見なしたいのなら、それこそが我々が到達する定義だと言いたいのである。そしてそう見なす立場は、これまで我々がしてきたように外側から人間を研究するときには適切な観点なのである。

しかし行動主義の哲学の中にもまだ、我々の定義につけ加えるべき重要な論点がある。我々はこの章で感受性から話を始めたものの、学習された反応の考察へと話は進み、学習は連合に依存するとした。しかし、もう一つ別種の——少なくとも一見したところ別に思える——学習がある。それは感受性が増すという仕方での学習である。動物と人間のすべての感受性は、一種の知識とすべきである。すなわち、もしある種の刺激があるときに、それがないときにはしないようなやり方で動物が行動するならば、ある重要な意味で、その動物は刺激に関する「知識」を持っているのである。ところが、訓練は感受性をかなり大きく増強すると思われる。たとえば音楽の練習ではほんのわずかしか違わない刺激に対して異なる反応をすることを学ぶ。さらには、違いに反応することすら学ぶのである。ヴァイオリニストは五度の音程にきわめて正確に反応することができ、もしある音程差がきわめてわずかであれ五度よりも大きいか小さいかすると、チューニングの際の彼の行動は、その音程差と五度との違いに影響されるのである。また既に注目する機会があったが、訓練によって形式に対する感受性も高まるのである。以上のような感受性の向上はつねに知識の増大に数え入れるべきである。

だがこう述べたとしても、我々は先の知識の定義と不整合なことを言っているわけではない。多くの場合で、正しい反応を選択するためには感受性が欠かせない。再び料理本を取り上げれば、料理上手な人は、「塩をひとつまみ」と本にあるときにどれぐらい塩を取るべきかを知っている。これが感受性の一例である。正確な科学的観察をすることは実際上きわめて重要であるが、これもまた感受性に依存している。さらには、他人との実際的なやりとりの多くもまた同様である。もし相手の感情を「感じる」ことができなければ、すれ違うばかりだろう。

感受性は訓練によって驚くほど向上する。都会育ちの人には、新聞の天気予報を読むまで天候の良し悪しが分からない。昆虫学者は他の人々よりも、田舎歩きの最中にはるかに多くの昆虫を見つける。鑑定家はワインや煙草を識別できるが、その繊細さは粋人になりたい若者を絶望させるほどだ。こうした感受性の増大が連合法則によって説明できるかどうか分からない。説明できる場合はおそらく多いだろう。しかしもっと難しく抽象的なことなどの、多くの問題を考えるときには形式に対する感受性が本質的要素になり、そしてそれは連合法則から生まれたと見なすことはできないと思われる。それはむしろ、新しい感覚が発達することに近い。それゆえ感受性の向上は一つの独立した要素として、知識の発達のうちに含めるべきである。ただ、私はそうすることにためらいを感じないわけでもない。

以上の議論で、「知識」の定義を論じる際に扱うべき範囲をすべて取り上げたなどと言うつもりはない。問題を考えつくすためには別の観点もまた必要なのである。だがそれは物理的世界の考察を済ませ、内なる観点から人間を論じるときまで待っていただかなければならない。

第2部

第9章　原子の構造

これまで我々は外側から見た人間を主題として語ってきたのだが、その際、物理的世界についてはつねに常識的見解を受け入れてきた。物質とは何か、そもそも物質などあるのか、外界は物質とは異なる素材からできているのではないか、そして物理的世界についての正しい理論は知覚の過程についてどんなことを明らかにするか。我々はこうしたことを問わずにきたのだが、しかしこれらこそ、以下の諸章で我々が答えねばならない問いである。そしてそれらに答えようとするとき、我々が依拠すべき科学は物理学である。しかし現代物理学は非常に抽象的で、簡単な言葉でそれを説明することは決して容易ではない。最善を尽くすつもりだが、ところどころ少しばかり難しかったり曖昧だったとしても、私をあまり厳しく責めないでいただきたい。相対性理論と原子の構造に関する最新学説のために、物理的世界は日常生活の世界とも十八世紀風の科学的唯物論の世界ともかなり異なるものになってしまった。いかなる哲学も、科学者が必要と認めた物理的概念の革命的変化を無視することはできない。すべての伝統的哲学は捨ててしまうべきだ、過去の哲学体系をできるかぎり尊重せず、一から始めるべきだとさえ言えるかもしれないのである。私たちの時代は、過去のいかなる時代よりも物の本性についてはるかに深い洞察を得ている。十七世紀や十八、十九世紀の形而上学者たちからまだ学びうることがあるにせよ、それらを過大評価するのはへりくだりすぎというものだ。

物質あるいは物理的世界一般について物理学が語るべきことは、哲学者の観点からは、原子の構造と相対性理論という二つの見出しの下にまとめることができる。前者は物理学においてはかなり革命的ではあったものの、哲学的には最近になるまでそれほど革命的ではなかった。「破壊不可能な実体」という古い物質概念はすでに方便と見なされていたのだが、それでも一九二五年までは、原子の構造についての理論はそうした古い概念に基づいていたのである。今では、主にハイゼンベルクとシュレーディンガー[34]という二人のドイツの物理学者のおかげで、古くて固い原子の最後の名残りが溶解し、物質は降霊会に出てくる霊のごときものになってしまった。しかし、このより新しい見解に取り組む前に、それに取って代わられたもっと単純な理論を理解しておかなければならない。この理論は、ところどころ例外はあるが、アインシュタイン[35]が導入した基礎的対象に関する新しい学説を考慮していないので、相対性理論よりもはるかに理解しやすい。この理論は多くの事実を説明してくれるので、仮にこの先どんなことが起きたとしても、この理論は原子の構造に関する完全な理論に向かう足掛かりとなり続けるにちがいない。実際、この理論から新しい理論は直接成長してきたのであり、それ以外の生じ方はありえなかっただろう。したがってその概略だけでも与えるために少し時間を取らねばならないのだが、この古い理論そのものがまた驚くべきものなので、それは少しも残念なことではない。

物質が「原子」、つまり分割できない小さな粒からなるという理論をもたらしたのはギリシャ人であるが、その時代には憶測にすぎなかった。原子論と呼ばれている理論を支持する証拠は化学から得られ、理論そのものが十九世紀的形態をとるにいたったのは、主にドルトン(36)のおかげである。いくつかの「元素」が存在し、そこから他の物質は合成されることが発見された。合成された物質は「分子」からなることが判明し、そして各分子は一つの実体である「原子」が同じ種や他の種の「原子」と結合することからなる。水分子は一二つの水素原子と一つの酸素原子からなり、電気分解により分離できる。放射能が発見されるまでは、原子は破壊できず変化しないと考えられていた。合成されていない物質は「元素」と呼ばれ、その性質の段階的変化に従って系列に並べることができることを、ロシアの化学者メンデレーエフ(37)が発見した。当時は系列にいくつか空所があったが、それ以降新しい元素が発見され、大半が埋められた。すべての空白が埋められたとすれば、九二の元素があることになる。実際に知られているのは八七であり、少し疑いがのこる三つを含めると九〇になる(38)。一つの元素が系列内で占める位置を、その元素の「原子番号」と呼ぶ。初めは水素で、原子番号は1である。ヘリウムが二番目で、原子番号2を持つ。最後はウランで原子番号は92である。おそらく星の中にはもっと高い原子番号の元素が存在するが、今のところ実際に観測されたものはない。

「原子」に関する新しい見解が必要になったのは、放射能が発見されたからである。ある放射性元素の原子が崩壊して他の元素の原子とヘリウム原子になりうることや、あるいはさらに別の仕方で変化しうることが発見された。また系列の同じ場所に異なる元素が位置しうることが発見された。それらは「同位体」と呼ばれる。たとえばラジウムが崩壊すると最終的に一種の鉛になるが、それは鉛鉱で見られる鉛とは幾分違っている。F・W・アストン博士[39]により、かなり多くの「元素」が実は同位体の混成であり、巧妙な方法によって分離できることが明らかにされた。これらすべてにより、とりわけ放射能による元素の変容を根拠として、これまで「原子」と呼ばれてきたものが実は複雑な構造を持ち、その一部を失うことで別種の原子に変化しうるのだという結論が導き出された。原子の構造を想像しようとさんざん試みられた末に、物理学者たちはアーネスト・ラザフォード卿[40]の見解を受け入れるに到り、そしてそれをニールス・ボーア[41]がさらに発展させたのである。

最近の発展にも関わらず、その理論は実質的には依然として正しい。それによれば、すべての物質は電子と陽子という二種類の部分からなる[42]。すべての電子はお互いに正確に類似し、またすべての陽子もお互いに正確に類似している。すべての陽子は一定量の正の電荷を担い、それと等量の負の電荷をすべての電子が担っている。だが陽子の質量は電子の約一八三五倍もある。つまり一つの陽子とつりあわせるには一八三五個の電子が必要なのだ。陽子は互いに反発しあい、電子も互いに反発しあうが、電子と陽子は引きつけあう。すべての原子は電子と陽子からなる一つの構造である。最も単純なのは水素原子で、それは一つの陽子と、太陽の周りを回る惑星のようにその周りを回る一つの電子［価電子］からなる。電子が失われ陽子だけが残されることがあるが、そのとき原子は正に帯電する。しかし電子を得ると原子全体としては電気的に中性になる。陽子の正の電荷と電子の負の電荷がちょうどつりあうからである。

二番目の元素であるヘリウムになると構造ははるかに複雑になる。ヘリウムにはきわめて近接する四つの陽子と二つの電子からなる核があり、通常の状態ではその周りを二つの電子が回っているのだが、原子がそのうちのどちらか、あるいは両方を失うことがあり、その場合は正の電荷を帯びることになる。

それ以降のすべての元素はヘリウムと同様に、陽子および電子からなる核と、その周りをまわる幾つかの価電子から構成されている。核には電子よりも多くの陽子があるが、その超過分を価電子が埋め合わせるため、原子は帯電しない。核内の陽子の数が元素の「原子量」を与え、また核内での電子に対する陽子の超過分が「原子番号」を与えるが、原子番号は原子が帯電していないときの価電子の数でもある。最後の元素であるウランの核内には二三八の陽子と一四六の電子があり、帯電していないときには九二の価電子を持っている。水素以外では、原子の内部で価電子がどのように配列されているかは正確には分かっていないが、しかしそれらがある意味で異なる環を形成し、外側の環の電子の方が核により近い環の電子よりも失われやすいことは明らかになっている。

ようやく話は、ラザフォードが展開した原子の理論にボーアが何を付け加えたのか、というところまで進んできた。それはこの上なく興味深い発見である。他の自然の過程では成立することがすでに知られていたある種の不連続性を、新しい領域に導入するものだったのである。「自然は飛躍せず」ほど哲学で尊重されてきた格言はないと思われる。しかし長い人生経験で私が何を学んだと言って、ラテン語の格言はつねに間違っていることをおいて他はない。そして今回もやはりそれが証明されたのである。明らかに、自然は飛躍する。それもときおりではなく、物体が光を放つ時にはつねに飛躍しており、他にもそうした状況があるのだ。飛躍の必然性を初めて論証したのはドイツの物理学者のプランクである。彼は、物体がその周囲よりも暖かいときにどのようにして熱を放つかを考察した。現在分かっているところでは、熱は振動から成り、違いは「振動数」すなわち一秒あたりの振動回数による。プランクは、ある振動数を持つ振動にとって、あらゆる量のエネルギーがありうるわけではなく、その振動数に対してある比を持つエネルギーしか可能ではないことを示した。その比は一定量hに1か2か3、あるいはその他の自然数を掛け合わせたもので、実際上つねに小さな自然数になる。hという量は「プランク定数」として知ら(43)

れている。プランク定数が含まれているか否かを知りうるほど繊細な測定が可能な場合には、それは実際つねに含まれていることが分かった。プランク定数は非常に小さいので、測定が非常に高い精度でなされない場合、連続性からの逸脱は容易に関知できないのである［原註1］。

ボーアの偉大な発見は、この同じhという量が原子内の価電子の軌道に含まれており、軌道の可能性を様々な仕方で制限していることだった。ニュートン力学にはこの制限のされ方を説明する手だてがなく、また今のところ相対論力学にもない。ニュートン的原理に従うなら、電子が核の周りを回るときには、核を中心とする円あるいは核を焦点とする楕円であるならどんな軌道でもとれるはずである。つまり、ありうる様々な軌道の中から、電子の方向と速度に従ってどれか一つが選択されることになる。しかし実際には、そうしたあらゆる軌道のうち特定のものしか生じることはない。生じる軌道はニュートン的原理に基づいて可能とされる範囲のものではあるが、可能な軌道うちのごく一部しか選び出されないのである。ボーアが当初試みたように、説明を単純にするために話を円軌道に限定し、また一つの価電子と一つの陽子からなる核を持つ水素原子だけを考察することにしよう。取りうると判明している円軌道は、次の手続きに従って確定される。電子の質量に軌道の外周の長さを掛け、さらにそれに電子の速度を掛ける。すると結果はつねに、h、$2h$、$3h$等々、先に述べたプランク定数hの小さな整数倍になる。したがって、可能な最小の軌道が存在し、先に挙げた積の中ではそれはhである。その次の軌道では積は$2h$になるが、その半径は最小軌道の半径の四倍になるだろう。その次の軌道の半径は九倍、その次は十六倍というように、「自乗数」(すなわち、ある数にそれ自身を掛けて得られる数)が続く。水素原子ではこれら以外の円軌道が可能ではないのは明らかである。軌道は楕円でもありうるが、その場合もやはりhの整数倍になる。だが我々の目的からすれば、それを考慮する必要はない。

水素原子が自由な状態にあるとき、電子が最小の軌道上にあるならば、外からそれを乱すものが何もないかぎり電子はその軌道を回り続けるだろう。しかし、より大きい軌道のいずれかにあるのなら、しばらくすると電子はより小さな軌道に突然飛び移ることがある。それは最小の軌道かもしれないし、あるいは中間のとりうる軌道かもしれない。電子が軌道を変えないかぎり、原子はエネルギーを放出しない。しかし、電子が小さな軌道に飛び移るときには、光波という形で放出することでエネルギーを失う。この光波のエネルギーを振動数で割るとつねにhになる。原子が外部からエネルギーを吸収することもあるが、それは電子がより大きな軌道に飛び移ることによる。その後で、外部のエネルギー源がなくなると、電子がより小さな軌道に飛んで戻るということが起こることがあり、これが蛍光発光の原因である。というのは、小さな軌道に飛び移るときに原子が放出するエネルギーは光という形態をとるからである。

数学的にははるかに複雑になるが、まったく同じ原理が他の元素についても成り立つ。しかし、［周期表の］最後の方の元素のいくつかには、水素原子には類似のことが起こりえないような現象がある。それは放射能である。放射能を持つとき、原子はα線、β線、γ線と呼ばれる三種類の放射線を放つ。このうちγ線は非常に振動数が多いとはいえ、言い換えれば波長がより短いとはいえ、光に似たものであり、これ以上考察する必要はない。対してα線とβ線は原子核について知るための主要な手がかりとなるため、重要である。α線はヘリウム原子の核からなり、β線は電子からなることが分かっている。放射による崩壊の後では原子は以前とは異なる元素になるため、それらはいずれも核が放出したものである。しかし核の崩壊といったことがなぜ起きるのか、あるいは、たとえば一片のラジウムの中で崩壊する原子もあれば崩壊しないものもあるのはなぜかは分かっていない。

原子に関する知識の主要な手掛かりは、それが放つ光、X線、放射能の三つである。よく知られているように、さまざまなガスを熱したときに出る光をプリズムに通すと、それらはそれぞれ異なる色のくっきりとした筋であることが分かる。この色は各元素に特有であり、その「スペクトル」と呼ばれるものを形成する。スペクトルは赤方向にも紫方向にも、可視光線の範囲を超えて広がっている。紫の方に超え出たスペクトルはX線の領域にせまる所にまでおよぶ。X線は超紫外線にすぎないのである。結晶［格子］を使えば、普通の光と同じようにX線のスペクトルも研究できることが分かっている。ボーアの理論の大きな長所は、なぜ元素はそれぞれなりのスペクトルを持つのかという、かつて完全に謎だったことを説明したことにある。この説明、特にドイツ人の物理学者ゾンマーフェルト(44)が発展させた説明に従うと、水素と正に帯電したヘリウムの場合であれば、理論上の数値と観察された数値が非常に細かいところまで一致する。それ以外の場合には数学的な困難があり、そうした完全さは不可能であるが、同じ原理が適切であると考えるべき様々な根拠がある。ボーアの理論を受け入れるための主な理由は以上であるが、それは確かに非常に強力であった。可視光線は価電子の外側の軌道の研究を可能にし、X線は内側の軌道の研究を可能にすること、そして放射能は核の研究を可能にすることが分かった。核の研究方法は、他にもある。中でもラザフォードの「衝撃法」は核に発射体を打ち込んで壊すことを狙いとしており、標的が小さいにもかかわらず、上手く命中する時がある。

　理論物理学に登場する事柄はすべて数式で表現できるが、これまで概説してきた原子構造の理論も同様であり、またそこに登場する多くの事柄と同様に、想像しやすいよう映像的に表現することもできる。しかし理論物理学ではいつものことだが、この場合でも数学的記号と映像的な言葉をはっきり区別しなければならない。［数学的］記号が正しい、あるいはほとんど正しいことは確かなことであるが、一方の想像に訴えかけてくる描像はあまり真剣に受け取るべきではない。以上の原子の理論が依拠している証拠の本性を踏まえると、起きていることを映像化しようという試みが正当な範囲を超えて具体化しすぎていることが分かるだろう。信じるべきまともな理由があることだけを主張したいのであれば、原子の中で生じていることを具体化しようとするのはやめて、次のようにだけ言うべきである。電子を伴う原子とは、一定の整数によって特徴づけられる一つのシステムである。それらの整数はいずれも小さく、また独立に変化することができる。それら整数は、システムが含むhの倍数になる。そうした整数のいずれかがより小さな整数に変化するとき一定量のエネルギーが放たれるが、その振動数はエネルギーをhで割ることにより得られる。より大きな整数に変化するときにはエネルギーが吸収されるが、このときにも吸収される量は定まっている。しかし、エネルギーを吸収するにせよ放つにせよ、その時原子に何が起こっているかを知ることができない。というのも、原子で起きていることはその周辺領域にまったく影響を与えないからである。それゆえ、原子に関するすべての証拠は安定した状態にある原子についてのものではなく、その変化についてのものなのである。

いま問題にしているのは、原子を太陽系のようなシステムとする仮説に適合しない事実があるということではない。確かにボーアの理論にも一定の困難があり、それが経験的根拠となってより新しい理論に取って代わられたのは事実である。それについては手短に考察することにする。しかし、もしそうした根拠がなかったとしても、ボーアの理論が観察可能なことから正当に推論される以上のことを述べているのは明らかだろう。そのように、知られていることと両立するけれども多くを語りすぎている理論は無数にあるはずで、我々が実際に主張してよいのは、それらすべてに共通する事柄だけなのだ。イギリスに関するあなたの知識が港から出入りする人と物品の観察に完全に限定されているとすると、その場合あなたはイギリス国内について多くの理論を考え出せるし、そのどれもがあなたの知っているすべての事実と一致するだろう。［原子についての状況は］これとまったく同じことなのである。物理的宇宙の中で、任意の一定領域を確保するとしよう。その大小は問わないが、内部に観察者はいないとする。このときその領域内部で何が起こっていようと、それが領域の境界をまたぐエネルギーの流れに影響しないのであれば、［領域の外にいる］すべての観察者はまったく同じ経験を持つだろう。そしてまたもしその領域が一つの原子を含むとすると、その原子が放つ、あるいは吸収するエネルギーに関して同じ結果を与える任意の二つの理論は経験的に区別できず、一方の理論を他方よりも好む理由としては理論の単純さしかありえない。このような理由しかなかったとしても、慎重でありたいのであれば、それだけでもうすでに我々はラザフォードとボーアの理論よりもっと抽象的な原子の理論を探さなければならなくなる。

より新しい理論は主に、すでに名を挙げた二人の物理学者、ハイゼンベルクとシュレーディンガーによって進められた。彼らの理論は形式上は異なるように見えるが、実際には数学的に同値である。この理論を平易な言葉で述べることは今のところまだ不可能な課題であるが、その哲学的意義を明らかにするためにであれば、言えることはなくもない。概略的に言えば、それは原子が出す放射によって原子を記述する理論である。ボーアの理論では、原子が放射していない間は価電子は繰り返し軌道上を回ると想定されている。新しい理論は、その間に起きていることに関してはまったく何も語らない。ねらいは、理論を経験的に検証できることに、つまり放射に限定することにある。放射の出どころに何が存在しているかに関しては、我々は語ることができないし、科学的には推測する必要もない。この理論は空間概念を変えるよう求めるが、どのように変えるかはまだはっきりしない。それはまた、原子がエネルギーを放出するとき、それ以前にある電子とそれ以後にある電子は同一であるとすることができないという帰結を持つ。電子は、常識が理解するところの「物体」であるという性質を持つことを完全にやめてしまい、エネルギーが放射されうる領域にすぎなくなっている。

不連続性という話題については、シュレーディンガーと他の物理学者たちの間に見解の相違がある。大半の物理学者は量子的変化――原子がエネルギーを放出するか、または吸収するときに生じる変化――は不連続でなければならないと主張しているが、シュレーディンガーはそうは考えない。これは専門家の間で議論されている問題であり、これについて意見を表明することは性急に過ぎる。おそらく、そのうち何らかの決着がつくだろう。

現代の理論が含む論点のうち哲学者にとって主要なものは、「物体」としての物質が消えたことである。物はある局所的領域からの放射と置き換えられてしまった。幽霊譚には、部屋が呪われている証拠として、部屋が何かに影響する力を持つことが語られるが、物質はそうした影響力のようなものになってしまったのである。次の章で見るように、相対性理論も、異なる議論を通じてではあるが、同様に物質の固体性を破壊するにいたる。物理的世界で生じるあらゆる類の出来事は、テーブルや椅子、太陽や月、あるいは毎日食べているパンですら色あせた抽象物に、すなわち、一定の領域から放射される出来事の継起が示す法則にすぎなくなってしまったのである。

原註1　hの次元は「作用量」の次元、すなわちエネルギーに時間を乗じたもの、あるいは運動量のモーメント、あるいは速度掛ける長さ掛ける質量になる。その大きさは、約6.55×10^{-27}エネルギー毎秒である。

第10章　相対性理論

我々が今まで見てきたところでは、原子の世界は進化［evolution］というよりもむしろ革命［revolution］の世界である。一つの軌道上を動いていた電子が突然別の軌道に飛び移るため、その運動は「不連続」だと言われる。つまり、まずある場所にあった電子が別の場所に移るのだが、その時それらの間にあるいかなる場所も通過しない、そういう運動をするのである。こういう言い方をすると、それはまるで魔法のように思える。かくも人を狼狽させる仮説を回避する方法が何かあるのかもしれないが、いずれにせよ、このようなことは電子も陽子も存在しない領域では起こらないように思われる。そうした領域では、今まで分かっているかぎりでは連続性が成立している。すべては漸進的推移によって進行し、飛躍によるのではない。電子も陽子も存在しない領域は「エーテル」または「空虚な空間」と呼ばれる。言い回しが違うだけで、どちらでも好きな呼び方をしてかまわない。相対性理論はもっぱらこの領域を扱うが、ここで起きることは、電子や陽子が存在するところで起きることとは対照的である。相対性理論以外にその領域について我々が知っていることと言えば、波がそこを横断すること、そしてその波が光または電磁波であるときには（これらは同じなのだが）、マクスウェル[45]が「マクスウェル方程式」と呼ばれる式で表したような仕方でふるまうということである。我々は以上のことを「知っている」と言うとき、私は、厳密に正しいこと以上のことを語っている。なぜなら、我々が知っていることと言えば、その波が我々の身体に届いたときに生じることだけだからだ。あたかも、海を見ずにドーヴァーで下船した人たちしか見ていないのに、彼らの青ざめた顔から波を推論するようなものである。いずれにせよ、我々が多くを知りうるのは、何がしかの原因と結果によって両横を挟まれているものとしての波でしかないのは明らかである。こうした仕方では、せいぜい数学的構造の用語で表現し尽くせるようなことしか推論できない。波について、それはエーテルや他の何かの「中」にあるはずだと考えてはならない。その波は前進する周期的な過程としてのみ考えられるべきであり、その法則なら多少知ることができるとはいえ、その内在的特徴は知られておらず、また決して知りえないのである。

相対性理論は、電子も陽子も存在しない領域で起こることの研究から生まれた。原子の研究は不連続性に到達したが、対する相対性理論は介在する媒体についての完全な連続性の理論を生み出した。その連続性は、かついかなる理論も想像しなかったほどのものなのである。現時点ではこれらの二つの立場は多少対立しあっているが、そのうち間違いなく和解するだろう。今でも、それらの間にはつながりがまったくないだけで、何ら論理的矛盾はない。

相対性理論に関することで、哲学者にとって何よりも重要なことは、単一の宇宙的時間や単一の存続する空間を廃棄し、それらを時空間に置き換えたことである。これはとてつもなく重要な変化である。なぜなら、そのために物理的世界の構造についての我々の考えが根本的に変わり、そして私の考えでは、それは心理学にも跳ね返ってくるからである。今日では、この問題の説明抜きに哲学を語っても意味はない。そこで私も、困難をかえりみず説明を試みたい。

相対性理論以前の物理学や常識では、二つの出来事が異なる場所で起きたとき、それらは同時だったかどうかという問いに対しては、理論的にははっきり決まった解答がつねにあるはずだと信じられている。しかしこれが間違いだと分かったのである。AとB二人の人物が、鏡と光信号を送る道具を持って遠く離れて立っていたとする。Aには様々な出来事が起こり、それらはやはり完全に決まった時間順序を持つ。Bに起こる出来事たちも同様である。問題が起きるのは、Aの時間をBの時間と関連づけるときである。AがBに向けて光を送り、Bの鏡がそれを反射してから一定時間経過した後でAのところに戻ってきたとしよう。Aが地球上にいてBが太陽にいたとすると、光が戻るまでに約一六分かかる。我々は当然のように、「Bが信号を受け取る時点とは、Aがそれを送ったときから戻ってくるまでの時間のちょうど真ん中の時点のことだ」と言うだろう。だがこの定義は、Aと

Bが相対的にどのように運動しているかに左右されるため、曖昧になってしまう。検討すればするほどこの困難は克服しがたく思えてくる。光を送ってから戻ってくるまでの間にAに起きることは、いずれも、Bへの光の到着よりも明らかに前でも明らかに後でもなく、ぴったり同時でもない。そうである以上、異なる場所における時点を曖昧さなく相関させる方法などないのである。

「場所」という概念もまたかなり曖昧なものだ。ロンドンは一つの「場所」ではないか。しかし地球は自転している。それなら、地球が一つの「場所」なのではないか。しかし地球は太陽の周りをまわっている。では、太陽を一つの「場所」とすればよいのではないか。しかし太陽は星に相対的に移動している。我々はせいぜい、ある時点での一つの場所について語れるにすぎない。しかしその場合、一つの場所を確定しておかなければ「ある時点」とは何かがあいまいになるのである。かくして「場所」の概念は蒸発する。

我々はごく自然に、宇宙はある一時点では一つの状態にあり、別の時点では別の状態にあると考えるが、それは間違いである。汎宇宙的な時間などないのだから、ある一時点での宇宙の状態について語ることなどできないのである。同様に、ある一時点での二つの物体間の距離について曖昧さなく語ることもできない。二つの物体の一方に対して適切な時間を採用すれば一つの推定値が得られるが、もう一方に対する時間を採用すれば別の推定値が得られるのである。かくして、ニュートンの重力法則は曖昧になるので、それを修正する必要性があることが、経験的証拠抜きで明らかになったのである。

幾何学もまた間違っていることになる。たとえば空間とは、その部分がすべて同時に存在するもので、直線とはその空間内での一定の軌跡だと想定されている。だがいまや、ある観察者にとっての直線は別の観察者にとっては直線ではないことが分かるだろう。こうして、幾何学は物理学から分離可能ではなくなったのである。

ここで言う「観察者」は、精神である必要はなく、写真乾板でも構わない。この問題に関わってくる「観察者」の特異性は心理学ではなく物理学の領域に属すのである。

あくまで「物体」の「運動」といった言葉で考え続け、それを順次修正して新しい概念に適合させようとしても混乱は増すばかりだろう。すっきりとした見通しを得るための唯一の方法は、物体の代わりに出来事を用いて一からやり直すことである。物理学で用いられる「出来事」とは、古い捉え方に従うなら、日付と場所の両方を持つと言われるような任意のものである。爆発、稲妻の一閃、原子からの光波の出発、他の物体への光波の到着、これらはいずれも「出来事」であろう。出来事の連鎖は、我々が一つの物体の歴史と見なすもの、あるいは一つの光波の行路、等々を作る。物体の単一性とは歴史の統一性に他ならず、音楽の統一性に似たものである。演奏には時間がかかり、その間のどの一時点をとっても、そこに曲の全体が存在することはない。任意の一時点において存在するのは、我々が「出来事」と呼ぶものだけである。物理学で使われる場合の「出来事」という語は、心理学で使われるときとまったく同一ではないかもしれない。今のところ我々に関わりがあるのは物理的過程の構成要素としての「出来事」であり、心理学における「出来事」に煩わされる必要はない。

物理的世界内の出来事は様々な相互関係を持ち、そこから空間と時間の概念が導き出されてきた。それらは様々な順序関係を持ち、そのために一つの出来事が第二の出来事よりも第三の出来事に近いと言えるのである。こうして我々は、出来事の「隣接性」の概念に到達することができる。大まかに言うなら、隣接性とはある与えられた出来事に非常に近いすべての出来事から成るものである。「隣接する出来事間にある一定の関係が成立している」と言うときには、「二つの出来事が互いに近ければ近いほど、それらはより密接にその関係を持つ」ということ、そして「互いを近づけることで、限界なくその関係を密にしていける」ということを意味することになる。

隣接する二つの出来事は「インターバル」と呼ばれる測定可能な量的関係を持つ。インターバルは空間的距離に類比的なときもあれば、時間的感覚に類比的なときもあり、前者の場合には「空間的である」と言われ、後者の場合には「時間的である」と言われる。二つの出来事のインターバルが時間的であるのは、その両者において一つの物体が存在しうる場合、たとえばその両者があなたの身体の歴史の一部であるような場合である。インターバルが空間的であるのは、それが成り立っていない場合である。この二つの場合のどちらにもあてはまらない場合は、インターバルはゼロである。これは二つの出来事が一本の光線の一部であるときに起きる。

隣接する二つの出来事のインターバルは、任意の二人の観察者が注意深く観察すれば結果的にその大きさを同じだと推定するだろう、という意味で客観的である。空間的距離や時間間隔の推定結果は観察者によって異なるが、しかしインターバルは純然たる物理的事実であり、誰にとっても同一なのである。ある物体が一つの出来事から別の出来事へと自由に移動できるとき、二つの出来事のインターバルは、その物体とともにその間を移動する時計によって測定される時間間隔と同じになる。そうした移動が物理的に不可能な場合のインターバルは、その二つの出来事を同時的として観察する者が測定する空間的距離と同じになる。だがインターバルの量が確定するのは二つの出来事が極めて近くにあるときだけである。そうでない場合、インターバルは一方の出来事から他方の出来事へと移動する道筋のどれを選ぶかによって変わってくる。

世界の中での出来事の位置を固定するには、四つの数が必要である。古い数え方で言えば、時間と三つの空間次元に対応する。それら四つの数値は、出来事の座標と呼ばれる。隣接する出来事には隣接する座標を与えるかぎり、数値を割り当てるのにどんな原理に従ってもよい。この条件に服するため、数値は規約的なものにすぎない。たとえばある飛行機事故が起こったとすれば、その事故の場所は、緯度、経度、海抜、グリニッジ標準時という四つの数値で特定できる。しかし四つ以下の数では、時空内で爆発の場所を特定することはできない。

相対性理論においては、あらゆることが（ある意味で）継起的に進行し、時間的あるいは空間的距離のような間隔を置いた出来事間には直接的な関係はまったくない。また、もちろん遠隔作用する力のようなものもない。それどころか、規約的な虚構として以外にはそもそも「力」というものなどない。物体は、それが位置する特定領域での時空のあり方に従って、その時その時の最もたどりやすい経路上を移動する。この経路は測地線と呼ばれる。

ところで、物体とは出来事の一定の連鎖にすぎないと言いつつ、私がこれまで物体と運動について好きなように語ってきたことに気づかれたであろう。物体は出来事の連鎖なのだとすれば、当然どんな連鎖が物体を構成するかを述べなければならない。というのも、出来事の連続的なつながりならどんなものでも物体であるというわけではないし、測地線ですらそうではないからだ。どのようなものが物体を作るかを定義してしまうまでは、運動について正当に語ることはできない。なぜなら運動は、複数の状況にある一つの物体が存在することを含むからである。それゆえ一つの物体が持続するとはどういう意味か、そして物体を構成する出来事の連鎖と構成しない連鎖がどのように異なるか、これらを定義するよう試みなければならない。次章はまるまるこの話題に費やされる。

ただし、その準備として、新しい考え方に従って働けるように自分の想像力をしつけておくとよいだろう。我々が諦めなければならないものを、ホワイトヘッド[46]は物質の「圧性pushness」と見事に表現した。我々はごく自然に、原子をビリヤードボールのようなものとして考えてしまうが、しかし考え方としては、我々をまったく「圧する」ことなく飛びあがらせることのできる幽霊のようなものとして原子を捉える方がはるかによい。我々は、実体と原因という概念の両方を変えなければならない。「一つの原子が存続する」と言うことは「一つの曲が続いている」と言うことに似ており、一つの曲が五分間演奏されるとき、我々はそれをある単一の物が存在し続けていることとしてではなく、統一性を形成するよう関係づけられた複数の音の系列として理解する。曲の場合は、その統一性は美的なものだが、原子の場合は因果的な統一性である。だが「因果的」だと言うことで私が言いたいのは、普通その語が伝えることそのものではない。ビリヤードボールの間に観察されると想像するような接触による力であれ、かつて重力を構成すると考えられてきた遠隔作用としての力であれ、「力」といった観念や強制といった観念をそこに含めてはならないのである。次から次へと展開する継起についての観察された法則があるだけである。ある一時点での出来事には隣接する時点での別の出来事が継起し、この後者の出来事については、その微小量の第一次元は、先行する出来事から計算することができる。これにより出来事の系列が構成できるのだが、その各出来事のおおよそは、それにほんの少し先行する出来事からある内在的法則に従って次々と生み出されていく。［この系列の］外からの影響は、微小量の二次のオーダーにしか作用しない。このような仕方で、展開に関する近似的な内在的法則によって結びつけられた出来事の鎖が、一片の物質と呼ばれるのである。これが、物質片の統一性は因果的だとすることで私が言いたいことである。こうした考えを以下の何章かではより十分に説明したい。

第11章　物理学における因果法則

我々は前章で、空間と時間を時空で置き換えることについて、そしてその結果、実体として理解されてきた「事物」は出来事の連鎖で置き換えられてしまうことについて論じた。本章では、現代科学に登場するものとしての原因と結果を論じることにする。この話題について見当はずれのことを想像せずにいることは、少なくとも実体についてそうせずにいることに匹敵するほど難しい。原因に関する古くさい考え方が、力学には「力」として登場する。我々は、いまだに日の出について語るのと同じように、力についても語る。どちらの場合も我々がそれを便利な語り方以上のものではないと認識している点で、まったく変わらない。

因果は言語と常識に深く埋め込まれている。我々は、人々が「家を建てる」とか「道を作る」と言うが、「建てる」も「作る」も因果を含む概念である。ある人のことを「パワフルだ」と言うことがあるが、それは彼の意欲が原因となり、影響が広範に及ぶという意味である。因果にはきわめて自然に思われる例もあれば、あまりそう思えない例もある。

筋肉が我々自身の意志に従うことは自然だと思え、よくよく考えなければ、この現象を説明する必要があることに気づかない。ビリヤードのボールをキューで突けば動くことも自然に思われる。馬が荷車を引くところやロープで重いものを引きずっているのを見るとき、自分はそれについてすべてを理解したかのように感じられる。この手の出来事から、原因や力についての常識的信念が生じるのである。

しかし実は、常識が考えるよりも世界ははるかに複雑である。自分はある過程を理解しているのだと我々が思うとき――ここで私は、各自の中の反射的でない部分のことを「我々」と呼んでいるのだが――実際に起きているのは、ある出来事の継起が存在し、そして我々は過去の経験を通じてその継起を見慣れているので、継起の各段階で次はどうなるかを予想する、ということである。とくに人間的な欲求が継起の中に入っているときには、その過程全体が理解可能に思われる。たとえばある球技の試合を見るときがそうであり、ボールに起きること、選手がすることが「自然」に思え、各段階がどのように続くかがすっかり分かったかのように感じられるのである。かくして我々は「必然的な」継起という概念に到達する。教科書には、AがBの原因であるのは、Aに続いて「必然的」にBが生じるときだと書かれている。この「必然性」の概念は紛れもなく擬人的であり、それを裏づけるような特徴を世界の中に見つけることはできないと思われる。物事は一定の規則に従って起き、そしてそれらの規則を一般化することはできるが、しかしどこまで行っても単なる事実でしかない。「一見そうは見えないけれども、これらの規則は実は規約あるいは定義なのだ」ということでもないかぎり、なぜまったく別の規則ではありえなかったのかについて、いかなる理由もつけることはできない。

したがって「Aには「必然的」にBが続く」と言うことは、「非常に多くの観察された事例によって裏づけられ、反する事例がまったくないようなある一般的規則があり、その規則によればAのような出来事にはBのような出来事が続く」と述べることにすぎない。結果が生じることを原因が強いているかのような、「強制」といったことを考えてはならない。この点に関して想像力をためすには、因果法則の逆行可能性がちょうどよいテストになる。実際我々がしばしばしているように、「因果法則に添って」順通りにだけでなく、逆向きに推論することもできる。手紙を受け取るとき、誰かがそれを書いたことを推論するのは正当であるが、あなたが手紙を受け取ったことが差出人にそれを書くよう強制したとは感じられない。このように、原因に対して強制の概念は適用できないのとまったく同様に、結果に対してもそれは適用できないのである。「原因が結果を強制する」と言うことは、「結果が原因を強制する」とするのと同様に誤解を招く言い方である。強制は疑人的概念である。人が何かをするよう強制されているのは、それに反することをしたいと望んでいるときであって、人間や動物が抱く願望と関わりのないときには強制という概念は使えない。科学は起きることだけを論じるのであり、起こるべきことには関わらないのである。
変わることのない継起の規則を自然の中に探してみると、それは常識が立てる規則とは違っていることが分かる。常識は、稲妻に続いて雷鳴がとどろくとか、風に続いて海に波が立つなどと言う。この種の規則は実際に生活していく上では欠かせないが、科学においてはいずれも近似的なものにすぎない。原因と結果の間に一定の時間間隔があるかぎり、たとえそれがどれほど短いとしても、［その間に］結果の生起を妨げることが起きるかもしれない。科学の法則は方程式を使わなければ表現できない。このことが意味しているのは、我々は有限の時間が経過した後に何が起きるかを言うことはできないが、その時間をどんどん短くすればするほど、結果の生じ方はある規則により近づいていく、ということである。非常に単純な例を挙げるなら、私は今この部屋にいるが、何秒か後に私がどこにいるか、あなたには分からない。爆弾が爆発して私を空高く吹き飛ばしてしまうかもしれないからだ。しかし、私の身体のどこでもよい、現在非常に接近している二つの部分を取り上げれば、あるきわめて短い有限時間の後でも、それらはやはり非常に接近していると確信することができる。一秒では短さが十分でないなら、もっと間隔を短くすべきである。どれくらい短くすべきかを前もって述べることはできないが、十分なくらい短い時間があることはかなり確かだと思われる。

量子的現象は別にすると、物理学における継起の法則には二種類あり、伝統的な力学では速度の法則と加速度の法則として登場する。非常に短い時間では物体の速度はほんの少ししか変化せず、時間を十分短くすればその変化は際限なく減らしてゆける。前章ではこれを「内在的な」因果法則と呼んだ。次に周囲からの影響があり、これは伝統的力学で明らかにされたように、加速度において示される。ある短い時間に生じる小さな速度の変化は、周囲の物体によるものとされる。なぜならとりまく物体が変化すれば速度も変化し、そしてそれは確認済みの諸法則に従うことが分かったからである。ここから我々はとりまく物体が影響を及ぼすと考え、その影響のことを「力」と呼ぶのである。ただしそれは、占星術における星の影響のように神秘的なものにとどまっている。

アインシュタインの重力理論は、重力に関するかぎりでこうした考え方を処分してしまったのである。この理論では、太陽の周りをまわる惑星は、隣接性関係が許容する範囲内で直線に最も近い経路をたどって動く。隣接性は非ユークリッド的であると、すなわちユークリッドが想像したような直線をまったく含んでいないと想定されている。ある物体が惑星のように自由に動くとき、それは一定の規則に従う。この規則はおそらく次のように言えばもっとも単純に述べられるだろう。何でもよい、地球上で生じる二つの出来事を取り、その間に経過する時間を地球とともに移動する理想的に正確な時計で測るとする。それと同時に、魔法の絨毯に乗った旅行者が、第一の出来事が生じた時点で地球を離れて宇宙空間を飛び回り、第二の出来事が生じた時点で地球に戻ってくると、彼が持っていた時計では地球上の時計よりも経過した時間が短くなる。「我々が住んでいる領域にある、直線に最も近い経路の「測地線」上を地球は動く」と言うことで意味されているのは、こうしたことである。これはどこまでも幾何学的な話であり、「力」をまったく含んでいない。地球に円を描かせるのは太陽ではなく、地球が存在している時空の性質なのである。

このような言い方でさえ完全には正しくない。時空は、地球に円を描かせる訳ではなく、「地球は太陽の周りを回る」と我々に言わせるのである。つまり時空は、何が起きているかを最も手短に記述する方法として、我々にこういう言い方をさせるのである。同じように正しいが、あまり便利ではない別の言葉で記述することもできるのである。

天文学で「力」が破棄されたことは、天文学は視覚にしか依存しないという事実におそらく関係している。地球上では、我々は押したり引かれたりし、物に触れ、筋肉の緊張を経験する。これらすべてが我々に「力」の概念を持たせるが、しかしそれは疑人的な概念である。天体の運動法則を想像するには、鏡に映った対象の動きを考えてみるとよい。それらは非常に速く運動するかもしれないが、そこに力はまったく存在しない。

我々は力を相関関係の法則と実際に置き換えなければならない。出来事は、その間の相関関係によってグループにまとめることができ、そうすることで因果性という古い概念が含んでいた正しい考えは汲みつくされる。さらには、これは「要請」でも「カテゴリー」でもなく、一つの観察された事実である。ただしそれが観察されたのは運が良かったからであり、そこに必然性はない。

先に示唆したように、こうした出来事の相関関係から永続的な「物体」の定義が導出される。実体性に関しては、電子と光波の間に本質的な違いはない。どちらも実際には出来事の連鎖ないしは集合なのである。光波の場合、我々はそれ以外の考え方をしようとはまったく思わないのに対し、電子の場合、我々はそれを単一の持続する存在者として考える。そうした存在者が存在することもありうるけれども、しかし存在するというういかなる証拠もないのである。我々に発見できるのは、次の二つの出来事のグループである。（a）一つの中心から周囲へと拡がっていく出来事のグループ――話をはっきりさせるために、たとえば光波を構成する出来事だとしておこう――で、それらは中心にある「原因」のために生じるのだと仮説的に見なされる。そして（b）それとは異なる各時点にある、第一のグループと多少なりとも類似した出来事のグループで、それは第一のグループと物理学の法則に従って結合されるため、（a）と同様に各時点に［中心にあるとされる］ある仮説的原因によるものとされる。しかし我々は、発見可能な法則によって結合された出来事グループの系列だけを引き受けるべきであり、これらの系列こそ「物質」なのだと定義することができる。別の何らかの意味で物質が存在するかどうかは、誰にも語ることはできない。

古い因果性の概念が含んでいた正しい点は、異なる時点での出来事が法則（微分方程式）で結ばれるという事実である。出来事Aと出来事Bを結びつける法則があるとき、それらの間には確定的で曖昧さのない時間順序がある。だがもしそれらが、Aが発した光がBが起きた後でBがあった所にある物体に届くといった出来事である場合、あるいはその逆である場合は、AとBの間には確定した時間順序はなく、それらを結び付けうる因果法則もありえない。AとBは地形学上独立した事実と見なすべきである。

一般に普及しており自明であると思われているが、私見によれば実は間違っている、あるいは間違いに導きやすい信念がある。そうした信念との関連を明らかにすることで、この章および以下の数章の射程と目的を明確にできるかもしれない。私が現代物理学の哲学的帰結を説明しようとしたときに、実際に出された反論だけを取りあげよう〔原注1〕。「何らかの物が動くということを抜きにして、動くということを理解することはできません。」これはある意味では当たり前ではあるが、しかしそれが普通表現している意味では間違いなのである。我々は芝居や一つの楽曲の「動き」について語るけれども、どちらの場合でも演じられている各瞬間にそのまるごと全体が存在している一つの「物」があると考えたりはしない。この芝居や曲に対する見方こそ、物理的世界を理解しようとするときに我々が念頭に置くべきものなのである。一定の因果的結合によって結び付けられ、単一の名前を付されるに十分な統一性をもつ出来事の連鎖のことを考えるべきなのである。そして、我々は一つの名前が単一の「物」を表示すると想像しはじめ、そしてすべての出来事が同じ場所にあるわけではないときには、その「物」が「動く」と語るのだが、これは便宜的な省略した語り方にすぎないのである。映画を見るときには、高層ビルから落ちた男が電線に引っ掛かり無事に着地するのを見ているかのように思う。周知のとおり、実際には数多くの異なる写真があるのであって、単一の「物」が動いているという見かけは錯覚なのだ。この点で実在の世界は映画に似ているのである。

経験と先入見を区別することは非常に困難だが、運動との関連ではこの区別を強調しなければならない。大雑把に言って、経験とは見ているものであり、先入見とは見ていると思っているにすぎないものである。先入見は、異なる二つの機会に同じテーブルを見ていると告げる。経験がそう告げていると考えてしまうのである。もしそれが「先入見ではなく」本当に経験であるなら、間違うことはありえないのだが、似たテーブルにすり替えられているのに経験はそのままということもありうる。仮に一つのテーブルを二つの異なる機会に見ているのなら、たしかに非常に似た感覚を得るだろうし、また記憶もそれらが似ていると告げるだろう。しかし一つの同一の存在者がその二つの感覚の原因なのだと示すものは、何もないのである。映画に出てくるテーブルなら、それが一見連続性を保ちつつ変化するように見えたとしても、あなたはそんな同一の存在者はないことを承知しているだろう。「本物」のテーブルの経験とこうした経験との間に違いはまったくない。それゆえ「本物」のテーブルの場合にも、実際の経験の中には持続的な存在者があるかどうかを示すようなものは何もないのである。そこで次のように言うことにしよう。持続的な存在者があるかどうかは分からないが、そんなものがあると仮定しなくとも経験が説明できるのは分かっているのだから、持続的な存在者を主張することも否定することも適切な科学の一部ではありえないのだ、と。仮に存在したとしても、それは経験によって裏付けられる範囲を超えているのである。

以下の文章は、これまで私が「力」について語ってきたことに対する、反論の手紙にあった一文をそのまま引用したものである。

「力の概念の起源は物理学ではなく心理学にあります。星々からなる宇宙では、数かぎりない天体が自転し、またお互いの周回軌道上を旋回していることが観察されますが、そうした宇宙についての徹底的に非個人的な省察に中にも、正しいか間違っているかはともかく力の概念は登場します。私たちは、これらの観察される事柄はある力、あるいは様々な力によって成立し、維持されているのだと理解します。この理解が正しいにせよ間違っているにせよ、私たちは自然にそう理解するのです。」

この文中で観察されると言われていることを、我々は実際は「観察」してなどおらず、それらはいずれも推論されたものである。天文学で観察されるのは、光の点や、望遠鏡を通して見たときには測定可能な大きさになるいくつかの明るい面（すなわち惑星）、そしてもちろん「太陽」と「月」と呼ばれるもっと大きく明るい面などが作る、二次元的なパターンである。このパターンの大半（すなわち恒星）は二三時間五六分に一回、地球の周りをまわる。太陽が地球の周りを回る周期は変わるけれども、平均すると二四時間に一回であり、この平均から大きく離れることは決してない。月と惑星の見かけ上の動きはもっと不規則である。以上が観察される事実である。惑星のためのものと星のためのもの、この二つの天球が地球の周りを回っているという中世の学説は、論理的にはまったく不可能ではない。現代の学説の方が単純ではあるが、観察された事実により一致している訳ではまったくない。現代の学説が採用されるのは、我々が単純な法則を好むからである。

先の引用の最後の文章は、興味深いさらなる論点を提起している。「私たちは、これらの観察される事柄はある力、あるいは様々な力によって成立し、維持されているのだと理解します。この理解が正しいにせよ間違っているにせよ、私たちは自然にそう理解するのです」と著者は言うが、私はこれは否定しない。「正しいにせよ間違っているにせよ」――もっとはっきり言うと間違っているのだが――それは「自然」である。我々は説明することを愛し、「力」はその愛情の一部なのだ。ヒンドゥー教徒が、世界が落下しないのは象が支えているからであり、その象が落下しないのは亀が支えているからだと考えたことは、よく知られている。彼らと話したヨーロッパ人に「では亀はどうして落下しないのか」とたずねられたとき、彼らは「形而上学には飽きた、話題を変えよう」と応じたのだった。説明としては、「力」はこの象や亀に比べて少しも優れてはいない。それは自然の過程について、「いかに」ではなく「なぜ」の問いに答えようとする試みである。ある限られた範囲内ではあるが、我々は何が起きるかを観察し、そしてそこから、観察されることが生じるときに従う法則までならたどり着くことができる。しかし、そうした法則が成立する理由に到達することは不可能である。一つの理由をひねり出せば、今度はその理由についての理由が必要になり、同じことが続く。「力」は自然の過程の一つの合理化であるが、実りなき合理化である。なぜなら「力」もまた合理化されるべきだからである。

しばしば、「「力」は経験される世界の一部だ」と言われるが、これが意味しうることを理解するときには、注意しなければならない。一つには、力の概念を用いて計算すると実際うまくいく、という意味でありうる。これは、おおむね認めてよい。エンジニアにその方法を変えるべきだとか、圧力や張力の計算をするなとは誰も言いはしないだろう。しかし、ここからは圧力や張力の存在は証明されないのである。ギニー金貨は存在しないが、にもかかわらず医者の仕事はギニー単位で計られる。つまり医者は架空の金貨を使うのに、実際に報酬を得ているのである。同様に、エンジニアは、橋が架かるかどうかという問題を考察しており、ここで経験される事実となるのは、それが架かる（あるいは架からない）ということであって、圧力や張力はどんな橋が架かるかを説明する一つの方法にすぎない。それはギニー金貨と同じく、役に立ちはするが想像上のものなのである。

しかし、「力は経験される事実である」と言われるときにはまったく別のことが意味されているのかもしれない。言われているのは、押されたり筋肉を使う経験をするとき、我々は力を経験するのだということなのかもしれない。この論点は、物理学と心理学の関係に立ち入らなければ適切に論じることができない。その話題については後の段階で時間を取って考察することにし、今のところは次のように言っておこう。固い対象を指先で押すと、指先にあるように感じられる一つの経験が得られるが、しかし神経上や脳内には、それを伝える原因の長い連鎖がある。もし指が切除されても、それまでその指と脳をつないでいた神経をうまく操作すれば同じ経験を得られるかもしれない。それゆえ、経験される事実としての指先と固い対象の間にある力は、指先がないときにも存在しうるのである。このことは、この意味での力が物理学に関わるものではありえないことを示している。

以上の例から分かるように、我々は実は、経験していると思っている多くのことを経験していないのである。ここから、必要以上の正確さは求めずにいながらも、次の二点を問う必要が出てくる。物理学はいかなる意味で経験に基づきうるか。そして、経験に基づくことで物理学の主張が改善されるのだとすれば、その場合物理的な存在者と推論はいかなる本性を持つことになるはずか。次章では、これらを探究し始めることにしよう。

原註1　以下の反論は、著名なエンジニアにして哲学的著作家でもあるパーシー・グリフィス氏(47)による私あての手紙からの引用である。彼は引用を快く許可してくれた。

第12章　物理学と知覚

覚えておられるだろうが、第5章で我々は知覚を一種の「感受性」だとみなした。環境のある特徴に対する感受性を、その特徴が現にあるときにはつねに顕在化し、そうでないときには顕在化しないような、ある目立った反応からなるものとして定義した。生物よりも科学機器の感受性のほうが、それに固有の方向へとより完全に反応する。ただし科学機器の方が、反応する刺激の種類を選ぶ。外から観察する者の観点からは、知覚とそれ以外の感受性は、連合法則あるいは条件づけられた反射の法則によって区別されると結論した。しかし一方で、このように知覚を徹頭徹尾外からの観点から論じるときには、現在得られているような物理的世界の知識が前提されるということも分かった。そこで今こそこの前提を検討し、我々がいかにして物理学を知るにいたるのか、そして我々は実際にどの程度知っているのかを考察しなければならない。

第5章の理論に従うなら、身体と空間的に接触していない物を知覚することができる。環境のある特徴に対して反応しなければならないが、しかしその特徴は知覚者の身体からいくらか離れていることもありうるのである。定義からくる一定の制約の下でではあるが、太陽や星さえ知覚することができる。［その制約の下で］必要となるのは、我々の反応は身体と環境内の特徴との空間関係に依存せねばならない、ということにすぎない。背を向けているときには太陽は見えず、見るのは顔を向けているときである。

外界の出来事の知覚――視覚的ないし聴覚的知覚――を考察するときには、検討すべき三つの異なる事柄がある。第一に、出来事から知覚者の身体に到る外界での過程がある。次に、外から観察して知りうるかぎりでの、知覚者の身体内の過程がある。そして最後に、知覚者の身体内の過程について、その当人にしか見てとれないことがあるか否かという、いずれは向き合わなければならない問題がある。これらの論点を順に取り上げていこう。

知覚者の身体内にはない出来事を「知覚する」ことができるはずだとすれば、外界では「ある出来事が生じたとき、それが知覚者の身体表面上にある種の刺激を生み出す」という物理的過程が存在しているにちがいない。たとえば幻灯機で様々な動物の写真を子どもたちに見せ、全員にそれぞれの動物の名前を尋ねるとする。子どもたちは、しかるべき機会には「ネコ」、「イヌ」、「キリン」、「カバ」等々と言えるくらい十分に動物を見慣れていると前提する。我々はこのとき――物理的世界が当然存在するとした上で――次のように想定しなければならない。それぞれの写真からそれぞれ別の子どもの眼へと伝わるある過程があり、その過程には、子どもたちの眼に届いたとき、ある場合には「ネコ」という語を刺激することができ、別の場合には「イヌ」という語を刺激することができるという特異性がある。そしてさらに、写真から眼にいたる行程の中で、この過程はこの特異性を保持し続ける。我々はこのように想定しなければならない。以上の想定はすべて光の物理理論が裏付けてくれる。だがこれとの関連上注意すべき、言語に関する興味深い一つの論点がある。もし光についての通常の物理理論が正しければ、子どもたちは写真からの距離と方向、そして光の届き方に応じてそれぞれ大きく異なる刺激を受け取ることになる。子どもの反応にも違いはあり、全員が「ネコ」という語を口にするものの、大声で言う子もいれば優しい口調で言う子もおり、高い声の子もいれば低い声の子もいる。しかし反応の違いは刺激の違いほど大きくはない。このことは、様々なネコの写真を対象として取り上げ、それらすべてに子どもたちが「ネコ」という語で反応するときに一層はなはだしくなる。要するに言語とは、刺激の間では違いより類似性がはるかに重要である場合に、刺激の間よりも違いの少ない反応を生み出す手段なのである。この事実のために、ほとんど同じ反応を生み出す刺激間の違いを我々はつい見逃しがちになる。

　以上から明らかなように、多くの人が同時に一枚のネコの写真を見ているときには、彼等のそれぞれに異なる知覚に対する刺激の間には違いがあり、そしてこの違いは明らかに、彼等の反応の違いを含んでいるはずである。言語的反応の違いはわずかかもしれないが、その言語的反応でさえ、単に「あの動物は何ですか」と問うのではなく、もっと複雑な質問を与えることで違ってくる場合がある。「腕を伸ばして、親指の爪でその写真を隠せますか」と質問した場合、知覚者が写真の近くにいるか遠くにいるかによって答えは違ってくるだろう。だが普通の知覚者は、これといって何もしていないときには、そうした違いに気づかない。つまり、刺激には違いがあるにもかかわらず、その言語的反応は同じになる。

複数の人が同じ音や同じ色のパターンを知覚できるという事実は、物理的過程はその特徴のいくつかを変えないまま、あるいはわずかにしか変えずに保持しながら、一つの中心から外へと伝わることができる、という事実に明らかに依存している。そうした変わらない特徴のうちで最も注目すべきなのは、波動の振動数である。振動数が不変の特徴であることは、我々の最も繊細な感覚である視覚と聴覚が反応するのが、見られるものにおいては色を、聞かれるものにおいては高さを決定する振動数であることを、疑いの余地なく生物学的に説明してくれる。物理的世界の中に、実質的には変わることのない特徴を保持しながら中心から外へと広がる過程がなかったとすれば、異なる知覚者が異なる視点から同じ対象を知覚することはありえなかっただろうし、我々は自分たちが一つの共通の世界で生きていることを発見できなかったに違いない。

では今度は、外から観察して見てとることができるかぎりでの、知覚者の身体内の過程を取り上げよう。これは新たな哲学的問題を何も惹き起こさない。なぜならここで我々が考察するのは、これまでと同様に、やはり観察者の身体外の出来事の知覚だからである。観察する人が生理学者であると想定し、たとえば眼に光が差し込むときにそこで起きることを観察しているとしよう。観察者が知識を得る手段は、生きていない物質を観察するときと原理的にはまったく同じである。すなわち、光が差し込む［観察される人の］眼の中で生じた出来事が光の波を惹き起こし、生理学者の眼に届くまでそれを一定の仕方で伝わらせる。そしてその光の波が原因となって、生理学者の眼、視神経、脳の中に一定の過程が生じ、生理学者が「観察されている眼に生じていることを見ること」と呼ぶ終着点にいたる。だがこの出来事は生理学者の中で起きるのであって、彼が観察している眼の中ではない。この出来事は、観察されている眼とはある複雑な因果連鎖によって結ばれているにすぎない。したがって生理学に関する知識は、生きていない物質での過程に関する知識に比べて、少しも直接的でも密接でもないのである。我々は別に、眼で見る木や野原や雲よりも自分の眼について多くを知っているわけではまったくない。生理学者が眼を観察するときに起きる出来事は彼の中で起きているのであって、彼が観察している眼の中で起きているのではないのである。

かくして、我々はついにこれまで避けてきた自己観察の問題にたどり着いた。私が「内観 introspection」ではなく「自己観察 self-observation」と言うのは、前者には議論の余地のある連想がまとわりついており、それを回避したいからである。ある人に関する事柄のうち、その人自身は知覚できるが、他人はいかなる状況にあろうと知覚できないようなものは何であれ、「自己観察」と呼ぶことにする。この主題については第16章で立ち入って論じるので、これから述べることは予備的なものにすぎない。

我々が、自分から教えないかぎり他人には理解できないような、そういう自分自身に関する事柄を知っていることは、誰にも否定できない。我々は、歯が痛むときや喉に渇きを感じるときのことを、また目が覚めたときにそれまで夢見ていたことなどを知っている。ワトソン博士なら、歯医者は虫歯を観察して歯痛があることを知ることができると言うかもしれない。私はこれに対し、歯医者はしばしば間違うではないかと切り返すつもりはない。というのも、歯科技術がまだ十分な完成を見ていないだけかもしれないからだ。将来的には歯科医学が、私が歯痛を感じているかどうかを歯医者がいつも知ることができるという状態になりうると認めよう。しかしその場合でさえ、歯医者の知識は私自身が持つ知識とは異なるあり方をしている。彼の知識は一種の推論であり、「しかじかの虫歯のある人は一定の痛みにおそわれている」という帰納的法則に依存するが、虫歯を観察するだけではこの法則は確立できない。虫歯が観察されている場合に、虫歯のある人が痛みを感じていると教えてくれること、そしてさらに彼等が語ることが真であるということが必要である。外から観察するだけでは、虫歯のある人が歯痛を感じていることは発見できない。発見できるのは、彼等が「歯が痛い」と言うことでしかない。そして「歯が痛い」と言うことと歯痛を感じることとは違う事柄である。さもなければ、話すことをやめれば歯痛を止めることができ、そうして歯医者代も節約できることになる。そんなことはありえないと私は思うし、歯医者の専門的所見もこれと一致するだろう。

しかしこの議論に対して、「歯痛を感じることは一つの身体状態であり、自分に歯痛があると知ることは、そうした身体的刺激に対する一つの反応なのだ」と言い返されるかもしれない。私が歯痛を感じているときの身体状態は他人が観察しうるものであり、そこでその人は私が歯痛を感じていることを知ることもできるのだと言われるだろう。だが実はこの言い返し方は的を射ていない。私が歯痛を感じていることを外から観察する人が知るとき、それが帰納的推論に依存することはすでに確認したが、それだけではない。「歯痛」という推論された項目について観察者が持つ知識は、「観察者自身の」個人的経験に依存せざるをえないのである。いかなる歯科医学の知識をもってしても、自分で歯痛を感じたことがない人に歯痛とは何かを教えることはできない。だとすれば、もし歯痛が本当に身体状態であるなら——現時点では私はこれを肯定も否定もしない——それは感じている当人だけが知覚できる身体状態なのである。言い換えれば、歯痛を経験し記憶できる人はだれでも、それを経験したことのない人には所有できない知識を持っているのである。

次に、自分が見た夢についての知識を取り上げよう。私が知るかぎりではワトソン博士は夢について一度も論じていないが、彼なら次のように言うのではないかと想像する。

「夢を見るとき、おそらくは咽頭がわずかに動いている。それは、もしもっと大きければ発話するにいたるような動きである。実際、人は夢見ているときに叫ぶことがあるではないか。また感覚器官への刺激もあるかもしれない。その刺激は、寝ている間の脳の特異な生理学的条件のために通常とは異なった、いずれも小さな動きから成る反応を生み出すに違いない。理論的には、たとえばエックス線機器で詳しく調べれば、それらの反応を外から見ることもできるだろう。」以上はいずれも申し分ない主張ではあるが、それでもやはり仮説的なものだ。これに対して、夢見る人自身はこんな複雑な推論をまったくすることなく自分の夢を知るのである。夢見る人自身には自分が知っているのはそんな仮説的な小さな身体運動以外の何かだと思えるのに、にもかかわらず実際に彼が知っているのはそうした運動なのだと言えるだろうか。ワトソン博士はおそらくそうした立場に立つのだろう。また、第8章で考察した「知識」の定義とともに、これは明らかに支持不可能な見解だとしてぞんざいに切り捨てるべきではないと、認めなければならない。さらには、もし知覚が物理的世界の知識を与えると言うべきなら、我々が知覚している物と、我々にとってのその物の見え方とが大きく異なるかもしれないことも、認めなければならない。テーブルは、数多くの電子と陽子からなるようにも、一連の波が出会って衝突しあっているようにも見えないにもかかわらず、現代物理学が語るところでは、テーブルはそのようなものなのである。見慣れたテーブルに過ぎないように見える物が実はそんな奇妙なものなのだとすれば、我々に夢だと見えるものが実は脳内の数々の運動であることもありうる。

これもまたまったく申し分のない主張だが、説明し落としている論点が一つある。すなわち、「見える seeming」が何を意味しているのかである。夢やテーブルが「本当は really」別種のものであるのに、ある種のものであるように「見える」のならば、それがそう見えていることは本当 *really* のことなのであり、見え方そのものが実在性 reality を持っているのだと認めるべきである。それどころか、我々は見えていることから——妥当に、あるいは妥当でないかもしれないが——推論することによってはじめて「本当［実在］」のものに到達するのである。どう見えるかについて我々が間違っているのなら、実在については二重に間違えていることになろう。なぜなら、テーブルが電子と陽子からなると主張する唯一の論拠は、我々が眺めているテーブル、すなわち「見える」テーブルだからである。したがって「見え」は丁重に扱うべきなのである。

ワトソン博士が迷路の中のラットを見ているところを考えてみよう。彼は徹底的に客観的であろうとし、本当に起きていることだけを報告しようとする。彼はそれに成功するだろうか。ある意味では成功できる。自分の見たものについて語るときには、彼はどんな科学的な訓練を受けた観察者であれ、同じ時に同じラットを見たなら使うはずの言葉を使うことができる。しかし、ワトソン博士が客観的であるのは、彼が他人と同じ言葉を使うからこそなのだとは、決してするわけにはいかない。彼は大半の心理学者とは大きく異なる用語を使うからである。ワトソン博士には、自分の主張が正しいことを、人々の同意だけで裏付けることはできない。「全世界の判断は決定的である［Securus judicat orbis terrarium］[48]」は、間違っているラテン語の格言の一例であり、ワトソン博士もこれを真とは見なさないはずだ。かつて一度も言われたことのないことを述べた人が正しかったと分かる一方で、父祖から伝わる金言を繰り返す人が無意味なことを言っていたということが、歴史上何度も起きた。それゆえ、ワトソン博士がラットの観察から主観的なものを排除しようと努めるとき、彼は他の誰もが述べることを言おうと意図しているわけではない。彼が意図しているのは、ラットについて、その身体の動き以上の何かを推論することを差し控えることである。それはまことに結構だが、ラットの身体運動を知るには、その「心」を知るのと同じくらい長く難しい推論が必要なことを認識できていないように思われる。そしてさらに問題なのは、ラットの身体運動を知るためには、我々はまさにワトソン博士が避けたいと思っている類のデータ、すなわち自己観察する人にとっては明白だが、その人以外の誰にとっても明白ではない私的なデータから出発せざるをえないことである。私の考えでは、究極的な哲学としての行動主義はここで破綻する。

　数人で同時に迷路の中のラットを見ているとき、あるいは動いている物質だと自然に見なされるはずのものなら他のどんな例でもいいが、そうしたときに見ている人々のそれぞれの眼の表面で生じている出来事、知覚にとっての刺激に相当する物理的出来事は、けっして完全には同一ではない。視野も違えば、光と影、見かけ上の大きさ等々も違う。複数の観察者の眼があるそれぞれの場所から写真を撮れば、これらの違いはすべて再現されるだろう。これらの違い——考えなしの人はやはり見逃すかもしれないが、芸術家なら誰でもよく知る違い——は、観察者の反応に違いをもたらす。ところで、知覚される対象が刺激と反応という仕方だけでなく、不思議なことにその姿を我々の前に現せてもみせ、直接的に影響してくるなどという考えは、あらゆる科学の規範に反する。どんな行動主義者もそんなことを主張しようとはしないにちがいない。それゆえ物理的世界についての我々の知識は、介在する媒体を横断して我々のところまで届いた刺激に対する反応を含んでいるはずである。また、刺激よりも反応の方が対象により近い関係にあるなどということは到底ありそうにない。観察者が異なれば刺激も異なるのだから、反応もまた異なる。したがって物理的過程の知覚の中には、つねに主観的要素があるのである。そこで（以上の議論で想定したように）もし物理学が大筋で正しいのなら、物理的過程の「知覚」と我々が呼んでいるものは、少なくとも部分的には私的かつ主観的であることになる。それでもなお、それは物理的世界について知るための唯一可能な出発点なのである。

　以上の議論には、ごく自然に出されるかもしれないが、実際は妥当でない一つの反論がある。すなわち、我々は実際には、知覚から物理的世界へと推論したりせず、荒削りではあるが物理的世界についての知識からまず出発し、そして後で知的に洗練されてくると、そこではじめて物理的世界についての知識を一つの推論と見なさなければならなくなるのだ、と言われるかもしれない。この反論の言っていることの中では、「物理的世界についての我々の知識は、はじめのうちは推論ではない」としていることは妥当である。しかしそれは我々が、自分が知覚するものを物理的世界であると理解するからにすぎない。知覚するものと物理的世界とが同一ではありえないと認めたとき、洗練と哲学が始まるのである。息子が三歳のとき、木星を見せながら「木星は地球より大きいんだよ」と教えると、私が何か他の木星のことを言っているに違いないと息子は言い張った。彼が一所懸命に説明するところでは、彼が見ているものが明らかに非常に小さいからだそうだ。しばらくいろいろと努力してみたが、結局私は説得をあきらめ、子どもが納得しないままにしておいた。天体の場合なら、実際に存在しているものは見られたものから推論するしかないという考えに大人は慣れている。しかし迷路の中のラットについては、大人ですらいまだに、物理的世界で起きていることを見ているのだと考えがちである。だが二つの場合の違いは程度問題に過ぎず、いずれにせよ素朴な実在論は支持できないのである。二人で同じ過程を観察するとき、彼らの知覚には違いがある。また、一人の人物がたとえば純粋な水と病原菌だらけの水を観察するときのように、異なる過程を観察しているにもかかわらず二つの知覚に違いがまったく発見できないときもある。したがって、我々の知覚が主観的であることは理論的にだけでなく実践的にも重要なのである。

私は、「我々が第一に知るのは自分の知覚である」などと主張しているのではない。これが正しいかどうかはほとんど言葉の問題だが、それでも第8章で与えた知識の定義からすれば、我々ははじめから外界の対象について知っていると言うのが正しくなる。問題は、知られる対象が何かではなく、それらをどの程度正確に知っているかである。ある対象についての非推論的な知識は、その対象に対する反応よりも正確ではありえない。というのも、非推論的知識は反応の一部だからである。そして反応は刺激よりも正確ではありえない。だがここで、「あなたは刺激の「正確さ」ということで、いったい何を意味するつもりなのか」と問われるかもしれない。私は「正確さ」で、地図や統計の一覧表とまさに同じ意味での正確さ、ある種の対応関係のことを言いたいのである。一つのパターンが別のパターンの正確な表象であるのは、一方の各要素が他方の要素を一つだけ表象すると理解することができ、一方の要素の集合を一つのパターンにまとめあげている関係が、他方の要素の集合を一つのパターンにまとめあげている関係と対応するときである。この意味で、書き言葉はある程度正確に話し言葉を表象できる。すなわち、話された言葉がそれぞれ一つの書かれた言葉と対応し、話された言葉の時間順序が書かれた言葉の空間順序と対応する。だが声の抑揚や音質などは、楽譜である程度表象される場合を除くと、書くことによっては表象できない。書くことによってどれほど音声を表象できるとしても、正確さではレコードにはるかに及ばない。しかし最もよいレコードでさえ完全に正確ではありえない。

観察する人が受け取る印象はレコードや写真に非常に似ているが、感覚器官の繊細さの欠如と連合法則の影響のせいで正確さはふつう減じてしまう。そして印象の正確さに対していかなる制限が課されるにせよ、それは外界について非推論的に得られる知識の正確さに対する制限にもなるのである。

別の論点を挙げよう。我々は第8章で、知識を可能なかぎり行動主義に好意的なやり方で定式化し定義したが、もしその定義を受け入れるなら、ある一つの反応を異なる複数の出来事についての知識と見なすことができる。その定義に従うなら、我々が木星を見るとき、我々は木星について知識を得ているだけでなく、眼の表面にある刺激についての知識や、視神経上の過程についての知識さえ得ているのである。なぜなら、「木星から」脳内の一定の出来事に到る過程のどの地点から出発するかは任意だからである。脳内の出来事やその帰結である身体行動は、それに先行する任意の地点からはじまる過程に対する反応と見なすことができる。そして出発点が脳に近ければ近いほど、反応を通じて示される知識はより正確になる。高層ビルの天辺にある明かりが、木星と同じか、あるいは少なくとも実際上木星と区別できない視覚的刺激を生み出すかもしれない。鼻を殴りつけることで「星を見せる」こともできるかもしれない。理論的には、視覚的感覚を与えるべく視神経を直接刺激することもできるはずである。それゆえ、自分は木星を見ているのだと思うとき、それは間違っているのかもしれないのである。だが「眼の表面が一定の仕方で刺激されている」と言うならば間違いは起きにくくなり、「視神経が一定の仕方で刺激されている」と言えば、さらに間違いにくくなる。間違う危険性を完全に取り除くには、「ある種の出来事が脳の中で起きている」とだけ言うようにしなければならない。このような言い方であれば、たとえ木星を見ていることが夢だとしても依然として正しいだろう。

だが、あなたは脳の中で起きることについて何を知っているのかと問われるかもしれない。何も知らないのは確実だと言われるかもしれないが、そうではないと答えたい。私は自分の脳の中で起きていることを知っている。そして私が知っているそのことは、素朴実在論が外界で起きていることについて自分は知っていると思っていることと、正確に同じ事柄なのである。しかし、これは説明する必要があるし、またその前に説明すべき他の問題もある。

恒星からの光が私に届くとき、もしそれが夜のことで、かつ私が正しい方角に眼を向けているなら、私は星を見る。光は何年か前、おそらくはずっと以前に星を出発したのだが、私の反応がまずもって向かうのは今起きていることである。目を開けているときには星が見えるが、閉じると見えない。子どもはかなり早い時期に、目を閉じると何も見えないことを発見する。彼らは見えることと見えないことの違いに、そして目を開けることと閉じることとの違いに気づき、そして次第にこの二つの違いには関係があることを発見していく――私が言いたいのは、子どもが予想するようになるということで、今はそれを主知主義的な言葉で述べてみたのである。また子どもは色を名指すことを学び、ある物が青か赤かそれとも黄色いか、あるいは何色でないのかを正しく述べることを学ぶ。しかし対象から適切な波長の光が出発したのか否かについては、子どもは確信できないにちがいない。ロンドンの霧の中では太陽が赤く見え、青メガネをかけると芝生は青く見え、黄疸患者には何もかもが黄色に見える。ここで彼らに「あなたは何色を見ていますか」とたずねたとしよう。この場合、太陽については赤、芝生については青、そして黄疸患者がいる病室については黄色と答える人は、完全に正しく答えている。そしてどの場合でも、その人は自分が知っていることを語っているのである。これらの場合に彼が知っているものを、「パーセプト percept」と呼ぼう。後で議論するときに、物理学の観点からはパーセプトは脳の中にあることを強調するが、現時点では、パーセプトは世界についての我々の知識の中で最も疑いえないものだとだけ述べておこう。

形而上学としての行動主義に対しては、次のようなディレンマを提起することができる。物理学は大筋で妥当であるかないかのどちらかである。妥当でないとすれば、我々は物質の運動について何も知らないことになる。なぜなら物理学こそ人類の知性がこれまでなし得てきた中でも最も真剣で注意深い研究の成果だからである。一方、物理学が大筋で正しいとすると、身体の内側ないし外側で始まるいかなる物理的過程であれ、それが脳まで届いたときには、介在する媒体の違いに応じて異なるものになるだろう。あるいは、二つの過程の初期の段階では非常に異なっているのに、拡散し不鮮明になるにつれ識別できなくなることもあるかもしれない。この両方の理由があるため、脳内で起きることはその外で起きることとあまり正確には結びついておらず、我々の知覚が主観的なものに汚染されているということが、物理的根拠だけから帰結することになる。したがって物理学の正しさを仮定したときでさえ、我々が知覚を通じて最も疑いなく知るのは物体の運動ではなく、我々の中にある、物体の運動としっかりとは結びついていない特定の出来事なのである。具体的に言えば、ワトソン博士が迷路の中のラットを見るときに彼が知るのは、難しい推論を除くと、彼自身の中にある特定の出来事なのである。ラットの行動は物理学に助けられてはじめて推論されうるのであり、直接的な観察によって正確に知られるものと受け取ることはけっしてできないのである。

実のところ、私は物理学が大筋では正しいということに何の疑いも抱いていない。物理学の式をどう解釈するかという問題については、かなりの不確かさがありうる。しかしその大部分をおおむね真にする解釈があることは、真剣に疑うことは不可能である。解釈の問題には後で戻ることにし、今のところは、いかに解釈すべきかを思いわずらうことなく大筋では物理学を受け入れることができると仮定しよう。こう仮定すると、知覚について先に述べたことは否定できないように思われる。我々はしばしば、何が起きているのかについて間違った考えを抱くにいたる。それは対象と身体の間にある媒体の特性や、身体が通常とは違う状態にあるせいだったり、あるいは脳の一時的または恒常的な異常のためであったりする。しかしこれらのどの場合でも実際に何かが起きているのであり、注意を向ければ、それらについて誤りを招かないような知識を得ることができるのである。私は以前、病気のせいでキニーネを大量に服用したことがあったが、そのとき音に非常に敏感になった。そのため看護婦が新聞でガサガサと音をたてたとき、彼女が床にバケツ一杯の石炭をぶちまけたのかと思ったものだ。その解釈は間違っていたわけだが、私が大きな騒音を聞いたことはまったくの真実である。よくある話としては、足を切断された人が足があったところに依然として痛みを感じることがある。この場合もやはり彼は実際に痛みを感じているのであり、その痛みが足に由来すると信じることが間違っているだけである。パーセプトは観察可能な出来事であるが、それを物理的世界で起きる何らかの出来事についての知識だと解釈するときには、物理学や生理学がかなり明らかにしてくれる様々な理由のために、間違いが起きやすくなる。

パーセプトは主観的であるとしたが、それにも程度があり、酔っているときや寝ているときは、しらふでいたり目覚めているときよりも主観的になる。近くにある対象に関わるときよりも、遠くにある対象に関わるときの方が、パーセプトは主観的になる。脳や神経の損傷により、パーセプトは多種多様な仕方で主観的になりうる。パーセプトは「主観的」だと言うことで私が言いたいのは、パーセプトが惹き起こす生理的推論が間違っている、あるいは曖昧だということである。そうした間違いや曖昧さはつねにある程度は生じるのだが、状況によって程度がひどくなる。また、パーセプトの欠点の中でも、誤りを導くような点と曖昧さを導くような点を区別すべきである。四分の一マイル離れた所にいる人を見るときには、通常の視力があれば、それが人であることを見ることができるが、たとえそれが実際によく知っている人だったとしても、誰かを言い当てることはおそらくできない。これがパーセプトの曖昧さである。つまり、それにもとづいてなされた推論は、なされた範囲内では正しいのだが、それほど先へは進めない。一方、ものが二重に見えているときに二人の人がいると考えるのは間違いのケースである。はなはだしいものであれささやかなものであれ、曖昧さは普遍的で避けがたいが、手間をかけたり必ずしも生理的推論を信用しないことによって、間違いは普通は回避できる。離れた対象に焦点を当てながら近くにある対象に注意を向ければ、誰でも意図的に二重に見ることができる。けれども、この場合には二重視という主観的要素が意識されるので、間違いは起きないだろう。同じように、我々は残像に欺かれないし、レコードにだまされるのは犬ぐらいのものだ。

この章でこれまで述べてきたことから明らかになったのは、物理的世界に関する知識をできるかぎり信頼性のあるものにすべきなら、その知識はパーセプトから出発せねばならず、またパーセプトに伴う生理的推論を精査するものでなければならないということである。生理的推論は、間違いを導くことがあるという意味で推論なのである。そして物理学は、特定の状況下でパーセプトを脳の外にある何かの記号として理解すると、それは多少なりとも人を欺くだろうと予想する理由を与える。これらの事実があるため、物理学の哲学には、少なくともその考察しはじめのころには主観的な要素が登場するのである。正気でしらふの二人の観察者が間違いなく同意しあうような、物質と運動の世界から気楽に出発するわけにはいかない。誰もがある程度はその人なりの夢を見ているのであり、パーセプトからこの夢の要素を取り除くことはけっして容易なことではない。だがまさにその仕事を科学的な物理学は引き受けるのである。

第13章　物理空間と知覚空間

現代科学は、空間についてある考え方をすることを求めるが、それを感じ取れるように想像力を鍛えることは、おそらく他の何にもまして難しいことである。それでも、この章ではその課題をやり遂げようと試みたい。

第12章では次のように論じた。素朴実在論によって世界の中で起きていることについての知識だと考えていること、まさにそれこそが実は我々自身の脳の中で起きていることについての知識なのだ、と。この所見はさぞかし不可解に思われただろう。今こそ、これを敷衍し説明しなければならない。

問題の要点は次の三つである。前章の最後で論じた、パーセプトが我々の頭の中にあること。次に、パーセプトこそ最も確実に知りうるものであること。そして素朴実在論によって世界について得られている知識だとされていることをパーセプトは含んでいるということ、以上である。

しかし「私のパーセプトは私の頭の中にある」と言うとき、その意味するところは、空間の異なる種類を説明しないかぎり曖昧である。なぜならこの言明は物理空間との関連でのみ真であるからである。パーセプトの中にも一つの空間があるのであって、この空間については先の言明は真ではなくなる。「パーセプトの中に空間がある」というとき、その意味するところを理解するのはまったく難しくない。この話題に関して最も重要である視覚を例にすれば、私が言っているのは「ある一時点で我々が見るものには、上と下・左と右・内と外がある」ということにすぎない。たとえば黒板に書かれた円を見るときには、見ているものの中に以上の関係がすべて存在している。すなわち、円には上半分と下半分があり、右半分と左半分があり、その内側と外側がある。これらの関係さえあれば、ある簡単な空間は十分作ることができる。しかし我々が毎日を過ごしている空間は、何かに触れたときの感じ方や、あるいはそれをつかむために必要な運動のあり方など、触覚や運動から得たもので満たされている。哲学に悩まされたことがないすべての人が信じている空間を生み出そうとすれば、さらに他の要素も入ってくる。しかし我々の目的からは、この問題に深入りする必要はない。我々に関わりがあるのは、ある人のパーセプトはその人にとって私的であること、すなわち私以外の誰も私が見ているものを見ず、私が聞いているものを聞かず、私が触れているものに触れない、等々の論点である。確かに他人であっても、適当な位置にさえいれば私が見聞きするものによく似た何かを見たり聞いたりする。だが、そこにはかならず違いがある。音は離れると小さくなり、対象の見え方は遠近法に従って変化する。それゆえ二人の人物が同時に、正確に同一のパーセプトを持つことは不可能である。ここから、パーセプト空間はパーセプトと同じく私的であるに違いないということが帰結する。つまり知覚者と同じだけ多くの知覚空間が存在するのである。テーブルについての私のパーセプトは、私の頭についての私のパーセプトの外にある。だがここから、テーブルについての私のパーセプトが、物理空間の中の物理的対象としての私の頭の外にあることは帰結しない。物理空間は中立的で公共的であり、この空間の中では、私のすべてのパーセプトは私の頭の中にある。最も遠く離れた星ですら、私が見るものであるかぎりでは、私の頭の中にあるのだ。物理空間も知覚空間もそれぞれ様々な関係を含んでいるが、それらは同一の空間ではなく、そして両者の違いを把握し損なうことが混乱の主要因なのである。

「ある星から来た光を見るとき、あなたが見ているのはその星である」と言うのは、「ロンドンにいるニュージーランド人を見るとき、あなたはニュージーランドを見ているのだ」と言うのと変わりなく、どちらもまったく正しくない。星を見る（と言われる）ときの知覚は、何はさておきまずは脳、視神経、そして眼球と因果的に結びつくのであり、光波と結びつくのはその後なのである。物理学によれば、この光をたどってその源である星まで遡ることができる。それときわめてよく似た感覚は、マストの先端に置いたランプから届く光によっても得られるだろう。「本物の」星は物理空間に位置すると信じられているが、物理空間は精緻な推論の結果であって、与えられているのは見えている光の小さな斑点が位置づけられる私的空間である。視覚空間が奥行きを持つか、それともバークリ[49]が主張するように平面に過ぎないのかという問題にはまだ答えていないが、これは我々の目的にとって重要ではない。たとえ目から数インチしか離れていない対象と何フィートか離れた対象の違いが視覚だけで明らかになると認めるとしても、視覚だけでは雲が恒星よりも離れていないと分からないのは確かである。ただし雲は星を隠せるので、そう推論することはできる。視覚という観点からすれば、天文学の世界は一つの面である。天井に星空と同じパターンで明かりとりの小さな穴を開けた暗い部屋にいるときには、直接的な視覚的データの中には「星を見ている」のではないことを明らかにするものは何もないだろう。この例は、「見ているものは、物理的な意味では「外にある」のではない」とすることで私が言わんとすることを明らかにしてくれる。

　我々は幼少のうちに次のようなことを学ぶ。見ている対象に触れることができるときもあれば、できないときもあること。見てすぐに触れることができないときでも、それに向かって歩いていけば触れられるときもあること。つまり我々は視覚を触覚に相関させること、あるいはときには運動感覚に相関させ、そしてその感覚の後に触覚が続くことを学ぶのである。このようにして、我々は諸感覚を三次元の世界に位置づける。視覚しか含まない世界でも、我々はそれを「外のもの」として考えるが、この考えには何ら正当性はない。

あなたが星を見るときに見ているものは、あなたが頭痛を感じているときに感じるものとまったく同様に、あなたの中にある。つまり、それは物理空間という観点からすれば内部のものであって、それが離れた所にあるのは、私的空間においてである。なぜならそれは触覚と連合していないし、あなたがどれほど長く旅したとしても両者を連合させることはできないからである。

直接の経験を通じて知られるものとしての自分の身体は、物理学で考察されるものとしての自分の身体とはまったく異なるものである。他の誰の身体よりも、我々は自分の身体について直接の経験を通じてより多くを知るのだが、それは他の誰の身体でも与えることができないような多くの感覚、たとえばあらゆるタイプの身体的苦痛などを、自分の身体は与えてくれるからである。だがそれもやはり感覚を通じてのことであって、推論を取り除いてしまえば、自分の身体は感覚の束であり、それゆえ物理学が「物体 body」と呼ぶものとは一見したところ大きく異なるのである。

あなたが見るものの大半は、あなたが自分の身体を見る（と言われるような）ときに見えているものの外側にある。つまり視覚空間の異なる位置にある一定の異なる色片群を見て、「私は自分の身体の外にある物を見ている」と言うのである。しかし物理学の観点からは、あなたが見ているものはすべてあなたの身体の中にあるものに数え入れるべきである。自分の身体外のどこで生じることであれ、それは推論するしかないものである。よって、感覚される世界の空間はまるごと、そしてすべてのパーセプトも、物理学の観点からは一つの小領域と見なされるのである。

異なる人が見るものの間には、いかなる直接的な空間関係もない。なぜなら二人の人が厳密に同じ対象を見ることは決してないからである。誰もがその人だけの私的空間を持ち歩いており、その空間は間接的な仕方で物理空間内に位置づけられるとはいえ、他の私的空間と共通の場所をまったく含んでいないのである。これは、物理空間がどこまでも推論され構成されたものであることを示している。

問題を明確にするために、生理学者が生きた脳を観察していると想定してみよう。かつてはこんなことは考えられなかっただろうが、今や不可能な想定ではない。生理学者が見ているものは観察されている脳の中にある、そう考えるのは自然なことだ。だがもしそのとき物理空間について語っているのだとすれば、生理学者が見ているものは彼自身の脳の中にある。それはいかなる意味であれ、彼が観察している脳の中にはないのである。それは、観察されている脳についてのパーセプトの中にはあるが、しかしこのパーセプトは生理学者の知覚空間の一部分を占めているのである。因果的連続性がこの事情を完全に明らかにしてくれる。すなわち、観察されている脳から出た光波は、非常に短いとはいえ一定の時間が経過した後にようやく生理学者の目に届く。生理学者が観察しているものを見るのは、光波が目に届いた後のことにすぎない。それゆえ、彼が見ているということを構成する出来事は、観察されている脳から生理学者の脳に至る一連の出来事系列の末端において生じるのである。不自然な不連続性を想定しないかぎり、この系列の末端で生じる生理学者のパーセプトが彼自身の頭の中以外のどこかにあるとすることはできない。

これは非常に重要な問題であり、まともな形而上学を展開しようとするなら理解しておくべきことである。心と物の伝統的な二元論は間違いだと私は考えているが、それは以上の点に関する混乱と密接に関係している。心と物について平凡な考えに固執するかぎり、知覚に関して神秘的な見解を取らざるをえなくなる。すなわち、見ることのできる対象を出発した一つの物理的過程が、目に届くと別の物理的過程へと姿を変え、視神経上で別の物理的過程を惹き起こし、最終的に脳内にある結果が生みだされ、それと同時に以上の過程の出発点である対象を我々は見るのである、という見解である。そして見るということは「心的」な何かであり、それに先行する、あるいはそれに伴う物理的過程とは根本的に異なる性格のものであると、このように我々は考えてしまうのである。この見解はあまりに疑わしいので、形而上学者たちはもう少しまともな見解に置き換えるべくあらゆる種類の理論を考え出してきたのだが、基本的な混乱にはだれも気づかなかったのである。

他人の脳を観察している生理学者の例にもどろう。生理学者が見ているものは、彼が観察している脳で起きていることとはけっして同一ではなく、そこからある程度離れた所にある一つの結果である。それゆえ生理学者は、自分が見ているものを手がかりにして、観察されている脳の中で起きていることは「心的」と呼ぶべき種類の出来事なのか否かを判断することはできないのである。「脳内のある種の物理的出来事は心的出来事を伴う」と生理学者が言うとき、彼は自分が見ているものこそがその物理的出来事であるかのように考えている。一方、観察されている脳の中には心的出来事は見えないので、脳内には観察可能な物理的過程と、観察不可能な心的過程があると想定してしまう。だが、これは完全なる誤りである。厳密に言うなら、生理学者には他人の脳内のものは何も観察できず、(顕微鏡をのぞくなどして)他人の脳と適切な関係にあるときに自分自身が持っているパーセプトしか観察できないのである。我々はまず自分のパーセプトを物理的過程と同一であるとしておいて、自分のパーセプトが他人の思考ではないことから、他人の脳内の物理的過程とその人の思考は異なると論じてしまう。しかし実際は、我々が物理的世界について直接に観察できるものはすべて、自分の頭の中で生じているのであり、「心的」という語の少なくとも一つの意味において「心的」な出来事から成るものである。それは同時に、物理的世界の一部を形成する出来事から成るのである。こうした見方を展開していくと、心と物の区別は幻想であるという結論に到達する。世界を作る素材は、「物理的」とも「心的」とも呼んでよく、また両方の呼び方を差し控えても構わない。それは我々の好みによるのであって、実際それらの語は何の役にも立たないのである。それらの語の定義で唯一否定できないのは、「物理的」とは物理学で扱われるもののことであり、「心的」とは心理学で扱われるもののことである、とする定義である。だから私が「物理」空間について語るとき、それは物理学に登場する空間を意味しているのである。

「物理的世界こそ、我々が見たり触れたりして知覚している世界なのだ」という信念を捨てることは、とてつもなく難しい。哲学をしているときには、我々はこの信念が誤りだと気づくが、そのときですら油断するとたちまち再びこの信念にとらわれてしまう。本当に起きていることとして物理学が考えることと、感覚が明らかにすることとの違いを把握しているかぎり、我々が見ているものが物理空間の中の「そこ」にあるという考えは維持できない。だがその議論が頭から離れはじめると、そうした考えが必ず舞い戻ってきて我々を悩ませる。根本的に新しい観点をなじみ深いものにするためには、長い間いろいろと考えなければならないのである。

これまでは視覚から例を取り解説してきたが、今度は触覚の例を挙げよう。あなたが眼を閉じて、指先で堅いテーブルの表面を押しているとする。そのとき、どんなことが実際に生じているのか。物理学者によれば、概略的に言うと、あなたの指先もテーブルも数多くの電子と陽子からできている。より正確には、電子も陽子も放射という過程の集積として考えるべきなのだが、今の目的に照らせばこの点は無視してよい。あなたには自分はテーブルに触れていると思えるかもしれないが、実はあなたの指の電子や陽子はいずれも、テーブルの電子や陽子と接触してはいない。万が一そんなことが起きたら、無限の力が生じるであろう。あなたがテーブルを押すときには、指の部分とテーブルの部分との間に斥力が生じる。液体や気体を押すときには、その中には押しのけられた部分が逃げ込む余地があるが、堅い固体を押すときには、指の電気的な力に押された電子や陽子は逃げようにも逃げられない。なぜなら他の電子や陽子の非常に近くに押し込まれているため、人混みの中にいる人のように、元の位置と大して変わらないところまで押し戻されるからである。それゆえ強く押せば押すほどテーブルは指を退けるのである。斥力は電気的な力からなり、それが神経上に電流を生むのだが、この電流の本性についてはあまりはっきりとは分かっていない。この電流が脳まで流れていき、そこで様々な結果を惹き起こす。生理学に関わる範囲では、どういう結果であるかはまったくと言っていいほど推測でしかない。しかし推測上のものではない結果が一つだけある。それは触覚の感覚である。生理的推論やおそらく反射によって、我々はこの結果を指先と関連づける。だが、たとえば腕はすでに切除されているが、関連する神経を巧妙に操作してみるなど、人工的な手段で脳により近い神経を上手く刺激しても同じ感覚が生じる。したがって我々は、自分が触れていると思っている場所に物体が存在するという証拠を、触覚が与えてくれると固く信じているが、この信念はまったくの勘違いなのだ。我々は概して正しいが、しかし誤りうるのであり、そして物質についてては不可謬の啓示という性格を持つものなど何もない。そしてもっとも上手くいっている場合でさえ、触覚と物理学の語ることとは大きく異なる。あるいは少なくとも、それらは大きく異なるように見える。物理学によれば、あなたの指先に実際に位置するのは、たがいに押し合い乱舞する電子や陽子である。しかし後に見るように、我々が物理学から得る知識は非常に抽象的であるため、物理的世界で生じることと我々が経験を通じて知る出来事は内在的に大きく異なるとすることも、異ならないとすることも正当ではないのである。

第14章　知覚と物理的因果法則

少し前の章で、伝統的な原因の概念が不適切であることを確認したけれども、実際に科学をしていくときにそれに代わるべき因果法則については、適切な説明を与えないままになっていた。しかし今や、この欠点を正すことによって物理的因果の連鎖の中に知覚を位置づけ、これまでの議論の主要論点をまとめあげることができる。

古い見解では、出来事Aにはつねに特定の出来事Bが続くとされ、また因果法則を発見するという課題は、出来事Bが与えられたときに必ずそれに先行する出来事Aを発見する、あるいは逆の発見をするという課題であるとされた。初期段階の科学では、こうした見解は有益である。これにより、おそらくつねに正しい訳ではないが、大抵の場面で正しい法則が得られ、それがより正確な法則への足がかりとなるのである。しかしこの古い見解は哲学的妥当性をまったく持たず、我々が本物の諸法則に到達した時点では科学からも排除される。発展した科学での本物の法則は、事実上そのすべてが傾向についての量的法則なのである。物理学的に可能なケースの中でもっとも単純なものを例にとって説明しよう。

電子が最小の軌道を回らず、その一つ外側の、四倍の半径を持つ軌道を回っている水素原子を想像してみよう。この状態が続くかぎり、きわめて小さな重力作用以外の仕方で原子が外部に影響を及ぼすことはない。したがって状態が変化しないときには、我々はその原子が存在するという証拠をまったく得ることができないのである。実際、我々が原子についで知っていることは、駅の切符回収係が街の住人について持つ知識と似たようなことでしかない。回収係は、家でおとなしくしている人については何も知ることはない。ある瞬間に、我々が確率的にしか知らない法則にしたがってこの電子はより小さな軌道へと飛び移り、原子が失ったエネルギーは光波となり外へと伝わってゆく。電子がいつ飛び移るかに関する因果法則を我々は全く知らない。ただしそれがどれほどの距離を飛ぶか、あるいは飛び移ったときにその近辺で何が起きるかなら正確に知っている。少なくとも、「我々は何が起きるかを正確に知っている」と言うときには、「起きることについての数学的法則なら正確に知っている」とは言うべきである。ある出来事の系列が、一定の方程式に従って量的な特徴を持ちつつ、電子からすべての方向に向けて出発し、プールの水面のさざ波のように、他の物質に出会うまできわめて規則的に進んでいく。この場面で我々は、重要かつ明らかに根本的な種類の因果法則を一つ手にしている。すなわち、真空中での光の伝播を統制する法則である。これをまとめたのがマクスウェルの方程式であり、それを使うと、ある発生源から電磁気的攪乱がどう拡散していくかを計算することができる。二つの撹乱が衝突しないなら事態はまったく単純であり、それらが衝突するときに何が起こるかも、この方程式を使えば分かる。この点では伝統的物理学と変わらず、そのとき二つの分離した傾向は数学的諸法則にしたがって重なり合い、一つの結果となる。こうした数学的法則のうちもっとも古く単純なのは、平行四辺形の法則である。つまり、時空的近傍の先行する状況がそれぞれ一つの傾向として働き、そうした諸傾向が一つの数学的法則に従って合成され、結果となる出来事が起きるのである。

ここまで、何もない空間内での電磁気的現象だけを考察してきたが、そこには別種の事実もある。すなわち、重力が依存するような諸事実である。それらは時空の構造と関係しており、その構造の中の物質が存在する領域には特異性があること、そしてこの特異性が拡がっていくときに、その領域から離れるほど弱まることを明らかにしている。中央に噴水のある池になぞらえて、時空の構造を想像してみるとよい。噴水から出た飛沫が落ちたところは、どこも周囲より水が盛り上がっているが、その地点から離れるとすぐに水面は平坦になる。ここでも先と同じことが成立している。すなわち、時空の小領域の構造をその近傍の構造から推論するためには、数学的規則に従って数多くの傾向を重ね合わせる必要がある。よって、これまでのところ哲学的には何も新しいことは起きていない。

だがここで、先に例にした水素原子から発した光の波が、物質と接触したときに何が起こるかを考えてみよう。様々なことが起こりうる。その物質は光波のエネルギーのすべて、あるいは一部を吸収するかもしれないが、これは今の我々の観点からは興味深いケースである。エネルギーの吸収は、電子をより大きな軌道へと動かすという形を取るかもしれない。この場合、後でその電子が元の軌道に戻るときには蛍光発光という現象が起きる。この他、物体の温度が高くなるかもしれないし、放射線測定器で計るときのように目に見える変化があるかもしれない。物体への影響の仕方は、光だけでなく当の物体にも依存する。影響の中には、一つ一つ予言できるものもあれば、確率的な平均の計算しかできないものもある。この違いは量子的な考慮が関わるかどうかによる。関わってくる場合には、我々は諸可能性を枚挙し、それらが実現する相対的な頻度を述べることはできるのだが、任意の場面でどれが実現するかを言うことはできない。

ここまで、物質から何もない空間へのエネルギーの放射、何もない空間におけるその伝播、何もない空間から物質へのエネルギーの衝突を取りあげてきた。一片の物質の歴史や、物質と何もない空間の違いについてはまだ考察は済んでいない。

時空間内にある一定の類似性を持つ出来事からなる諸系列を区別することが可能で、常識的にはそれらが一つの「物」の現れと見なされる、ということが物質の本質であるかのように思える。だが問題をよく見てみると、物理学が提供してくれているものはもっと抽象的であることが分かる。たとえば電子の持続的存在を例にしてみよう。それが意味しているのは、ある点を中心とする近傍にある諸出来事は、その点に一定の基本的な強度の電荷が存在するという仮定に基づいて計算可能であるということ、そしてこのことが正しくなる「近傍」という領域は、時空間内でチューブ型になるということである。

純粋に物理学的な観点に立ち続けるかぎり、物質はそれ相互の関係だけで完結してしまっていて、我々に何も与えないように思える。何もない空間内の出来事は抽象的な数学的特徴しか知られない。物質とは、何もない空間内の諸出来事の抽象的な数学的特徴でしかない。これはかなり寒々しい世界に思える。しかし実際には我々はもう少し具体的なことをいくつか知っている。たとえば物を見るとき、どのように感じられるかを我々は知っている。物理学の観点からは何もない空間を光波が進むとされる場合でも、それが今我々の眼に届くとき、我々は因果連鎖の中の一つの項を知ることになる。つまり我々は視覚的感覚を、抽象的数式の一項目以外の仕方で知り、そしてこの一つの項こそ、因果連鎖の残りすべての項に関する信念の基礎になるのである。百聞は一見に如かず。

ここで少し主題からはずれて、因果法則に関する証拠を論じることにしよう。はじめのうち、我々は概略的な規則についての証拠しか得ることができず、その規則はつねに成り立つわけではない。腕を動かそうと決意するとほとんどの場合は動くけれども、麻痺していて動かないこともある。幼なじみに「やあ」と言えば、ほとんどの場合相手も同じことを言うが、会わない間に盲目で聾になっていれば、相手はあなたの言葉やしぐさに気づかないかもしれない。火薬に火をつけるとほとんどの場合爆発するが、湿っていることもある。我々が最初に気づくのは、このようにおおむね成り立ってはいるが、つねに変わらず成り立つわけではない継起の規則である。しかし科学はつねにこのような規則を例外のない法則に置き換えようとする。我々ははじめに重い物体が落下することに気づくが、次に落下しない物体もあることにも気づき、そこでそれらの事実を一般化して重力法則と空気抵抗の法則に到達するのである。これらのより一般的な法則は、実際に起こることを語るものではない。それらが語るのは一つの傾向であり、複数の傾向の結果として実際に何が生じるかについての結論を導き出す、ということをするのである。何が起きるかを考えようとしている近傍について、かなり多くを知らないかぎり、どういう結果になるかは知ることができない。たとえば今から数秒間のうちに、私の頭に隕石が衝突するかもしれない。これが起きるかどうかを知るためには、地球の近傍でどういう事実が生じているかを知らなければならない。この例は、申し分なく妥当な法則に基づいてなされた現実的な予測は、「地勢 geography」とでも呼べるような知られざる事実によって、偽になる可能性がつねにあることを明らかにしている。さらに、科学的法則が完全に正しいということすら、我々はけっして確信できない。アインシュタインによる重力法則の改訂がその傑出した例である。

では、物理学の因果的法則と知覚との関係に戻ることにしよう。

物理学が語るべきことは抽象的だと分かったのだから、視覚的感覚を因果系列の中にはめこむのはまったく難しいことではない。純粋に物理的な現象が最終的に何か心的なものになる、などということは「神秘的」だと考えられてきた。それは人々が、自分は物理現象について多くを知っているのだと考え、物理現象と心的現象は質的に異なると確信していたからである。ところがいまや我々は、物理現象の内在的質については、それが感覚になっているときを除けば何も知ってはいないということ、それゆえそのうちのあるものを感覚だとすることに驚いたり、それ以外の物理現象は感覚とまったく似ていないと考えたりするいわれはないことを認識している。心と物のギャップの一部は、心についての新しい見方によって埋められるが、しかしその大部分を埋めるのは「物理学は物質の内在的特徴に関して何も語らない」という認識なのである。

ある対象を見るときに起きることを、私はおおよそ次のように理解している。話を単純にするため、発光する小さな対象を例としよう。この対象の内部では、量子論的原理に従って一定数の原子がエネルギーを放射しては失っている。その結果生じる光波は、ごく普通の数学的原理に従い重ね合わされ、どの光波のどの部分も時空間の一定領域を占める出来事から成り立っている。人間の身体と接すると光波中のエネルギーは新しい形態をとるが、そこには因果的にはいまだ連続的である。最終的にエネルギーは脳に達するが、この脳を構成する出来事のうちの一つは、「視覚的感覚」と呼ばれる。この視覚的感覚は、普通は「光波を発した対象を見ること」と呼ばれる。あるいは、対象が発光していない場合であれば、「光波を反射した対象を見ること」と呼ばれる。

このように、知覚と呼ばれているものは物理法則を介して対象と結ばれているにすぎない。知覚と対象との関係は因果的かつ数学的である。知覚と対象とが何らかの内在的側面に関して似ているか否かについては、両者がともに時空間内の刹那的な出来事であることを除けば、何も言えないのである。

進歩した科学で使われる因果法則については、以下のような普遍的特徴があると主張されるかもしれない。すなわち、「何らかの出来事が与えられたとき、他の要因がまったく干渉してこないなら、その近傍の時空間内でわずかに後に位置するところに何らかの出来事が生じるだろう」というものである。だが実際にはほとんどつねに他の要因が干渉してくるのであり、この場合、時空間の任意の地点では実際に生じるのは、その近傍にある諸出来事をそれぞれ個別的に考慮したならばそれに引きつづいて生じるはずの出来事たちを、数学的に重ね合わせた結果であるような出来事である。物理学の方程式は出来事を結びつけるための規則を与えるが、その規則とはいずれも以上のような性格を持つのである。

かつては次のように考えられていた。すなわち、ある有限期間内でのすべての事実が与えられたとすれば、その期間がどれほど短かったとしても、物理学の方程式は理論上は、物理的世界におけるそれ以降の事態の推移を決定するに十分なものである。しかしいままでは、すでに知られている方程式を考慮するかぎりでは、そんなことは不可能だと思われる。

知られている方程式は、何もない空間で何が起きるか、そして物質に起きることの統計的平均を与えるには十分なのだが、個別の原子がいつエネルギーを吸収し、いつ放出するかを教えてはくれない。そうしたことに関して、個別の原子のふるまいを統制する統計的でない法則があるのかどうか、我々は知らないのである。

純粋物理学の法則とは異なる種類の因果法則があることを押さえておかねばならない。それは、光波が視覚経験を「惹き起こす」とか、音波が聴覚経験を「惹き起こす」といった法則である。物理学を支持する経験的な証拠はいずれもこうした法則に依存しているので、物理学に属するものは何であれ、これらの法則以上に高い確実性を持つことはない。ここで立ちどまって、この文脈で「惹き起こす」という語が何を意味しているかを問うことにしよう。

光波と視覚的感覚の結びつきは、物理学と心理学のどちらから出発するかによって少し違ったように見える。もちろん、つきつめれば同じ結果になるはずである。まず物理学から出発すると次のように言うことになる。ある物体から放たれた光波が伝わっていくとき、物体の地点からより遠い地点へと相次いで出来事が生じていく。そして正常な眼の後ろにある脳の内部でも、それに対応する出来事が生じる。それこそが視覚的感覚である。それはこの出来事系列全体の中で、純粋に抽象的でも数学的でもないことを語りうる唯一の出来事である。

感覚から出発すると次のように言うことになる。この感覚は、相互に結びついた出来事たちからなる、数多くの系列のうちの一つである。それらの系列は、ある一つの中心から一定の数学的法則にしたがって拡がるようなものであり、その法則のおかげで、感覚を手がかりとして、同じ系列内の別の出来事について多くを知ることができる。感覚が物理学的知識の源であるのはこうした事情による。

私がこれまで擁護してきた見解に従えば、心と身体の相互作用に関してはまったく何の困難もないことが分かるだろう。感覚は物理的因果連鎖の一つの項にすぎない。感覚をこの連鎖の末端と見なせば、物質が心に及ぼす影響と見なせるものが得られる。感覚を連鎖の始点と見なせば、心が物質に及ぼす影響と見なせるものを得ることができる。しかし、心は物理的因果の流れの一断面にすぎず、物理的世界の中で結果や原因となることに何の不思議もない。よって、物理的因果法則は根本的な法則なのである。

因果がアプリオリかどうかという問題は簡単ではないが、アプリオリと見なすべき理由はないと思われる。時空間の構造に関する、非常に一般的な何らかの仮定が与えられれば、我々が因果法則と呼ぶものが存在することになる。これらの一般的仮定こそ基本原理として因果性に実際に取って代わるべきものである。しかしそれらもまた一般的なのだから、アプリオリなものだと受け取る訳にはいかない。それらは様々な因果法則が存在するという事実を一般化したもの、あるいはその抽象的なひな形であり、そして因果法則が存在するという事実は一つの経験的事実の位置にとどまらざるを得ないのである。それは帰納的議論によりもっともらしくなりはするが、確実な事実ではないのである。

第15章　物理学の知識の本性

この章では、次の二つの問いに対する答えを求めることにしよう。一、物理学が扱う世界を我々はいかにして知るのか。二、現代物理学が正しいと仮定して、それが扱う世界について我々は何を知っているのか。

一、我々はいかにして物理的世界について知るか。我々はすでに、この問いには単純には答えられないことを見た。というのは、推論する根拠となるのは我々の頭の中で生じるものであり、頭の外で生じるものに関するいかなる知識も多少は怪しくならざるをえないからである。今のところは、しかるべき用心をした上でなら、他人の証言はもちろん受け入れてよいとしたい。言い方をかえれば、他人が自分に話しかけていると信じているとき、そのとき我々が聞いていることは、我々にとってだけでなくその話者にとっても本当に「意味」を持っているのだということ、これを仮定したい。あるいは、書くことに関しても、これに対応することを仮定したい。この仮定を検討するのは後にし、今はそれが仮定であること、間違っている可能性があることを強調するだけにしておく。間違っている可能性があるというのは、夢の中でも人々が語りかけていると思えることがあり、また目覚めているときでさえ、自分が勝手に夢を見ていたのだと納得することがあるからである。自分はいつも夢見ているわけではないと論証することはできず、望めるのはせいぜい、そんな考えはもっともらしくないと証明することだけである。しかし今のところはこうした議論は脇に置いておき、我々が聞いたり読んだりする言葉は、もし自分でその言葉を話すか書くかするときにそれに意味させるはずのことを、「意味」しているのだと仮定しよう。

この仮定に基づくと、それぞれに異なる人々の世界が、ある点では似ており、別の点では異なることを知っているとすることには根拠があることになる。たとえば一つの劇場にいる観客達を考えてみよう。彼らはみな同じせりふを聞き、同じ身振りを見る。そしてさらに、それらは俳優が聞かせたい、見せたいと思っているせりふであり身振りである。しかしステージの近くにいる人は、離れた所にいる人よりもせりふを大きな音として聞き、またわずかながら先に聞く。また、右側に座っている人が見るものは、左側や正面に座っている人が見るものと完全に同じではない。こうした相違には二通りある。一つは、ある人には他人に見えない物が見えるということであり、もう一つは、二人の人が「同じ」物を見ていると言われるようなときにも、パースペクティブ［遠近法］の効果や光の反射の仕方のために違ったように見えているということである。これらはいずれも物理学の問題であって、心理学の問題ではない。というのも、劇場内の空席にカメラを据え付ければ、その結果得られる写真のパースペクティブ［視野］は、その席の両隣に座っている人のパースペクティブの中間になるからである。パースペクティブに関わる事柄はすべて、きわめて単純な幾何学的法則によって決定される。またこれらの法則は、二人の人が異なる視点から「同じ」物を見ていると言われるときに、彼らの見ている形に何が共通しているのかも明らかにする。共通しているものを射影幾何学は研究対象とするが、しかしそれは幾何学的図形の測定［特定の大きさ］とは独立である。絵を描くことを学ぶときには、パースペクティブに基づく見え方の違いをすべて学ばなければならない。つまり絵を描くためには、こんな風に見えているのだろうと思えるようなものとして物を見るのではなく、実際に見えているようなものとして見ることを学ぶ必要がある。

だが、物が「実際に」見えているとか、こう見えていると「思われる」といった語で、いったい何を語り得ているのかと言われるかもしれない。ここで、学習に関するある重要な事実が問題になる。我々は生まれて間もなく視覚と触覚を相関させることを学ぶが、その際、視覚的刺激に対してカメラよりも「客観的」な仕方で反応する習慣を獲得する。見ている硬貨が真正面にないときでも、我々はそれを円いと判断する。だが、カメラはそれを楕円のものとして示し、人もまたそれを含む光景を描くときには楕円に描かねばならない。したがって我々は視覚的な形に対し、それが視野の中心にあるときに見えるはずの見え方に対応する仕方で反応することを学ぶのである。ただしこれは、我々がその形に直接焦点を当てないときの話である。見えている物が興味を惹くとき、我々はごく自然に何でも視野を中心に持ってきてしまう。実際問題として我々はつねに様々な方向に視線を変えつづけており、概してその時々の視野の中心にあるものしか注意していない。したがって、我々の視覚的世界は、次から次へと真っ直ぐに見すえられる物たちを総合することによって出来上がるのであって、視野の中心が固定されている間に見えている物たちから成るのではない。パースペクティブ［遠近法］の規則を無視した絵から「間違っている」という印象を受けるにもかかわらず、我々がわざわざそうした規則を学ばなければならない理由は、一つには以上のような視覚的世界の成り立ちのためである。

視覚から受けとる印象が客観的であることのさらに別の理由として、他の感覚、とくに触覚との相関関係が挙げられる。この相関関係を通じて、我々はすぐに、二〇ヤード離れた所にいる人は「本当は really」一ヤードしか離れていない人と同じくらい大きいことを「知る」。子どもは絵を学ぶとき、離れた対象が「本当は」小さくないことを知っているため、それらを十分小さく描くことに困難を感じる。我々は見えている対象との距離を判断し、触れたときにそれが持つはずの大きさ――山のような非常に大きな対象の場合、それを乗り越えて移動するときの距離の大きさ――に従って反応することを速やかに学ぶ。大きさの感覚は視覚ではなく触覚や移動を出所とする。刺激が視覚だけに限定されている場合には、以前の経験のおかげで大きさは判断できるのである。

子どもがうまく話せるようになったときには、すでにその子は大量にこうした経験を済ませている。それゆえ我々の言語的反応は、生まれて間もない子どもが話せると仮定した場合にその子がするはずの言語的反応よりも、はるかに多くの客観性を含んでいる。だからこそ、多くの人が同時に一つの光景を見て、そしてそれについてまったく同じ言葉を使うことが可能になるのである。見ているものを記述するために我々がふつう使う言葉は、自分のそばにいる他人にも明白な特徴を記述する言葉である。「男が一人いる」と言うのであって、「垂線に対してしかじかの角度にあり、水平線に対して別の角度にあるという視覚的次元を持つ、ある色のついた形がある」などと言いはしない。このときなされる推論は生理的推論であり、後になって振り返ってみないかぎり自分がそれをしたことに気づかない。しかしときには間違いの経験を通じて、この推論に気づくこともある。たとえば窓ガラスの汚れを、遠く離れた所にいる人だと誤解するかもしれない。この場合は、窓を開けたり頭を動かせば間違いは発見できる。しかし、この種の生理的推論はおおむね正しい。というのも、この推論を成立させている相関関係はまったくありふれたもので、ある状況で実際に成立する見込みが高いからである。したがって言葉は、感覚印象の中の私的で特異なところを覆い隠す傾向を持ち、人はそれぞれ別個であるけれども、実際よりもはるかに広く世界を共有しているように我々に信じさせるのである。

これまで「客観性」という語を用いてきたが、今やそれがどういう意味かを厳密に考慮しなければならない。ある光景が——例えば劇場での一場面が——同時に複数の人に目撃され、複数のカメラで撮影されたとしよう。ある人物や一台のカメラに与えられる印象は、その他の人や別のカメラに与えられる印象とある側面では似ており、別の側面では異なっている。類似している要素を印象の「客観的」要素と呼び、それぞれに特有の要素を「主観的」要素と呼ぶことにしよう。すると、形という特徴の中でも、射影幾何学で研究される特徴は客観的であるのに対し、測定幾何学において考察される特徴（測定されるのは長さや角度である）は視覚を使うだけでは客観的にはなりえず、他の感覚も使わなければならない。写真の場合で言えば、カメラに違いがないときには、ステージの近くにあるカメラの方が離れた所にあるカメラよりもステージ上の人を大きく写す。だが、もし四人の俳優が一枚の写真で横一列に並んでいるなら、別の写真でも横一列に並ぶことになり、それが印象の「客観的」な特徴となる。そして、正常な視力を持つ複数の観察者が受け取る視覚的印象は、違いについても類似性についても、写真上と精確に類比的である。それゆえ、我々が今語っている「主観性」は、心理学ではなく物理的世界に属するのである。主観性が示しているのは、目やカメラがどこに位置づけられるにせよ、それらに対する刺激は厳密には同じにはならないことである。複数の刺激の間で一定性を保つ（限度はあるが）特徴もあるが、どんな二つの視点からでも異なるような特徴もあるのである。

知覚には、画家のように逆らうべき特別な理由がないかぎり、印象の客観的要素をどんどん強調する傾向がある。この傾向は、話せるようになる以前に始まり、話す能力を身につけると強まり、科学的物理学によってさらに先に進められる。相対性理論は、印象から主観的要素を排除する傾向の、現時点での最終地点にすぎない。しかし主観的要素が客観的要素に比べて「実在的」ではないと考えてはならない。それは重要さにおいて劣るだけなのである。主観的要素が重要でないのは、それ以外の要素とは違い、それ自身を超えて別の何かを指したりしないからである。我々は感覚から情報を得ること、つまり自分に与えられた瞬間的印象以外の何かについて教えられることを求める。印象の客観的要素に注意を向けそれ以外の要素を無視するとき、感覚から情報は獲得されるのだが、しかし主観的要素もまた実際に現実の印象の一部になっているのである。我々と同様にカメラもまた主観的であることを見るなら、それは明白であろう。

以上の考察から、どうにも逆らい難く、次のような科学的見解が出てくる。ある一つの対象が数多くの視点から見られるとき、あるいは写真に撮れるとき、一つの中心から外へと伝播する出来事（光波）が結合してできた集合があること。そしてさらに、それらの出来事すべてには、互いに類似する側面と、互いに異なる側面があること、これらの見解である。光波は「物」と考えてはならず、周期的な出来事たちが結合されてできたグループだと考えるべきである。諸々の限界はあるが、それでも物理学によってこのグループの数学的特徴を推論することができる。しかし、グループを構成する出来事の内在的特徴は推論できない。光波を構成する出来事は、それが眼や視神経、脳に与える影響を通じてのみ知られるが、これらの影響そのものは光波ではない。神経や脳が透明でないことから、それは明らかだろう。それゆえ物理的世界の中での光を構成する出来事は、我々が見るときに起きている出来事となんらかの仕方で異なるに違いない。しかしそうした我々の外にある出来事の内在的な質に関しては、これ以上言えることは何もないのである。さらには、複数の人が「同じ物を見ている」と言われるような状態にあるときには、ある特定領域から放たれた光波が全員の眼に届いていると信じるべき理由があるわけだが、光波の源である領域に何があるかは語りえないのである。

常識的な人はこう言い返したくなるだろう。「いやいや、そこについて語ることに何の問題もないでしょう。見ている対象には触れることもできて、光波の発生源に硬くしっかりした何かがあることを発見できるんですから。あるいは、しっかりと形を保ってはいないけれども、非常に熱い何かがそこにあって、触れようとすればやけどすると分かることもあるかもしれませんよ。」幽霊や虹は見ることができるが触れられないように、視覚よりも触覚の方が「実在」をより明らかにすると誰もが感じる。このように実在感覚がより強い理由の一つは、我々が指先で触れるときには、自身と対象との間の空間的関係が与えられるのであり、それゆえ視覚とは違って、対象が人ごとに異なる触覚的印象を与えないためである。さらには、見えるけれども触れられない対象――鏡像や煙、霧など――が数多くあり、それらを利用して経験の浅い人を驚かせられるためでもある。しかしながら、以上のような事情はいずれも「触覚は実在物のありのままを知らせてくれる」という常識的な想定を正当化するものではない。言葉の上では、触覚は対象との「接触」をもたらすという語り方を認めざるをえないとしても。

これまでの章ですでに、我々が何かに触れるとき、その対象から脳に至る物理的かつ生理的な過程がどれほど複雑かを確認する機会があった。そして触覚の幻覚を人為的に生み出せることも見た。それゆえ、触れる感覚を得るときに我々が経験するものは、見るときに経験するもの以上に、触れられた対象の真の本性を明らかにするわけでは全然ないのである。実際、もし現代物理学を信じるべきなら、慎重に用いられた視覚は触覚よりも対象についてははるかに詳細な知識を与えてくれるのである。視覚に比べれば、触覚は鈍く繊細さに欠ける。写真なら個別の電子の軌跡を写すことができる。色の知覚は原子に起きている変化を示している。暗い星々から届く光のエネルギーは信じがたいほどわずかであるにもかかわらず、我々はそれを見ることができる。視覚は触覚よりも不用心な人を欺きやすいかもしれないが、しかし正確な科学的知識にとっては、視覚は他のどの感覚よりも比較にならないくらい優れている。

主に視覚から得た観念に導かれて、物理学者たちは伝播する放射の中心としての原子という現代的概念に到達した。その中心で何が起きているかは分からない。「そこには小さく硬い塊があり、それこそが電子と陽子である」との考えは、触覚から得た常識的概念を不当にまぎれ込ませている。原子は、そこから出てくる放射だけから構成されているのかもしれないのだ。無からは何も放射されえない、などと言ってみても無益である。分かっているのは放射がなされているということであり、小さな塊から放射されているのだとしてみたところで、それについてよりよく理解できるようになるわけではない。

だからこそ、現代物理学は物質を、ある中心から外へと進んでいく出来事の集合へと還元するのである。もし中心そのものにさらに何かがあるとしても、我々はそれを知ることはできず、また物理学とも関係ない。古い意味での物質の地位を占めるのは出来事であり、それは眼や写真乾板、あるいはその他の道具に対する影響から推論される。それらの出来事について我々が知っているのは、内在的特徴ではなく構造と数学的法則である。その構造は主に「原因が同じなら、結果は同じ」という格率を通じて推論される。この格率からは、もし結果が異なるなら原因も異なるはずだということが出てくる。そこでもし赤と青が隣り合っているのが見られるなら、赤が見えている方向では、青が見えている方向とは違ったことが起きていると推論することが正当になる。こうした議論を展開していくことで、我々は物理的世界についての数学的法則に到達する。物理学は数学的であるが、それは我々が物理的世界についてかなり多くを知っているからではなく、わずかしか知らないからなのである。我々には数学的性質しか発見できず、それ以外については否定的なことしか分からない。目も耳も脳もないところには、色も音もない。だがそこには一定の特徴を持つ出来事が存在し、その特徴を持つからこそ、それらは目や耳や脳がある場所に色や音を惹き起こすのである。我々には、誰もいない場所から世界がどのように見えるかを理解することはできない。そこから世界を眺めようとすれば、そこは誰かがいる場所になってしまう。それは自分の影に飛び乗ろうとするのと同じく、望みなき試みなのである。

常識的に考えられているものとしての物質、そして最近になるまで物理学が考えてきたものとしての物質は断念せざるをえない。物質についての古い観念は「実体」の観念と結びつき、そしてさらに実体の観念は時間についての一つの見方を伴っていた。しかし相対性理論はその見方が不十分であることを明らかにしたのである。その見方によれば、宇宙全体にとっての統一的な時間があり、宇宙のどの二つの場所で起きるどんな二つの出来事についても、それらは同時であるか、第一の出来事が第二の出来事に先行するか、それとも第二の出来事が第一の出来事に先行するかのいずれかである。そして二つの出来事の時間順序は、我々には確かめられないかもしれないが、つねに客観的に決まっているはずなのである。今ではもうこんな考えは正しくないことが分かっている。一つの場所にある出来事のすべての間には、あるいは一片の物質の歴史の部分と見なせるすべての出来事の間には、依然として確定した時間順序がある。それゆえ、次の場合であれば二つの異なる場所にある出来事の間にも、確定した時間順序がある。すなわち、第二の出来事が起きる場所にいる人が、第二の出来事が起きる前に第一の出来事を見ることができるときである。もっと正確に言うなら、第一の出来事の場所から第二の出来事の場所へ、第二の出来事が生じる前に光が伝わることができるときである（ここで「場所」と言っているのは、ある物質片の位置のことである。物質が他の物質に対してどれほど相対的に運動したとしても、それ自身の観点からすれば、それはつねに同じ「場所」にいる）。しかし一方の出来事の場所から他方の出来事の場所へと光が到達するのが、後者の出来事が生じた後である場合、あるいはこの逆の関係が両者の間に成立する場合には、二つの出来事の間に確定した客観的時間順序はなく、どちらか一方の出来事が先行すると、あるいはそれらが同時であると見なす理由もまったくない。理想的な注意力のある観察者たちですら、各自の運動の仕方によって異なる判断を下すだろう。したがって時間は宇宙全体に統一的なものではなく、ある程度一つ一つの物質片に個別的で個人的なのである。

このように述べるとき、「一片の物質」とはどういう意味なのだろうか。それが意味しているのは、その歴史を通じて単純な同一性を持ちつづけるようなものではないし、また硬くしっかりした何かでもなければ、それが与える結果を通じてのみ知られる仮説的な物自体でもない。我々は「結果」そのものを意味し、もはやその不可知の原因をもちだしたりしないと言っているのである。さまざまな中心点から外へとエネルギーが様々な形態をとって拡がっていることが分かっている。また、そうした中心が一定程度持続することも分かった。もっともその持続は絶対的なものではない――現代物理学は、電子と陽子がお互いに打ち消し合うという驚くべき可能性に直面し、それが起きるときに生じる爆発こそ星が輝く際のエネルギーの主な発生源かもしれないと示唆しさえしている。そこで、先の主張を次のように言い直せるかもしれない。「一つの中心からエネルギーが放射されているとき、その中心にある何かを想像することで、放射の法則を簡単に記述できる。その何かは、状況に応じて電子あるいは陽子と呼ばれるだろう。そして一定の目的のためには、この中心を持続するものと見なすのが便利である。すなわち、時空間の一点としてではなく、時間的間隔によって分離された時空点たちからなる一つの系列と見なすとよい。」しかしこのような物言いは、中心以外の場所で起きている事柄、すなわち中心からのエネルギーの放射を記述する便利な方法にすぎない。中心そのもので何が起きているかに関しては、仮にそこに何かがあったとしても物理学は黙して語らないのである。

ホワイトヘッド博士が物質の「圧性」と呼んだものは、以上の見解からは完全に消えている。「物質」とは、それがない場所で起きていることを記述するための便利な式なのである。私はいま物理学について語っているのであって、形而上学についてではない。形而上学を論じるのであれば、我々は不十分ながらも、以上の発言に何かを付け加えられるかもしれない。しかし科学だけでは何もそれに付け加えられないのである。このように物質が蒸発してしまったのを見れば、哲学としての唯物論は保持しがたくなる。だが、かつてなら唯物論者であったはずの人は、多くの点で唯物論と見解を同じくする一つの哲学を支持しつづけることができる。そうした人たちは、物理学で扱われるタイプの因果こそが根本的であり、すべての出来事は物理法則に服すると主張できる。こうした見解をどの程度支持すべきかについては、私はまだ考察するつもりはない。それは唯物論の代わりに真剣に検討されるべき見解だと示唆したいだけである。

第3部

第16章　自己観察

覚えておられるだろうが、第一部全体を通して我々は、人間を外部から観察して発見できる事実だけを考察することにし、本当の知識と言えるものがそれらで尽きるか否かの問題は棚上げにした。我々は自分で自分を観察しなければ知りえない多くのことを知っているというのが普通の考え方だが、行動主義者はそんな考え方は間違いだと主張している。第二部で物理的世界の知識を検討したときに考えなければならなくなった問題がなかったとしたら、私は行動主義者に完全に同意してしまっていたかもしれない。第二部で我々は、物理学が正しいと仮定するなら、物理学の知識にとってのデータは主観的なものに汚染されており、二人の人が同じ現象を観察することは、大雑把で近似的な意味で言わないかぎり不可能だという結論に達した。この結論は行動主義的方法が想定している客観性を、少なくとも原理としては掘り崩してしまう。程度問題としてならその想定はある程度有効でありつづけるかもしれない。概略的に言うと、物理学が正しいとし、かつ第8章で与えたような行動主義的な知識の定義を受け入れるとすれば、我々は原則的には脳から離れたところよりも近くで起きることについて多くを、そして脳の中で起きることについて最も多くを知るはずである。これは間違っているように見える。しかしそれは我々が、「脳の中で起きていること」とは、生理学者が脳を調べるときに見ているもののことだと考えるからであって、第12章の理論によれば、そのとき生理学者は彼自身の脳の中で起きていることを見ているのだ。よって、我々が最もよく知るのは自分の脳で起きていることだという見方に対するアプリオリな反論は退けられ、知識を得るもっとも信頼できるやりかたとして、自己観察が再浮上する。本章で展開し支持すべきは、このテーゼである。

周知のように、自己観察の確実性はデカルトの体系の基礎であり、近代哲学の出発点だった。絶対に確実なものだけに基づいて形而上学を構築しようと望んだため、デカルトはその準備として、自分の力で疑えるものは何でも疑ってみた。外界全体は疑うことができた。というのも、間違いだらけの現象を見せることに喜びを感じる悪意ある悪霊がいるかもしれないからである（この問題に関しては、夢を持ち出せば十分な議論になっただろう）。だが、彼自身の存在を疑うことはできなかった。なぜなら――彼が言うには――私は現に疑っているからだ。他の何を疑えるとしても、私が疑っているという事実は疑えない。そしてもし私が存在しないなら、私は疑えなかっただろう。デカルトは以上の議論を「我思う、ゆえに我あり」という有名な文句にまとめている。そしてこの確実性にたどり着いてから、そこから何度も推論を重ねて世界をもう一度立て直すことに着手した。かなり奇妙なことに、それは懐疑論をくぐり抜ける前に信じていたのときわめてよく似た世界だった。

以上の議論とワトソン博士の議論を比べてみると、多くを学ぶことができる。デカルトと同じく、ワトソン博士も人々が何の疑問もなく受け入れる多くの事柄に対して懐疑的である。そしてデカルトと同じく、驚くべき哲学の基礎として無事に使用できるくらい確実な事柄があると信じていた。だが彼が確実だと見なしたのは、デカルトが疑わしいと見なした事柄そのものであり、そしてまさにデカルトが絶対に疑えないと見なしたものを激しく拒絶したのである。ワトソン博士は、思考などというものは存在しないと主張する。彼も自分が存在すると信じているのは間違いないが、しかしそれは彼が「自分は思考できる」と考えているからではない。ワトソン博士に絶対に疑いえないとしか思えないのは、迷路の中のラットや、時間の測定、腺や筋肉に関する生理的事実などである。二人の有能な人物がこれほどまでに正反対の見解を持っているとき、我々はどう考えるべきだろうか。ここから自然に、何もかもが疑わしいのだと推定されるかもしれない。この推定が正しいということもありうるが、しかし疑わしさにも程度というものがある。どの領域が疑わしさが最も少ないかに関して、ワトソンとデカルトのどちらかが正しいのなら、我々としては正しいのはどちらかを知りたいと思う。

デカルトの見解から吟味してみよう。「我思う、ゆえに我あり」と彼は言うが、これはそのままでは成り立たない。彼自身の立場からすれば、彼が知っていると断言すべきは「我思う」ではなく、「思考が存在する」であるはずだ。彼は現に疑っていることを見て取り、「疑いが存在する」と言う。疑いは思考の一形態だから、思考が存在することになる。これを「我思う」と言い換えるには非常に多くの前提が必要だが、先になされた懐疑論のためにデカルトはそれらの前提を疑っていたはずである。思考は考える者を含むと彼は言うだろうが、なぜ含まねばならないのか。考える者とは、相互に因果法則で結ばれた思考の系列にすぎないとしてはなぜいけないのか。デカルトは心的世界にも物的世界にも「実体」があると信じていた。動く何かがないかぎり動きは存在しえず、考える何かがないかぎり思考は存在しえないと考えていたのである。おそらく大半の人がいまだにこうした見解を持っているだろう。だが実はこの見解は、文法的カテゴリーは実在のカテゴリーでもあるという——通常は無意識的な——考えから生まれたのである。我々はすでに、「物質」とは出来事の集合からなる系列の名前にすぎないことを見た。ここから「物質の運動」と呼ばれているものは、実は、「ある一時点でのそうした集合の中心となる出来事と残りの出来事との空間関係が、それらと結合してはいるが別の時点にある出来事集合の中心と残りの空間関係と同じではない」ということを意味しているのだ、ということが帰結する。「物質の運動」は、一片の物質のような確固とした存在者があって、それがある時にはある場所にあり、別の時には別の場所にあるなどということを意味するのではない。同様に、

「私はまずこれを考え、次にこれを考える」と言われるようなときには、「私」という単一の存在者があり、それが二つの思考を立て続けに「持つ」などと言おうと意図してはならない。二つの思考が継起し、それらの間にある因果関係のおかげで両者は一つの伝記[50]の部分であると言われるのだ、ということだけを意味するべきなのだ。それらの思考は、継起する二つの音が一つの曲の一部でありうるのと同じような仕方で、一つの伝記の部分となる。そしてそれらの思考とそれを語る身体は、思考一般と身体一般が結合される仕方（これがどのような仕方かは、さらなる探究が必要である）で結合されている。これらはいずれも非常に複雑であり、究極的な確実性を持つ事柄の一部と認めるわけにはいかない。デカルトが実際に確実だと感じていたのは特定の事象であり、彼はそれを「我思う」という言葉で記述したのだが、この言葉はその事象をあまり正確に描写していない。言葉というものは一定の文法的・社会的要請から決して逃れることができず、それが実際に意味している以上のことや、あるいはそれ以下のことを語ってしまう。疑いえないある事象が存在していることをデカルトが確信したとき、それは正当だと認めるべきだと思える。しかしデカルトがこの事象を記述するときに「私」という語を持ち出したのは正当ではなく、また「考える」という語を使ったことが正当だったかどうかは、考察すべきこととして残されている。

論理的観点から言えば、「考える」のような一般的な語を用いるとき、我々は明らかにデータから外へ踏み出している。そのとき我々は個別的事象の一つをある分類項目の下に収めているのだが、この項目は過去の経験から得られたものである。また、どのような語も多くの事象に適用可能である。それゆえいかなる語も、あらゆる可能なデータを超え出ているのである。この意味で、ある具体的経験の個別性を言葉で伝えることは絶対に不可能で、あらゆる語は多少なりとも抽象的なのだ。以上のような筋の議論について、私はけっしてその妥当性を確信しているわけではないが、少なくとももっともらしくはある。たとえば一匹の犬を見ることで「犬」という語があなたの心に思い浮かぶかもしれない。そのときあなたはそれが犬であることを知るが、しかしどんな種であるかには気づかないかもしれない。この意味で、我々が出発する知識は抽象的で一般的である。つまり、それは特定の種類の刺激に対する学習された反応からなり、言語的なものであるかぎり結局のところ反応は刺激よりもはるかに画一的になる。犬を目撃した人に、「犬を見たかい」と尋ねてみればどうなるだろう。「見たよ」「どんな犬だった」「ただのよくいる犬だよ。それ以上は思い出せないな」。つまり、目撃者の反応は「犬」という一般化された語からなるのであり、それ以上ではない。これは、ほとんど原子における量子的現象を思い起こさせる。光が水素原子に当たると、そのためときには電子が第一の軌道から第二、第三などの軌道に飛び移ることがある。これらはどれもある刺激に対する一般化された反応であるが、刺激の方には対応する一般性がまったくない。だから、犬や猫はそれぞれ固有の個別性を持っているが、ごく普通に注意深くない人は、それに対して「犬」や「猫」という一般化された反応を返すのであり、刺激の個別性は知識‐反応の中に対応する個別性をまったくもたらさないのである。

デカルトとその思考に戻ろう。いま論じたことからすれば、考えられている事柄よりも、自分が考えているということそのものの方を、デカルトははるかに確実に知っている、という可能性がある。この可能性があるため、我々は彼が「考える」によって何を意味していたのかを問題にしなければならない。そしてデカルトにとっては思考こそが原初的に確実なものなのだから、いかなる外的な刺激も思考に持ち込むべきではない。［思考の］外にはそもそも何も存在しないのではないかと疑うことができるとデカルトは考えたのだから。

デカルトは「考える」という語を、我々が現在普通に用いているやり方よりも、いくぶん広い意味で使っている。「知性的」過程と言われるものだけでなく、知覚や感情、意志などもすべてそこに含まれる。知覚に注目するのがよいだろう。デカルトなら、「月を見ている」ときには外にある対象よりも視覚的パーセプトのほうが確実だと言うだろう。すでに見たように、物理学や生理学の観点からすればこうした態度は合理的である。というのは、脳内の一つの事象にはさまざまな原因がありえ、そして、原因が普通でない場合には常識は間違うだろうからである。月から来た光とまったく同じ仕方で人為的に視神経を刺激することも、理論的には可能なのである。その場合、我々は「月を見ている」ときと同じ経験を持つはずだが、その外的な起源については欺かれるに違いない。欺く悪霊の可能性を持ちだしたとき、デカルトはこの種の議論の影響を受けていた。それゆえ彼が確実だと感じたものは、初めから確実だと感じられるものではなく、知覚の原因に関する議論をした後でも確実なままであるようなものであった。ここから、重要ではあるが適用の難しい一つの区別が出てくる。すなわち、我々が実際には疑わないものと、もし完全に合理的であるとしたら疑うべきではないものの区別である。我々は実際には太陽や月の存在を疑わないが、デカルト的な長い懐疑の行程を通じて、それらの存在を疑うよう自分に言い聞かせるようになるかもしれない。しかしデカルトによれば、このときでさえ「太陽を見ること」や「月を見ること」とこれまで呼ばれてきた経験を持っていることは疑えないのである。もっとも、これらの経験を正しく記述しようとすれば、違う言い回しが必要にはなるのだが。

ここで問題が持ち上がる。なぜすべてを疑うべきではないのか。自分がこうした経験を持つことをなぜ確信したままでいるべきなのか。欺く悪霊が絶え間なく間違った記憶を我々に植え付けているのかもしれないではないか。「つい先ほど、従来「太陽を見ている」と呼ばれてきたような経験をした」と言うとき、我々は欺かれているのかもしれない。しばしば夢で、実際にはまったく起きなかったことを思い出したりするではないか。それゆえ我々に確信できるのはせいぜい現在の瞬間的な経験だけで、三十秒前に起きたことすら確信できないのである。そして主観的な経験を哲学の基礎として確保しようとしても、そうする前にそれは過去のものとなり不確実になる。デカルトが「我思う」と言ったときには、それは確実だったかもしれないが、「ゆえに我あり」と言ったときにはすでに記憶に頼っていたのであり、欺かれていたかもしれないのである。こうした議論はあらゆるものに関する完全な懐疑論を導くのであり、そうした帰結を避けるべきなら、何らかの新しい原理が必要である。

実際問題としては、我々はあらゆる事柄を確実だと感じることから出発し、何らかの明確な議論を通じて間違いに到りそうだと確信されたときにのみ、その感じたことを取り下げる。そしてけっして間違いにいたらない根本的な確実性を持つもののクラスが見つかったときには、このクラスに関しては確信したままでいるのである。つまり我々は、はじめから確実だと感じられたときはつねに、それを信じてよいとする議論ではなく、それを疑わせる議論を求めるのである。それゆえ我々は、間違いにつながることが示せない根本的な確実性を持つもののクラスを信念の基礎とすることができる。デカルトもはっきり自覚してはいなかったとしても、実際はそうしたのである。

さらには、それまで確信していたことに間違いが見つかった場合でも、我々は概して、間違いを導いた信念を完全には捨てず、可能ならばそれを修正して、間違っていると論証されないようにすることを求めるのである。知覚についてはすでにこうした修正がなされた。外界の対象を見ていると思うとき、我々は様々な原因によって欺かれている可能性がある。それは鏡に映った姿なのかもしれず、この場合、間違いの元は外界にあり、写真乾板でも同じように欺かれるだろう。「星が見える」ように目が刺激されたり、肝臓の不調のせいで小さな黒い点が見えるかもしれないが、こうした場合には間違いの元は脳ではなく身体にある。あるいは、ありとあらゆるものについて、それを見ていると思えるような夢を見ることがありうるが、この場合は間違いの元は脳にある。こうした間違いの可能性を順を追って発見していくとき、人は自分の知覚の客観的な意味合いについていくぶん警戒するようになる。しかし彼らは依然として、自分が持っていると思った知覚を実際に持っていると確信しつづける。たとえそれを常識的に解釈すると間違うことがあるとしても。このように、何らかのものについて確実だという確信を持ちつづけながら、確実なのは何かについては段階的に見解を変えていくのである。パーセプトを外的な何かの記号として解釈することに慎重であるかぎり、自分が持っているように思えるパーセプトを実際に持っているのだという考えが間違っていると示しそうなものは、何も見つかっていない。これこそ、「思考」は外的な対象よりも確実だとするデカルトの見解の妥当な根拠である。「思考」とは、対象についてのパーセプトとして普通は見なされるような経験を意味するものなのだと理解するなら、そのかぎりでは、デカルトの意見を受け入れるべき健全な理由があるのである。

では、ワトソン博士の見解を取り上げよう。私が誤解していないなら、彼の立場もまた非常に広範囲にわたって妥当であることが分かるだろう。そこで「デカルトとワトソンという」両方の主唱者の主張から、妥当と思えるところは受け入れ、疑わしいと思えるところは拒否しつつ、折衷案を追求していこう。

最も確実なものに関するワトソン博士の見解は常識と完全に一致する。普通の人は、心に関するどんな事柄も多少は疑えると見なすが、自分の事務所や通勤電車、収税人や天気、そのほか生活で出会うものをまったく疑わない。暇なときなら、誰かが「人生は夢だ」という考えを弄んだり、列車よりも乗っている人の思考の方が実在的だと示唆するのを聞いて楽しむかもしれない。しかし哲学の講師でもないかぎり、働いているときには誰もそんな考えに賛成しない。事務員が職場で上司の存在を形而上学的に疑っているところなど想像できるだろうか。あるいは鉄道会社の社長が、自分の鉄道は株主の心の中の観念にすぎないという理論に好意を抱くだろうか。そうした考えは、金鉱に関してはしばしば正しいかもしれないが、鉄道についてては端的にばかげていると彼なら言うだろう。誰でも触れることができるし、それが実在しないと思ったために線路上をふらふらしていると、轢き殺されることもありうるからだ。物質の非実在性を信じると早死にする見込みが高く、おそらくそのためにそう信じられることはかくもまれなのだろう。つまり物質は実在しないと信じる人々は死に絶えたのだ。常識的な見方は日常生活で成功しているのだから、それを端的にばかげているとして退けることはできない。その一部を退けようというのなら、現実問題に取り組む手段としてそれと同じくらい頼りになる何かに与しながらそうするのだということを確実にしておかなければならない。

デカルトは「我思う、ゆえに我あり」と言ったが、ワトソンはこう言う。「迷路の中にラットがいる、それゆえ私は考えない。」少なくとも、戯作者なら彼の哲学をそうまとめるだろう。ワトソンが実際に言っているのは次のようなことである。(1)もっとも確実な事実とは、複数の観察者の証言により裏付けられる公共的事実である。そうした事実が物理科学の基礎となる。物理科学には、いま取り上げている事柄に関連するものだけでも、物理学、化学、生物学、解剖学、生理学などがある。(2)物理科学は、人間の行動に関して、公共的に観察可能なすべての事実を説明できる。(3)それとは別の仕方でのみ知りうるような、人間に関する事実があると想定する理由はない。(4)特に「内観」とは、他者による観察では原理的に発見できないものを自己観察によって発見する手段である」とすることは破滅的な迷信であり、人間について本当にまともな知識を可能にするためには前もって一掃しておかねばならない。(5)そしてその一つの帰結として、発話やその他の身体行動と対照的なものとしての「思考」が存在すると信じる理由はまったくなくなる。

以上の諸命題を区別しておくことが重要なので、番号を振っておいた。全体的に見れば、

（1）、（2）、（3）は正しいが、（4）と（5）は私には間違っていると思われる。行動主義者は、（1）と（2）および（3）から（4）と（5）が帰結すると考えがちなようだが、こうした見方が取られるのは、物理学の基礎に関する誤謬と見なすべきもののせいだと思われる。だからこそ、自己観察についてのこの問題に決着をつける前に、物理学を論じておく必要があったのである。そこで今から、以上の命題を順番に検討していくことにしよう。

（1）物理科学が依拠している事実はすべて、多くの人が観察しうるという意味で公共的だとすることは正しい。ある現象を写真にとれば、その写真を調べることができる人の数に上限はない。測定がなされるとき、その場に何人も居合わせられるだけでなく、他の人がそれを追試することもできる。追試結果が初めの観察を裏付けないなら、起きたと思われていた事実は否認される。物理的事実の公共性はつねに、物理学の最大の強みの一つに数えられている。それゆえ、我々がまとめた行動主義的哲学の諸題の第一は、常識的根拠に基づき、受け入れるべきである。

しかしながら、非常に重要な留保をいくつか述べておかねばならない。第一に、科学的観察者に期待されるのは、ある状況に対する自身の反応全体を記録することではなく、そのうちの経験を通じて「客観的」と見なされるようになった部分、つまり他に観察能力のある人なら誰でも同じように反応すると言えるような、そうした部分だけを記録することである。自分の反応の「客観的」な特徴だけを記録することを学ぶというこの過程は、すでに見たように幼少時から始まっており、科学的な訓練はこれをさらに進めるにすぎない。「良い」観察者は、自分の反応のうち、自分に固有のことには触れない。「小さく単調な光がちかちかし、目が疲れて、いらいらした。最終的にそれはしかじかの所で落ち着いた」などと言ったりせず、単に「値はしかじかだった」のように言うのである。こうした客観性はすべて訓練と経験のたまものである。実際、科学的状況に「正しく」反応できる人は非常に少ないと言える。それゆえ、科学の内部ではまぎれもない観察として通っている事柄にも莫大な量の理論が混ざっているのであり、この理論の本質と正当化の問題は探究を必要とする。

第二に、物理現象の場合の公共性について、その本質を誤解してはならない。その公共性は、複数の人々がある一時点できわめて類似した反応をするという事実から成り立っている。たとえばある実験者が十二人の被験者にスクリーン上に明るい光が現れるのを見るように、そして現れたときには「今だ」と言うよう命じたとする。そして実験者自身が光を見たときに、被験者全員がそう言うのを聞いたとする。この場合実験者には、各被験者が自分と似た刺激を受けたと信じるべきよき理由がある。しかし物理学に従うなら、各被験者には十二の別個の刺激が与えられたとすべきである。それゆえ「彼らは全員同じ光を見た」という主張が正当に意味しうるのは、十二の刺激が共通の因果的起源を持つことだけなのである。外界には自分達の知覚の普通の因果的起源があるとするとき、我々は一定のリスクを負う。なぜなら起源が普通とは違うかもしれないからである。視線の先で光の反射や屈折が起きているかもしれず、眼や視神経、脳が異常な状態にあるかもしれない。あらゆる可能性を踏まえるなら、非常にわずかな確率であるとはいえ、思ったような外界の原因が存在しない状況もありうる。しかし複数の人が同意してくれるとき、つまり彼らが我々と同時に反応し、かつ彼らが自身の反応を、我々が推理したのと同一視できる外界原因のせいで起きたのだとするとき、そのときには間違いが生じる確率はケタ外れに小さくなる。こう証言が一致するようなごく普通の場合は、まさにこういう場面である。十二の被験者がそれぞれ独立にある出来事が起きたと証言するとき、それ以外の場面では彼らが嘘ばかりついていたとしても、全員が正しいことを言っているとすることは4095対1のオッズで支持される。同じように論じて、他者による裏付けがあるときには、反射や暗示といった集団的幻覚の源がある場合を除くと、我々の公共的感覚がおそらく真理を述べていることは明らかになる。

ただしこの点では、外から観察される事柄と自己観察される事柄の間に本質的な違いはない。あなたが阿魏という樹脂の臭いを生まれて初めて嗅いだとしよう。あなたは「なんていやな臭いだ」とひとり呟く。このとき不快さが自己観察されている。それは他者が観察しうる生理的状態と相関するかもしれないが、それらの状態と同一ではないのは確かである。なぜなら、快や不快を伴う生理的状態が知られるより先に、様々な物が快かったり不快であったりすることが知られるからである。それゆえ「この臭いは不快だ」と言うとき、あなたは日常的に理解されているかぎりでの物理的世界には登場してこないものに気づいているのである。しかし、あなたは精神分析の書物を読んだことがあり、憎しみが愛を隠蔽し愛が憎しみを隠蔽することがあることを学んでいたので、「おそらく私は本当は阿魏の匂いが好きなのに、それを恥じているのだ」と自分に言い聞かせたとする。そこであなたは友人にそれをかがせてみると、その結果たちまち友人達は全員あなたから離れてゆく。子どもでも試し、最後にはチンパンジーにまでかがせてみる。友人や子どもは嫌悪感を言葉で表し、チンパンジーは言葉には出さないが表情で表す。これらすべての事実から、あなたは「阿魏の臭いは不快なのだ」と言わざるをえなくなる。この結果は自己観察を含むにもかかわらず、それが物理学の経験的根拠となる事実だった場合に持つのと同じ確実性を持ち、またその場合と同じく客観的に検証されるのである。

(2)「物理科学は、人間の行動に関わる公共的に観察可能なすべての事実を説明できる」という第二の命題は、しようと思えばいつまでも論じ続けられる話題である。明白な事実は、その真偽を我々はまだ知らないことである。一般的な科学的理由に基づいて、この命題に賛成する方向で言えることは多い。ドグマとしてではなく方法論的な指針として、つまりどの方向に解釈を求めるべきかに関する科学的探究者への忠告としてならなおさらである。しかし多くの人間の行動が物理法則によってはいまだに説明されておらず、そのかぎりでは、この方法でも理論的に解明されずに終わるものなどないと独断的に主張することはできない。これまでの科学の趨勢によれば「解明されずに終わるものが残る」という見方はもっともらしくないと言われるかもしれないが、そう言うことすら性急に過ぎるだろう。もっとも私としては、そうしたものが確実に残ると主張する方がもっと性急すぎると見なしたい。そこで提案したいのだが、議論を進める上で、この点に関しては行動主義の立場を受け入れよう。なぜなら、一つの究極的な哲学としての行動主義に対する私の批判は、これとはまったく別種の考察から生じるからだ。

（3）さて、我々は次の命題を検討するところまで来た。「人間について知りうるすべての事実は、物理学の事実と同じ方法によって知られる。」私もこれを正しいと考えるが、行動主義者がそう考えさせたのとは正反対の理由からである。私は、実は物理学の事実は心理学の事実と同じく自己観察によって得られるのであり、常識はこの自己観察を間違って外界の対象の観察だと考えているのだとする。第13章で見たように、物理学の観点からは、視覚的または聴覚的、そしてその他のパーセプトはすべて頭の中にある。それゆえ、あなたに関して「太陽を見ている」と言うときには、あなたの知っている出来事は、正確に言えばあなた自身の中にあるのだ。そしてそこから外的な原因を推論することには多少のリスクが伴い、ときには誤ることになる。もう一度阿魏を例にするなら、何度か自己観察をすることであなたは阿魏の臭いが不快であるという事実を知るのだが、太陽がまぶしく温かいことを知るのも何回かの自己観察によるのである。二つのケースに本質的な違いはない。心理学のデータは身体外の事実にあまり直接的に結び付いていないような私的事実であり、一方物理学のデータは身体外の事実と非常に直接的な因果的結合を持つような私的事実であると、このように言ってもよい。以上のように、物理学と心理学は同じ方法を用いている。ただしそれは物理学の方法とされているものではなく、むしろ普通は特殊な心理学的方法と理解されているやり方である。我々は物理学の方法を心理学の方法に同化するのであり逆ではない。この点で我々は行動主義者とは異なるのだ。

（4）「内観」に訴える人が信じているような、そんな知識の源はあるだろうか。我々がたった今論じたことによれば、すべての知識は、ある意味で「内観」と呼びうるものに基づいている。それでもなお、何らかの区別を見出せるかもしれない。私の考えでは、唯一の重要な区別は観察者の身体外の出来事との相関関係の程度である。たとえば行動主義者が迷路の中のラットを見ており、横に友人が立っているとする。行動主義者が友人に「ラットが見えるかい」と尋ねる。友人が見えると答えた場合、行動主義者は物理的事象を観察するという普段どおりの仕事をしていることになる。だが友人が見えないと答えるとき、行動主義者は驚いて「密造酒を飲むのはやめなきゃな」と言うことになる。この場合、もし驚愕しつつも明晰に思考できるなら、彼は「想像上のラットを見ているとき、自分は内観に従事しているのだ」と言わねばならなくなる。何事かが起きているのは確かなのだから、その原因が自分の身体の外にあると考えるのをやめさえすれば、この場合でも起きていることを観察することによって知識を得ることができるはずだ。しかし外部から何らかの情報や証言を得ないかぎり、この行動主義者は「実在する」ラットと「想像上の」ラットを区別できない。したがって「実在する」ラットの場合に彼に初めに与えられるデータは、内観的ではないように見えたとしても、内観的だとすべきなのである。なぜなら「想像上の」ラットの場合もやはり内観にすぎないようには見えないからである。

重要なのは次の論点だと思われる。出来事の中には、まわりのあらゆる方向に結果を伝え、それゆえ数多くの観察者の内に反応を生み出せるものがある。通常の発話がこの一つの実例である。だがそれとは違い、同心円状ではなく直線的に伝わっていく諸結果を生みだすような出来事もある。これらに関する例として有効なのは、防音壁の電話ボックスから電話で話をすることである。このとき、話し手以外には一人しか話を聞くことができない。話し手の代わりに送話口に機械を付ければ、その音を聞けるのはたった一人、つまり電話線のもう一方の端にいる人だけになる。人間の身体内で生じる出来事は、この電話線上の音に似ている。それらの出来事には結果があるのだが、それはあらゆる方向に等しく拡がるのではなく、主に神経を通って脳へと伝わる。その結果、他人は間接的にしか知りえない身体について、本人は非常に多くを知ることができる。私の歯に空いた穴なら他人にも見られるが、歯痛を感じることはできない。私が歯痛を感じていると彼が推論したとしても、彼は私が持っている知識そのものを持つわけではない。彼と私は同じ語を使うかもしれないが、彼にその語を使わせた刺激は私にとっての刺激とは違い、私に語を使うよう刺激した痛みを私は実際に意識できるのである。こうした様々なやり方で、人は自分の身体について、他者の身体のときとは異なる仕方で知識を得るのである。この特異な知識は、ワトソンが否定する意味でではないにせよ、やはり一つの意味で「内観」である。

（5）我々はついに問題全体の真の核心まで——すなわち「我々は思考するか」と問うところまで来た。「思考」をはっきりと定義していないため、この問いはまだ非常にあいまいである。問題を次のように述べることができよう。物理学の知識が完全無欠になったとしてもそこに含まれないような、そうした自分の内なる出来事を我々は知っているか。「完全な物理学の知識」で意味しているのは物理法則の知識だけでなく、「地形学」と呼べるような知識、すなわち時空間全体にわたるエネルギーの分布の知識も含めている。もし問いがこのように述べられるのなら、物理学には含まれない事柄を我々が知っていることはまったく明らかだと思われる。物理学の全体を知ることなら盲人にもできる。しかし、目の見える人に物がどのように見えるか、あるいは見えるものとしての赤と青がどう違うかについては、盲人は知ることができない。波長についてなら盲人もすべてを知りえるが、人々は波長について何も知らないうちから見えるものとしての赤と青の違いを知っていたのである。物理学を知りかつ目の見える人は、一定の波長の光が赤の感覚をもたらすことを知る。しかしこの知識は物理学の一部ではない。また、我々は「快」と「不快」が何を意味するかを知っているが、この知識は、快い物にはある種の生理的効果があり、不快な物には別種の効果があることが発見されたとしても、まったく深まりはしない。何が快く何が不快であるかをすでに知っていなかったなら、こうした［生理的効果との］相関関係の発見は不可能だっただろうが、ある物が快く別の物が不快であるという知識は物理学の一部ではないのである。

最後に想像や幻覚、そして夢を取り上げよう。これらのどの場合にも外界からの刺激があると考えてしまうかもしれない。だがこれらの場合の因果連鎖のうち脳の部分が普通ではないため、通常の知覚と同様の仕方で想像されたものと結びついている物など外界には存在しない。しかしこれらの場合にも、たとえばしばしば夢を覚えておくことができるように、自分に何が起きているのかを我々はまったく明確に知ることができる。夢は、物理学に含まれないという意味で「思考」だとすべきだと思われる。夢も身体運動を伴いうるが、夢についての知識はそうした運動についての知識ではない。物質の運動の知識はいずれも推論的であり、科学的な人が一次的データになるものとして解すべき知識は、ラットや天体の運動の知識よりも夢の知識にはるかに似ているのである。そのかぎりで、ワトソンよりもデカルトが正しいと言わねばならない。ワトソンの立場は物理的世界に関する素朴な実在論に依拠しているのだが、物理的因果関係と知覚に先行する出来事について、素朴な実在論を破壊するようなことを物理学自身が語らざるを得ないのである。こうした理由から、自己観察は物理学の一部ではない知識を与えることができるし、実際に与えもすると、そして「思考」の実在性を否定する理由はまったくないと私は考える。

第17章　イメージ

この章ではイメージの問題を考察しよう。読者の方々も知っておられるとおり、行動主義は「イメージに死を」をスローガンにしている。前もって状況を十分整理しておかないと、この問題について議論することはできない。

「イメージ」の存在を認める人は、それをどのようなものとして理解しているか。この問いを、まずは「念頭に置かれている現象をいくつか知ろう」という意味だと、次に「その形式的な定義を求めよう」という意味だと理解した上で考察しよう。まずは前者の意味でこの問いを取り上げ、それから後者の意味に移ろう。

日常的な意味では、目をつぶって知っている風景や顔を思い起こすときに我々は視覚的イメージを持っている。実際に口ずさむことなくある曲を思い起こすときには聴覚的イメージを、よい毛皮を見ながら「これを撫でるとさぞかし気持ちよかろう」と考えるときには触覚的イメージを持つ。これらのような視覚的、聴覚的、触覚的イメージに集中し、他の種類のイメージは無視することにしよう。我々が、私が以上の言葉で示唆したような経験をすることは間違いなく、問題になるのは、これらの経験がいかに記述されるべきかでしかない。次に、別種の経験、すなわち夢を見ることが問題になる。夢は、見ているときには感覚に似ているように感じられるが、感覚が外界に対して持つのと同じ関係を持つわけではない。夢が生じることもまた間違いないが、それらが「イメージ」を含むとすべきかどうかは、やはり分析すべき問題となる。

行動主義者はイメージを認めないが、同様に、感覚や知覚も認めない。彼ら自身がそう明言するわけではないが、行動主義者とは物体の運動以外には何もないと主張する人のことだと理解してよい。それゆえ、まず感覚や知覚の存在をはっきり証明して、それらの特徴を確定しておかなければ、感覚や知覚と対比することでイメージの問題に取り組もうとしても、そうすることは不可能である。さて、第5章で知覚を行動主義的に定義することを試み、そのもっとも本質的な特徴は「感受性」であると結論したことを覚えておられるだろう。つまり、ある人が種類Aの対象に対して一定の空間関係にあるときには、つねに種類Bの反応をしそれ以外の反応をしないとき、その人はAに対し「感受性」を持つ。ここから「知覚」の一つの定義を手に入れるためには連合法則も考慮しなければならないが、今のところはそうした複雑さを無視し、人は感受している環境や自分の身体の特徴を「知覚する」と言うことにしよう。ところが第16章で議論した結果、知覚者の反応の中に、他人が観察できるものだけでなく本人にしか観察できないものも含めることになった。そのしかし天文学の場合を除けば、この環境内の特徴は知覚とほぼ同時に生じている。ただし光や音が伝わるのにかかる時間と神経上を電流が流れる時間の分だけ、ほんのわずかであれ環境内の特徴の方がつねに先行する。

ではこれを、あなたが眼を閉じて静かに座り、かつて見た外国の光景の絵を思い起こしているとき、そしておそらくついには眠りに落ちてしまうときに生じていることと比べてみよう。私の理解が正しいなら、ワトソン博士は、この場合には網膜が実際に刺激されているか、あるいはあなたは言葉の映像を思いうかべているだけかのどちらかだと主張する。ここで引き合いに出されている言葉は、現実の微かな運動によって表象されており、その運動が増幅し延長されるときには実際に発話されることになる。目を閉じているせいで闇の中にいるときには、外部から網膜への網膜刺激は存在しないが、連合のせいで他の感覚器官に対する刺激から眼が影響を受けることならありうる。我々はすでにそうした例を手に入れている。すなわち、騒音をまぶしい光とともに頻繁に経験させることで、騒音があるときには収縮するように瞳孔に学習させることができるという事実を確認したときに、である。したがって、過去の出来事の結果として、ある感覚に対する刺激が別の感覚器官に影響するようになるという考えを退けることはできない。このようにして生み出される結果として「イメージ」を定義できるかもしれない。ナポレオンの肖像画を見るときには、あなたの聴覚神経上に目の前で「ナポレオン」という語が発話されたときに似た結果が生じ、そのためその絵を見るときにはあなたの脳裏に「ナポレオン」という語が思い浮かぶのかもしれない。同じように、目を閉じて外国の風景の絵を思い起こすとき、あなたは「イタリア」という語を実際に口にしているのかもしれない。完全に発話しているかもしれないが、あるいはその発端だけということもありうる。そしてそれが連合を通じて、実際にかつて現実のイタリアのある場所によってなされたのと幾分か似た仕方で、視覚神経が刺激されているのかもしれない。そして連合が独力であなたを旅に連れ出し、ついに眠りに落ちたときに、あなたは実際に今旅をしていると考えさえするかもしれない。以上のようなことはいずれも完全にありうることではある。ただし私の知っているかぎりでは、これ以外のすべての説明を退けるアプリオリな理論がないなら、これらを単なる可能性以上のものだとする理由はない。

我々が目を閉じて想像上の映像を見ていると思えるときでも、実際は我々はそうした映像を記述するような語を使っているにすぎない、このような見解をワトソン博士はときに主張するが、この見解は明らかに不十分だと思われる。心に何かを思い浮かべるとき、視覚と結びついた何かが起きているのはこの上なく確かなことだと私には思われる。たとえば私は子供のころ住んでいた家の心的映像をきわめて鮮やかに思い浮かべることができる。

その家のどの部屋の家具について尋ねられても、イメージを思い起こしてから、実際の部屋とまったく同じように見ることによって答えることができる。私の場合、絵が先に来て後に言葉が続くことはまったく明らかである。それどころか、そもそも言葉が続く必要はない。何かを思い浮かべているとき、自分の網膜や視神経に何が起きているかを言うことはできないが、視覚とは結びついているけれども他の感覚とは結びついていない何かが生じていることを、私は完全に確信している。そして自分に関するかぎり、私は聴覚的イメージや触覚的イメージについても同じことを言うことができる。この信念と同じくらい確実だと思える他の信念と整合的でないなら、私もこの信念を捨てる気になるかもしれないが、今確かめられるかぎりではそうした不整合はない。

覚えておられるだろうが、知覚されている出来事と知覚そのものは異なる出来事であり、それらは因果的に結合されているにすぎないという見解に我々は賛成した。それゆえ筋肉や腺といった領域と同様に、この知覚という領域でも、連合が働かないはずだとする理由は存在しない。言いかえれば、身体的変化ですら連合しうるという事実があるのだから、かつて「観念連合」と呼ばれていたものを否定する理由はないのである。もし身体的基盤が必要だと言うなら、それは脳の中にあると仮定すればよい。「ナポレオン」という語を聞くことを惹き起こす脳の状態は、ナポレオンの絵が見えることを惹き起こす脳の状態と連合するようになりうるのであり、そのため言葉と絵がお互いに呼び出しあうのだろう。

この連合が感覚器官や神経にあるということもありうるが、脳にあるということもまったく同様にありうる。このどちらなのかについては、私が知るかぎりでは決定的な証拠はなく、またこの連合が完全に「心的」であることを否定する証拠もない。

感覚とイメージの違いの定義を見つけようとするときに自然なやり方は、まず内在的な違いを探すことである。だが、普通の感覚と普通のイメージの間の内在的な違い、たとえば「鮮やかさ」の違いなどについては例外を認めざるをえず、定義という目的にはそぐわない。そこで［内在的な違いではなく］原因と結果に関する違いに目を向けることになる。

ごく普通の場面でテーブルが知覚されるのは、（ある意味で）テーブルがそこにあるから、すなわち知覚から身体の外の何かへとさかのぼる因果連鎖が存在するからである。これは明らかであるが、しかしこれだけでは基準としてまったく不十分である。泥炭の煙の臭いを嗅いだためにアイルランドのことを考えたとき、この考えからも同様に身体外部の原因までさかのぼることができる。唯一の真の違いは、外部の原因（泥炭の煙）は普通の人なら誰にでもその結果（アイルランドのイメージ）を与える訳ではなく、アイルランドで泥炭の煙を嗅いだ人にしか与えないこと、しかもその全員に対して与えはしないだろうということだけである。つまり［イメージの場合は］通常の大脳の器官が与えられた刺激から現にあるような結果を惹き起こすためには、以前に特定の経験をしていなければならない、ということにある。これはかなり決定的な違いである。外部からの刺激の影響のために我々の中に起きることの部分となるものには、過去の経験に依存するものもあれば、しないものもある。イメージは前者に含まれ、純粋な感覚は後者である。しかし後に見るように、これは定義として不適切である。

過去の経験に依存する心的事象は、ゼーモンに倣って「ムネメ的」事象と呼ばれている。そこでイメージは、少なくとも人間の経験であるかぎりは、ムネメ的事象に含まれる。しかしこれはイメージの定義として不十分である。想起のように、イメージ以外にもムネメ的事象はあるからである。イメージを定義するためのさらなる要件としては感覚との類似性があるが、これは厳密には単純なイメージにしか適用されない。複雑なイメージは原型なしに生じることがある。もっともその各部分はすべて感覚の中に原型を持つだろう。少なくともヒュームの原理によればそうであり、この原理はおおよそ正しいように思える。しかしこの原理を強調しすぎてはならない。概してイメージは多かれ少なかれ曖昧であり、類似する複数の感覚を原型とする。このことはイメージと感覚の結びつきを完全に妨げるわけではないが、それをただひとつの感覚ではなく複数の感覚との結びつきにしてしまう。

ある時にある人の経験の中に一つの複合的な感覚が生じたとき、その感覚の一部が再び生じたときには残りの部分のイメージが生み出される傾向が生じる。これが連合であり、記憶と大きく関係する。

感覚が感覚器官への刺激による興奮であるのと対比的に、イメージは一般的に「中枢の興奮」として語られる。これは本質的にはまったく正しいが、この言い方は注意して解釈しなければならない。感覚にも脳内に直近の原因があり、またイメージも、連合を通じて感覚によって生み出されるときには感覚器官の一定の興奮によるものでありうるからだ。しかしこうした場合には、過去の経験と脳に対するその影響以外にイメージの生起を説明するものは何もない。類似の感覚器官を持つ人に同じ刺激が与えられても、過去の経験が異なれば同じイメージは生じないだろう。過去の経験とのつながりは明確に知られたものであるが、このつながりが働くのは過去の経験が脳に影響するからであるとするのは説明上の仮説であり、現在の知識の状況では直接検証することはできない。この仮説は疑わしいとすべきであるが、それを採用すれば回りくどい言い方をせずに済むようになる。そこで今後、この仮説は正しいと確信するわけにはいかないといちいち繰り返すことはやめよう。一般にある事象と過去の経験との因果的結合が明らかな場合にはそれは「ムネメ的」だと言われるが、そのように言う際には、ムネメ的現象を説明する特定の仮説は含まれていないのである。

イメージが原型である感覚と似ていることを、我々はいかにして知るのだろうか。これはおそらく問うに値する問題だが、以下のように考えるとその難しさが見えてくる。あなたがワーテルロー橋のイメージを思い起こし、それがワーテルロー橋を見たときに自分に見えたものに似ていると理解したとする。「それらが類似していることをあなたが知るのは、あなたがワーテルロー橋を覚えているからだ」と言えば、それは当然だと思えるだろう。ところが、記憶はその本質的要素として、ある原型を指示すると見なされるイメージの生起を含むとしばしば主張される。イメージなくしては記憶できないのなら、イメージが原型と似ているとどうして確信できるのか、理解し難くなる。イメージと原型を比較する間接的な手段を見つけ出せないなら、実際あなたはそれらが類似していると確信できないと思われる。たとえば違う日に同じ場所からワーテルロー橋の写真を撮れば、二枚の写真が区別できないことを確認できる。するとその間に橋が変化していなかったことが明らかになる。そして同時にその一日目に橋を見て、二日目には橋をまずは思い出してからすぐに見てみるとよい。［一日目に］橋を見て細部にいたるまですべて予想通りだと感じるかもしれないし、あるいはいくつかの点について驚きを感じるかもしれない。後者の場合、驚きを感じた点について、あなたのイメージは間違っていたと言えるだろう。あるいは記憶をもとに橋の絵を描いて、それから現物や写真とつき合わせてもよい。それとも、言葉で記述する程度ですませておいて、橋を直接観察して記述の正確さを検証してもよい。このように、イメージとその原型の類似性をテストする可能な方法をいくつも考え出すことができる。その結果、完全に正確なことはめったにないかもしれないが、しばしば大きな類似性がある、となる。もちろん、こうした仕方でイメージがその原型に類似するという信念が生じた訳ではなく、これはその信念をテストする方法にすぎない。この信念は、それを正しいとする証拠より先に存在しているのであり、その点では他の大半の信念と同様なのである。この話題については、記憶を考察する次の章でもっと論じなければならないが、イメージが多少なりともその原型と類似するとしても不合理ではないことを明らかにするためには、これまで論じたことで十分だと思われる。これ以上のことを主張しようとしても正当化するのは難しい。

我々は今や、知覚と感覚、そしてイメージに関する明確な結論にたどりつくことができる。ある同一の環境に可能なかぎり多くの人がいるところを想像してみよう。その人達は暗い部屋に置かれた椅子に並んで座り、大きく映し出された、対立する政党に属する二人の政治家の写真と下に書かれた名前を眺めているとする。全員、視力には問題ないとする。彼らの反応は部分的には類似し、部分的には異なるだろう。もしこの観察者達が赤ん坊で、眼の焦点を合わせるには幼すぎるなら、シャープな輪郭ではなくぼんやりとしか見えないが、それは視力の欠陥のためではなく大脳が筋肉を制御していないからである。こうした点に関しては、純粋な感覚と認められるべきものすら経験に影響される。だがこれは、実は眼を開けていることと閉じていることの違いに類比的であり、感覚器官における違いである。もっとも、元をたどれば脳における違いのせいかもしれないが。そこで、観察者達は皆できるかぎりよく見えるよう眼を調節する仕方を知っており、またそのように見ようと努力すると前提しよう。このとき、我々は次のように言うことになる。もし観察者達が人間として可能なかぎり最大限に異なっているとしても、彼ら全員の反応には共通するものがあり、それが感覚である、と。ただしそれは視覚と結びついた感覚、あるいはもっと正確に言えば、視覚的対象に特有でありかつ共通することが観察されるような、そうした質を持つ感覚である。しかし彼らの月齢が三か月以上であれば、おそらく全員が映像を見ている間に触覚的イメージも持つだろう。そしてもし一歳以上であるなら、彼らは映像を写真として解釈し、三次元的対象を表象しているのだと理解するだろう。一歳に満たないなら、それを顔の表象としてではなく色のパターンとして見るかもしれない。すべてではないが、ほとんどの動物は映像を表象として解釈できない。だが人間の大人は、熟慮の末ではなく自動的にそう解釈する。私の考えではこの解釈は触覚的イメージの問題である。すなわち、映像を見ているときに抱かれる触覚的イメージは滑らかで平坦な表面にではなく、表象された対象に適合するのである。表象されている対象が大きいときには、その周りを歩いたり登ったり等々の運動のイメージも抱かれるだろう。これらはいずれも明らかに経験の産物であり、それゆえ感覚の一部には数えられない。政治家の名前を読み上げたり、両者が似ているかどうかを考えたり、一方は善人だがもう一方の見た目には紛れもない卑劣さが刻印されていると感じるようなときには、経験の影響はより一層明白である。これらはどれも外界からの刺激に対する自発的な反応の一部ではあるが、感覚には含められない。

刺激に対する反応を、経験の結果とそれ以外とに区別しようとすると、ある程度人為的になるのは明らかに避け難い。それとは少し違ったやり方で問題に取り組むこともおそらくできるだろう。目に対する刺激や耳に対する刺激、あるいは鼻に対するものや口腔に対するものなど、刺激は異なる種類に区別できる。また反応の要素も異なる種類に区別できる。すなわち視覚的要素、聴覚的要素などにである。反応の要素のこうした区別は刺激によってではなく、内在的性質によって確定される。視覚的感覚と視覚的イメージは質を共有しているが、聴覚的感覚や聴覚的イメージとは共有しない。そこで視覚的イメージとは視覚的質を持ちはするが、眼に対する刺激によるものではない事象、すなわち網膜への光波の入射を直接的な因果的先行事象としない事象であると言うことができる。同様に、聴覚的イメージとは聴覚的質を持つが、耳に届く音波によるものではない事象であり、その他の感覚についても同様になるだろう。こうしたやり方は、感覚とイメージを心理的に区別しようという試みを完全にやめることを意味する。両者の違いは、物理的先行事象にしか関わらない。科学的物理学がなくともこの区別に到達できるし、我々は確かに実際にこの区別をするに到っている。我々は自分達の統一的な反応の要素のうち、特定のものは何か外的なものと相関関係にあり対応しているとする一方で、別の要素については相関関係を持たないと認めるからである。ここで言う相関関係は、他者の経験との関係や自分の過去あるいは未来の経験との関係である。ただ、この常識的な区別を洗練して正確にしようとすれば、先に述べたような物理学用語を用いた区別になるのである。

それゆえイメージとは、何らかの感覚器官による刺激と連合するような質を持つが、そうした刺激によるものではない事象のことだと結論してよいかもしれない。人間の場合にはイメージは過去の経験に依存すると思えるが、より本能的な動物の場合には一部のイメージはおそらく大脳の生得的なしくみに基づいている。いずれにせよ経験への依存はイメージを定義すべき特徴ではない。ここから、伝統的な心理学が物理学にどれほど強く依存しているか、そして心理学を自律的な科学とすることがどれほど難しいかが明らかになる。

しかし、定義をさらに洗練させる必要がある。現在の定義に含まれるものはどれもイメージであるが、そこに含まれないものの中にもイメージがある。ある対象を見ると、それに伴ってその対象と頻繁に連合する他の対象の視覚的イメージが生じることがある。これが感覚ではなくイメージと呼ばれるのは、視覚的ではあるものの、ある意味で刺激に適合しないからである。すなわちそれらは、その光景の写真にも網膜の写真にも映らないだろうという意味でイメージである。そこでこう言わざるをえない。ある刺激に対する反応の感覚的要素とは、反応の部分のうち、刺激となった大脳の外の出来事[原註1]（それが何であれ）の本性を推論できるようにするようなものであり、そして残りの部分がイメージである。幸運にもイメージと感覚は普通は内在的質を異にする。そのため、この通常の内在的な違いを用いて外界について近似的な観念を獲得することが可能になり、そしてそれを後から厳密な因果的定義を用いて正していくことができるようになる。しかしこれは明らかに困難で複雑な事柄であり、純粋な心理学ではなく物理学と生理学に依存する。イメージに関しては何よりもまずこのことを認めるべきである。

以上の議論を通じて「イメージ」という語の一つの定義が提案された。ある出来事が「パーセプト」と同種のものとして認識できるが、パーセプトであるなら持つはずの刺激がないとき、それを「イメージ」と呼んでよい。だが、この定義を満足できるものにするためには、「パーセプト」を別の語で置き換えなければならない。たとえば視覚的対象についてのパーセプトには、それと連合する触覚的要素も普通は含まれるだろうが、しかし我々の観点からすれば、それはイメージだとすべきである。それゆえ、「「イメージ」とは、視覚的（もしくは聴覚的、あるいは場合に応じてその他のものでありうる）に認識可能であるが、光（もしくは音、あるいは場合に応じてその他のものでありうる）という本性を持つ刺激によって惹き起こされたのではないような、あるいは仮に惹き起こされたとしても連合の結果という間接的な仕方にすぎないような、そうした事象である」と言った方がよい。この定義に従うかぎりでは、私自身はイメージの存在に何ら疑いを抱いていない。夢や白昼夢の素材の大半はそうしたものであり、曲を作るときに作曲家がそれらを利用しているのは明らかである。あるいは、真っ暗なよく知っている部屋から外へ出るときに我々は明らかにイメージを活用しているし（もっとも、迷路の中のラットに関しては異なる説明が可能だろう）、砂糖だと思ってなめたら塩だったり（最近私がした経験だが）コーヒーだと思って飲んだら酢だったときに、なぜ我々はびっくりするのかをもイメージは明らかに説明してくれる。幸運にも、我々の目的からすればイメージの生理的因果関係の問題――すなわち、それは脳内にあるのか、それとも身体の別の部分にあるのか――に答える必要はない。なぜ幸運かと言えば、私が知るかぎりこの点に関する適切な証拠は今のところ存在しないからである。しかし次章で見るように、イメージが存在すること、およびそれが知覚と類似していることは重要である。

イメージは様々な仕方で生じ、様々な役割を果たす。感覚に付着しているイメージがあるが、これをイメージとして認識しているのは心理学者だけだ。そうしたイメージの例としては、我々が見ているだけの物についての触覚的質や、触れているだけの物についての視覚的質がある。私の考えでは、夢の一部はこのイメージのクラスに属する。夢には、普通の刺激を誤って解釈した結果生じたものがあり、こうした場合のイメージは感覚によって示唆されたものである。ただしこの示唆のされ方は、目覚めているときよりもかなり無批判なものだ。次に、現時点での実在ではなく、過去に位置づけられる実在に適合するイメージがある。こうしたイメージは、必ずしもつねにではないが、記憶の中に現れることがある。さらには、我々が感じている間、まったく実在に適合しないイメージもある。空想や激しい欲望の際にただ頭の中を流れていくだけのイメージはこうしたものだ。そして最後に、意志的に思い起こされるイメージがある。たとえば部屋をどう飾るかを考えているときがそうだ。この最後の種類のイメージは重要だが、私は現時点ではそれについてこれ以上何も言うつもりはない。なぜなら「意志的」という語で何を意味すべきかを決定するまで有益な議論ができないからである。第一の種類のイメージ、すなわち感覚に伴って生じ、対象に対する我々の感じ方に、刺激だけからは決して正当とされないような一定の豊かさや活きのよさを与えるイメージについては、すでに考察した。そこで今のところ残っているのは、記憶と想像の際に活用されるイメージである。この二つのうちの記憶から始めることにしよう。

原註1 つまり「物理的対象」ではなく、直接的な刺激である。

第18章　想像と記憶

この章では想像と記憶という二つの話題を考察しなければならない。記憶についてはすでに第6章でとりあげたが、そこでは記憶を外側から見ていた。記憶している人だけに知覚できることを考慮に入れるとき、記憶についてさらに知るべきことが出てくるかどうか、それを自分自身に問いかけてみたい。

イメージが果たす役割については、それが［記憶にとって］本質的だとは思われない。記憶－イメージがあるときもあるが、ないときもある。あるいは記憶と結びついてイメージが思い浮かぶときでも、イメージ以外のもっと信頼できる記憶の情報源を示すことで、そのイメージが正しくないと分かることもある。前章で取りあげた、私が子供のころ住んでいた家の場合のように、記憶がイメージに依存することもありうる。だが、記憶は徹底的に言語的でもありうるのである。私は、十歳になるまでに見た物を除いて、何かを視覚的にイメージすることが得意ではない。今では、私が誰かに会ってその人の姿を覚えたいと思ったとき、私がひねり出した唯一の方法は見ている間にその人を言葉で記述し、その言葉を覚えておくことである。「この人は青い目と茶色の顎髭をしていて、鼻は小さい。背は低く、猫背でなで肩だ」と自分に言い聞かせる。こうした言葉なら何ヶ月間か覚えておけるので、同じ特徴を持つ人物が一度に二人現れないかぎり、それを使ってその人を再認できる。ただしそれは、同じ特徴を持つ人が一度に二人現れないかぎりでのことで、この点で視覚的イメージができる人は私より有利なわけである。それでも、私の言葉による一覧表が十分詳細で正確であるなら、目的に照らして申し分のないものになるだろう。言葉ではなくイメージを絶対必要とするような記憶があるとは思えない。我々が「思考する」ときに用いる言葉がそれ自身イメージであるときがあるのか、それとも（ワトソンが主張するように）つねに初期段階の運動なのかという問題は別の話であり、それについては私は何の意見も持っていない。それは実験的に結論すべき問題だからである。

　記憶に関する最も重要な論点は、イメージとは何の関係もなく、またワトソンの手短な議論でも取り上げられていない。すなわち、記憶は過去を指示するという論点である。スケートをすることや以前にならった詩を繰り返すことといった、単なる習慣的記憶はこの過去への指示を含まないが、過去に起きたことの想起は含んでいる。この想起のケースでは、我々は以前にしたことを単に繰り返すのではなく、かつては現在と感じた出来事を、今は過去のものとして感じるのである。過去時制の使用がそれを明らかにする。我々は過去のその時点では「私はよい夕食をとっている」と言うが、翌日には「よい夕食をとった」と言う。我々はこのように、迷路の中のラットのように以前のふるまいを繰り返すのではなく、言語の形式を変えるのである。だがなぜそうするのか。想起による過去へのこの指示はどのようにして成立するのか[原註1]。

　ではまず感受性の観点から問題に取り組んでみよう。想起するための刺激がつねに現在の何かであることは間違いないが、それに対する反応（あるいはその一部）は、その現在の刺激よりも過去の何らかの出来事に密接に関係する。このこと自体は、たとえばレコード盤のような無生物についても同様でありうる。しかしいま問題なのは、前の機会に呼び起こされた反応と現在の反応との類似性ではなく、その非類似性である。元々は感じていなかった過去性を今感じているという事実、ここに非類似性がある。録音機に「私はあなたを愛している」という歌を吹き込んでも、五日後にそれに「先週の水曜日に私はあなたを愛していた」と歌わせることはできないが、それこそ記憶しているときに我々のすることなのである。しかし記憶のこの特徴は、連合が大脳において成立しているときには、その連合による反応が持つある特徴とおそらくは結びついていると思われる。さらにこの記憶の特徴は、イメージと感覚の間にある質の違い――つねにそうした違いがあるわけではないが、普通はある――と結びついている。このような場合、連合によって生じた反応は、同じ反応が直接生じた場合とは普通ははっきりと違ってくるだろう。その場合の反応は不鮮明で、注意が向けられたときにはそれを「想像的」と呼ぶ理由になるような質を持つ。

そうした反応の中には、しようと思えば「現実」にすることができると分かるものもある。たとえば触れることのできる視覚的対象が生み出す、触覚的イメージがそうである。このような場合には我々はイメージを対象に貼りつけてしまうので、イメージの「想像的」特徴に気づけない。このときには連合は、経験の偶然的要因のためではなく、自然の中の配置によって成立している。しかしこのような場合を除くと、連合が個人的生活の中で起きる何らかの状況のおかげで成立することは、反省してみれば完全に明らかになるだろう。たとえばある場所でとても楽しく会話したために、そこに自分が居ると分かったときはつねにその会話のことを考えるかもしれない。だがそこに戻っても、会話が実際に復活するわけではないことも承知している。このようなとき、我々は現時点で感覚される事実としての出来事と、連合によって回復されたにすぎない出来事との内在的な違いに気づいているのである。この違いが過去性の感じと関わるのだと私には思われる。我々に直接観察できるのは、もちろん現在の想起と過去の会話との違いではなく、現在の想起と現在の感覚しうる事実との違いである。また想起されたものが現在に位置づけられたとすれば、想起と現在の事実とが不整合を起こすだろう。想起と現在の事実の違いに加えて、それにこの不整合が伴うことがおそらく記憶が過去を指示する原因なのだ。だがこう提案してはみたものの、私はためらいを感じる。そして想像を検討し終えたときには、この提案は真実の一部ではあるかもしれないが、そのすべてではありえないと分かるだろう。

以上の見解を支持してくれそうな事実がいくつかある。夢見ているときには批判的能力が休止しているが、そのとき我々は再び過去の出来事の間で生き、それらが実際に生じているという印象を持っているのかもしれない。だとすれば、想起が過去を指示することは、ある程度発達したタイプの心的活動をまき込むような事態であるはずだ。それとは逆に、実際にいま起きていることについて、過去にもこれは起きたという印象を持つときもある。これはよく知られた、また議論の的になってきた幻覚である。特に、我々が心の中での努力や感情に深く集中しているために外界の出来事はぼんやり心を通り過ぎていくだけのとき、この幻覚は起きる。こうした状況では感覚の質はイメージの質に近くなり、それが幻覚の源になるのではないだろうか。

もしこの考えが正しいとすれば、過去性の感覚は実は複合的である。連合によって何かが示唆され、現在感覚されている事象との間にそれと分かる違いがある。このため我々はその何かが今起きているとは考えず、そして、その何かと今起きていることとが不整合であるという事実によってその考えを裏づけることができる。そこで我々はその何かを過去へとさし向けるかもしれない。この場合我々は想起しているが、この想起が正しいとはかぎらない。あるいは、その何かをまぎれもなく想像的なものと見なすかもしれない。この場合、我々が手にしているのは純粋な想像である。なぜあるときには前者を行いあるときには後者を行うのか、その理由の追求が残っているが、これを追求していくと想像について議論することになる。私の考えでは、想像よりも記憶の方が根本的であり、想像とは単に異なる日や時点での記憶を寄せ集めたものだということが分かるだろう。しかしこの理論を支持するためには、まずは想像を分析し、それからその分析に照らして我々の記憶の理論をより正確にしようとしなければならない。

「想像 imagination」という語が示唆するところとは違い、想像は本質的にはイメージと結びついていない。確かに想像するときにはしばしばイメージが現れるし、それが普通ですらあるが、しかしイメージが存在する必要はないのである。これから弾こうとしている曲のイメージを思い浮かべずに、ピアノを即興で演奏することができる。あるいは詩人なら、これから書く詩をいちいち思い浮かべることなく書き下ろせるかもしれない。話すときには言葉が言葉を呼ぶのであり、言語的連合を十分に身につけた人はそれによってかなりの間上手く話をすすめることができる。考えずに話す技術は、特に公の場で話す人にとっては欠かせない技術である。そうした人は、いったん聴衆の前に立てば話し続けなければならず、そのため次第にプライヴェートでもそのときと同じようにふるまう習慣を身につけてゆく。しかし、彼らの発言はしばしば想像的だと認めるべきものである。それゆえ、想像の本質はイメージにはないのである。

想像の本質は、既知の要素の新たな組みあわせが信念を伴っていないことにあると言うべきであろう。記憶においても既知の要素が組み合わされているが、それが正しいときはその組み合わせは新しくなく、また、正しいかもしれないし正しくないかもしれないが、そこには信念が伴っている。想像には「既知の要素の新たな組み合わせ」があるというのは、新しいものが何もない場合それは記憶であることになり、また各要素——あるいはそのうちのどれか——が新しい場合には知覚になるからである。知覚についてこのように言うのは、私は「先立つ「印象」がなければ「観念」は存在しない」というヒュームの原理を受け入れるからである。抽象観念が問題になる場合にもこの原理を盲目的かつ杓子定規にあてはめるべきだと言うつもりはない。「自由の女神像を見るまでは誰も自由という観念を持つことはできない」などとは誰も主張すまい。この原理はイメージの領域に適用されるのである。私には、あるイメージがその要素として、それに先立つ知覚の要素のどれにも似ていないものを、イメージに特有な仕方で含みうるとはまったく思われない。

　ヒュームは自ら「イメージは印象の「写し」である」という理論に対して不必要な困難をつくり出した。彼は次のように問う[51]。ある人が、スペクトルを形成する異なる色のうちただ一つをのぞいてすべてを見たとせよ。現代の言い方に直せば、その人はある狭い波長領域の光を見たことがないが、その他の波長はすべて見たことがあるとする。その人は、見たことがない色のイメージを形成できるだろうか。「できる」とヒュームは考えるが、それは彼の原理と矛盾する。私ならこう答える。イメージは印象の写しであるが、写しとしてつねに多少なりとも曖昧であるため、一つのイメージが写しとる印象は、少しずつ異なる色にまたがって複数存在する。ヒュームの問題をテストする事例を作ろうとすると、その人が見たことのないスペクトルの帯域を広く取らねばならない。たとえば黄色全体を見たことがない、というように。この場合その人は、オレンジと黄色を混ぜた色や黄緑色に一致するイメージであれば曖昧さのおかげで形成できるだろうが、オレンジと緑のちょうど中間の黄色と一致するイメージは形成できないと考えられる。以上は、曖昧さを忘れたせいで捏造された偽のパズルの一例である。それは次の深淵なる問題と似ている。かつて豊かな髪をしていた人が今や禿げてしまった。彼は髪を一本ずつ失った。それゆえ禿と禿でないときを分ける決定的な一本があったはずだ。言うまでもないが「禿げ」は曖昧な概念である。そして、イメージが原型を写す仕方について我々が語るときの「写し」もまた曖昧な概念なのである。

想像の際には要素が新たな仕方でまとめられるが、そうなる原因は何だろうか。まずは具体的な事例から考えよう。あなたが最近旅した航路上で船が沈んだという記事を読んだとすると、「私がその船に乗っていたとしたら」と考えるのに想像力はほとんどいらない。ここで何が起きているかは明らかである。その航路はあなた自身と船の沈没の両方と連合しており、あなたはその中間項を飛ばしたにすぎない。これはごくつまらない例だが、この活動を拡張していくと文学的能力にもなるのである。たとえば、

全ての昨日は、愚かな人間が塵に還る
死への道を照らしてきた。消えろ、消えろ、束の間の灯火！
人生はたかが歩く影法師、哀れな役者だ、
出場のあいだは舞台で大見得を切っても
袖へ入ればそれきりだ。
白痴のしゃべる物語、たけり狂うわめき声ばかり、
筋の通った意味などない。(52)

シェイクスピアにこの詩行を思いつかせた連合をすべて説明できるなどと言うつもりはないが、しかしそのいくつかは明白である。「塵に還る死への道」は創世記三の十九「なんじは塵なれば塵に還るべきなり」に示唆されたものだ。「照ら」すことについて語ったために、自然に「灯火」が思い浮かび、そこからともしびによって道なりに映し出された「歩く影法師」に思い至る。影から役者への連合は、シェイクスピアの中ですでにしっかりと確立されていた。『真夏の夜の夢』で彼は役者について、「最高の出来でも所詮は影、そのかわり最低のものでも影以下ということはない。想像力で補えばいい」と言っている。(53)「哀れな役者」から「白痴がしゃべる物語」へとたどっていくことは劇場支配人にとってそれほど難しくはないだろう。「たけり狂うわめき声ばかり」は間違いなく、彼がしばし

ば耳にしなければならなかった無意味な物語の一部であった。もっとシェイクスピアについて知れば、同じようにしてさらに説明できるだろう。

それゆえ、特別な想像の才能というものは主として次のような連合に依存すると思われる。すなわち普通ではなく、またある一定の情緒的調子がまとわりついているおかげで情緒的価値を持つような連合である。たとえば死に当てはまる形容詞は数多くある。マクベスとはかなり異なる気分のときには、死は「高貴にして権勢があり、強大な」と言われるかもしれない。大蔵大臣は死亡税のことを考えて「儲かる死」について語りたくなるかもしれないが、ボーン[54]のように「親しき、美しき死」を語らないだろう。シェイクスピアもまたそのようには言わなかっただろう。なぜなら「無作法な死」について語っているように、彼は死を異端的に見ていたからである。このように、人の持っている言語的連合はその人の感情的反応に近づく手がかりとなる。なぜなら、二つの語がその人の心に類似の感情をひきおこすという事実こそが、しばしばそれらの語を結びつけるからである。

想像には信念が伴っていないが、それはある程度まで洗練の結果である。眠っているときや強い感情的興奮にあるときは、信念は欠如しない。子供は面白半分で怖い話を考え出しては、それを信じ始める。ある考えを抱きつつ信じずにいることはいくらか緊張を含んだ状態であり、一定レベルの知的成長を必要とする。夢は信念を含みつづけるが、それと同様に想像も始めのうちはつねに信念を含むと仮定してよいかもしれない。今は「信念」の定義を問題にしないでおくが、［信念を伴うかどうかの］基準になるのは行動への影響である。私が「この扉の向こうに、トラがいるとしたらと考えてみなさい」と言ったとしても、あなたは落ち着いていているだろう。だがもし私が迫真の演技をして「この扉の向こうにトラがいる」と言えば、あなたはたとえ通勤列車に乗れなくなろうとも家に居続けるだろう。この例は「発達した形態においては、想像は信念を欠いている」と言うことで私が意味したいことを明らかにしているが、原初形態においては想像が信念を欠くとすることは正しくない。立派な大人ですら、暗い夜に教会の墓地を通り抜けるときに幽霊を想像すれば怖ろしく感じるだろう。

想像が信念になるとき、概してそれは過去についての信念にはならない。一般に想像された対象は現在に位置づけられるが、ただしそれは感覚によって知覚できる場所ではない。もし過去に位置づけられるとすれば、それはその過去に大きな感情的重要性があるからだ。愛する人が大きな危険にさらされたのだが、それを切り抜けたかどうかを知らないとき、我々は彼の死を想像し、彼は殺されたと信じるかもしれない。またしばしば想像するせいで、将来あることが起きるだろうと信じることもある。以上のような場合のすべてに共通しているのは、感情的な利害である。そうした利害が原因となって我々はある出来事を想像し、それから状況に応じて、実際にそれが起きたとか今まさに起きているとか、あるいはこれから起きるだろうと考えるのである。希望と恐れのどちらにもこうした効果がある。つまり希望の実現も恐れの実現も、夢や白昼夢の発生源になるのだ。非常に多くの信念がこうして生み出される。しかし、精神分析の知見には申し訳ないが、もっと合理的な成り立ちをした信念も非常に多い。私はコロンブスが初めて海を渡ったのは一四九二年だと信じているが、それがもし一四九一年や一四九三年だったとしてもまったく動揺しないだろう。この信念や、あるいはセミパラチンスクは中央アジアにあるという信念には感情的要素はまったく見出せない。我々の信念がすべて非合理的だとする見解が近年誇張されすぎていると思われる。もっとも、それをすっかり退けてしまう見解よりは、はるかに真実に近いのではあるが。

ここで記憶という話題に戻らなければならない。想像とは違い、記憶自身は過去の経験がもたらした要素を配列し直したりはしない。その逆であって、記憶はそれらの要素を生じたときのパターンに戻さなければならない。この点で記憶と想像は決定的に違う。信念ならば、過去への指示を含む信念ですら、実際に想像であるようなものの中に含まれうる。たとえ想像している当人にはそう思われなかったとしても。したがって、やはり過去への指示がいかにして成立するかを考察しなければならないのである。というのも、想像を考察する前に不十分ながらも提示した試論は、不適切だということになったからである。

一つのありうる見解が、すでに言及したブロード博士の著書の「記憶」の章で示唆されている。ただし明示的に採用されているわけではない。この見解によれば、「見かけの現在」と呼ばれるものの中で知覚される時間的継起から出発しなければならない。見かけの現在とは、その中で生じる複数の出来事をまとめて知覚できるような、短い時間幅のことである（私はしばらく後でこの話題に戻るつもりである）。たとえば素早い運動であればその全体を見ることができ、その対象がまずはある場所に、次いで他の場所にあることしか気づかないわけではない。時計の長針や短針の運動は知覚できないが、秒針の運動は知覚できる。この意味で一つの運動が知覚されるときには、そのある部分が別の部分に先行することが意識される。このようにして「先行」の観念が得られる。そこで「これ」は、今実際に起きているもののことだし、「過去」という語は「これよりも先行する」を意味するとすることができる。これは論理的には可能な理論であるが、しかし幾分信じ難く思われる。しかし、これよりも簡単な理論を私は知らないので、より良い理論が得られるまではこれを試験的に受け入れておくことにしたい。

記憶のもっとも発達した形態と、それほど複雑でないたぐいの事象とのつながりを考察すれば、記憶を理解する一助になる。正しい想起は一連の段階の最後に達成されるが、そこに到る道筋を私は五段階に分けたいので、想起は段階的進展の六番目に来ることになる。次のような段階がある。

1．イメージ――すでに見たようにイメージは、少なくともその単純な部分は、多少あいまいにではあれ、過去の感覚を実際に写し取っている。たとえそうだとは知られていないときにも、写しているのである。イメージは、その原型とかつて結びついていた刺激によって呼び起こされるという意味で「ムネメ的」現象である。それゆえ、イメージは過去の経験の結果として、連合法則に従って生じるのである。しかし実際に過去の事象の写しであるイメージも、それが写しであると感じられないなら、明らかに想起にはならない。

2．親しみの感覚――イメージや知覚、そして言葉やその他の身振りなども、「親しみ」と呼ばれる感じをいくらか伴って生じることがある。以前に聞いたことのある曲を想像したり実際に歌って思い出すとき、思い出されたものの一部は親しく、また別の一部は親しくないものとして感じられるだろう。ここから、親しい部分は正しく思い出されたことであり、親しくない部分は間違って思い出されたことだと判断するようになりうる。だがこの判断は、後の段階に属する。

3．習慣‐記憶――これについてはすでに第6章で論じた。詩を覚えていると言えるのは、それを正しく繰り返せるときである。だがこれは、何らかの過去の事象の想起を必ずしも含んでいない。いつどこでその詩を読んだのかを完全に忘れているかもしれない。この種の記憶は習慣にすぎないのであり、いつどこで歩き方を学んだのかを覚えていられないにもかかわらず歩き方を知っているのと、本質的には同様である。厳密な意味ではこれは記憶とは呼べない。

4．再認――これには二つの形態がある。（a）一匹の犬を見るとき、以前犬を見たときのことをまったく思い出すことなく、そしてそんなことがあったと考えることすらせずに「犬がいる」と自分に対して言うことができる。これは過去についての知識をまったく含んでおらず、本質的には連合的な習慣にすぎない。（b）「以前にこれを見たことがある」とは分かるのだが、いつどこでだったかは分からず、また前に起きたときのことをまったく思い出せないことがありうる。この場合には、非常にかすかにではあるが、過去についての知識がある。「私は以前これを見た」と判断するときには、「これ」という語は曖昧に使われているはずである。なぜなら、今まさに見ているものそのものを前に見たのではなく、それに非常に似たものを見ただけだからである。したがって実際に知られているのは、ある過去の状況下で今見ているのとよく似た何かを見たということだけである。これが、過去についての知識として実際に生じうる最小限度のものである。

5．直接的な記憶――いよいよ感覚と真の記憶にまたがる領域まで来た。この領域は「直接的な記憶」と呼ばれることがある。感覚器官は刺激されると、刺激が止んでもすぐには刺激されていない状態に戻らない。ピアノの弦のように感覚器官はしばらくの間いわば振動し続けるのである。たとえば稲妻を見るとき、感覚そのものも短いが、しかし物理的事象としての稲妻よりは長く続く。感覚には次第に薄れていく期間があり、そのときの感覚を「アコルーシック acoleuthic」感覚と呼ぶ[55]。ある運動を一つのまとまりとして見ることができるのも、この事実のおかげである。先に確認したように、時計の長針の動きを見ることはできないが、秒針の動きなら見ることができる。これは、一つの視覚的感覚が生じてから消えるまでの短い時間の間に、明らかに異なる複数の地点に秒針があるため、ある時点において秒針が複数の場所にあることを実際に見ることができるからである。しかし薄れゆく感覚は新鮮な感覚とは感じが違うため、感覚的に与えられる「秒針の」すべての位置は、その薄れ具合によって一つの系列に並べられ、一つの過程としての運動が知覚されるのである。まったく同じことが、発話された文の聞き取りにも言える。

それゆえ一瞬間だけではなく、短い有限の期間も任意の一時点で感覚的に現に与えられるのである。この短い有限の期間を「見かけの現在」と呼ぶ。見かけの現在は、薄れの程度の感覚により前半と後半を分けることができるので、真の記憶がなくとも時間的継起を経験できる。もし私が自分の腕を左から右へと振るのをあなたが見たとすると、その経験は、私の腕が少し前に左にあったことを思い出しながら今右にあることを見る経験とはまったく違っているだろう。両者の違いは、素早い場合は運動の全体が見かけの現在に含まれるので、過程の始めから終わりまでが感覚されることにある。何かを直接的な過去にあるものとして知ることは、感覚的でありながらも「直接的な記憶」と呼ばれる。これは時間的過程の把握との関連で非常に重要ではあるが、真の記憶の一種とすることはできない。

6．真の想起——話を明確にするため、私が今朝食べたものを覚えているとしよう。この事象について問うべき問題は二つある。（a）私が想起している今このときに、一体何が起きているか。（b）今起きていることと、思い出されている出来事との関係はいかなるものか。（a）今起きていることについてだが、私の想起はイメージか、あるいは言葉を含んでいることがありうる。後者の場合にはその言葉自体がイメージにすぎない可能性がある。言葉がなくイメージがあるような場合を取り上げることにしよう。言葉がなくとも記憶が不可能になるとは思えないので、こうした場合の方が言葉を含む場合よりも原始的であるに違いない。

第一の論点は、多くの傑出した哲学者がそれとは異なる考え方をしたという事実がなかったとしたら、それを指摘するのを恥ずかしく思うような、それほど明白に思えることである。すなわち、今起きていることが何であるにせよ、覚えられている出来事は今起きているのではない、という論点である。記憶についてはしばしば、まるで記憶されている過去が現実に存続していることを記憶が含むかのような語られ方がなされている。たとえばベルクソンは過去が現在に浸透することについて語るが[56]、それは神話にすぎない。思い出すときに生じる出来事は、思い出されている出来事とはまったく異なるのである。兵糧攻めにあっている人々は、最後にとった食事を覚えておけるが、それを想起しても空腹が和らぎはしない。我々が記憶しているときにも過去が神秘的に生き残っていることはない。古い出来事に対して一定の関係を持つ、ある新しい出来事があるだけだ。この関係が何かについては、少しあとで考察することにしよう。

まったく明白なことだが、イメージが過去の事象を正確に写している場合でも、イメージだけでは想起を構成するには不十分である。夢の中である人が過去の経験をそっくりたどり直すことはありうるだろう。しかし、その夢を見ている間、その人はかつて起きたことを思い出しているのではなく、新たな経験をしつつ生きているのだと思われる。過去を指示する信念を持たないかぎり、厳密には記憶しているとは言えない。夢見ているときのイメージと同様、感覚しているかのように感じられるイメージもまた想起を構成しない。我々にイメージを過去の原型へと指し向けさせるような、そうした感じがなければならない。おそらく親しみの感覚は、我々にそうさせるに十分であろう。そしてまたこの感覚が、何かを思い出そうとする経験や、何かを正しく覚えていないという感じをもおそらく説明する。複合的なイメージのある部分が別の部分よりも親しく感じられることがあるが、そのとき我々は親しい部分の正しさをより確かに感じる。我々は、いま形成した過去の出来事についてのイメージが間違っていると確信することがあるが、ここから「我々はイメージとは別の仕方で過去を知っているに違いない」ということが論理的に帰結すると思われるかもしれない。しかしイメージの親しみの感覚のレベルがそうした確信の経験を十分説明するので、この結論が裏づけられるわけではない。
（b）現在起きていることは、記憶されている出来事に対していかなる関係を持つか。もし我々が正しく想起しているなら、そのときいくつかのイメージが、イメージと原型との間に成立しうるような質の類似性［関係］を持ち、またそれらのイメージの構造や関係が原型の構造や関係に一致するだろう。たとえばあなたが、ある部屋の窓が暖炉から見てドアの左右どちらにあるかを思い出そうとするとき、あなたはその部屋のイメージを観察することができる。そのイメージは（他の何はさておき）ドアのイメージと窓のイメージから構成されており、そしてそれらのイメージは（もしあなたの想起が正しいなら）実際に部屋を見るときのドアと窓のイメージと同じ関係を持っている。この複合的なイメージに過去を指示する信念を付け加えれば、記憶が成立する。そして記憶の正しさは、複合的なイメージとかつての知覚との質の類似性および構造の同一性からなるのである。

記憶の信頼性について言うべきことが二つある。すべての記憶を一括して考えると、記憶は一つの独立した知識の源である。すなわち記憶以外の仕方で知られたことしか前提せずにどんな風に議論を進めたとしても、記憶によって知られたことに到達することはできないのである。しかし一つ一つの記憶は決して独立してはいない。なぜなら、それらは記憶の総体に基づいた過去についての知識体系とつじつまが合ったり合わなかったりするからである。一つもしくはそれ以上の公的な感覚によって知覚したことを思い出している場合、他者がそれを裏づけることができる。思い出されているのが私的な感覚の場合であっても、他の証拠によって裏づけられるかもしれない。昨日歯痛を感じたことや、そのため今日歯医者に診てもらったことを思い出すかもしれないが、予定表の書き込みを見ればこの後者の事実は確かめられるだろう。これらすべてが組み合わされて整合的な一つのまとまりとなり、各記憶がお互いのもっともらしさを増すのである。したがって個別の想起の正しさをテストすることはできるが、記憶全体の正しさをテストすることはできない。記憶全体の正しさはテスト不可能だと言っても、それは記憶全体を疑う理由にはならない。記憶は独立の知識の源であり、他の知識源にまるごと置き換えることができないというだけのことである。自分の記憶が間違いかもしれないということは、我々は十分承知している。だが自分の記憶を疑う理由が出てくるのは、概して検証の際に十分な注意がはらわれた後のことなのである。

想起する行為の一つ一つに関わる因果性は、完全に連合的だと思われる。現在における何かが過去における何かに非常に似ており、その現在の何かが過去の事象の脈絡をイメージや言葉の形で呼び起こす。その脈絡に注意を振り向けるとき、我々はそれがたんなるイメージではなく、過去に起きたことだと信じるのであり、そうして想起という行為をするのである。

記憶に関しては、多くの難問を論じなかった。なぜならそれらは哲学的というよりは、純粋に心理学的な興味しか惹かないものだからである。哲学者の関心を特別に惹くのは、知識の源としての記憶なのである。

原註1　この話題については、たとえばブロードの『心と自然におけるその位置』の「記憶」の章、二六四頁以下を見よ。

第19章　知覚の内観的分析

我々はすでに行動主義の観点から、加えて物理学の観点からも知覚を考察した。この章では、自己観察の観点から知覚を考察しなければならない。しかもその際、知覚の際に我々の中で生じる出来事の内在的特徴について可能なかぎり多くを発見することを目指したい。心的出来事に関するある伝統的な説から議論を始め、次いで私が支持したい学説に移ろう。

一般の人も哲学者も「心」や「物」という言葉をまともに定義しようとせず、気軽に使っている。この点でより非難すべきは哲学者の方である。私自身は、心と物の違いは程度問題であって、明確な線引きはできないと感じている。牡蠣は人間に比べれば心的ではないが、まったく心的でないわけでもない。私の考えでは、「心的」という特徴は、「調和している」とか「不協和である」などと同様に、独立した単一の存在者には適用できず、複数の存在者からなるシステムにのみ適用できる。だがこの見解を擁護する前に、かつて広く支持されていた理論にしばらくつきあうことにしよう。

伝統的には、何かが存在することを意識するには二つのやり方があるとされる。一つは感覚器官によるものであり、もう一つは「内観」、あるいはカントの言い方では「内部感覚」と呼ばれるものである。外的感覚器官を通じて知覚されるものとはまったく異なる種類の事象が、内観によって意識されると主張されている。伝統的に「心的」と呼ばれるのは、内観を通じて知られる事象、またはそれと内在的に類似しているすべての事象のことである。

伝統的には心的事象は主に三つのタイプに分かれる。それぞれ「知ること Knowing」、「意志すること Willing」、「感じ Feeling」と呼ばれる。この文脈では、「感じ」とは快pleasure と不快 unpleasure のことである――「快と苦痛 pain」と言うのはやめよう。「苦痛」は、「私は歯が痛い」と言うときのように痛みの感覚を表すこともあれば、その感覚の不快さという特徴を表すこともでき、多義的な言葉だからである。大雑把に言えば、快とはある経験が続いて欲しいと思わせるような質であり、反対に不快とは経験が止んで欲しいと思わせるような質である。だが今は「感じ」について詳述するのはやめておく。

残りの二つの心的事象については、それで意味されているものを記述するには、「知ること」や「意志すること」という語では狭すぎることが認められている。哲学者たちは、知識だけでなく誤謬も「知ること」に含めたいと思っているし、また信念によって表現されるような種類のものだけでなく、知覚の際に生じるようなものも含めたいと思っているからだ。知識あるいは誤謬として記述できるようなもののすべてを含めるために、「認知」または「認知状態」という語が用いられる。知覚も一応はそこに含まれるが、純粋な感覚がそこに含まれるかどうかはかなり議論の余地がある。

「意志すること」という語も狭すぎる。欲求も嫌悪感も含むような、あるいは、行動を導くような心の状態一般を含む用語が必要とされている。これらの状態のすべては、それらを一括するという特別な目的のために作られた「動能 conation」という専門用語の下にまとめられる。

正統的な理論では、認知と動能は両方ともある対象に向けられるという性質を持つとされる。あなたが知覚したり信じたり、あるいは望んだり意志したりするのは、あなたの心の状態とは異なる何かである。例を挙げよう。思い出されるのは過去の出来事だが、思い出しているのは今である。したがって思い出すことと思い出されるものとは異なる事象である。あなたが腕を動かそうと意志するとき、その動作は物理的な事象であるから、あなたの意志とは明らかに異なる。多くの心理学者が、とりわけブレンターノとマイノングという二人のオーストリア人は、この対象への関係を心の本質的な特徴であるとした。[57] ときには「感じ」もまたある対象を持つと、つまり我々はある何かに快や不快を感じるとされることもある。しかしこの見解は決して一般的な支持を勝ち得ていない。一方、認知と動能が対象に向けられたものだという見解は正統的だと認めてよい。

対象に向けられるという特徴が認知と動能の性質であることは、ある意味では否定できない。しかしこの性質の正しい分析に関しては意見が大きく分かれる可能性がある。この分析が済むまでは「心的」という語を理解することは望みえないと思われるため、これからそれに取り組むことにしよう。現在の目的からすれば動能よりも認知の方が重要なので、認知に集中することにしよう。

認知に関しては哲学者たちは意見を大いに異にしてきたが、少なくとも次の段落で述べることには、大半の哲学者が、最近までは同意してきたと思われる。

認知には様々な種類がある。重要なものとして、知覚、記憶、概念的に把握すること、そして概念を含む信念を取り上げよう。知覚とはテーブルを見ることやピアノを聴くことなど、感覚可能な対象をごく普通に意識することである。記憶とは過去の事象を推論や証言を介してではなく、直接的に意識する場合である。概念的把握を特徴づけるのはもっと難しいが、ここで意図されているものを取り出す一つの方法として次のように言ってよい。抽象的な語の意味を理解したり、実際にその語の意味となるものについて考えるときには、我々はいつでも「概念する conceive」。白い雪片を見たりイメージによって思い浮かべているときにはそこに概念はないが、白さについて考えているときには概念がある。同じように、硬貨をいくつか見た後ですべてに共通する特徴としての円さについて考えるときには、我々は概念を持っている。こうした場合に思考の対象となるのは普遍あるいはプラトン的イデアである。すべての文は少なくとも一つは概念を表現する語を含まなければならず、それゆえ言葉で表現しうる信念はすべて概念を含んでいる。

以上のような様々な認知的態度にはそれぞれ固有の問題がある。この章では知覚を考察する。知覚は内観的方法と因果的方法の両方のやり方で論じられねばならないが、これから我々は知覚を内観的に論じることに取り組む。

あなたが「テーブルを見ること」と言われるような経験をするとき、あなたがそこから無反省に下す判断と、その経験の本性を注意深く検討することで明らかになることとの間にはかなりの違いがある。あなたはテーブルは長方形だと判断するが、視野の中にある色片は長方形ではない。それゆえ絵を描くことを学ぶときには、「テーブルはこんな風に見えている」と自分に思えるようにではなく、実際に見えているとおりに描くことを学ばなければならないのである。また、そのときあなたは触覚的イメージも持っているので、テーブルに触れようとしてそれが光学的幻影だと分かったら、激しいショックを感じるだろう。さらにはある程度の永続性と重さについても期待しているので、テーブルを持ちあげようとしたときにそれが見かけよりもはるかに軽い場合、筋肉の調節をかなり間違えていたことを知るだろう。以上のような要素はいずれも感覚には含まれないが、知覚には含めるべきである。

知覚と対照されるものとしての「感覚」は、多かれ少なかれ仮説的なものである。それは知覚の核であると想定され、過去の経験ではなく刺激と感覚器官のためだけによって生じるとされる。あなたがテーブルを長方形だと判断するとき、そう判断することを可能にし、かつそう判断するよう強いるのは過去の経験である。それゆえ、もしあなたが生まれつき目が見えず開眼手術を受けたばかりだとすれば、あなたはこの判断を下せず、また硬さなどを予期することもできないだろう。だがこうしたことを内観によって明らかにすることは不可能である。内観という観点からは、過去の経験による要素と刺激にしかよらない要素はほとんど区別されない。過去の経験が脳を変化させ、そのため刺激による心的事象も変化するのだと思われる。それゆえ知覚と対照されるものとしての感覚の概念は、知覚の因果的研究に属するのであって、内観的研究にではない。

　しかしここで区別しておくべきことが一つある。視覚的対象が触覚の予期やイメージを伴うことは、自己観察するだけで発見できる。同じように、暗闇の中である対象に触れるときに、おそらくそれについて何らかの視覚的イメージを形成するにいたるだろうということも。このようなとき、あなたは自分の知覚をある程度分析してしまっているのである。この分析は、感覚刺激の直接的結果とイメージとは一般的に異なるように感じられるという事実に基づく。他方、どれほど内観しても、それだけでは盲点のような事柄は明らかにはならないだろう。一つの感覚に対する同じ感覚に属する要素による埋め合わせは、異なる感覚に属する連合したイメージによる埋め合わせよりも内観的にかなり発見しづらい。

このように、知覚に対する経験の影響には内観だけで発見できる部分もあるかもしれないが、発見できない部分もある。

内観的態度をとり続けても明らかであるのは、我々の心の内容はいつも非常に複雑だということである。日常的な覚醒時の生活では、我々はつねに見て、聞いて、触れて、そして時には匂いを嗅ぎ、味わっている。またつねに様々な身体感覚を持ち、つねに快または不快を感じ（普通は両方感じている）、つねに欲求と嫌悪感を感じている。こうしたことにいつも気づいているわけではないが、正しい方向に注意を向ければ、どれでも気づくことができる。今は「無意識の心的状態」については論じないでおこう。なぜなら、それらは明らかに因果的にしか知ることができないのに対し、我々がいま考察しているのは内観的に知りうるものだからである。内観的に知ることのできない知覚はたくさんあるかもしれない。だが、いま我々にとって重要なのは、内観によって発見できる知覚はつねに多種多様だということである。

今ここでは注意の本性について論じることはせず、ただ注意によって抽象への第一歩が踏み出せるようになることだけを指摘しておきたい。感覚の諸対象は互いに結びついて一つのまとまりとなっているが、注意はそこから小さな部分を抜き出すことを可能にする。これこそ、抽象への準備として欠くべからざる一歩なのである。注意は、たとえば見ている色のパターンを識別できるようにする。あるいは、人はそうしたパターンを見ると同時に他のものを見たりイメージしたりするかもしれないが、注意はそうした同時に存在しているほかの感覚や思考から色のパターンを独立させられるようにする。話を単純にするために、白と黒の三角形のパターンを識別しているとしよう。我々はこのパターンを踏まえて、さらに辺と角、そして内と外を区別できる。もちろんこのとき、辺は数学的直線ではないし、角の頂点は数学的点ではない。

ところがここで、心と物の関係に関する見解を大きく左右する非常に重要な問題が持ち上がる。すなわち、

「三角形がある」という命題と「私は三角形を見ている」という命題にはどんな違いがあるか?

という問題である。

この言明のどちらもこの上なく確実であるように思える――少なくとも、正しく解釈するかぎりでは。このような場合にはよくあることなのだが、我々にとって完全に確実な何かがあるのだが、いったい何が確実なのかはまったく確実ではないのである。私が問いたいのは、我々にとって確実なこの何かは、先の二つの言明においてそれぞれ実際に異なるのか、それとも両者はそれらを取り巻く確実でないものに関して異なるだけなのか、である。哲学者の大半は、我々にとって確実であるものの中に違いがあると考えていた。一方、マッハ、ジェイムズ、デューイ、アメリカの実在論者(58)、そして私は、不確実な脈絡の中に

しか違いはないと考える。この問題を検討することにしよう。
「私は三角形を見ている」と「三角形がある」という二つの言明が示唆するものは、明らかに異なる。第一の言明は私の人生におけるある出来事を述べ、私にその出来事が与えうる影響を示唆している。第二の言明は、世界の中の出来事を述べることを狙いとし、他人も同じようにそれを見いだせると想定している。直前に三角形を見てから眼を閉じるとき、あなたは「三角形がある」とは言うことができるが、「私は三角形を見ている」とは言わないだろう。これに対し、消化不良や疲労のせいで空中に小さな黒い点々が見えるときがあるが、こうした状況下では「私には黒い点が見える」とは言うかもしれないが、「黒い点がある」とは言わないだろう。この例から明らかなように、「黒い点がある」と言うときには、「私には黒い点が見える」と言うときよりも強い主張がなされている。一方の例では、今は見ていないが直前まで見ていたために「三角形がある」と言われるのだが、ここには三つの段階がある。まず、記憶が「私は三角形を見ていた」という命題を保証する。それから「三角形があった」という命題に移り、そしてさらに「三角形がある。そんなに素早くそれを破壊できるものなどないからだ」へと進む。このとき、我々は明らかに、直接的に確実な事柄の領域から遠く離れている。

それゆえ、この二つの言明のうち我々にとって直接的に確実である事実の表現により近いのは、明らかに「私は三角形を見ている」のほうだと思われる。というのも、もう一方の言明では公共的なものへの推論がなされており、単なるデータを超え出ているからである。以上の主張が前提しているのは、黒い点が見えているのは眼に問題があるためであって他の誰にもその点は見えないと考えられるときには、「黒い点がある」と言うべきではない、ということである。そこで「私は三角形を見ている」に集中し、原初的に確実なものとしてその全体を受け入れることができるか、それとも一部だけなのかを問うことにしよう。

ほんの少しでも反省してみれば、「私」も「見ている」も、瞬間的な出来事が明らかにすることからはみ出ているものを意味する言葉であるのが分かる。「私」から取り上げよう。この語の意味は明らかに記憶と予期に依存している。「私」は、記憶されている何らかの経験を持った人、そして未来に何らかの経験をすると予期されている人を意味する。「いま私は三角形を見ており、またさっきまでは私は正方形を見ていた」と言うことができる。この文には「私」という語が二回出てくるが、それらはまったく同じ意味を持っている。それゆえ、この語は記憶に依存する意味を明らかに持っているのである。ところで我々の目的は、三角形を見ているちょうどその時、三角形を見ることが知識に対してどのように寄与しているかにあった。そこで、「私」はこうした寄与の範囲を超え出ているのだから、もし三角形を見ることによって知識に付け加えられるものを正確に表現する言葉を見つけたいのなら、そこから「私」を削除すべきである。つまり「三角形が見られている」と言うことになる。なにはともあれ、これで求めているものに一歩近づいた。

だが次に「見られている」を問題にしなければならない。普段の用法では、この語は眼に依存する何かを示唆しているので、因果的な言葉である。その意味で、この語は明らかに一群の先行する経験を含んでいる。生まれたばかりの赤ん坊は、見ているものが自分の眼に依存することを知らない。しかし、この語も取ってしまって構わない。視覚のすべての対象にはある共通の質があり、それは触覚の対象にも聴覚の対象にも明らかにない。視覚的対象は聴覚的対象などとは異なる。それゆえ「三角形が見られている」という代わりに、「視覚的三角形がある There is a visual triangle」と言うべきなのである。もちろん「視覚的」と「三角形」という語の意味は経験を通してのみ学ばれるのだが、しかしそれらは論理的には経験に依存しない。生まれつき言葉を知っているような生物を想像してみれば、そうした生物は自身に与えられたデータを「視覚的三角形がある」と言葉で表現できるだろう。いずれにせよ残るのは概念の研究に属する問題だけで、今のところはそれらを無視することにしよう。

ところで、英語の「there is ある」という語句は多義的である。先ほど「三角形がある」と言ったとき、私は「ある」を *voilà* または *da ist* という意味で使っていたが、今は *il y a* または *es gibt* の意味で使っている。[59] 言わんとしていることを「視覚的三角形が存在する A visual triangle exists」という言い回しで表現すればよいのかもしれないが、「存在する」という語には様々な形而上学的含みがあり、私としてはそれを回避したい。おそらく「生じている occurs」とするのが最善であろう。

かくして、知覚が正しいときだけでなく、幻覚であるときにも同様に真であるものに到達した。あなたが「視覚的黒い点が生じている」と言うとき、視野の中に黒い点があるならあなたは真理を語っているのである。他人にも見ることができることや、触れることもできること、あるいはそれが物理的意味での物質でできていることなどの示唆は、この言い回しから排除されている。普段の会話で「黒い点がある」と言われるときにはそれらはすべて示唆されているが、それを取り除くことを意図して「視覚的」という語を付け加え、「ある」を「生じている」に置き換えたのである。こうした手続きを経て、我々は視覚的データが知識に付け加えたものの中の、疑うことができず内在的なものに到達したのである。

ここで我々はもう一度問わなければならない。直接的かつ内在的なものの内部で、視覚的データが生じることとそのデータを認知することとの間には依然として違いがあるのだろうか。直接の経験に基づいて、「視覚的黒い点が生じている」と言うだけでなく、「視覚的黒い点が認知されている」とも言えるのだろうか。そうは言えない、と私は感じる。それが認知されていると言うときには、それが経験の一部であるということ、すなわちそれが記憶されうることや習慣を変えうること、あるいは一般的に「ムネメ的」効果と呼ばれるものを持ちうるといったことが意図されていると思われる。これらはどれも直接の経験を超えて、それが持つ因果関係の領域へと踏み込んでいる。事象［生じていること］そのものについて、その中に何らかの主体と対象の二元性があるとか、あるいはそれは「知識」の一つの場合として適切に記述しうるとする理由は、私にはまったく見出せない。事象は記憶を通じて、あるいはそうしたデータに共通する相関物への意識的ないし無意識的推論を通じて知識を生み出すのであり、事象自身は知識ではなく、まったく二元性を持たないのである。このデータは、物理学にとっても心理学にとっても等しくデータとなるのであり、ここが二つの学問の合流点になる。データは心的でも物理的でもない。ある名前を単独で取り出したとき、それはアルファベット順であれ重要度順であれ序列の中に置かれていないのとまったく同じことである。しかしデータは、心理的世界と物理的世界双方にとっての原材料の一部である。これが「中性的一元論」と呼ばれ、私が正しいと信じている理論である。

第20章　意識？

ウィリアム・ジェイムズが「意識は存在するか」と題する論文で世界を驚かせてから二十三年経った。この論文は『根本的経験論』という著書に収められたが、そこで彼は「世界の根本的素材もしくは原材料はただ一つしかない」という見解、そして「意識」という語は存在者ではなく機能を表すという見解を提示した。彼の主張するところでは、「思考」が存在し「知る」という機能を果たすのだが、思考は物的対象と異なる「素材」から構成されているわけではない。こうしてジェイムズは、大半のアメリカの実在論者が支持する「中性的一元論」と呼ばれる見解の基礎を固めたのである。本書でもこの見解を支持する。この章では、我々は次のように自らに問わなければならない。「意識」と呼びうる、何らかの意味で特有な素材を含むものがあるか。それとも、我々が知る世界の素材には「内在的な二重性」はまったくなく、世界が知ることと知られるものに分けられるとしても、それは根本的な二元性を反映しているのではないとする点でウィリアム・ジェイムズに同意できるのか。

「意識」という語が使われるときには、そこには大きく異なる二つの意味が付与されている。一つには、人は「…を意識している」という風に言うが、この意味では「意識」は一つの関係である。一方、「意識」は心的事象の質であり、心と他の物との関係からなるのではないとされることもある。まずは第一の見解から取り上げよう。それを論じていくうちに、第二の見解を退ける理由が見えてくるだろう。

我々は「…を意識する」という関係を、一体どのようなものだとしているのか。起きている人と寝ている人の違いを例にしよう。起きている人は様々な刺激に反応するが、寝ている人はそのどれにも反応しない。そこで我々は、寝ている人は周りで起きていること「を意識していない」と言う。しかし、たとえ寝ている人が明かりに背を向けるなどの仕方で反応したとしても、その反応は普通「知識」や「意識」と見なされていることに含められない。寝ている人は「無意識に」寝返りを打ったと言うべきである。自分を起こした人の名を呼ぶなど、その人が知性的に話をするのに十分なくらい目覚めたとき、我々はその人を「意識」的であるとする。次の日の朝、その人がその出来事を覚えていると分かったときにも、我々はその人は「意識」的だったのだとする。しかし常識に従うなら、ある刺激に対するいかなる身体運動も「意識」の証拠とは見なされない。私が思うに、常識的には次のように考えられているのは間違いない。すなわち、ある種の反応は、刺激によって惹き起こされた何らかの「心的」過程の証拠とされ、そして「意識」はその推論された

「心的」事象に備わるのである、と。

しかし催眠状態や夢遊病のときのように、普通なら意識のしるしとされる特徴が現にあるにもかかわらず「意識的」だと認められないときがある。これにはいくつかの理由がある。一つは、後でそのときのことを覚えていないことである。また一つの理由として、そのときの行いが知性的ではないことがある。催眠状態にある人に、インクのことをポートワインだと教えて飲むよう勧め、そしてその人がとてもうれしそうに飲んだとしたら、その人は「意識的」ではないと言われるだろう。なぜなら、そのひどい味にまともに反応していないからである。ただし、たとえ普通の状態なら意識しているはずのものを意識していないとするとしても、催眠術師とその命令は意識していると言った方が良いだろう。また、後でそのときのことを覚えていないという基準は、適用が極めて難しい。なぜなら我々が自分に起きる多くのことを忘れるのはごく普通のことで、夢遊病者の場合は忘れ具合が並はずれて完全だというにすぎないからだ。これは明らかに程度問題である。夜通し飲んだ人が翌朝に覚えていることを例としよう。思い出そうとする時間帯が夜遅くなればなるほど、記憶はあいまいになる。だが「ここから先は記憶がまったくない」と言えるようなはっきりした境界線はない。したがってもし記憶を意識の有無のテストとするなら、意識は程度問題にならざるを得ない。このときにもまた、常識からすると、問題の行為をしたときに「心的」過程が存在したかどうかを証明するためには、一定程度の記憶が証拠として必要になるとされるだろう。そして寝ているときの行為であれば、それは「心」を含まないとされ、またこの点では、なんらかの異常な条件下での行為も変わらないと想定されるだろう。

以上のことから、「意識」で普通は何が意味されているのかを明らかにしようとするのなら、「心的」事象によって何が意味されているのかを問わねばならないことになる。しかし、取り上げるのはどんな心的事象でもいいわけではない。考慮されるのは、ある「対象」に関係すると思われるような事象のみである。心地よくウトウトしているときの感じは普通は「心的」だとされるだろうが、「対象」についての「意識」を含んでいない。ここで想定されている「対象」に対する特殊な関係こそ、我々が検討すべきものである。

最善の例として、ごく普通の知覚作用を取り上げることができる。私がテーブルを見ているとする。そしてテーブルは自分の外にあるけれども、それに対して私がそれを見ていることは一つの「心的」事象であり、自分の中にあるのだと確信しているとしよう。この場合、私はテーブル「を意識している」。少なくとも常識的にはそう言われるだろう。そして何かを見ないかぎり見ることは不可能なのだから、「対象」へのこの関係こそ、見ることの本質そのものである。そしてある「対象」に対するこれと同様の本質的な関係こそ、あらゆる種類の意識の特徴なのだと言われるだろう。

しかしこの見解をもっと詳しく考察しはじめると、あらゆる困難が噴出する。知覚が存在するためにはその対象が本質的だとするなら、すでに見たように、物理学から得られた根拠からして、物理的事物としてのテーブルそのものを知覚の対象とは見なせなくなる。うまく状況を整えれば、テーブルがないにもかかわらず「テーブルを見ているときと」同じ知覚が得られるだろう。それどころか、我々が「テーブルを見ている」ときにはいつでも存在していなければならない脳の外側の出来事などないのである。「テーブルを見ていると思うときには、我々は実は自分の脳内の運動を見ているのだ」と言うのは無茶だと思える。そこで我々は次の結論へと導かれる。知覚という作用が存在するために本質的である「対象」もまた、知覚と同じく「心的」なのだ。実際——とこの理論は続ける——「知覚」と呼ばれる心的事象自身が、知覚するものと知覚されるものの関係を含むのであり、この関係に立つものは両方とも「心的」なのである、と。

しかしこのときにはもはや、知覚しているときに我々の中で生じていることについて、そこには本質的に関係的な特徴があると考える理由がまったくないと思われる。そう考えたそもそもの理由は、我々は現実のテーブルを見ているのだという素朴な実在論的見解にあった。もし見られているものが見ていることと同じく心的なのだとすれば、なぜその二つを区別するのか。我々が思ったのとは違い、我々が見ている色のパターンは実際には「そこ」にはない。物理空間に即して語るなら、それは我々の頭の中にあるのである。我々が「テーブルを見る」ときには、確かに色のパターン以上の何かが起きはする。たとえば触覚的な予期やイメージがある。おそらく、外界の対象についての信念もある。さらに記憶やその他の「ムネメ的」効果があるかもしれない。先の理論でいえば、これらはいずれも知覚作用の「主観」の側に位置づけられるものの代表例だと理解できる。これに対して、色のパターンは先の理論では「対象」の側にあるとされる。だが、両方とも「心的」であり、そのかぎりで同一平面にあるのである。そして両者の間の関係は、一方の存在が他方の存在を論理的に要求するようなものではない。むしろその反対で、両者の間にあるのは因果的で、経験と連合法則に依存する関係なのである。

もし以上のことが正しいなら、常識的に「テーブルを意識している」と言われる場合にはおおよそ次のようなことが生じていることになる。まず、身体の外部に物理的過程があり、それが眼に対するある刺激を生み出す。この刺激は、実際にテーブルがないときにはめったに（決して、ではないが）生じない。それから眼、神経、そして脳の中に一つの過程が存在し、ついには色のパターンが存在することになる。この色のパターンが、連合法則に従って触覚やその他の感覚の予期、あるいはイメージを惹き起こす。そしておそらくは、記憶や他の習慣も惹き起こす。だがこの系列全体に含まれるいかなるものも、時空内の出来事が因果的に連続することからなる鎖によって構成されているのであって、我々の中の出来事は外の出来事と大きく異なると主張する理由はまったくない——ただし、それに関しては我々は無知のままであらざるを得ない。なぜなら外の出来事について知られるのは抽象的な数学的特徴だけであり、この特徴はそれらが「思考」と似ているか否かを明らかにしないからである。

ここから帰結するのは、「意識」を特別な関係として、あるいは特定の出来事にのみ属する内在的な特徴として定義することはできないということである。「心的」出来事は本質的には関係的ではないし、また我々は外の出来事について、それが「心的」出来事と異なるか否かを語るほど十分には、その内在的特徴を知らないからである。しかし我々は感受性と連合による再現を組み合わせることで、ある特定の出来事のクラスを「心的」と呼び、それらを他の出来事から区別する。この組み合わせの成立が顕著であればあるほど、それはより「心的」になる。それゆえ、心的であるということは程度問題なのである。

しかし以上の議論の関連で論じるべき論点がまだある。それは「自己意識」、あるいは自分自身の「心的」出来事についての意識である。すでに第16章において、デカルトの「我思う、ゆえに我あり」との関連でこれに触れる機会があったが、「意識」との関連で改めてこの問題を取り上げることにしよう。

哲学者の目の前でごく普通の人が「テーブルを見ている」としよう。そのとき、これまで我々が繰り返し提示してきた議論によって、その人は「自分の外にある何についても、私は完全に確信することはできない」と認めさせられるかもしれない。だが気が動転したり頭に血が上っていないかぎり、その人は色のパターンがあるということを確信し続けるだろう。その色のパターンが存在しているのはその人の中になのかもしれないが、それでも存在しているのは間違いない。論理学や物理学の議論をどれほど持ち出してきたとしても、この点についてその人は間違っていると示せそうにない。それゆえその人が確信を放棄すべき理由はまったくないのである。第8章での知識に関する議論から、次のことが明らかになった。物理学者にとっては普通の因果関係についての見解を受け入れるなら、対象から反応への因果連鎖が短くなればなるほど我々の知識はより確実になる。そして知識がこの上なく確実になるのは、対象と反応が時空間の同じ場所にあるか、少なくとも連接しているときである。したがって、最も高度な確実性を持つのは自分の頭の中で起きることに関する知識だろうと期待すべきである。まさにこれこそ、テーブルを見ていると思えるようなときに存在する色のパターンのような自分の「心的」出来事について、意識する際に我々が得ている確実性なのである。

　それゆえ、もし「心的」という語を使い続けたいのなら、「心的」出来事を次のように定義すればよい。物理的時空内で、出来事とそれを知ることとが連接的であるため、最も高度な確実性を持って知りうる出来事である、と。したがって「心的」出来事とは、脳が位置する頭の中で起きる出来事の一部でしかないことになる。脳内で起きるすべての出来事ではなく、そのうちの「知識」と呼びうる類の反応を惹き起こすようなもの、それだけが「心的」であるだろう。

だが明確に答えられない難しい問題がいくつも残っている。自分の考えを「知っている」とき、どういうことが起きているのか。また我々は自分の思考を、その他の何よりもはるかに深く知るのだろうか。すでに見たように、外界の出来事についての知識は、それが現に起きていることに対する一定の感受性からなるのであって、一定の抽象的構造以外の点で外界の出来事に似た何かを心の前もしくは心の中に持つことからなるのではない。では、自分の心についての知識もこれと同様に、抽象的で非直接的なのだろうか。それとも、ふだん我々が「知識とはこんなものだ」と想像しているあり方にもっと似ているのだろうか。

第一の問いを取り上げよう。自分の考えを「知っている」とき、どういうことが起きているのか。第8章で採用した「知る」ことの定義を踏まえれば、我々が自分の思考を「知る」のは、脳内のある出来事が、それが生じているときだけ起きるような特徴的な反応を惹き起こすときである、と言うことになる。この意味で、我々が「私はテーブルを見ている」と言うとき、我々が知っているのはつねにある一つの思考なのである。なぜなら（こうした言明が誠実になされたものだと仮定したとして）、それに対してつねに変わらず先行する出来事となっているのは脳内の出来事だけだからである。我々は、自分が知っているのはテーブルだと考えるかもしれないが、それは間違いである。

したがって内観とその他の知識は、確実性の度合いと意図に関してのみ異なるのである。

「テーブルを見ている」と言うときには、外界の対象を知ることを意図しうるが、そうだとすれば間違うことがありうる。しかし視覚的パーセプトが生じていることなら我々は実際に知っているのである。同じ事象を「一定の色のパターンが生じている」という言葉で記述するときには、我々は意図を変えており、正しさについてははるかに確実な状態にある。したがって内観的知識をもたらす反応とその他の知識をもたらす反応とを区別するのは、単に起こりうる誤謬の発生源を排除しているということでしかない。

　かくして次の問題に到達する。我々は自分の思考を他の何よりもはるかに深く知るのだろうか。これは、正確にするのが難しい問題である。問題だと感じられる何かを述べてはいるのだが、その問題は正確には何なのか、それが言えていないのである。しかし考えを明確にしないかもしれないが、すっきりした感じが得られるかもしれないようなことならいくつか言えることがある。

　あなたが聴覚のテストを受けることになり、ある人の言うことを何でも復唱するよう言われたとする。相手が「調子はいかがですか」と言うと、あなたは「調子はいかがですか」と復唱する。これはあなたの知識反応であり、またあなたは自分の言うことを聞いてもいる。あなたは、自分が話しているときに聞こえるものが、相手が話しているときに聞こえるものと類似することを、知覚することができる。そこであなたは、自分の反応は聞いたことを正確に再現していると感じるようになる。このときあなたの知識反応は、あなたが知った事象と非常に似た事象の原因となっている。さらに我々は、根強く残る素朴な実在論のせいで、自分が話している間に聞こえているのは、自分が話したことそのものだと考えてしまう。話すことと自分が話したことを聞くことの間にも物理的かつ生理的な因果の込み入った鎖が介在しているのだから、もちろんこれは誤解である。しかしそれでもこの誤解は、こうした場合には我々の知識は非常に深いものだという確信をさらに強めるのである。そして知識反応が再生するものが知られている出来事そのものであるとき、あるいは少なくともそれときわめて類似した出来事であるとき、それは実際、期待通りの深い知識になるのである[60]。こうしたことが起こりうること自体は、他の状況でもありうるけれども、我々がある程度確実に起きていると知ることができるのは、知られるのがパーセプトであるときでしかない。以上のことから、最も疑いようがなく完全な知識はパーセプトに関わるものであり、他の心的出来事や外界の出来事の知識ではないという事実が説明される。我々は、ある音に対する反応として類似の音を生み出すことができ、また十分な能力があれば見たものに非常に似たものを描くことができる。しかし、一つの喜びについての知識を、それと非常に似た別の喜びを生み出すことで示すことはできない。あるいは、一つの欲求についての知識を類似の欲求を生み出すことによって示すこともできない。したがって外界のものであれ心の中のものであれ、そこに含まれる他のいかなるものよりも、パーセプトの方がはるかに正確かつ確実に知られるのである。

この章の結論は、「意識」についてのウィリアム・ジェイムズの見解は正しかった、というものである。いかなる心的事象であれ、そのものの内在的本性の中には主観と対象の対比、あるいは知るものと知られるものとの対比を含意するような関係的性格は含まれない。それでもやはり「心的」出来事を他の出来事から区別することはでき、また最も疑いえない知識は心的出来事のあるクラスに関する知識なのである。我々は、第8章で与えた行動主義的な知識の定義の論理的帰結を徹底的に追求することで、この結論に到達した。その際、そもそもそうした定義を採らせた観点をかなり変更しなければならなくなった。この変更が不可避であったのは、物理学者も元々は他の人々と同じく常識的実在論から出発したのだが、知覚の因果理論を介して物理的知識が認知をはるかに主観的な方へと追いやってしまったからである。だが、こうした論理展開からどうすれば逃れられるのか、私には分からない。

第21章　感情、欲求、意志

我々は人間を内側から見つつ探究してきたが、ここまでは認知的な側面しか取り上げてこなかった。実際それは哲学にとって最も重要な側面ではあるのだが、ここで我々は人間本性の別の側面に目を向けなければならない。それが認知的な側面よりもはるかに手短にしか論じられないとしても、それは重要度が低いからではない。それが主として実践的に重要であるのに対し、我々の課題は理論的なものだからである。感情から始めることにしよう。

内分泌腺が果たす役割が発見されたことで、感情の理論は根本的に変化した。キャノン[61]の『痛み、飢え、恐れと怒りにおける身体的変化』が教えたことは広く知られているが、その重要性からすればまだまだ十分とは言えない。腺から血液への分泌は、感情にとって本質的な生理的条件であるように思われる。感情とは、そうした分泌と相関する生理的変化にほかならないと言う人もいる。この見解は注意して受け取るべきだろう。周知のように、副腎はアドレナリンを分泌し、それが恐れや怒りの身体的徴候を生み出す。以前、私が歯科医に局部麻酔を施されたとき、かなりの量のこの薬物を血液に注入された。私は青ざめて震えだし、心臓は荒々しく脈打った。書物に書かれているとおりに怖れの身体的徴候が現れたのだが、私にとっては、自分が実際には怖れを感じていないことは明らかだった。専制君主が目の前にいて私に死を宣告すれば、それと同じ身体的徴候が現れただろうが、その場合には歯科医の椅子に座っていたときには欠けていた何かが付け加わっているだろう。違いは認知的な側面にある。恐れるべきことは何もないと知っていたから、私は恐れを感じなかったのである。普段の生活では、副腎は恐ろしい対象や腹立たしい対象を知覚することで刺激されるので、そこにはすでに認知的要素がある。腺を刺激している対象に恐れや怒りが張り付けられ、そして完全な感情が湧きあがる。しかしアドレナリンが人為的に投与されるときにはこの認知的要素が欠けており、感情が完全には湧きあがらなくなるのである。眠っているときに投与されたなら、おそらく恐ろしい夢を見るだろう。しかしそのときには、怖れの対象は夢見ている人の想像力によってもたらされるのである。動物や幼い子どもなら、目覚めているときにも同じことが起きるかもしれない。しかしごく普通に合理的な大人の場合、恐れるべきことがないという知識に阻まれて、感情は全面的には展開しなくなる。恐れと怒りはともに活発な感情であり、対象に対する何らかの対処を求めるのだが、そうした行動が明らかに必要ないときには、どちらの感情も十分には感じられなくなるのである。

しかし、憂鬱さのように対象を要求しない感情もある。そうした感情は、おそらくそれに必要なものを分泌させることで完全に惹き起こすことができるだろう。肝臓の不調は憂鬱を惹き起こしうるが、それが原因だと分かっても憂鬱は緩和されない。対象を必要としない感情は、適切な行動の筋道を要求しない感情である。

感情は「条件づけ」に従うので、経験の結果、感情を呼び起こす刺激の種類は増えていくことになる。ワトソンが確認したところでは、赤ん坊にとって本来恐れの刺激となるのは、うるさい音と支えがないことだけだが、そのどちらかに連合するものなら、何であれ赤ん坊を怖がらせることができるのである。

ある刺激に対する統合された反応の中から感情的要素を分離しようとしても、それは多かれ少なかれ人為的になる。確かに腺の刺激という確定的な生理的付随物もその反応の中にあるけれども、例えば恐れであれば対象へと向かう行動という様相もそこにはあり、アドレナリンの分泌はこの様相を支えているのである。しかし、ある一つの感情的な調子を伴う複数の状況には、共通する何かがある。そうした諸状況が連合するという事実からそれが分かるだろう。ある感情を強く感じたとき、我々は同じように感じた別の状況のことを考えがちである。感情の類似性による連合は、多くの詩が特徴とするところだ。またそれによって次の事実も説明される。すなわち、普通なら恐れと連合するような血液状態の時に批判的能力が低下すると、我々はあまりにありありと怖れの原因を想像してしまって、本当にそれがあると信じてしまいがちだ、という事実である。

夜に怖ろしいことを思い浮かべると
何と容易に灌木が熊に思えることか[62]

だが酔ったり寝たりしていないときに合理的な人に想像上の恐れを抱かせようとしても、他の連合が強すぎる。以上の理由で、アドレナリンの影響で恐れの身体的徴候が現れても、実際にその感情は起こらないのである。

人生は面白いと、そして大切なものだと思わせるのは感情である。こうした観点からすれば、感情こそ人間が生きていく中で最も価値ある要素である。しかし哲学のように世界を理解しようとするときには、感情は邪魔なように思われる。感情的な連合が外界で成立している相関関係と対応することはめったにないので、感情は不合理な意見を生み出してしまう。感情のせいで我々は自分の気分という鏡に世界を映して眺め、鏡の状態に応じてその時々で世界は輝かしいとしたり、陰鬱だとしたりする。確かに活力がなければきちんと考え抜くことはできず、そしてこの活力はかなり感情に左右されるものではあるのだが、それでも総じて感情は知的生活にとって障害である。好奇心という感情は唯一の例外である。本書で私が感情についてわずかしか述べないとしても、それは人間にとっての感情の重要性を過小評価しているためではなく、我々が取り組んでいる課題が実践的ではなく理論的なものだからである。世界を変えることではなく、世界を理解することが課題なのだ。そしてもし我々が追求する目標を決めるのが感情なのだとしても、それを実現する能力を我々に与えるのは知識である。実践的観点からでさえ、人間の他のどの能力よりも知識を前進させることが有益なのである。

では、次に欲求という話題をとりあげよう。これについては第3章で行動主義的観点から考察したが、いま私が問題にしたいのは、その考察に内観的な観点から付け加えられるべきことがあるだろうか、ということだ。

ここでも、刺激から反応に至る一つの過程からそれぞれの要素を切り出そうとすると、ある程度人為的になることを押さえておこう。刺激がある反応を生み出すとき、我々はつねにその反応を刺激の結果として、あるいはさらなる結果の原因として考察することができる。知識を考察するときには前者が自然な見方であり、欲求や意志を考察するときには後者が自然な見方である。欲求するときには、我々は自分自身や周囲環境、あるいはその両方の中の何かを変えたいと望む。そこで問題になるのは、欲求に関して内観的に何が見つかるだろうかということだ。

私の考えでは、知識の場合と同じく、ここでも徹底した行動主義的説明の方が内観的説明よりも因果的に重要であり、またはるかに広範囲に成り立つ。第3章で論じたように、行動の特徴としての欲求は非常に低い進化段階ですでに始まっており、そして数多くの生物の例で発見された特徴のすべてが人類の中にすら残っている。フロイト的な「無意識」の欲求は多くの行動を因果的に説明するのに有効だが、こうした欲求は行動の仕方として以外にはまったく存在しない。一方で、意識的で明示的な欲求もある。では無意識の欲求にはまさに何が欠けており、そして意識的で明示的な欲求にはまさに何が付け加わってい・るのか。

ありきたりだが、「デモステネスの、偉大な演説家になろうという欲求」を例にしよう。この欲求は彼が意識していたものであり、彼はこの欲求に添うよう行動を慎重に作り上げていた。まず、彼には周りの人の印象に残りそうなことをしようという単なる行動主義的な傾向があるだろう。これは事実上人間本性に普遍的な特徴であり、子どもはそれを屈託なくあからさまに示す。次に、目的［ゴール］へ到達しようと試みることがある。この点では、彼は迷路の中のラットとまったく異ならない。つまり間違った道を行って人の嘲笑を買ったり、正しい道を行って称賛というチーズをほんの少しかじりとったり、といったことである。また、自己観察が「私は称賛されたい」という命題を導き出すことがある。これもまだ行動主義的な部類に属するものではあるが、ここまで来たときに欲求は「意識的」になる。この段階に到達したときに、欲求された目的を達成するという課題に知識が関係させられるようになり、また連合によって［目的を達成する］手段も欲求されるようになる。こうしてデモステネスは、自分の目的を達成する最善の方法だと考えて、演説家として難しい訓練を受けようと決心することになる。ここまでの発展の仕方は、単なる感受性から明示的な知識が発達する仕方とかなり類似している。実際、それらはまさに同じ進化の一部なのである。ある一つの状況に対するひとまとまりの反応の中から、この出来事は知識だがこの出来事は欲求だ、というように切り分けて取り出すことなど不可能である。知識も欲求も反応に性格を与える特徴なのであって、単独では存在しないのである。

明示的で意識的な知覚と同じく、明示的な意識的欲求にはつねに対象が存在する。我々は何らかの出来事や事態を欲求するのである。しかし明示的な欲求の源となる原始的状態はそうではない。我々は不快さを含むと言えるような状態にあって、それとは別の状態に到達するまで、あるいは疲れたり他の関心事に注意がそれるまで、さまざまな活動を続ける。そうした活動は、もしそれまでに適切な経験をしていたとすれば、すぐに新たな状態を達成するだろう。明示的な意識的欲求の段階では、あたかも目的に引き寄せられているかのように思えるのだが、実際はこの段階でもやはり背後から突き動かされているのである。「目的からの誘引」は、それほど長くはかからない場合には我々は目的に到達するまで努力し続けるという事実とあわせて、学習の効果をまとめて省略的に記述する方法なのである。欲求には多様な感情が結びついており、空腹のようなよくある欲求の場合、そうした感情は欲求を鎮めることが知られている物と連合するに至る。だが、多くの人の考えとは違い、知識に比べて欲求はより本質的に関係的事象だと認めるべき理由は私には見出せない。経験、記憶そして連合——これを忘れてはいけない——だけが欲求に対象を授けるのであり、欲求自体はある種の活動をしようという盲目的な傾向にすぎないのである。

「意志」について言うべきことが少し残っている。意志は、ある意味では観察可能な現象であるが、別の意味では形而上学的迷信である。明らかに私たちは、「三十秒間息を止めよう」と言ってから実際にそうすることができ、また「アメリカに行こう」と言って実際にそうすることもできる。同様の例は他にも挙げられる。この意味では、意志は観察可能な現象である。しかし一つの能力としての意志、独立して取り出しうる事象としての意志などというのは幻想だと思われる。それをはっきりさせるためには、観察可能な現象を調べなければならないだろう。

非常に幼い乳児は、「意志」と呼べるような何かを持っているようには見えない。彼らの動きは、始めのうちは反射によるものであり、その期間が終わった直後なら、条件づけられた反射の法則で説明できる。しかし指やつま先のコントロールを覚えたときには、意志とそっくりに見えるものが観察される。この推移を見ていると、非意志的な動作をいくらか経験した後で、子供はまず動きを考えてからそのとおりに動くことを発見すること、そしてその発見を非常に喜ぶことは明らかだと思われる。周知のとおり、大人が日々の生活で故意にする動作は、事前に考えられた動作である。一方、かつて実際にしたことのない行為について考えることができないのは明らかである。それゆえ、まず非意志的に為されたことがないいかなる動作も、意志的には為されないことになる。ウィリアム・ジェイムズが示唆したように、意志的な動作とは前もって思考され、そしてそうした思考が原因の本質的な部分となっているような動作にすぎないと私は考える。

こう言ったからといって、私は「思考」の構成について特定の見解を採用しようとしているわけではない。ワトソン博士が言うように、思考は話すことにほぼ尽きるのかもしれないし、あるいはそれ以上の何かかもしれないが、この点は今は重要ではない。押さえておくべきは、いかなる哲学を採るにせよ、「朝起きること」や、他の動作「について考えること」として普通は記述される事象が確かに存在するということである。この事象がどう分析されるにせよ、それは「意志」を帰属できる動作の原因の本質的な部分なのである。

もちろん、確かに我々はある動作を実際にすることなくそれについて考えるかもしれない。これはある事実を信じることなく想像できるのと同じことで、どちらもかなり洗練された発達の後期段階のものである。意志が生じるのはつねに、我々が一度にいくつかのものについて考え、そしてそれらのうちの一つがそれ以外のものを妨げているときである。我々には、ある動作が可能だと考えたときにはつねにそれをする傾向があり、それを控えることができるとすれば、それは対立する傾向を持つ思考やその他の状況のためだと仮定してもよいかもしれない。

もしこの考えが正しいなら、意志に関して神秘的なことは何もない。ある動作「について考える」ということがどういうものから構成されるのであれ、それは確かに動作自体と連合している。それゆえ学習された反応についての、ごく普通の法則によって、我々はある動作についての思考はその動作を惹き起こす傾向があると期待すべきなのである。これこそ意志の本質だと言うべきである。

意志がはっきり目立つケースでは、我々は熟慮の末に決定を下している。しかしそれは力の間に対立がある事例にすぎない。あなたはある場所に行こうと考えるのだが、そこにはあなたにとって快い連合と不快な連合が伴っているかもしれない。そんな状態では、どちらが強いかが明らかになるまであなたは逡巡するかもしれない。意志はこれ以上の何かを含むのかもしれないが、しかし私には、そうした何かがあると信じるよき理由をみつけることはできない。

第22章　倫理学

ここで倫理学を取り上げるのは、それが伝統的に哲学の一分野とされているからである。私自身は、倫理学が哲学の領域に含められるべきだとは決して思わないが、それを証明しようとすれば、倫理学という主題そのものを論じるのと同じくらい話が長くなるだろうし、それほど興味を惹くものにもならないだろう。

暫定的に定義しておくなら、倫理学とは、行為の規則を決定するのに役立つ一般的規則からなるものだと理解しておいてよい。特定の状況で人がいかに行為すべきかを述べることは、倫理学の仕事ではない。それは決疑論の役目である。プロテスタントやジャンセニストがイエズス会を攻撃したせいで、「決疑論」という言葉にはよくない含みがともなっているが、その古い本来の意味では完全に理にかなった研究を表している。たとえば「どんな状況であれば、嘘をつくのは正しいか？」という問いを取り上げてみよう。考えもせずに「いかなる時も正しくない！」と答える人もいるだろうが、この答えを真面目に擁護することはできない。もしあなたが、ある人を殺そうと追いかけ回している殺人狂に出会い、「男がこっちに来なかったか」と尋ねられたら、あなたは嘘をつくべきだと誰でも認めるはずだ。嘘をつくことは、戦争手段となる選択肢の中でも合法的なものとして認められている。また司祭は懺悔した者の秘密を守るために、医者は専門家として患者から寄せられる信頼を守るために、嘘をついてもよい。こうした問題はどれも古い意味での決疑論に属し、問われ、答えられるに値するものであるのは明らかである。だが、哲学の一部とされてきた意味での倫理学には、これらの問いは属さないのである。

「汝盗むべからず」のような行為の実際的規則を取り出すことは、倫理学の仕事ではない。それは道徳の役目である。倫理学に期待されているのは、そうした規則を導出しうる基礎を与えることである。世代、人種、関係する者たちの信条によって、道徳的規則は違ってくる。その違いの大きさたるや、旅をしたことや人類学を研究したことのない人には決して認められないほどである。同族からなる共同体の内部でさえ意見の相違は起きる。自分の妻の愛人を殺すべきだろうか。キリスト教会も、法律も、常識も、「殺すべきではない」と言う。だが「殺してもよい」と言う人もたくさんいるだろうし、陪審員はしばしば有罪判決を拒否する。道徳的規則が変わっていく状況では、こうした不確かなケースが生じる。しかし倫理学は道徳的規則よりも一般的な事柄を考察するので、変化させられる度合いが少ない。ある共同体によって受け入れられている道徳的規則を導き出さない倫理学は、その共同体において不道徳だとされる。それは確かだが、もちろんここからそうした倫理学が実際に間違っているという結論は出てこない。その共同体の道徳的規則が望ましいものではないかもしれないからである。首狩り族の中には、自分で殺した敵の首を結婚式に持ってこれない者は結婚すべきではないとする部族があった。この道徳的規則を疑問視する者は、過度に自由を推奨し、男らしさの基準を弱めているとされた。だが、やはり倫理学に、この首狩り族の道徳的規則を正当化することを求めるべきではないだろう。

おそらく倫理学という主題に近づく最善の道は、人が「あなたはそれをすべきだ」とか「わたしはしかじかのことをしなければならない」と言うことで、何を言おうとしているのかを問うことである。この種の文には、まずは感情的な内容がある。すなわちそれは、「これは、私が賛成を感じる行為である」を意味する。だが我々は、問題をここで終わりにすることを望まず、個人的感情よりもっと客観的で体系的、そして持続的な何かを見出したいと思う。倫理学の教師は、「あなたはこの種の行為に賛成すべきだ」と言い、そしてたいていの場合、そう考えるべき理由を与える。そこで我々は、どのような理由がありうるかを検討しなければならなくなるが、このとき我々は非常に古くからある領域に踏み込んでいる。ソクラテスはもっぱら倫理学について考察した。プラトンとアリストテレスも、長きにわたってこの話題を論じた。そして彼ら以前に、[63]孔子と仏陀はほとんど倫理的教説だけからなる宗教を創設した。もっとも、仏教ではその後神学的な教説が大きく発展したのであるが。倫理学に関する古代の人々の見解は、（たとえば）物理科学に関するその見解よりもはるかに研究に値する。倫理学という主題は、厳密な論証という形ではいまだ証明されておらず、現代人は「我らは自らの祖先を時代遅れにしたのだ」と自慢できないからである。

歴史的には、まずは神か政府、あるいは慣習の権威に服従することこそが徳だとされた。権威に従わないものには、見せしめに罰が下された。この見解をいまだに採っているのがヘーゲルであり、彼にとって徳は国家に従順であることからなる。しかしながらこの理論には様々な形態があり、それによってどう批判するかも変わってくる。粗野な形態では、その理論は、権威が違えば何が徳であるかに関する見解も違ってくることに気付いておらず、そのため理論家自身が生きている共同体の実践を普遍化してしまう。他の時代や国が異なる慣習を持つことに気付くと、それらを忌まわしいと非難する。まずはこの見解から考察することにしよう。

我々が今考察しているのは、たとえば十戒のように、あらゆる状況において徳を決定する一定の行為規則が存在するという理論である。すべての規則を守る人は完全に有徳であり、守れないときが多ければ多いほど不道徳的な人とされる。倫理学の基礎としてのこの理論には、いくつかの批判がある。第一に、規則は決して人間の行為の全領域をおさめることはできない。たとえば金本位制をとるべきかどうかについて、十戒は何も明らかにしない。したがってこの見解を支持する人は、いくつかの問題を「道徳的問題」とし、残りはそうした性質の問題ではないとみなすことになる。これが実際に意味するところは、我々は「道徳的問題」については、いかなる結果が起きようとも特定の仕方で行為すべきであり、その他の問題に関しては、どの道を進めば最もよくなるかを考えるべきだ、ということである。したがって結果的に、規則がそれについて語るものと沈黙を守るもの、二つの異なる倫理体系を我々は持たざるを得なくなる。これは哲学者が満足できるものではない。

以上の見解に対する第二の批判は、第一の批判によって示唆される。我々はみな、ある結果を望ましく、別の結果を望ましくないと感じる。しかし、状況を考慮しない行為規則は、我々が望ましいと思う種類の結果をもたらすこともあれば、望ましくないと思う種類の結果をもたらすこともある。「汝殺すべからず」という戒めを取り上げよう。ご立派な人はみな、国家がある人物を殺せと命じる場合にはこの戒めは適用されないと考えるだろう。これも含めた様々な理由から、ニューヨーク教育委員会は最近、学校で十戒を教えることを許可しなかった。

第三の批判は、道徳的規則がどうやって知られるのかが問題になりうる、ということである。歴史的には、啓示または伝統によって知られる、というのが普通の答えであった。だがこれらは知識を得る仕方としては非哲学的である。哲学者は、これまで多くの啓示がなされてきたこと、そしてなぜその中からある啓示を受け入れるべきで他のものはそうすべきではないかが明らかではないこと、これらを見てとらずにはいられない。これに対して、良心こそが一人一人にとっての個人的啓示であり、何が正しく何が間違いかを変わることなく教えてくれるのだと、こう答えられるかもしれない。この見解の難点は、良心は時代によって変わることにある。今日ではほとんどの人が、自分たちの形而上学に同意しないからといって誰かを火あぶりにするのは間違いだと考える。しかしかつては、正しい形而上学のためになされるなら、それは高く称賛される行いだとされていたのである。道徳的概念の歴史を研究したことのある人なら、良心を変わることなく正しいと見なすことなどできない。よって、一組の行為規則によって徳を定義しようという試みは、捨てざるを得なくなるのである。

しかし、徳は権威に従属することからなるという見解には、別の形態もある。それを「行政官の倫理」と呼んでよいだろう。ローマ帝国やイギリス－インドの植民地総督なら、徳とは人が偶然所属することになった共同体の道徳的規則に従うことだと定義するだろう。それがどれほど異なっていたとしても、人は自身が属する時代、場所、教義の道徳的規則につねに従うべきである。たとえばイスラム教徒は一夫多妻制を実践しても不道徳とはしないだろうが、イギリス人は、たとえイスラム教の国で生活していたとしても、不道徳と見なすだろう。この見解では、社会に従順であることが徳の本質になる。あるいはヘーゲルとともに、政府に従うことを徳と見なす。こうした理論の問題は、権威には倫理的述語が適用不可能になってしまうことにある。つまり、慣習が良いとか、政府が悪いといった言明にはまったく意味がなくなるのである。これは専制君主および自発的な奴隷にうってつけの見解であって、進歩的な民主制下で生き残れる見解ではない。

正しい行為を行為者の動機や心の状態によって定義すれば、正しい見解へとすこし近づくことになる。この理論によれば、ある感情に触発された行為は善く、また別の感情に触発された行為は悪い。神秘主義者達はこの見解を支持し、そのため法の文言に対して一定の侮蔑感情を抱いている。概略的に言えば、愛に触発された行為は善く、憎しみに触発された行為は悪いとされるだろう。私は、この見解は実際上正しいと思うが、哲学的にはより根本的なものから導出されると考える。

これまで考察してきた理論はどれも、行為の正誤をその帰結によって判定する理論とは対立する。後者のような理論の中で最も有名なのは功利主義の哲学であり、幸福が善であり、世界の中の不幸に対する幸福の割合を最大にするよう行為すべきだと主張する。私自身は幸福を善の適切な定義だとはしないが、行為はその帰結によって判定されるべきだということには同意しなければならない。もちろん、日常生活で実際に緊急事態が生じた場合、「この行為をすれば結果はこうなる」といったことをつねに考えてみるべきだと言いたいわけではない。そんなことを考えていたら、計算し終わる前に行為の機会を逸してしまうこともしばしばだろう。私が言いたいのは、受け入れられている道徳的規則は、それが教育の際に教えられ、世論や刑法において具現化されているかぎりで、各時代において注意深く検討されるべきだということである。それは、道徳的規則が望ましい目的の達成にまだ役立つかどうか、そして役立っていないならどこを修正すべきかを見てとるためである。手短に言えば、法律的規則と同様に、道徳的規則はつねに変化する状況に寄り添い、公共の善をその動機とし続けるべきである。だとすれば、我々は公共の善が何からなるのかを考察しなければならない。

この見解に従うなら、「正しい行為」は独立した概念ではなく、「望ましい結果を生みだすよう計算された行為」を意味する。たとえば人を幸福かつ知的にするような行いは正しいとされるだろうが、不幸かつ愚かにするような行いは間違っているとされるだろう。そこで、何が正しい行為の目的であるかが、どうすれば分かるかを問わなければならない。

次のような見解がある。「善い」は定義不可能な概念であり、我々はそれ自体として善い様々なものについて一定の一般命題をアプリオリに知っているのだ、という見解である。これを支持しているのは、たとえばG・E・ムーア博士[64]である。ムーア博士によれば、善きものとして知られるのは、幸福や知識、美を享受することである。また、善きものを生み出し、悪しきものを妨げるよう行為すべきだということも知られる。私自身、かつてはこの見解を支持していたが、それを捨てるにいたった。理由の一つは、サンタヤナ氏の『学説の風』のためである。私は今では、善悪は欲求から派生するものだと考えている。

善いものとは欲求されたものだなどと、ごく単純なことを言いたいわけではない。なぜなら人間の欲求は対立するものであり、「善い」とは、この対立に決着をつけるべく設計された、主として社会的な概念であると私には思われるからである。しかしこの対立は、異なる人の欲求間だけでなく、一人が異なる時点で、あるいは同じ時点で持つ両立しがたい欲求間で生じたり、またロビンソン・クルーソーのように一人きりの場合ですら生じる。では、欲求の対立を反省することから、いかにして「善い」という概念が生じるかを見てみよう。

ロビンソン・クルーソーから始めよう。彼の場合、対立はたとえば疲労と飢えの間、特にある時点での疲労と別の時点に起こると予想される飢えとの間に生じるだろう。疲れているにもかかわらず、他の機会に食べ物を得ることを見越して働くために彼が必要とする努力は、「道徳的努力」と呼ばれるものが持つすべての特徴を持っている。我々は、努力をしないよりもする人に重きを置くし、また努力をすることはセルフ・コントロールを必要とする。ある理由から、こうした種類のものは道徳 moral ではなく「士気 morale」と呼ばれているが、これらを区別するのは錯覚に基づいていると思われる。ロビンソン・クルーソーは、様々な欲求が自分のなかにあることを認めるだろう。そしてそれらの欲求は、いずれも時によって強くなったり弱まったりするが、もしその時々で最も強い欲求につねに従うことにすれば、長い目で見ればより強い欲求を退けることになるかもしれない、ということにも彼は気付くだろう。ここまでで援用されているのは、知性の能力だけである。しかし、知性が発展するに従って、調和のとれた生活への欲求も大きくなると思われる。すなわち、両立する半-永続的な欲求によって行為が統制されているような生活への欲求である。さらには、調和のとれた生活への欲求以外にも、他のものよりも調和に導く傾向が強い欲求がいくつかある。たとえば知的好奇心は穏やかで持続的な満足をもたらす。これに対して薬物は強い快感をもたらすが、それには幻滅が続く。もし我々が期せずしてロビンソン・クルーソーの島にたどり着き、植物学を研究している彼を見たなら、ウイスキーを飲みつくして死んでいる彼を発見したときよりも、彼のことを善く思うだろう。こうしたことはすべて、自分のことしか配慮していないとはいえ、道徳に属する。

社会の中の人間を考えるときには、道徳的問題はより重要に、そしてより難しくなる。なぜなら異なる人の欲求の対立は、一人の欲求の内的対立よりも解決が難しいからである。いくつかの区別が必要である。まず、争いに利害関係がなく、それを冷静に眺める中立的な権威の視点と、争いの当事者の視点の違いがある。次に、我々が人々にしてほしいと望む事柄と、感情や欲求という仕方でその人たちに感じてほしいと望む事柄の違いがある。

いかなる権威も、自分が加わっていない争いは望ましくなく、加わっている争いでは権威の勝利を促進することが徳に適うと考える。後者の場合、その権威のふるまいは権威としてのものではなく、口論好きな個人の集まりとしてのものでしかない。その一人一人は、自分たち同士でよりも、外部と争う方がずっと有益だと考えている。そこで我々は、権威のこの側面は無視して、中立的な場合のその振る舞いのみを考察することにしよう。中立的な場合に権威が目指しているのは、争いを始めた者、ときには争う両派を処罰することによって、争いをやめさせることである。イエズス会の宣教師であり、約八〇年前に中国からタタール、そしてチベットを旅して魅力的な解説を書いたヒュク氏[65]は、一人の役人と交わした興味深い会話を伝えている。中国では裁判に時間がかかり、費用も高額で、賄賂がやり取りされていることにヒュク氏は気づいた。役人は、皇帝の臣下たちがあまりにも訴訟にかかりきりになってしまったので、それをやめさせるべきだとの皇帝の布告に従ってのことなのだと説明した。そしてその布告は、訴訟の数を減らす望ましい手段として先のような欠陥を行政官や裁判官に推奨したのである。これに関して、皇帝の命令は他の何よりも忠実に守られているようだった。

内部での争いに向かう衝動を抑えるために公的権威がとる別の方法として、団結心、公共精神、愛国心などを作りだすというやり方がある。つまり争いに向かう衝動を、当の権威が治めているグループの外の人々に集中させるのである。こうしたやり方は、明らかに不公平で表面的である。いずれ実現するはずの世界的広がりを持つ民主的権威には、このやり方はとれないだろう。そうした権威なら、調和を生み出すもっとよい方法を採用すべきであるし、またそれは現在のいくつかの権威よりも、市民に服従を求めるずっと強い権限を持っているだろう。

争いの当事者の視点からは何が言えるだろうか。二人の欲求が対立するよりは、調和しているときの方が全体の満足はより大きくなる。それはもちろん明らかだが、これは人々が実際に憎みあっているときに使える議論ではない。負けそうな方が道を譲ればいいと論じてもよいが、どちらもが「自分が勝ちそうだ」と考えるだろう。幸福は憎しみよりも愛からより多く生まれるのだと論じることもできるが、その要求通りに愛することなど人にはできないし、また不誠実な愛からはいかなる満足も得られない。それに、一つ一つの場合を見ていくと、必ずしも憎しみより愛のほうが多くの幸福をもたらすとは限らない。戦争中や戦争直後には、そんなときでもドイツ人も人間だと見なしていた人より、ドイツ人を憎む人の方が幸福だった。彼らには、「戦争中に」なされたことは、よき目的に役立ったと感じることができたからである。それゆえ、私にはこう思われる。個人的な視点からでは、道徳が受け持つべき領域のあるもの、しかもその最も重要な領域について、人に説いて聞かせることはできない。そうした領域は、中立的な権威の視点からしか教えられない。だからこそ、倫理は主として社会的なのだと私は主張したい。

中立的な権威は次のような態度をとると思われる。人が欲求することにはさまざまあるが、欲求それ自体を個別的に取り上げてみれば、それらはいずれも同一のレベルにある。つまり、ある欲求よりも別の欲求を充足することを選ぶ理由はない。しかし単一の欲求ではなく欲求の集まりを考慮するなら、ある集まりに属するすべての欲求を充足できるときと、集まりに属する一つの欲求の充足が別の欲求の充足と両立しないときの違いが出てくる。AとBがお互いに結婚したいと思っているなら、どちらの希望もかなえられるが、お互いに殺してやりたいと思っているなら、キルケニーのネコ(66)でない限り、どちらか一方しか成功できないだろう。それゆえ、前者の欲求の組み合わせの方が、後者の組み合わせより社会的に好ましい。ところで、欲求というものは三つの要因から生み出されるものである。生まれつきの素質、教育、そして現在の環境である。第一の要因については知識が得られていないため、今のところ論じることは難しい。第三の要因は、刑法や経済的動機、社会的賞賛や批難といった手段を通じて機能する。これらは、ある共同体で支配的な集団の利益を促進することが、その共同体内の個人にとっても大体は利益になるようにする手段である。だがそれは、外から働きかけるというやり方を取っている。つまり個人に良き欲求を抱かせるのではなく、強欲と恐れとの対立を生みだす——ここで勝つように望まれているのは恐れの方である——ことで、個人の利益にしているのである。真に決定的な方法は、生まれてから二、三年間の身体や習慣形成にも配慮した、広い意味での教育である。教育という手段によって人の欲求を変化させることができるのであり、その結果、人はおのずと社会的にふるまうのである。社会的に調和した行為を促す欲求を本心から感じるようにすることに比べると、刑法を使うときのように、人にその欲求を抑制するよう強いることは、到底満足できるものではない。

かくして、我々が取り上げる最後の論点が出てくる。すなわち、感じることと為すことの区別である。社会的な視点からすれば、重要なのは人の行いである。それは確かにそうなのだが、正しい欲求を持たない人に正しいことをさせ続けることはできない。そして正しい欲求は、賞賛したり持てと要求するだけでは生み出せない。道徳教育の技法は、説教や明示的に道徳的命令を下すこととは違うのだ。

我々は今や、到達した倫理について抽象的に述べることができる。我々はおおむね、あるものを望むときにそれを「よい」と言い、嫌悪するときに「悪い」と言う。しかし語の使用法には欲求よりも一貫性があるため、実際にはあるものを望んでいないときでも、それをよいと言い続けるだろう。黄色に見えるときもあるのに、芝生は緑だといつも言うのと同じことだ。「よい」という語には賞賛の意味合いが伴っているが、それは、その意味合いがなければ存在しなかったような欲求を生むことがある。たとえば、おいしい[good]と言われているというだけの理由で、キャビアを食べたいと思うかもしれない。また言葉の使用は社会的なものであるため、ごくまれな状況を除けば、我々は自分と関係する人のほとんどが「よい」と言おうとするときにだけ、ある物を「よい」ということを学ぶのである。それゆえ「よい」は、ある社会集団の全体が望む物に適用されることになる。したがって明らかに、異なる人々の欲求が対立する世界よりも、調和する世界のほうがよりよくなりうる。そこで、最高の道徳的規則は次のようになる。「不協和な欲求ではなく、調和した欲求を生み出すよう行為せよ。」この規則は、人の影響が及ぶ範囲ならどこまででも適用される。自分自身、自分の家族、住んでいる町、国、そしてその人が影響を与えうるのであれば、世界全体に対してすら適用される。

この目的に対しては、大きく分けて二つの方法があるだろう。一つは、個人や集団の利害の対立を可能なかぎり小さくする社会的機関を設立することである。もう一つは、自分の欲求を調和させうるように、そして自分と周囲の人の欲求を調和させうるように、一人一人を教育することである。第一の方法から生じる問題は政治学と経済学に属するので、これ以上述べるつもりはない。第二の方法に関しては、子供時代の成長期が重要な期間である。その期間を通じて、健康、幸福、自由がなければならない。さらには、有益で、周囲環境に習熟しようという衝動を満たすような困難な課題を達成するうちに次第に発達する、自己規律がなければならない。力への欲求は多くの人の中にあり、また最も精力的な人において最も強いものだが、それは人々にではなく、物に対する力へと振り向けられるべきである。

調和する欲求を求めるべきであるなら、愛は明らかに憎しみよりもよいものである。なぜなら二人が愛し合うときには双方が満たされるが、憎み合うときには、せいぜいどちらか一方しか欲求の目的は達成されえないからである。また、明らかに知識への欲求は奨励されねばならない。というのは、知識は他の人から奪い取ることで獲得されるものではないからである。対して、（たとえば）大規模農園に対する欲求を満たすことができるのは、ごく少数の人に限られる。他人に対する力への欲求は、対立の潜在的な発生源であるため、挫かねばならない。他人の自由を尊重することは、正しい教育によって発達させられるべきことの一つである。個人的に何かを達成しようという衝動は、芸術的な創造や科学的発見、あるいは有益な機関の創設といったこと、要するに所有的ではなく創造的な活動へと向けられるべきである。人間の欲求が対立するときには、知識は進んで害をなしうる（たとえば、戦争をより致死的にするにはどうすればよいかを示すことで）。人の欲求が調和する世界においてのみ、知識はどうすれば共通の欲求が実現されうるかを示すことになるので、よい結果をもたらすのである。

結論は一文にまとめることができる。良き生とは、愛に触発され知識に導かれる生である。[原註1]

原註1　例えば本書の著者による、『私が信じていること』（今日、そして明日叢書）を見よ。

第4部

第23章　過去の偉大な哲学者たち

これまでの議論のかなりの部分は人間に関するものだったが、人間自身がそれだけで哲学にとって真の主題になるわけではない。哲学が問題とするのは一つの全体としての世界であり、人間を考察しなければならないのは、ひとえに人間が世界について知識を得る手段であるからにすぎない。また、だからこそ我々はこれまでの章で、意志や感情の核としてではなく、知識を持ちうるものとしての人間を考察してきたのである。人間に影響するかぎりでしか世界に関心を持たないとき、我々は哲学をする姿勢を取っていない。哲学的精神は、それ自体としての世界に対する関心を要求するからである。しかし我々は各自の五感を通じて世界を把握し、また各自の知性を通じて世界について思考するため、そうした個人的媒体は、それを通じて我々が得た世界の描像にどうしても色をつけてしまう。したがって、世界の描像の要素の中のどれが我々によるもので、どれを外界の事実の表現として受け取ってよいのかを明らかにするために――明らかにできるとしてだが――我々はこの媒体、つまり我々自身を研究しなければならないのである。これまでの章では認知を、外から観察しうる反応として、また内観的に現れるものとしても考察した。我々が用いざるをえない手段の本性についてのこれまでの見解を踏まえ、以下の章では我々が世界について何を知りうるかを考察したい。私は、過去の多くの哲学者が考えたほど多くを知りうるとは思わないが、彼らの体系の概略を念頭に置くことには意味があると思う。そこでこれまでの何世紀かの間に作られた、典型的な哲学体系のいくつかを提示することから始めたい。

近代哲学は一般に、十七世紀前半に活躍したデカルトとともに始まるとされる。すでに第16章で「我思う、ゆえに我あり」とする彼の議論を検討する機会があったが、この章ではデカルトについてもう少し一般的に論じたい。デカルトは二つの思想動向の出発点となった。一つは形而上学であり、もう一つは知識の理論なのだが、デカルトは形而上学では心と物質、あるいは魂と身体の隔絶を強調し、知識の理論では前提を批判的に精査するよう主張した。これら二つの動向は、それぞれ興味深い経緯をたどることになった。力学がデカルトの時代に急速に発達し、十分なデータさえあれば物質の運動は数学的に計算できることを明らかにしたと思われた。物質の運動には我々の身体の活動や話すこと、書くことまでもが含まれるので、そこから人間の行動に関しては唯物論が帰結せざるをえないと思われた。しかし多くの哲学者はこの帰結を好まなかったので、それを回避するために様々な方法を考え出した。デカルト自身は、意志はある種の物理的結果を直接的に持つと考えた。脳の中には「動物精気」と呼ばれる流れがあり、意志はその流れの速さは変えられないが、運動の向きには影響を及ぼしうるとした。こうして常識的に想定されているように、意志は因果的効力を持つという見解は保持できたのだが、しかしそれはデカルト哲学の残りの部分とあまりうまくかみ合わなかった。デカルトは至高の実体すなわち神以外に、心と物質という二つの創造された実体があるとし、心の本質は思考であり物質の本質は延長であるとした。デカルトはこれらの実体を異なるものにしすぎたため、それらが相互に作用しあうということが理解しがたくなってしまった。そこで彼に続く者たちは、心が物質に影響することも物質が心に影響することも決してないと結論したのである。

その方向に議論を進めていこうという動機にはさまざまあるが、おそらく最も重要なのはデカルトのすぐ後の時代に物理学が発展したことだろう。「運動量保存の法則」と呼ばれる法則が発見されたのだが、それは複数の物体からなる系がなんらかの運動をし、かつ外部からの影響を受けていないときには、どの方向に対する運動量も一定であると述べていた。これは、「動物精気」に対する意志の作用というデカルトの仮定が力学の原理と矛盾することを明らかにしている。心は物質に影響しえないことになると思われ、また心と物質は対等の実体と見なされたので、さらに物質もまた心に影響しえないと推論された。心と物質はそれぞれ固有の法則にしたがい独自の道を行くと考えられた。たとえば腕を動かそうと意志したときに腕が動くという事実は、完全に正確な二つの時計がお互いに影響しあっていないにもかかわらず同時に鐘を鳴らすという事実に似たものと見なされる。心的出来事の系列と物的出来事の系列は平行し相手と同じペースで進行するため、それらは互いに独立であるにもかかわらず同期し続けるのである。

スピノザはこのような平行論から神秘を取り除くため、心と物質という二つの実体の存在を否定した。ただ一つの実体があり、思考と延長はその属性だと彼は主張する。しかしそれら二つの属性に属する出来事がなぜ平行して展開するにちがいないのかについて、やはり上手い理由はなさそうだった。スピノザは多くの点でもっとも偉大な哲学者のひとりだが、しかし形而上学的にというよりも倫理的に偉大なのである。だからこそ同時代人は、彼を形而上学者としては偉大であるものの、きわめて邪悪な人物と見なしたのだ。

心と物体の相互作用は不可能だという考えは現在でも生きている。「心理‐物理的平行論」が依然として提唱されており、それによれば脳状態のすべてに対して何らかの心の状態が対応し、また逆も成り立つが、それらは作用しあうことがない。デカルトがまさにこう考えていたというわけではないが、それでもこうした見解は全面的にデカルトに負っている。この見解の源としては、宗教的・形而上学的・科学的なものなど、他にも数々あるのだが、それらを正しいと考える理由は何もないだろう。

はじめに、回避すべきとされた伝統的物理学による厳密な決定論を取り上げよう。スピノザは平行論という方法ではこの決定論は回避できないことを正しく見てとり、物理的領域と同様に心理的領域においても決定論を受け入れた。もし我々が言うすべてのことが物理的原因によって決定されるのなら、我々は嘘をつくときしか自由に思考しないことになる。考えたことを口にするかぎり、思考もまた物理学から推論可能なのである。私が支持したい哲学はこうした帰結を回避するが、それにはいくつかのやり方がある。第一に、因果性は強制を含まず、継起の法則しか含まないのだから、もし物理的出来事と因果的出来事が平行して進むのなら、両者は等しく相手の原因であると正当に見なせるのであり、それらが因果的に独立だとすることに意味はない。それゆえデカルト的二元論は、それが意図していた悦ばしい帰結を持たないのである。第二に、現代では物理学は過去何世紀かに比べて決定論的ではなくなってきている。何が放射性原子を破裂させるのか、何が電子を大きな軌道から小さな軌道へとジャンプさせるのか、たとえばこうしたことを我々は知らない。これらの問題については統計的平均しか判明していないのである。

次に、心と物質はまったく異なるという見解を取り上げよう。我々はすでにこれを批判した。この見解は、物質について我々は実際よりもはるかに多くを知っているという考え、とりわけ物理学の空間を感覚経験の空間と同一視できるという信念に依拠している。ライプニッツはこんなことを信じていなかったのだが、しかし自分の見解がどんなものかをまったく認識していなかった。カントもまたそれを信じておらず、感覚経験の空間が主観的であることを認識しはしたものの、そこから物理学の空間まで主観的だと推論してしまったのだった。カント以降、アインシュタインとミンコフスキー[67]が登場するまでだれも空間について明晰に考えなかったようだ。物理的空間と感覚空間を論理的に分離してしまえば、心と物質についての伝統的な見解には根拠がないことが明らかになる。したがってデカルト哲学のこの部分は、物理学の発展によって促されたものだとはいえ、形而上学的には誤りだとせねばならない。

デカルト哲学の別の部分、すなわち方法的懐疑を強調したことと、その結果として知識の理論を強調したことはもっと実り多いものだった。我々は自分が思っているほど多くを知らないと認めること、それこそ哲学的態度の始まりだが、デカルトはこのことに大きく貢献したのである。すでに見たように、デカルトは疑いうるあらゆることを真剣に疑ったが、それでも疑いえないものとして自分自身の経験を見出し、それを自らの哲学体系を作る出発点とした。この世で最も確実な事実は「私は考える」ということだと彼は考えたのだが、これは残念なことだった。というのは、そのせいで近代哲学は主観的なものに偏った見方をするようになったからである。実際のところ「私」は出来事の連鎖にすぎないと思われるし、それを作り上げる各出来事の方が鎖の全体よりも確実である。さらに、デカルトは「考える」を定義不可能な語として受け入れているが、実は「考える」と呼ばれているのは出来事間の複雑な諸関係をまとめたものなのである。ある一つの出来事はいつ「思考」になるのか。思考に内在的な何らかの特徴があり、それを持つときなのか。デカルトならこの案に肯定的に答えるだろうし、大半の哲学者もそうだろうが、私はそんな内在的特徴などないのだと言いたい。たとえば視覚的感覚と聴覚的感覚はどうか。デカルトの意味ではどちらも「思考」であるが、それらに共通するものなどあるだろうか。二つの視覚的感覚はいわく言い難い共通の質を持ち、それがその二つの感覚を視覚的にしている。二つの聴覚的感覚についても同様である。だが、私が間違っていないなら、視覚的感覚と聴覚的感覚が共通して持つ内在的性質などなく、それらに共通するのは推論することなく知られるという一定の能力である。結局これは、それらの感覚は認知と呼ばれる種類の出来事のムネメ的原因であると言うこと、さらにはそれらが惹き起こす認知とそれら感覚の間には一定の形式的類似性があると言うことと同じである。それゆえ基礎とするべきは「私は考える」一般ではなく、感覚(あるいはむしろ「知覚」)を含む、推論することなく知られる個別の事象である。すでに見たように、これらの事象は物的とも心的とも等しく正当に見なすことができる。つまりそれらは物理的因果の連鎖の一部であると同時に認知をムネメ的結果として持つ。そして前者の事実によって「物理的」であり、後者によって「心的」であると言われるのであり、どちらもまったく正しい言い方なのである。個別の出来事こそが確実なのであって、デカルトが自身の哲学の基礎とした「私は考える」ではない。究極的に確実なものを「主観的」と見なすことは正しくない。もしそう見なすことが正しいとしても、それらが時空間の我々の身体を含む部分——そこは心も含むと言うべきだろう——内部での出来事である、という意味でのことでしかない。

デカルト的形而上学に新たな展開をもたらしたのはライプニッツ(一六四六—一七一六)である。彼はデカルトと同じく、数学と哲学の双方において比類なき存在であった。ライプニッツは、ただ一つの実体が存在するというスピノザが支持した見解や、あるいはデカルトの後継者たちの間で一般に支持された、神以外には二つの実体しかないとする見解を拒絶した。彼はまた心と物質の二元論も拒絶し、無数に多くの実体が存在するのであり、それはまったく物質的ではなく、程度の差こそあれいずれも心的であるとした。すべての実体は不死であり、また実体間には相互作用はないと主張した。この後者の主張は、デカルト的な心と物質の独立性から引き出された見解である。デカルト主義の二つの実体を支持するために平行論が信じられていたが、ライプニッツはこの信念を、彼自身の多数の実体に適用した。彼は自身の実体を「モナド」と呼び、すべてのモナドは宇宙を映し出すとした。そしてすべてのモナドは、自分以外の他のモナドとあらゆる点で対応を保ったまま展開していくとしたのである。人間の魂あるいは心は一つのモナドだが、身体はモナドの集まりであり、それらもある程度心的であるが、魂のモナドよりは程度が劣る。高度なモナドに比べると、程度の劣るモナドの世界の映し方は混乱しているが、最も高等なモナドの知覚においてさえ混乱した要素がある。どのモナドもそれ自身の観点から世界を映し出し、観点の違いは視野の違いに擬せられる。「物質」は混乱したやり方で知覚された複数のモナドであり、もし明晰に知覚されるなら、物質など存在しないと分かるはずなのである。

ライプニッツの体系には大きな長所があるが、短所も大きい。物質とは混乱した仕方での非物質的なものの知覚であるという理論は、彼以前の論者たちに見られるどの理論よりも進んでいた。はっきり意識していたわけではないが、ライプニッツは物理的空間と知覚的空間を区別してもいた。すなわち、各モナドが映し出す世界の中に空間があるのだが、「視点」の配列もしくはパターンもまた存在するのであり、前者が私の言う「知覚空間」に、後者が「物理空間」に対応する。ライプニッツはニュートンに反対し、空間と時間は諸関係のみからなると主張した――この見解はアインシュタインの相対性理論によって決定的に勝利した。彼の体系の弱点は、彼自身が「予定調和」と呼んだ考えにあった。各モナドには「窓がなく」、互いに作用することがないにもかかわらず、すべてのモナドが（言わば）歩調を合わせるのはこの予定調和のおかげである。ライプニッツにとって知覚は、知覚される対象の結果ではなく、知覚される対象内で生じることと平行して展開する、知覚するモナド内で生じる変様である。こんな考えは、その前にデカルト的な心と物質の相互独立性の理論がなかったとしたら、決してもっともらしいと思われなかっただろう。そしてもしライプニッツが信じたとおりに、彼自身が他のすべての被造物から独立に展開していったとすれば、彼にとって自分以外の何かが存在すると信じるべき理由はなくなってしまうのではないかと思われる。というのも、ライプニッツの理論に従うなら、他のありとあらゆるものが存在しなくなっても彼の経験は変わらないままだからだ。実際、ライプニッツは他の一切が存在しないという可能性を退けるために神学的考察を持ちだすより他なく、その話の筋が通っているにせよいないにせよ、それはもはや哲学とはかけ離れたものになっている。彼の教説は本当に巧妙だったのだが、以上のような理由から、フランスとイギリスではほとんど支持されなかった。ただしドイツでは、カントの時代が到来するまでの間、改変された形ででではあるが普及していた。

デカルト、スピノザ、そしてライプニッツの体系に共通する一つの重要な特徴がある。それらはいずれも「実体」のカテゴリーに基づいているのである。これは「物」という常識的な観念が発展してできた概念である。「実体」は様々な性質を持ち、また一般的には破壊できないと考えられているが、なぜそう考えられているのかは理解しがたい。この概念が形而上学者たちを支配してきた理由は、一つには物質と魂が不死であると考えられたからであり、また文法から得られた観念を実在へと性急に持ちこんだからでもある。我々は「ピーターが走る」「ピーターは話す」、「ピーターは食べる」等々と言い、それらすべてのことを為すピーターという一つの存在者があると考える。そして、それらを為す誰かがいなければどの行為も為されなかったであろうとも、さらにはピーターがこれらの行為のどれも為さずにいることもできたとも考える。同様に、我々はピーターに様々な性質を帰属する。彼は賢く、背が高く、ブロンドだ等々と言う。これらの性質はいずれも、他に何もないところにこれらだけで存在することはできず、これらが帰属する主体［subject 主語］があるときのみ存在すると感じられる。しかし、もしピーターが愚かになり背も低くなり髪を染めたとしても、ピーターのままだろう。そこで「実体」と見なされるピーターは、彼が持つ性質やその状態と比べて自立的であり、あらゆる変化を通じて実体的な同一性を保つのである。これと同じように、物理的世界内では原子はどれほど運動したとしても、そして他の原子とどんなふうに結合したとしても、すべての時間を通じて同一性を保持すると考えられている（あるいは、最近になるまでそう考えられていた）。物理学の全体は「運動」の概念に依拠すると考えられていたが、厳密に言えばこの概念が適用されるのは他の実体に対して空間的関係を変化させながらも同一性を保持する実体だけであった。かくして「実体」は、形而上学よりも物理学においてより確固たる地位を獲得するまでになったのだった。

にもかかわらず、もし現代物理学や現代の心理学を踏まえてともかくも妥当な哲学を作るべきだとすれば、「実体」の概念が結局は持続性の概念を含むかぎりでは、いかなる意味であれそれを思考から締め出してしまわなければならない。相対性理論であれ、原子構造に関するハイゼンベルク－シュレーディンガーの理論であれ、現代物理学では「物質」は出来事のシステムに還元されてしまい、そしてそれらの出来事は極めて短い期間しか存続しないのである。電子や陽子を単一の存在者として扱うことは、ロンドンやニューヨークの住人を単一の存在者とするのと同じように愚かしいことになった。また心理学でも同様に「自我」は究極的な概念としては消えてしまい、ひとりの人格の統一性は出来事からなる諸系列の特殊な因果的結合になってしまった。この点で、文法や日常言語は形而上学への悪しき導き手であることが明らかになったのである。哲学に対する統語論の影響について本を書けば、それは名著になるだろう。その本では著者は、ヨーロッパ的思考に対する文の主語‐述語構造の影響を詳細にたどれるはずであり、それはこの「実体」の問題に関して特にそうだろう。また、実体を拒絶するにいたったのと同じ理由で、「物」と「人物」もまた究極的に妥当な概念としては拒否されてしまうことを理解せねばならない。私は「私は自分の席に座る」と言ったりするけれども、次のように言うべきなのである。「因果的に結合された出来事からなるある一つの系列があり、その結合の仕方のためにその全体は「人物」と呼ばれる。この系列が、別の出来事の系列と一定の空間的関係にある。この後者の系列では、出来事は前者とは違った仕方で因果的に結合し合い、「テーブル」という語で表示されるような空間的配置を持っている。」人生はあまりにも短いのでこんな言い方はしないが、しかしもし私が真の哲学者であるならこのように言うべきなのである。他にいかなる根拠もなかったとしても、「実体」の概念の非妥当性からすれば、デカルト、スピノザ、そしてライプニッツの哲学は現代科学と両立しないと見なされることになる。もちろんこの三者の哲学のどれにも「実体」に依拠しないものが多くあり、そこには依然として価値がある。だが、議論の枠組みと中身の多くをもたらしているのは「実体」であるため、それとともにこれら三つの偉大な体系は致命的な欠陥を招き入れているのである。

そこで、三人のイギリス人哲学者、ロック・バークリ・ヒューム――順にイングランド・アイルランド・スコットランドの出身である――を取り上げることにしたい。(68)愛国心のためか、あるいは国民的気質が共通しているせいか、私には彼ら以前のヨーロッパ大陸の哲学よりもこの三人の書いたものの方に、受け入れることができないまでも重要だと認められるものが多くあると思える。彼らの体系の方が野心的ではなく、議論はより精緻で、そして方法はずっと経験的であり、どこをとっても彼らの方が現代の科学的見地に一層親近的である。その一方で、バークリはともかく、ロックとヒュームは心理学から哲学に取り組もうとしすぎており、世界よりも人間の研究に関心を持っている。

ロックはニュートンの同時代人であり、友人でもあった。その名著『人間知性論』はニュートンの『プリンキピア』とほぼ同時に出版された。彼の影響ははなはだ大きい。実際、彼の能力からして正当である以上に大きな影響力を持ったのであり、しかもそれは哲学に留まらず、むしろ政治的・社会的なものだった。ロックは十八世紀の自由主義の創設者のひとりであり、民主主義、宗教的寛容、経済活動の自由、教育の進歩、これらすべてについて我々は彼に多くを負っている。一六八八年のイギリス革命は彼の思想を体現し、一七七六年のアメリカ革命と一七八九年のフランス革命は、彼の教えから一世紀かけて育ったものを表現している。そしてこれらの運動のすべてで、哲学と政治学は手を取りあって進んできた。そのため、ロックの思想の成功は驚くべき規模となったのである。

以上のすべてを知った上でロック自身の著作を読むと、失望を感じずにいることは難しい。彼は分別ある蒙の啓かれた人であり、細心であるが、独創的ではなく（現代人にとっては）啓発的ではない。ロックの同時代人たちが、一世紀にわたる宗教戦争と蒙昧主義との長い戦いの末に、ようやく常識を活かすべきと気づいたことを思い出さねばならない。ロックは「生得観念」の学説と戦った。その説によれば、経験によってはある種の事柄しか学べないのであって、我々が抽象的な知識を所有しているのは生まれつきの仕組みのおかげなのである。ロックは、生まれたときには心は蠟の板のようなものであり、経験がその上に書き込んでいくのだとした。この問題については、反対者よりもロックの方が正しい点が多かった。それは間違いないのだが、しかしこの論争で使われた用語は現代では使い物にならない。人間の生得的な機構は「観念」ではなく「反射」から成ると言うべきである。また、一定の反応を導き出すのは感覚器官や腺、筋肉なのであり、反応の際には外的な刺激だけでなく、我々の身体組織も同じくらい重要な役割を果たすと言わねばならない。ロックと対立した者たちが「生得的」で意味したものは、おそらく、我々の知識反応のうちの身体組織に対応する要素におきかえてよいだろう。だが、そうした要素に対する我々の感じ方を考慮に入れるなら、それらの要素は対立者たちが意味していたものを十分正確に表してはいない。「生得」観念は我々が誇りとする観念であり、純粋数学や自然神学、そして倫理学を包摂していたが、くしゃみや咳をすることを誰も誇りとはしない。そして我々の知識が経験を通じてどのように生じるかをロックが詳らかにしようと試みたとき、彼は役に立たない大量のガラクタから哲学を解放したのである。たとえ彼自身の学説が、もはや我々には受け入れられないようなものだったとしても。

ロックは常識と両立するようなやり方でしか自分の原理を用いなかったが、バークリとヒュームはともに、逆説的な結論に至るまでその原理を徹底化した。バークリの哲学は、それに値する注目と尊敬を受けていないように私には思われる。私は彼の哲学には同意しない。しかしそれは非凡であり、しばしば考えられている以上に退けるのは難しいと思っている。周知のとおり、バークリは物質の実在性を否定し、かつすべては心的だと主張した。この主張の前半については、別の理由からではあるが、私はバークリに同意する。後半については、それを導く議論は成功しておらず、結論は確実に間違っているとは言わないが、もっともらしくないと思う。だが私自身の見解を展開するのは後の章にまわし、バークリの議論に集中しよう。

たとえばあなたが「木を見ている」とき、あなたが本当に知っているものはすべてあなた自身の中にあり、心的なのだとバークリは主張する。ロックがすでに論じたことだが、あなたが見ている色は物理的世界に属するのではない。ロックによれば、色は物理的刺激があなたの中に生み出した一つの結果なのだ。ロックは、知覚された対象の性質のうち、純粋に空間的な性質は実際にその対象が持っているのだが、色や柔らかさ、音などは我々の内なる結果であるとした。バークリはこの議論をさらに進め、知覚された対象の空間的性質も例外ではないと論じたのである。それゆえ知覚された対象は「心的」な構成要素のみからなることになり、心的ではない何かが存在すると信じる理由はまったくなくなる。バークリも、我々が見ていないときには木は存在することをやめる、などということを受け入れようとは思わなかったので、木は神の心の中の観念であることを通じて存続すると主張した。それはやはり一つの「観念」にすぎないが、その存在は我々がそれを知覚するかどうかという偶然事には依存しないのである。

バークリの見解に対して本当に批判になっているのは、形而上学的ではなく物理学的な論点である。光と音がその発生源から知覚者に届くには時間がかかるので、それらが伝わる経路上で何事かが起きていると考えなければならない。その経路上で起きていることはおそらく「心的」ではない。というのは、すでに見たように、「心的」出来事とは生体組織と関連した特有のムネメ的結果を持つ出来事だからである。それゆえバークリは、我々が直接的に知る出来事は心的であると言うときには正しいとしても、生きた身体が存在していない場所にある、推論される出来事に関しては間違っていた可能性が高い。ただしこのように言うとき、ある議論の前提を先取りしているのだが、後の章になるまでその議論を十分に展開することはできない。

ヒュームはロックやバークリと本質的に同様の出発点から議論を進めていくのだが、その結論は非常に懐疑的で、彼以降の哲学者の誰もがしり込みしたほどだった。ヒュームは自我の存在を否定し、帰納法の妥当性に疑問を投げかけ、我々自身の心的過程以外のものに因果法則が適用できるかどうかを疑った。何らかの積極的な結論を打ち出そうとしなかった哲学者はほとんどいないが、ヒュームは数少ないその中の一人である。ごく普通に確実だと感じられることを拒絶しようという彼の論証は、かなりの部分妥当だと認めなければならないと思われる。自我に関しては、彼はほぼ確実に正しかった。すでに論じたように、人物は単一の存在者ではなく、特殊な因果法則によって結び付けられた出来事からなる系列である。帰納法に関する問題は非常に難しいので、後で一つの章を丸ごとそれに充てたい。そのとき分かることだが、因果法則の問題は帰納法と同じ問題である。どちらの論点についても、ヒュームの懐疑は軽々しく退けられるべきものではない。

ロック、バークリ、ヒュームに対して、現在では不当に「原子論的」であるという批判がなされるのが普通である。彼らの考えでは、心とは「観念」の集まりであり、その観念はビリヤードボールのようにしっかりとして相互に独立的だとされた。連続的な変化や統合された過程の因果的単位はあまりにも小さいので、彼らはそれらについて考えることがなかった。すでにゲシュタルト心理学や文との関連で確認したように、因果的単位はしばしば、それぞれを独立させると、それらを特徴づける因果的性質が失われてしまうような仕方で配置されている。この意味では、伝統的なイギリス哲学が原子論的に過ぎるということは正しい。しかし別の意味では、私はこの批判が正しいとは思わず、この点で混乱しているのは多くの現代哲学の方だと考える。出来事は、要素へと分解されるとその因果的性質を失うような配置にあるのかもしれないが、それでもやはり一定の仕方で要素が関連づけられることにより構成されるのである。全体の因果的効力は分離独立した原子の個別の効果を総和したものだと前提しないかぎり、「原子」への分析は完全に妥当である。自分が提唱する哲学を「論理的原子論」と呼ぶのは、私がこのような見解を支持しているからである。そしてそのかぎりで、私はロック・バークリ・ヒュームは現代の批判者たちよりも正しかったと思う。だがこの話題もまた、後の章で再び取り上げることにしたい。

原因の概念に対するヒュームの批判に導かれて、カントはそれまでの自分とは違う新しい哲学を始めた。カントの哲学は難解で捉えどころがなく、彼が何を言っているのかはいまだに哲学者たちの間で議論になっている。カントの支持者は、カントに同意しない者は誤解しているのだとする。それゆえ私は読者の注意を喚起しなければならない。カントが言ったことについて衆目の一致する見解など存在せず、以下で述べるのはあくまで私なりの見解にすぎない。

カントの主張するところでは、自分自身の心の仕組みのおかげで、我々は感覚印象という生《なま》の素材を、一定の「カテゴリー」という手段および時間と空間の中に配列することを通じて処理する。カテゴリーと時間的・空間的配列はどちらも我々がもたらしたものであり、あくまで我々に知られるかぎりでの世界にしか属さない。しかし我々の心の仕組みはつねに我々に与えられているので、知られるものとしてのすべての現象は時間的・空間的であり、カテゴリーに従うことになる。カテゴリーの中で最も重要なのは「原因」である。それゆえ、それ自体としての世界の中には原因はまったくないかもしれないが（道徳への関心のために、カントはこの点に関して一貫していない）、しかし現象には、すなわち我々に現れるものとしての物にはつねにその原因となる他の現象があることになる。また実在の世界には時間もまったくないが、我々に現れるものとしての物はお互いに時間的に前後する。空間もまた我々に由来するため、我々は幾何学をアプリオリに知ることができ、外界を研究する必要はない。カントは、ユークリッド幾何学は完全に確実に正しいと考えたのだった。ただし、ユークリッドの公理は自己矛盾することなく否定できるので、論理学だけでは証明できないとした。

カントの体系の弱点が明らかになったのは、まずはこの幾何学の問題に関してであった。ユークリッド幾何学は完全に正しいとする根拠がまるでないことが分かったのである。アインシュタイン以来、むしろユークリッド幾何学はそれほど正しくないとみなすべきだとする実証的な根拠が得られている。幾何学はどうやら地理学と同様に経験的であるらしい。三角形の内角の和が二直角であるかどうかを知りたいなら、西半球にどれくらい陸地があるかを知りたいときとまったく同じように、観察しなければならないのである。

「カテゴリー」にも同様に大きな問題がある。「原因」を例としよう。我々は稲妻を見てから雷鳴を聞く。現象としては、この見ることと聞くことは原因と結果として結合されている。だが「原因」は主観的だという考えを真剣に受け取るべきなら、見ることや聞くことの外部にそれらの原因があると考えてはならない。この場合、我々自身の外に何かが存在すると考える理由はまったくなくなってしまう。それどころではない。カントによれば、何かを見るときに我々に本当に起きていることは、我々が内観によって知覚するものですらない。本当に起きていることには日付はなく、空間内での位置もなく、原因も結果もない。したがって我々は自分自身について、外界よりもましな知識を持っているわけではないのである。空間と時間、およびカテゴリーが「実在の世界と我々との間に」蜃気楼のように立ちふさがり、どこにも隙はない。ヒュームの懐疑に対して応答する試みとしては、これはあまり成功していないと思われる。そしてカント自身が、後に『実践理性批判』において、彼自身の体系の多くを取り壊したのである。それは、少なくとも倫理は「実在」の世界において妥当性を持たねばならないと考えたためだったのだが、彼の後継者たちは、カント哲学のこの点を通常は無視するか、言い訳しながら小さく見積もっている。

我々の知識のどこまでがアプリオリでどこまでが経験に基づくのか、これに関する古い哲学的論争にカントは新しい展開をもたらした。経験なくしては何も知ることはできないこと、そして知られることは経験の領域内でのみ妥当であることをカントは認めた。しかし彼は、我々の知識の一般的な枠組みは、経験される個別的な事実によっては証明されず、現象が経験されうるために従うべき条件を表現しているという意味でアプリオリなのだと主張した。カント以前には、大陸の哲学者たちはほとんどすべてをアプリオリだとし、イギリスの哲学者たちはほとんどすべてを経験的だとする傾向があった。しかし両者はともに、アプリオリなものは、少なくとも理論的には論理学によって証明されうると考えていた。これに対してカントは、数学はアプリオリだが「総合的」である、つまり論理学によっては証明できないと主張したのである。この点でカントは、幾何学のために間違った考えへと導かれていたのである。ユークリッド幾何学は、真であると見なされるときには「総合的」ではあるが、アプリオリではない。一方、前提から帰結を導出するだけのものとして見なされるときには、アプリオリではあるが「総合的」ではない。工学者が必要とするような、実際の世界の幾何学は経験的である。これに対して純粋数学としての幾何学は、公理が真であることを求めず、公理が含意するものを明らかにしているだけであるため、純粋な論理学の実行例にほかならない。

しかし、これまで本書で提示してきた分析が、知識の正しい分析に多少でも近いとすれば、経験主義者とアプリオリ主義者の論争全体がおおよそ間違ったものであることになる。すべての信念は外的な刺激によって惹き起こされる。信念が刺激と同じく個別的であるとき、それは経験によって証明されたと見なすことを経験主義者に許すような、そうした種類の信念になる。だが、信念がもっと一般的であるときには問題が生じる。外国人がイギリスに到着して税関の職員に会うと、彼は「イギリス人はみんな無礼だ」と一般化するだろう。しかしその数分後、チップ目当ての荷運び人がこの帰納法を覆してしまう。このように、ある一つの信念が一つの出来事によって惹き起こされたり、そして別の出来事によって破壊されることがある。もしある人の人生におけるすべての出来事が、この信念を惹き起こすような類のものであったとすれば――もちろんこの信念に影響するような出来事だったとしてだが――、その人はその信念を正しいとするだろう。信念が一般的になればなるほど、それに関わる出来事も多くなり、それゆえ人々に長期間真と見なされるような信念であることは難しくなる。大雑把に言えば、アプリオリだとされる信念とは、その後に生じる出来事によって覆される可能性は十分あったのだが、実際には裏付けられてきた信念のことだ、ということになるだろう。他の場合と同様に、この場合でも知識の理論はカント以来考えられてきたほど根本的ではないと考えざるをえなくなる。

　さらにもう一つ、考えてみたい伝統的な論争がある。一元論者と多元論者の論争である。世界は一なるものか、多なるものか。もし多なるものであるなら、それらはたがいにどれくらい密接につながりあっているのか。一元論的見解は非常に古く、パルメニデス[69]（紀元前五世紀）においてすでに完成しており、スピノザ、ヘーゲル、そしてブラッドリーたちがそれを展開しつくした。これに対して多元論的見解は、ヘラクレイトスや原子論者たち[70]、ライプニッツ、そしてイギリス経験論者に認めることができる。話を明確にするため、一元論的見解としてブラッドリーを取り上げよう。彼はヘーゲルの後継者の中では代表格である。ブラッドリーは、すべての判断はまるごと一つの世界全体に一つの述語を割り当てることからなると主張した。つまりそうした全体こそあらゆる述語の主語なのである。あなたが、はじめに「トミーは鼻風邪をひいている」と発言したとしよう。これはまるごと一つの世界全体についての言明であるようには見えないかもしれないが、ブラッドリーによればそういう言明なのである。彼に追随する者たちは怒るかもしれないが、くだけた言い方で彼の議論を述べさせてもらえるなら、たとえば次のように言わなければならない。「なにはともあれ、そもそもトミーとは誰なのか？　彼は一定の本性を持つ一人物であり、その本性によって他の人物から区別される。彼はいろんな点で他人と似ているかもしれないが、すべての点で似ているわけではない。そのため、本当なら彼のすべての特徴を挙げなければ、トミーとはだれのことかは説明できない。しかしそうすると、トミー以外のものへと目を向けなければならなくなる。というのも、トミーは周りの環境との関係によって特徴づけられるからである。トミーは優しかったり、反抗的であったり、のどが渇いていたり、あるいは騒々しかったたり、大人しかったりする。だがこうした性質はいずれも、他のものとの関係を含んでいる。トミーの外にあるものには一切言及せずに彼を定義しようとしてみれば、そんなことはまったく不可能だと分かるだろう。それゆえ彼は自立自存的な存在ではなく、世界の非実体的な断片なのである。同じことは、彼の鼻や風邪についてもより明白に成り立つ。彼が風邪をひいているとどうして分かるかと言えば、ある種の物質が彼の鼻からハンカチへと移るからだが、もしトミーしか存在しなかったならそれは不可能であろう。しかしトミー・その鼻・風邪のそれぞれの定義を踏まえて、今度は彼の周囲環境を取り上げるなら、トミーの直近の環境はさらにその周りの環境を考慮に入れなければ定義できないことが分かる。そしてそれがどこまでも続き、ついには全世界を含まなければならなくなる。それゆえ、世界未満のものはいずれも性質を持てるほど十分に実体的ではないのだから、トミーの風邪は、実は世界そのものが持つ性質なのである。」

以上の議論はもっと抽象的な形でも述べることができる。世界の部分であるすべての物は、部分的には他の物との関係によって構成されている。しかし関係は実在的ではありえない。関係に反対するため、ブラッドリーはまず、もし関係があるのなら、複数の性質があるとし、関係はそれらの間に成立するとしなければならないと論じる。議論のこの部分にはこだわらなくてよい。ここからブラッドリーは次のように議論を進める。

「だが一方、諸性質の間にいかにして関係が成立するのかが理解不可能である。もしその関係に立つということがそれらの性質にとって何事でもないのであれば、それらはまったく関係づけられていないことになる。そしてこのときには、すでに見たように、それらは「他なるものとの関係によって構成されているのだから、関係そのものがなくなるとすれば」性質ではなくなってしまい、関係も非存在になる。だがもし関係に立つということがそれらの性質にとって何事かであるなら、そのときは明らかに、新たな結合する関係が必要になる。というのは、関係が関係項のどちらか一方や両方の属性にすぎないことはありえないからである。あるいは少なくとも、そんな主張は擁護不可能だと思われる。そして関係がそれ自体で何かであるとして、もしそれがその項に対して一つの関係を持たないのだとすれば、関係がそれらの関係項にとって何事かでありうる方法として理解可能なやり方が何かあるだろうか。だがここで我々はふたたび絶望的な過程の流れにのみ込まれている。なぜなら我々は果てしなく新しい関係を認めなければならなくなっているからである。二つの環が一つの環によって結びつけられるのだが、紐帯たる一つの環もやはり二つの端を持つ。そしてこれら二つの端を元々の環と結合するために、それぞれ一つの新しい環が必要となる。性質の間にいかに関係が成立しうるかを見出すことが問題だったのだが、この問題は解決不可能である[71]。」

この議論を適切に論じるには難しい専門的技法が必要だが、そうした技法をここで持ちだすのは場違いだろう。しかし、私には本質的な誤りだと思える点を指摘しておきたい。

ブラッドリーは関係を、その項と同様に実体的な何かであり、根本的に異なる種のものではないと理解しているが、複数の環からなる鎖の比喩を出されるとそれは疑わしく思えてしまう。なぜなら、もしその比喩が妥当なら鎖は不可能であることが明らかに証明されるが、現に鎖は存在しているからである。彼の議論には、物理的な鎖に当てはまらないような語は含まれていない。連なる環は別の環によってではなく、空間的関係によって結びつくのである。ブラッドリーは無意識のうちに、私が以前の章[72]でそれとなく触れた事情によって、間違った方向へと導かれたのだと思われる。すなわち、関係を表現する語は、関係項を表現する語と同じく実体的であるという事実である。AとBが二つの出来事であり、AがBに先立つとしよう。「AはBに先立つ」という命題において、「先立つ」という語は「A」や「B」といった語と同様に実体的である。AとBの二つの出来事の関係は、言語的には、「A」、「先立つ」、「B」という三つの語の時間的もしくは空間的順序によって描出される。だがこの順序は［三つの語の間に］実際に成立している関係であって、関係を表現する語ではない。ブラッドリーの後退の第一歩は、実は関係に対して言語的表現を与えるときに踏み出されたのであり、そこでなされなければならなくなったのは、関係を表現する語と関係項を表現する語とを関係づけること、なのである。しかしこれは形而上学的ではなく言語的事実なのだから、どんどん後退していかざるをえないなどということはない。

次のことを付け加えておかなければならない。ブラッドリー自身も認識しているが、ある性質が実在に割り当てられるときの主語と述語の関係を考慮する段になると、ブラッドリー自身が指摘した困難が改めて噴出してしまい、結局彼はいかなる真理も完全には真ではないと結論せざるをえなくなる。この種の結論は、それが依拠するきわめて抽象的な議論はどこかが間違っているのではないかと自然に疑わせるものである。

多元論は科学的で常識的な見方であり、それゆえ、それに反対する議論が決定的でないなら受け入れるべきである。私自身はといえば、多元論が正しい見解であり、一元論は神秘主義に触発された誤った論理学によって生み出されたということを、まったく疑っていない。その論理学はヘーゲル哲学とその追随者たちを支配し、またその著書の中で言及されることはほとんどないがベルクソンの体系の本質的な基礎でもある。その論理学が拒絶されれば、そうした過去の例のような野心的な形而上学体系は不可能であることが分かる。

第24章　真理と虚偽

真理と虚偽の問題はこれまで不必要に神秘化されてきたが、それにはいくつか原因がある。第一に、人々が自分の信念について、それは偽であるよりははるかに真である見込みが高いと思いたがるため、真になるのが通例であって、偽は結局のところ偶発的なのだと示すような、そうした理論を求めてしまうことがある。第二に、「真」や「偽」という述語が適用されるべき対象が信念や判断であることを、誰もが知っているのは確かだと言えるにもかかわらず、「信念」や「判断」が何を意味するかがきわめて曖昧であること。第三に、「真理 truth」を大文字のTで始めることでそれに大げさな意味合いを込め、何か高貴で輝かしく崇拝するに値するものとして用いる傾向があること。こうした傾向のせいで、心が一定の枠にはめられてしまい、考えることができなくなる。だが、『ハムレット』の墓掘り人が頭蓋骨に慣れていたように、論理学者たちは真理に親しんでいる。「使わない手ほど繊細で感じやすいものだ」とハムレットは言う。だからこそ論理学者たちも真理を畏怖したりはしないだろう。

今取り上げている話題に関しては二つの問題がある。(1)「真」および「偽」という述語が適用される対象は何か。(2)真であるものと偽であるものの違いは何か。これらのうち、第一の問題から始めたい。

一見したところ「真」と「偽」は、語られたり書かれたりした言明に適用されるように思われる。そこから解釈を拡げて、そうした言明を通じて表現される信念にも、さらには信じられているわけでも疑われているわけでもなく、単に抱かれているにすぎない仮説に対しても適用されると考えられる。だがまずは、「内観へと戻る前にできるかぎり行動主義の道を進んでみる」という本書での方針に従いながら、言明の真偽を考察することにしよう。語の意味についてはすでに考察したので、いま考えなければならないのは文である。一つの語や一回のウインクからなる文ももちろんあるが、一般に文は複数の語からなる。その場合には文の意味は、一つ一つの語の意味とそれらの順序の関数である。意味を持たない文は真でも偽でもなく、なんらかの意味を伝える媒体としての文のみが真理や虚偽になりうる。そこで我々は文の意味を検討しなければならない。

とても卑近な例を取り上げよう。時刻表をみると、エディンバラへ向かう旅客列車は午前十時にキングス・クロスを出発すると書かれていたとする。この主張の意味は何か。私は、その複雑さを考えると身震いを覚える。もしこの話題について適切な説明を続けていこうとすれば、他の話題には触れずに本書の最後までそれにかかりきりになり、しかもなおその話題の一端にしか触れられないだろう。まずはその社会的側面を取り上げよう。運転手と機関士以外の誰かがその列車で旅をすることは本質的ではない。ただし、一定の条件を満たせば運転手と機関士以外の人でもその列車で旅ができるはずだということは、本質的である。列車がエディンバラに到着することも本質的ではない。というのは、途中で事故や故障があったとしても時刻表の言明は真だからである。しかし鉄道会社はエディンバラに到着することを意図しているはずだということは、本質的である。次に、物理的側面を取り上げよう。列車が十時ちょうどに出発することは本質的ではなく、また可能ですらない。おそらく、その時刻の十秒以上前あるいは五〇秒以上後に出発してはならないとは言えるだろうが、こうした限界を厳密に区切ることはできない。時間を守らないことが常態になっている国では、許容範囲はもっと広くなるだろう。そこで今度は「出発する」によって何を意味しているかを考察しなければならないが、微分を学ばなければそれは定義できない。次に「キングス・クロス」と「エディンバラ」の定義を考えてみると、どちらも大なり小なり曖昧な語である。さらに「列車」の意味も考察しなければならないが、ここでは第一に複雑な法的問題がある。たとえば、どうすれば鉄道会社は「列車」を走らせる責任を果たしたことになるのか。次に、列車は明らかに物体であるから、その物理的構成に関する問題がある。もちろん、キングス・クロス駅でグリニッジ標準時を測定する方法に関する問題もある。こうした論点の大半は、文全体の意味ではなく、単一の語の意味に関わることである。ごく普通の人が言葉を使うとき、彼らは明らかにこうした複雑な事情に煩わされはしない。そうした人にとって言葉の意味は正確とはほど遠いものであるし、また彼らは周辺的な事例を排除しようともしない。複雑になるのは、正確さを追求すればこそなのだ。我々は「人」という語に一つの意味を割り当てていると思っているが、しかしそこにピテカントロプス・エレクトゥスを含めるべきかどうかを知らない。語の意味はこれほどまでに曖昧なのである。

知識が増えるにつれ、語はより正確かつ複雑な意味を獲得する。そうして発見された意味の諸要素をより限定的に表現するためには、新しい語を導入しなければならない。語とは、世界の中の何かを記述することを意図されたものである。はじめはあまり上手く記述されないが、その後だんだんと改善されていく。だから主張されないとはいえ、単一の語も知識を宿しているのである。

理想的な論理的言語には、異なる種類の語が含まれるだろう。まずは固有名だが、現実の言語にはその実例はない。固有名と呼ばれている語は、つねに一定の特徴によって定義される物の集まりを記述しており、それゆえ「ピーター」についての主張も実は「ピーター的」であるすべてのものについての主張なのである。本物の固有名を手に入れるには、単一の個物を手に入れるか、あるいは共通の質ではなく枚挙によって定義される個物の集合を手に入れなければならない。我々は現実の個物については知識を得ることができないので、我々が使っている語は、我々が作りうる最善の言語では、属性や二項以上の関係を表示するのである。これらに加えて、構造を指示する語が存在する。たとえば「AはBよりも大きい」という文中の「は」や「よりも」といった語は、独立した意味を持たず、「大きい」という関係の「向き」、つまりその関係が、AからBに向かうのであってBからAにではないことを明らかにする役を果たしているだけである。

厳密に言えば、我々はまだ話を単純化している。本当の属性や関係は、その項として個物を要求する。我々が知りうる「青い」や「円い」といった属性は、個物には適用されないだろう。つまり、それらは町に適用される「人口が多い」という属性と似たようなものなのである。「この町は人口が多い」と言うことは「多くの人がこの町に住んでいる」という意味であり、我々が経験的に知りうるすべての属性と関係について、これと同様の言い換えが論理学によって要求されるだろう。結局、世界を文法的に正しく説明するとき、我々に理解可能ないかなる語もそこには登場しないのである。

言葉の曖昧さと不正確さは置いておき、我々自身を問題にしよう。我々はいかなる状況で、ある言明が事情に応じて真もしくは偽であることを自分は知ったと確信するのだろうか。現在の言明が真だと見なされるのは、たとえば想起や知覚と一致するときだろう。過去になされた言明であれば、それが呼び起こした予期が現在裏づけられるときに真と見なされる。言明を真と見なす根拠はこれらだけだと言うつもりはない。これらは単純かつ典型的で、検討に値すると言っているのである。「今朝、雨が降っていた」とあなたが言うなら、私は実際そうだったこと、あるいはそうでなかったことを想起できる。私にとって「今朝」という言葉は、「雨降り」という言葉、または「雨は降っていない」という言葉と連合していると言ってよいだろう。どちらの言葉が生じるかに応じて、私はあなたの言明を真あるいは偽と判断する。どちらの連合も持っていないときには、私はあなたの言明を真とも偽とも判断しない。もっとも、それは推論の手がかりを何も持っていないかぎりでのことで、今はまだ推論については考察しないでおく。もしあなたが「明かりが消えた」と言うが、私には明かりが点いているのが見えるなら、私はあなたが間違ったことを言っていると判断する。それは私の知覚が「明かりが点いている」と連合しているからである。もしあなたが「一分もすれば明かりは消えるだろう」と言うなら、あなたは「予期」と呼ばれるよく知られた緊張状態を作り出しているのであり、（もし明かりが消えなかったら）そのしばらく後に、あなたは自分は間違ったことを言ったと判断する。以上が、過去、現在、未来に関する言明の真偽を決定するときの、普通の直接的なやり方である。

　言明を受け入れる、あるいは拒否するための、直接的な根拠と間接的な根拠を区別しなければならない。プラグマティズムは間接的な根拠しか考慮しない。大雑把に言えば、プラグマティズムが言明を偽と考えるのは、その言明を受け入れた結果都合が悪くなるときであるが、しかしそれは推論の領分に属することである。たとえば私があなたに駅への行き方をたずねたが、あなたが間違ったことを教えたせいで列車に乗り遅れてしまったとする。そこで私はあなたが間違ったことを教えたと推論する。しかし、私には明かりが点いているのが見えるのにあなたが「明かりは消えている」と言うときには、私は推論せずにあなたの言明を拒絶する。この場合、私が現在置かれている状況中にあるものと連合している言葉と、あなたの言ったことが食い違っているのであり、しかもそれは、私が言葉を学ぶときに矛盾と見なすよう教えられたような違い方なのである。私の考えでは、偽であるかどうかの最終的なテストは信念の結果の性質にあるのでは決してなく、感覚もしくは記憶された事実と言葉との連合にある。信念が「検証」されるのは、その信念との関連で「予想通り」という感じを与える状況が生じるときである。信念が反証されるのは、感じられるのが一種の驚きであるときである。だが以上のことは、検証あるいは反証するためには未来に何らかの偶然の出来事が生じるのを待たなければならないような、そうした信念にしか適用されない。信念がある状況に対する直接的な反応である場合——たとえばあなたがレースが始まるのを待っていて、今まさに「出発した」と言ったときのような場合には、それを検証する必要はなく、それによって他の信念が検証されるのである。そしてある信念の確証が未来においてなされる場合ですら、その信念が真であることを裏づけられるのは、その結果が予期されていたからであって、その結果が喜ばしいからではない。

伝統的な心理学のように「信念」をある種の事象として扱うことは、間違いだと思われる。記憶や知覚のみに基づく信念は、予期を含む信念とは異なる。時刻表で列車が十時にキングス・クロスを発つことを確認するとき、この言明が時刻表に記載されているという信念は後からの裏づけを待つ必要はないが、列車についての信念はそうではない。キングス・クロスに行って列車が出発するのを見ることで裏づけは得られる。ある出来事に関わる信念は想起でもありうるし、あるいは知覚でも予期でもありうる。これまで見たことがなく今後も見るとは予想されない出来事の場合のように――たとえばシーザーがルビコンを渡ることや上院議会の廃止など――そのいずれでもないこともあるが、こうした信念はつねに推論を含んでいる。また論理的信念や数学的信念の中にはある意味で非推論的であるべき信念があるが、この段階ではそれらについては考察しない。ただし後で、それらが非推論的であるとされるときには、記憶や知覚が非推論的だとされるときとは意味が違うことを確認する。

　信念の意味を狭くとるなら、それは様々な感情のうちのどれか一つと関係する言葉の一形式だと言うべきである。（広い意味での信念については後で述べる。）どの感情が関係するかは、信念として具体化されているのが回想であるか、あるいは知覚か、予期であるか、それとも信じる人の経験の外部にある何かであるのかに応じて異なる。もっと言うなら、言葉という形式は本質的ではない。感情が現に生じており、それが環境中のある特徴に関わるような行動へと導くときには、そこに信念が存在すると言ってよい。種類を問わずに信念であるかどうかを決定する手続きとしては、それがある出来事の原因になることや、そしてその出来事が実際に生じたときには予想通りという感情やその反対の感情が生じることが根本的なことである。私は今ここで、感情とは何かを決定しようとは思わない。ワトソン博士は感情について行動主義的な説明を与えているが、それを採用するなら、私の「信念」の定義は徹底的に行動主義的になるだろう。というのは、私は定義を定式化するときに、内観の問題に関する結論を含まないようにしておいたからである。

真理と虚偽という主題は次のように区分できる。

A. 形式的理論——ある言明の構成要素となる語の意味が与えられたとき、その言明の真偽を決定するのは何か。

B. 因果的理論——真と偽は、(a)その原因によって区別できるのか、それとも(b)その結果によって区別できるのか。

C. 個人的、そして社会的要素——言明は社会的事象であるが、しかし信念は個人的な何かである。だとすれば、信念をどのように定義すればよいのか。そして言葉から構成されていない場合、信念とは何なのか。

D. 整合性と真理——信念や言明からなる領域の外にあり、それらが単に整合的なだけでなく真であることを示すような何かを、我々は手にすることができるだろうか。言いかえれば、命題と事実の間にはどのような関係がありうるか。

これらの問題を解きほぐすのは非常に難しい。第一の形式的理論についての問いは、命題と事実の関係に関する第四の問いにつながる。たとえば「ブルータスはシーザーを殺した」が真であるのは、ある特定の事実のおかげである。どの事実かといえば、ブルータスがシーザーを殺したという事実である。しかしこう言うとき、我々は言語的領域の中に足止めされており、言語による言明を検証しうる非‐言語的な事実の領域へと踏み出していない。そこで第四の問題が生じるのだが、それは真または偽であるものの原因と結果に関する第二の問題へとつながる。なぜなら、命題と事実の決定的に重要な関係は、原因‐結果の関係に求めることが自然だからである。そしてここでまた、正しく考えることと正しく話すことを区別しなければならない。前者は個人的な事柄だが、後者は社会的な事柄である。このようにすべての問題は相互に依存しあっているのである。

Cの問題、つまり信念と言明の違いから始めよう。「言明」で私が意味しているのは、一人ないし複数の他人によって聞かれたり読まれたりすることを目指しながら、話されたり書かれたりした一定の形式の言葉のことである。そしてそれは疑問や感嘆、命令などではなく、主張と呼ばれるような形をしたもののことである。主張とはどのような形態の言葉なのかは、文法学者にとっての問題であり、また言語が違えば変わってくる。おそらく我々にも言えることがもっとあるだろうが、主張と命令の区別は明確ではない。イギリスでは、看板に「訪問客には、芝生の上を歩かないことが求められます」と書くが、アメリカでは「入るな！　あんたのことだ」と書く。結果的にはこの二つの看板は同じ意味だが、イギリスの看板は言明だけからなるのに対し、アメリカの看板では命令に続けて言明がなされることからなり、またその言明は複数の人に読まれたとしたら偽になってしまう。他人の行為に影響を与えることを意図してなされるかぎり、言明は命令や要求という性格を帯びるけれども、しかし言明の特徴は、あくまである信念を「聞き手の中に」生み出すことによってその目的を達成しようとすることにある。その信念を話者は自分で信じているかもしれないし、信じていないかもしれないが、しかし話者はたいてい、他者に与える影響の考慮をやめないまま信念を表明する。したがって言明とは、信念を表明するか、あるいは信念を生み出すことが意図されているような形式の言葉であると定義してよい。そこで次に、「信念」の定義に進まなければならない。

「信念」という語の定義は、分析的な観点を採るときと、問題を因果的なものと見なすときではまったく違ってくる。科学の立場からは、因果的な観点のほうが重要である。信念は一定の仕方で行為に影響するものであり、そうした仕方で影響するのであれば、たとえ分析的には日常的に信念と呼ばれるものにそれほど似ていないものでも信念と呼んでよい。それゆえ我々は、先に与えた信念の定義を拡張することができる。次のような状況を考えてみよう。友人が昔住んでいた家をある人が訪れたが、友人がすでに引っ越していたと知って「彼はまだここに住んでいると思っていたんだが」と言う。しかしその人はそんなことを考えたりせず、ただ習慣的行為としてそう言ったにすぎない、という場面である。因果的観点から言葉を用いるなら、この人は一つの「信念」を持っていたと言うべきであり、「信念」とは一連の行為の特徴に過ぎなくなる。「ある人がある命題pを信じているのは、次のようなときである。すなわち、その人がpが関わる何らかの結果を目指している場合はつねに、その人はpが真であれば結果が達成され、偽ならば達成されないと予想できるような仕方で振る舞うような、そういうときである」と言わねばならない。このように言うと、「人が何を信じているかに関して」はっきりした結論が得られるときもあるが、得られないときもある。あなたがある番号に電話をかけているときであれば、あなたがその番号が話したい相手の番号だと信じていることは明白である。しかしあなたがエネルギー保存の法則や死後の生を信じているかどうかを決定するのは難しいだろう。あなたがある一つの信念をある状況では持つが、別の状況では持たないということもありうる。なぜなら我々は「思考法則」と呼ばれるようなものに従って考えるわけではないからである。伝統的心理学の他のどのカテゴリーとも同じく、「信念」は正確にできない概念なのである。

　ここから、信念の真偽が決定できるとすれば、それはその原因によるのか、それとも結果によるのかという問題が持ち上がる。しかしそれに応えるための前段階となる、一つの困難がある。私はつい先ほど、Aがpを信じているのは、pが真だとすれば自分の目的を達成するであろう仕方でAがふるまうときだと述べた。つまり私は、「真」が何を意味するのかが分かっていると前提したのである。正確に言えば、一定の形式の言葉に適用されるものとしての「真」が何を意味するかを我々は知っていると仮定していたのである。そこから続けて、人のふるまいの観察から信念は推論されるのだと論じた。この推論過程は、惑星の運動の観察からケプラーの法則を発見するのと同じくらい込み入っているかもしれない。その人の信念が「心の状態」であるとは前提せず、一連の行動の特徴であるとしただけである。そのようなものとしての信念は、観察によって確かめられたときには、言葉で表現することができる。たとえば「この人は、キングス・クロス発で午前十時着の列車があると信じている」のように。意味が分かっている言葉でその信念を表現してしまえば、形式的な理論を適用できる段階に到達したことになる。意味の知られた語を、すでに知られている統語論によってつなぎ合わせると、それはある事実によって真または偽になる。そしてそれらの語とこの事実との関係は、各語の意味と統語論の法則から論理的に帰結する。論理学が威力を発揮するのはここである。

今まで述べてきたことに従えば、真はまずは一定の形式の言葉に対して適用されるのであり、信念に対しては派生的に適用されるにすぎないことが分かるはずだ。一定の形式の言葉は社会的な現象であるため、真理は、根底的なあり方としては社会的なものであるはずだ。一定の形をした言葉は、一定の事実に対して一定の関係に立つときに真である。では、いかなる事実に対するいかなる関係なのか。私の考えでは、根本的な関係は以下のようなものである。ある言語を理解している人が、いくつかの言葉の意味である諸特徴を含む環境の中に自分がいることに気づき、それらの特徴がそれらを意味する言葉をその人に使わせるに十分なほど強い反応を生み出す。このような場合に、その人がそれらの言葉からなる一定の形式を使うにいたるとき、その一定の形式の言葉は真なのである。だからたとえば「列車がキングス・クロスを午前十時に出発する」が真であるのは、ある人が「環境のおかげで」「今は午前十時であり、ここはキングス・クロスであり、そして列車が出発するのが見える」と言うにいたるときである。環境が言葉を惹き起こすのであり、環境によって直接惹き起こされた言葉が（それが言明であるときには）「真」なのである。そして科学において「検証」と呼ばれている手続きが成立するのは、以前別の理由から用いた言葉がこのように環境から直接帰結するような状況に、我々が自分自身を立たせることによるのである。もちろんこの「環境からの直接的な帰結という」基礎が与えられれば、言明を検証する間接的な方法も無数に存在することになるが、しかしそれらはすべてこの直接的な方法に依存すると思われる。

以上の理論はまったく奇妙だと思われるかもしれないが、しかしこれは部分的には、先の四つ目の問題、すなわち「我々はどうすれば言葉の外に出て、言葉を真または偽にする事実に到達できるのか」に答えるべく設計されているのである。論理は言葉の領域に閉じ込められているので、論理の内部では明らかに事実に到達できない。言葉とその他の経験との関係を考えないかぎり事実には到達できず、そしてその関係は、それがいまの問題に関わるものであるかぎり、因果関係以外のものではほとんどありえない。以上の理論はそのままでは未完成すぎるので、申し分なく正しいとするわけにはいかないだろう。先に論じたように、予期のようなものも引き合いに出すべきである。それでも、真偽の定義はいま示した方向に求めていくべきだと私は信じている。

締めくくりとして、私に二つほど抽象的な省察に耽らせていただきたい。一つ目は、行動主義と論理学はどのように調和しうるかについてである。明らかなことだが、解決すべき問題があるとき、我々は必ずしもラットのようにランダムな運動によってそれを解決するわけではない。我々はしばしば「考える」ことによって、すなわち明示的な運動を何も伴わない過程によって解決する。このことは、ケーラーのチンパンジーについても真になることがある。では、言語的な思考によって問題を解決できることにはいったい何が含まれているのか。我々は色々と言葉をつなぎ合わせるが、そのやり方はまったくランダムというわけではなく、前もって所有している、どんな種類の表現が問題の解決を含んでいそうかについての知識によって制約されている。そしてついに自分が求めるものを与えてくれると思われる表現を思いつくと、その表現によって指示される種類の明示的な行動へと進む。その行動が成功するなら、そのとき問題は解決されるのである。さて、こうした過程が理解可能なのは、統語論の法則と物理学の法則に何らかのつながりがあるときのみである——ここで「統語論」という語は、文法的ではなく心理的な意味で用いられている。論理学では、そして通常の哲学でもこのつながりは仮定されているように思われるが、これは「仮定するのではなく」一つの問題として扱うべきであり、行動主義的手法によって探究されるべきものである。私がこう提案するのは、ただ今後の探究のための一つのヒントを与えるためだけであって、それ以上にこのことを強調するつもりはない。しかし統語論と物理学のつながりを成功裏に確立しないかぎり、行動主義者が自分の問題の解決へと向けてそれほど大きく前進するとは思えない。それに成功しないかぎり、行動主義の原理によっては「思考」の効力を説明することすらできないからだ。

二つ目の省察は、世界について我々が知りうる範囲に対する、言語の構造による制約についてである。私は、ごく簡単にでも言語と事物の関係を考慮するだけで、多少懐疑的ではあるが、きわめて重要な形而上学的結論がそこから引き出せると考えたくなる。語られた文は出来事の時間的系列からできている。書かれた文は物質片の空間的系列にほかならない。それゆえ言語が物理的世界内の出来事の推移を表象できたとしても、何ら驚くべきことではない。それどころか言語で、物理的世界の構造をもっと扱いやすい形で保存した地図を作ることさえできる。そして言語にこれができるのは、言語が物理的出来事からなればこそである。だがもし神秘主義者が仮定するような世界があったなら、それは言語とは異なる構造を持つだろうから、言語的に記述できないだろう。いかなる言語的なものをもってしても、神秘主義者の仮説を確証も反証もできないのはまったく明らかである。

事実上すべての哲学者の間に、関係についての多大なる混乱が蔓延しているが、これは関係が関係によってではなく、他の語と同じく実体的な語によって指示されるという事実のためである。この事実の結果、我々は関係について考えるとき、関係そのものの非実体性と語の実体性の間でいつも迷うことになる。稲妻が雷鳴に先立つという事実を例にしよう。以前確認したように、この事実の構造をきちんと再現する言語でこれを表現するには、「稲妻、雷鳴」とだけ言うべきである。このときには、第一の語が第二の語に先立つという事実が、第一の語が意味するものが第二の語が意味するものに先立つことを意味している。だが時間順序についてはこの方法を採用するとしても、それ以外のすべての関係に対しては、やはり言葉が必要になる。他の関係まで言葉の順序で記号化してしまうと、耐えがたいほど多義的になってしまうからである。「稲妻が雷鳴に先立つ」と語るときには、「先立つ」という語がその意味するものに対して持つ関係は、「稲妻」や「雷鳴」といった語がそれぞれの意味するものに対して持つ関係とはまったく異なっている。ウィトゲンシュタイン［原註1］(73)によれば、そんな風に語るときに実際に起きているのは、我々が「稲妻」と「雷鳴」という語の間に一定の関係をさせるということ、すなわち、両者の間に「先立つ」という語を持つという関係を成立させるということである。彼はこうして、関係が関係によって記号化されるようにする。これはまったく正しいのかもしれない。だがそうすると、次のようにかなり奇妙なことになる、すなわち、人々が「稲妻」がある種の出来事を意味するのと同じいみで、「先立つ」という語がある関係を意味すると考えていることが、何ら驚くべきことではなくなってしまうのだ。しかしこの人々の考えは間違っているにちがいない。私が思うに、この考えは普通は無意識的に抱かれており、関係についての多くの混乱を生みだしている。もっともこの混乱は（ブラッドリーが関係を非難する原因となった混乱のように）白日の下にさらされると生じなくなるのだが。

私はここまでずっと、言語の構造と世界の構造の関係の問題を考慮してきた。屈折語で言いうることはすべて、明らかに非屈折語でも言うことができる。それゆえ、言語で言えることはすべて、非屈折語の時間的系列という手段によって言うことができる。そこで、言葉で表現しうるものに関して、一つの制約が課されることになる。［時間的系列という］このような単純な図式に上手く乗ってこないような事実も十分ありうるだろう。もしそんなものがあるなら、それは言語で表現できない事実である。我々が言語に寄せる信頼は、言語が物理的世界内の出来事からなること、それゆえ物理的世界と構造を共有するということ、そしてだからこそ物理的世界の構造を表現できること、これらの事実に基づく。だがもし物理的でない世界があるなら、あるいは時空内にない世界があるなら、それは我々には表現することも、知ることすらも望みえない形式を持つかもしれない。このように考えていくと、カント的アプリオリに似た何かにたどり着くかもしれない。ただしそれは心の構造からではなく、言語の構造——それは物理的世界の構造でもある——から派生するものとしてである。物理的世界についてはかくも多くが知られるのに、その他のものについては我々がほとんどなにも知らないのも、おそらくそのためなのだろう。だが今ここで私は神秘主義的な省察にふけってしまっているのであって、そうした可能性は置いておくことにしたい。なぜなら事態の本質からして、私にはそれについて正しいことが何も言えないからである。

原註1　『論理哲学論考』（ケーガン・ポール社。〔邦訳は野矢茂樹訳、岩波書店、二〇〇三年〕）

第25章　推論の妥当性

科学では、一定の事実を「データ」として扱い、他の事実や法則はそこから「推論される」のだとする習慣がある。我々は第7章で、いかなる論理学者の理論によって正当化されるよりも、はるかに広い範囲の推論が実際になされていること、そしてそれは連合の法則や「学習された反応」以外の何物でもないことを確認した。本章で私が考察したいのは、この原始的な形態の推論から論理学者が何を引き出し、それをどう進化させたか、そして合理的な存在としての我々が今後とも推論し続けてよいとする理由はいかなるものか、ということである。だがまずは「データ」とはどういう意味であるべきかについて、できるかぎり考えをはっきりさせておこう。

「データ」は絶対化できない概念である。理論的には、その概念は我々が推論することなく知っているものを意味すべきである。だがこうしたもの言いに明確な意味を持たせるためには、その前に「知識」と「推論」を定義しておかなければならないが、このどちらも前の章ですでに考察した。我々の現在の目的からすれば、言葉で表現される知識だけに絞れば問題が単純になるだろう。第24章では、一定の形式の言葉が「真」でありうるために必要な条件を考察した。そこで現在の目的からすると、「知識」とは「真であるような、一定の形式の言葉の主張」を意味すると言えよう。この定義は完全に適切なわけではない。というのは、ある人の言うことがたまたま正しかった、ということがありうるからである。しかしこうした紛れは無視してよい。そこで「データ」を次のように定義できる。「データ」とは、人がある刺激の結果として発話する一定の形式の言葉であり、どのように話すかに関する知識に含まれるもの以外には、いかなる学習された反応もそこには関わってこない。ただし感覚器官の調節や、単なる感受性の増加としての学習された反応は許容すべきである。それらはデータを受け取る能力を改善するだけで、推論と呼べるものをなにも含んでいないからである。

以上の定義を受け入れるなら、外界の知識に関するデータはすべてパーセプトという性格を持つとしなければならない。外界の対象を信じることは、生まれてから始めの何か月かの間に獲得された学習された反応であり、それを妥当性がテストされるべき推論として論じるのは、哲学者のすべき仕事である。ほんの少し考えただけでも明らかだが、この推論は論理的には決定的ではありえず、せいぜい蓋然的なものにとどまらざるをえない。私の人生は一つの長い夢であり、私が外にあると信じているすべての対象は、私の夢の中で想像されているにすぎない、ということは論理的に不可能ではない。そうした考えを拒否しようというのなら、帰納的推論または類比による論証に依拠しなければならないが、これらの推論には完全な確実性を与える力はない。他人は自分と類比的な仕方でふるまうように知覚されるし、また我々は自分のものと似た刺激を他人も受け取っていると前提している。ロケットの打ち上げを見るとき、その瞬間に群集が一斉に「おぉーっ」と言う声を聞くことができるが、そこから群集にも打ち上げが見えていると考えるのは自然なことである。また、こうした推論は生きている有機体に対してだけなされるわけではない。録音機に向かって話しかけ、後で自分が言ったことを繰り返させることができる。これは、私が話している間に私の耳のすぐそばで起きていたのと、かなりよく似た出来事が録音機の表面でも生じていたという仮説によって非常に簡単に説明される。ここでもやはり、録音機が存在しないとか私に耳がないとか、そしてロケットを見ている群集が存在しないということが可能ではあるし、私のパーセプトがそこで起きていることのすべてであるのかもしれない。だがもしそうだとすれば、どんな因果的法則にもたどり着くことが困難になり、類比による論証は我々が思っているよりはるかに間違いやすいものになる。実際問題として、常識的世界と同じく理論的に構成された科学の全体も、もしそれが信じられるべきものだとすれば、帰納と類比を使用するよう求める。それゆえ科学の世界を受け入れようというのであれば、あるいはいかなる夢の外なる世界であれ、それを受け入れようというのであれば、演繹的推論ではなくこれらの形式の推論を説明しなければならない。

誰もが実際に行っている帰納法の単純な例をあげよう。空腹のとき、我々は見えているものの中から特定の物は食べるが別の物は食べない――このとき我々は一定の視覚的・嗅覚的現象から、食べられるかどうかを帰納的に推論していると言ってよい。この推論過程は次のようにして形成されたものである。生後数か月の子どもは、制止されないかぎり何でも口に入れようとする。その結果は快いときもあれば不快なときもあるが、子どもは不快な場合よりも快い場合を繰り返す。つまり一定の見た目やにおいのする対象を食べると快いと分かったとき、それと非常によく似た現れ方をする対象を食べるようになる。しかしある現れ方に食べたときの不快な結果が結びついていることが分かると、次に何かが似たような現れ方をしたとしても食べるには至らない。そこで問題は、このようなふるまいを論理的に正当化するものがあるかである。我々のこれまでのすべての経験に照らせば、石よりもパンの方が栄養になる見込みが高いのだろうか。我々がなぜそのように考えるのかを理解するのは難しくない。しかし、我々は哲学者としてこのような考え方を正当化できるのだろうか。

もちろん、あるものが別のもののしるしになりえないのなら、科学も日常生活も不可能になるのは明らかである。この原理を含むより特殊な例として、読むことを挙げることができる。人は印刷された言葉を記号として理解するが、これは帰納法によってのみ正当化される。私が言っているのは、他人の存在を確立するには帰納法が必要だということではない。すでに見たように、確かにそのためにも帰納法は必要だが、しかし私が言いたいのはもっと単純なことである。あなたが髪を切りたく思っており、かつ通りを歩いていて「理容　二階」という看板を見たとしよう。この看板は、理容店が二階にあるとすることをかなりもっともらしくする。しかしこの結論が確立できるのだとすれば、それを可能にするのは帰納法という手段のみである。私が言いたいのは、そのときあなたは帰納法の原理を使うということではない。あなたは帰納法の原理と一致するように行為しているということ、そして二階に上がれば何かいいことがあると納得するまでは上がることを拒否する、そんな疑り深い長髪の哲学者と一緒にいるときには、あなたはその原理に訴えるだろうと言いたいのである。

　帰納法の原理は、一応は次のようにまとめられる。AとBという二種類の出来事（たとえば稲妻と雷鳴）があり、種類Aの一つの出来事のすぐ後に種類Bの一つの出来事が続くという事例が数多く知られているが、これに反する事例はないとする。このとき、この継起の事例や同様の種類の事例が十分な数だけ存在することは、AにはつねにBが続くとすることをよりもっともらしくする［蓋然性を高める］だろう。そして正しい種類の数多くの事例が見出されていくなら、この蓋然性[74]を確実性へとどこまでも近づけていくことができる。以上が、我々が検討すべき原理である。一般に、帰納法についての科学的理論は「数多くの事例」を「上手く選び出された事例」で置き換えようとし、「数多くの事例」の方は素朴で日常的な帰納法に属するものだとする。しかし日常的な帰納法は、実際は事例の数ではなく、事例に対する感情的な関心に基づくのである。子どもは、一度ろうそくの火で手にやけどをしただけで帰納を確立するのに対し、言葉についてはもっと長くかかる。それは、当初は言葉は感情的に関心を惹かないからである。原初的段階では、実際には次の原理が使われているのである。すなわち、ある状況において非常に苦痛なもの、あるいは非常に喜ばしいものの直前に起きることはすべて、利害関心を持たれる出来事のしるしとなる、という原理である。感情的な関心に比べれば、事例の数は副次的な役割しか果たさない。理性的に考えることは非常に難しいが、その理由の一つはこれである。

帰納についての論理的な問題は、次のことを明らかにすることである。「AにはBがつねに伴う（または、続いて起きる）」という命題は、それが生じる諸事例が適切に選び出されるか、あるいは非常に数多くあるとき、それらの事例の知識によって蓋然的だとされるということ、これである。帰納法についてこれまでなされた検討のなかでも最善のものが、ケインズ氏[75]の『確率論』に含まれている。故ジャン・ニコ[76]の博士論文『帰納法の論理的問題』も価値あるもので、『マインド』一九二五年一〇月号にR・B・ブレイスウェイト[77]による見事な書評が掲載されている。以上の三篇を読めば、帰納法について判明していることの大半が分かるだろう。この主題は専門的で難しく、数学を多く含むが、ここではその成果の要点だけでも提示してみよう。

J・S・ミル[78]がこの問題に課した条件から始めよう。彼は帰納に対して四つの規準を持っており、もし因果律が前提できるとすれば、それらの規準によって与えられた適切な事例からAとBが因果的に結合していることを論証することができる。つまり因果律が与えられたとすれば、帰納の科学的使用は演繹に還元できるのである。その方法は、大雑把に言えば次のようになる。「我々は、Bには原因があるに違いないことを知っている。その原因はCでもDでもEでもありえない。なぜなら実験や観察を通じて、Bを生み出すことなくそれらが起きることがあることが分かったからだ。一方、Bを伴わない（あるいはBが続いて起こらない）Aを見つけ出そうとしても、決してうまくいかなかった。AとBが量的なものであるときには、我々はさらに、よりAであればあるほどよりBでもあることを見出せるかもしれない。このような方法によって、ありうる原因としてA以外のものすべてを排除できる。したがってBには原因があるはずなのだから、原因はAに違いない。」以上の方法のどこにも、実際に帰納法は含まれていない。真の帰納法が登場するのは、因果律を証明するときである。ミルの考えでは、因果律は事例を枚挙するだけで証明される。すなわち、我々は原因を持つ非常に多くの出来事を知っており、原因がなかったことが分かったとされるような出来事をまったく知らない。それゆえすべての出来事に原因があることは極めてもっともらしい、というわけである。因果律はミルが考えているとおりの形式を持ちえないという事実は置くとしても、ここには次のような問題がある。事例が数多くあるというだけで、帰納に根拠を与えることができるのか。できないとすれば、さらにどんな根拠が必要か。ケインズ氏が取り組んでいるのはこの問題である。

ケインズ氏は次のように主張する。帰納は数多くの事例によってより蓋然的になりうるが、それは単に事例の数のためではない。事例の数が非常に多いときには、それらには問題とされている諸特徴以外の共通点はないだろうということが蓋然的になるためなのだ。ある性質Aに、ある性質Bがつねに伴うかどうかを知りたいとしよう。これが成立している事例は複数見つかったのだが、どの事例にも別の性質Cも含まれているので、そこで起きているのはBがCに伴うということなのかもしれない。もしここで性質AとB以外に共通点が何もなくなるように事例を集めることができたなら、Aはつねに Bを伴うと主張するための、よりよい根拠が得られたことになる。事例の数を非常に多くすれば、たとえそれら以外に共通する性質がまったくないことを我々が知らなかったとしても、実際にない可能性をかなり高めることができる。ケインズ氏によれば、事例の多さはただこうしたやり方でのみ価値を持つのである。

ここで、少しでも専門用語があれば有用だろう。「性質Fを持つものはいずれも性質 f も持つ」という一般化が一定の蓋然性を持つことを、帰納的に立証したいとする。この一般化を g と呼ぶことにしよう。Fとfがともに生じる事例が数多く観察され、ともには生じない事例はまったく観察されなかったとする。だが、それらの観察された事例には他にも共通する性質があるかもしれない。そこで共通する性質の総和を「積極的類似点の総体」と呼ぶことにしよう。そして共通する性質のうち、知られているものの総和を「知られた積極的類似点」と呼ぼう。また問題としている事例のいくつかには含まれるが、そのすべてに含まれるわけではない性質を「消極的類似点」と呼ぼう。すると、そのすべてを集めると「消極的類似点の総体」になり、そのうちの知られたものはいずれも「知られた消極的類似点」になる。帰納の蓋然性を高めるためには、積極的類似点の数を可能なかぎり減らしたい。事例の多さが有効な理由はここにあるとケインズ氏は言う。

　事例の多さがどのように類似点に影響するかを知らずに、ただその多さだけを頼りにする帰納は「純粋な」帰納と言われるが、それについてケインズ氏は次のように結論する（二三六頁）。

「もし各事例が一般化から必然的に帰結するのであれば、それまでの事例についての知識から新たな事例を確実に予言できないかぎり、事例が新たに付け加わるごとに一般化の蓋然性は高まる。我々は以上のことを明らかにした。……「ある疑わしい原理が、継続的に検証されるごとに補強されていく」という常識的な考えは形の上では証明されたのであり、それゆえ法則や因果性といった概念には何ら訴える必要はなかった。しかし、検証または事例の数がかぎりなく増えていくと、その蓋然性は極限としての確実性に近づいていくということ、あるいは我々の結論が反対の結論よりも見込みがありそうになっていくということすら、我々はまだ証明していないのである。」

適切な手続きを踏んでも、帰納することで結論が偽であるよりも真である見込みを高くできないのなら、帰納法は明らかに何の役にも立たない。そこでケインズ氏はこの問題に専念しなければならなかったのである。

もし次の二つの条件が満たされているなら、帰納は確実性という極限に近づいていくということが分かっている。

（1）一般化が偽であるならば、たとえ一定数の事例でそれが真であることが見出されていたとしても、そしてその数がどれほど多いとしても、新たな事例でこの一般化が真である蓋然性は、確実性よりもある有限量だけ低くなる。

（2）我々の一般化に対して肯定的な、有限のアプリオリな蓋然性が存在する。

ケインズ氏はここで「有限の finite」という語を特殊な意味で使っている。彼によれば、すべての蓋然性が数値的に測れるわけではない。ある蓋然性が「有限である」とは、それがある数値的に測れる蓋然性――これは測れるならどれほど小さくてもよい――よりも高い、ということである。たとえばある一般化が、十億回コインを投げてみてすべて表が出る蓋然性に比べればよっぽどありそうであるなら、それは有限のアプリオリな蓋然性を持つ。

しかしながら、一般化のアプリオリな蓋然性を査定する方法が簡単には見つからないという困難がある。この問題の検討を通じて、ケインズ氏はある非常に興味深い要請を行うことになった。彼の考えでは、もしその要請が正しいなら、必要とされる有限のアプリオリな蓋然性が与えられるのである。その要請は、彼が述べているそのままの形では非の打ちどころがないとは言えない。しかしまずは彼が述べたとおりの形でそれを与え、それから必要な変更を加えていこう。

ケインズ氏は、対象が持つ諸性質は複数のグループにまとまっており、それゆえ独立な性質は性質の総数より少ないと想定する。これは、生物学的な種になぞらえれば理解できる。一匹のネコはすべてのネコに見られる特徴的な多くの性質を持ち、一匹のイヌはすべてのイヌに見られる特徴的な多くの性質を持つ。帰納法という方法が正当化できるのは、「我々が一般化をしていく領域に属する諸対象が、独立な性質を無限に数多く持つわけではないこと、つまり言い換えれば、特徴の数がどれほど多かったとしても、それらは変わることのない紐帯によってグループにまとめられ、そのグループの数が有限であること」が仮定されるときだとケインズ氏は言う（二五六頁）。さらには、「それゆえ、類比による推論を支持する論理的根拠として、次のような仮定が必要であると思われる。すなわち、世界の多様性の量には限界があるため、一つの対象が、その性質が無限に数多くの独立なグループに属してしまうほど複雑になることはない……あるいは、我々が一般化をしていくどの対象もそこまで複雑ではないこと。あるいは少なくとも、たとえ無限に複雑な対象があるかもしれないとしても、我々が一般化しようとする諸対象はそうではないとすることは、ときに一定の蓋然性をもつこと」(二五八頁)と言う。

この要請は「多様性の制限の原理」と呼ばれている。確率論の法則を確立しようと試みたとき、ケインズ氏は再びそれが必要になることに気づいた。もし彼が正しいなら、純粋数学以外のあらゆる科学的知識にとって、それは必要になる。ジャン・ニコは、この原理は十分に厳密ではないと指摘した。ケインズ氏によれば、有限の蓋然性を持つべきなのは、考察されている対象が有限の数しか独立した性質を持たないことである。しかし我々が本当に必要とするのは、その対象の独立な性質の数がある指定された有限の数以下であることが、有限の蓋然性を持つことである。これらがまったく別の話だということは、次の例を見れば分かるだろう。有限だということしか分かっていないある数があるとせよ。その数を百万あるいは十億以下だとすること、あるいはその他のある指定された有限の数以下だろうとすることは、かぎりなく非蓋然的である。なぜなら、たとえどんな数を取り上げたとしても、それより少ない数は有限個しかないのに対し、それより大きい数は無限にあるからである。ニコは、対象の独立な性質の数がn以下であることが有限の蓋然性を持つような、そういう有限の数nが存在すると仮定するよう要求する。この仮定は、独立な性質が有限であるとだけ仮定するケインズ氏のものよりもはるかに強い。帰納法を正当化するにはこのより強い仮定が必要なのである。

この結果はきわめて興味深く、またきわめて重要である。注目すべきは、それが現代科学の趨勢と一致していることである。エディントン[79]は、宇宙にとって基礎的な特定の有限数が存在すると指摘した。それは電子の数である。量子論に従うなら、電子の可能な配列も同様に有限数になりうると思われる。というのも、電子はあらゆる可能な軌道の上で運動するのではなく、完全に一周すれば量子的原理に従ったことになるような、そうした軌道上でのみ運動するからである。もし以上のすべてが正しいとすれば、多様性の制限の原理も同様に真でありうる。しかしこうしたやり方では、この原理を証明することはできない。なぜなら、物理学は帰納法を使用するのだから、原理が正しくないなら物理学もおそらく妥当ではないだろうからである。我々に一般的に言うことができるのは、原理は自己論駁的ではなく、反対に原理を裏づける結果へと導くということである。そのかぎりで、現代科学の趨勢はこの原理の蓋然性を増すものと見ることができる。

蓋然性が、科学において根本的な地位を占めていることを認識すべきである。帰納法と類推はせいぜい蓋然性を与えるのみである。「推論」と呼ぶに値する推論はいずれも帰納的であり、それゆえあらゆる推論的知識は、その最善のものでも蓋然的なのである。「蓋然性」が何を意味するかについては意見の相違がある。ケインズ氏は、それは根本的な論理的カテゴリーであり、そこではある結論が一定の前提によって、確実にではないがある程度もっともらしくされるのだ、というように理解する。彼にとって蓋然性とは前提と結果の間の関係なのである。命題は、それ自体としては特定の蓋然性の値を持たず、単に真か偽かのいずれかであるが、さまざまな前提との関係の上ではさまざまな程度の蓋然性を持つのである。我々が略して「この命題はこの蓋然性［*the* probability］を持つ」と語るときには、関連するすべての知識との関係上その命題が持つ蓋然性を意味しているのである。蓋然的ではない事柄が起きることもあれば、蓋然的な事柄が起きないこともあるのだから、観察するだけでは蓋然的な命題は否定できない。また、ある与えられた証拠に照らして見積もった蓋然性の値は、さらなる証拠によって蓋然性が改訂されたときにも、間違っていたと証明されたことにはならない。

こうした理由のため、帰納原理は経験によっては証明も反証もできない。これこれの結論は非常に蓋然的だという妥当な証明がなされることもあるかもしれないが、それでも結論されたことが実際に起きないこともある。逆に、ある結論を蓋然的だとすることは妥当ではないと証明されても、結論されたことが実際に起きるかもしれない。実際に起きることはある命題に関連する証拠になるため、その命題の蓋然性に影響しはする。しかし以前に入手していた証拠を踏まえたうえでの蓋然性を決して変えはしない。それゆえケインズ氏の理論では、蓋然性という主題全体が厳密にアプリオリであり、経験から独立なのである。

しかし「頻度説」と呼ばれる別の理論があり、それに従うなら、蓋然性は定義不可能な概念にはならず、また与えられた前提と相対的に見積もられた蓋然性に対し、経験的証拠が影響することも認められる。その荒削りな形での理論によれば、性質Fを持つ対象が性質fを持つ蓋然性とは単に、Fを持つすべての対象に対する両方の性質を持つ対象が占める割合である。たとえば一夫一婦制の国では、結婚している人が男性である蓋然性はちょうど二分の一である。ケインズ氏の著書では、執筆当時のこの種のあらゆる理論に対する強力な反論が出されている。だが『マインド』誌の一九二六年一月号に掲載された、R・S・ニスベット氏[80]による「蓋然性の基礎」という論文は頻度説の復権を企てている。彼の議論は興味深く、論争の決着がまだついていないことを十分明らかにしているが、私見によれば決定的な証明にはなっていない。だがもし頻度説を支持しうるのなら、その方がケインズ氏の理論よりも好ましいということは押さえておくべきである。なぜなら、蓋然性を定義不可能なものとして扱う必要がなくなり、現実に起きていることへとかなり近づけることになるからである。ケインズ氏は蓋然性と事実との間に生じている厄介なギャップを放置しているため、なぜ合理的な人間は蓋然性に基づいて行為するのかをまったく明らかにしていない。それでもなお頻度説にも相当な困難があるので、私はそれを決定的に支持する方に踏み出すことができない。しかし一方では、この根本的な哲学的問題について我々がどの見解をとるとしても、議論の細部には影響しない。そしてどちらの見解を採ったとしても、科学と日常生活が頼っている帰納法と類推による推論を妥当なものとするためには、多様性の制限の原理がやはり必要となるのである。

第26章　出来事、物質、心

世界の中のあらゆるものを構成するのは「出来事」である。私は、少なくともこのテーゼは支持したい。私が「出来事」として理解しているのは、短い有限の間だけ持続し、小さな有限の空間的延長を持つものである。あるいは相対性理論を踏まえるなら、小さな有限量の時空を占めるものである。ある出来事が部分を持つとき、それら部分もまた出来事であるのであって、空間的にであれ時間的にであれ、あるいは時空的にであれ、「延長や持続をまったく欠いた」点や瞬間しか占めないものには決してならない。出来事が有限量の時空を占めるという事実からは、それが部分を持つことは証明されない。物質は不可侵入的だと考えられているが、出来事はそうではない。逆に時空内のいかなる出来事も、他の出来事と重なっているのである。我々になじみ深いどんな出来事であれ、無限に複合的だと考えるべき理由はない。その反対に、世界に関して知られているいかなる事柄も、「すべての複合的出来事は有限数の部分しか持たない」という見解と両立するのである。これが実際に正しいかどうかは分からないが、この仮説は論駁不可能であり、また他のいかなる仮説よりも単純である。そこで以下の議論では、これを作業仮説として採用することにしたい。

「出来事」について語るとき、私は何か特異なものを意味しているのではない。稲妻の閃光を見ることは一つの出来事である。タイヤが破裂するのを聞くことも、腐った卵のにおいを嗅ぐことも、あるいは霧の冷たさを感じることも一つの出来事である。これらは第15章で論じた意味での「データ」であるような出来事である。しかしやはりその章で説明した原理を使い、我々はデータではない出来事も存在し、それが自分の身体から離れたところで生じていることを推論する。そのような出来事としては、他人にとってのデータであるものや、誰にとってもデータではないものがある。稲妻の閃光の例で言えば、まずは電磁気的な乱れがあり、これは稲妻が起きた場所から外へと伝播していく複数の出来事からなる。次に、この乱れが人や視覚を持つ動物の目まで届くとパーセプトが存在することになるが、このパーセプトは、稲妻が起きた場所から知覚者の身体までの間にある複数の出来事と因果的に連続している。パーセプトからパーセプトではない出来事への推論が論理的に正当化できるとき、その推論の論理的前提を与えるのはつねにパーセプトである。特定の色や音なども出来事であり、また生命を持たない世界の中でそれらに因果的に先行するものもまた出来事なのである。

すべての出来事は有限数の部分しか持たないと仮定しようと提案したが、これを仮定すれば、すべての出来事は部分を持たない有限数の出来事から構成されていることになる。このような、部分を持たない出来事を「最小の出来事」と呼ぶことにしよう。これを仮定することによって議論は単純になるのだが、少し回りくどい言い方を厭わなければ、この仮定を落とすこともできる。それゆえ、この仮定が以下の議論の本質的要素だと考えてはならない。

最小の出来事は時空の有限領域を占める。例示のために、時間だけを取り上げよう。二つの出来事の一方が他方に完全に先行しているとき、いま問題にしている種類の出来事は、その両方と重なることができる。たとえば、ピアノが出す二つの短い音を聞く間に、ヴァイオリンの出す長い一つの音を聞くことができるように、である（これらが実際に最小の出来事だと考える必要はない。私は自分が何を言っているのかを例示したいだけである）。いかなる出来事であれ、お互いには同時的でないような複数の出来事と同時的であると私は仮定する。「すべての出来事は有限時間存続する」という発言が意味するのはこのことであり、時間がまったく関係的であることを念頭に置くなら、これは容易に納得できるだろう。物理学の世界からいったん目を転じて、一人の人間の経験の世界に注意してみれば、その人の人生における「瞬間」は簡単に定義できる。それは、いずれもその人の経験に属する出来事からなるグループであり、そのグループは次の二つの性質を持つ。（1）そのグループの中の、どの二つの出来事も重なっている。（2）このグループの外には、このグループのすべての要素と重なるような出来事はない。少し複雑にはなるが本質的には類似の方法を用いると、時空内での点‐瞬間を定義できる。すなわち点‐瞬間は、たったいま人の伝記[原註1]における「瞬間」を定義するために用いたのと類比的な、二つの性質を持つ出来事グループである。したがって数学者が必要とする「点」（あるいは点‐瞬間）は単純ではなく、数学者の便宜を図って作られた、出来事からなる構造なのである。一つの最小の出来事は、数多くの「点」の要素となるだろう。それらがすべて一つにまとまることで、その最小の出来事が占める時空領域ができあがる。時空点と同じく、時空順序もまた出来事間の関係の帰結である。

　時空点と同様に、一片の物質片もまた出来事から構成されるべきだが、しかしそれはかなり複雑になり、また構成したところで、結局は物理学者が本当に存在していると考えているものの近似にしかならない。現在のところ、物質については幾分異なる二つの見解があり、一つは原子の構造の研究に適合し、もう一つは重力の説明を提供する一般相対性理論に適合する。また原子構造に適合する見解そのものにも、ハイゼンベルクに由来するものと、ド・ブロイ[81]とシュレーディンガーに由来するものの二つの形式がある。これら二つの形式は確かに数学的には同値なのだが、言葉の上ではまったく異なる。ハイゼンベルクは、一片の物質とは外へと伝播していく放射の中心だと見なす。放射は実際に生じていると想定されるのだが、その中心としての物質はたんなる数学的虚構に還元されてしまう。

ここで放射とは、たとえば光を成り立たせているようなものであって、いずれも明らかに出来事のシステムであって「実体」の状態や関係の変化ではない。ド・ブロイとシュレーディンガーの体系では、物質は波動からなる。この理論では、波動に関してはその数学的特徴以外何も措定する必要がない。ただ、それは物質を説明するべきものなのだから、もしこの波動を物質の運動からなるものにしてしまうと、理論は明らかに目的を達成できなくなる。それゆえこの体系でもやはり、物質は出来事のシステムから構成されるのであり、その出来事はただ生じるだけで、物質やその他の何か「に」起きることではないという見方がとられるのである。

一般相対性理論の説明によれば、重力は時空の「しわ crinkle」に還元される。すでに見たように、時空は出来事からなる一つのシステムなのだから、その中の「しわ」もまた出来事から派生するものになる。激しく「しわ」が寄っている所だからといって、そこに「物」が存在すると考えるべき理由はない。したがって物理学のこの部分でも、物質は「物」であることをやめ、出来事からなる複雑な論理的構造物の間の関係の、数学的特徴にすぎなくなったのである。

永続性は、伝統的には実体の性質であるとされてきた。そして実体的ではなくなったにもかかわらず、物質もこの性質をかなり持ち続けている。だがもはやその永続性は近似的に過ぎず、絶対的ではない。電子と陽子が出会って互いに打ち消し合うことがありうると、そして星の中ではこれが大規模に起きていると考えられている。[原註2] そして電子と陽子が存続している間でさえ、それらが持っている永続性は、かつて物質に帰せられていたのとは異なる種類のものである。一つの海の波は長持ちするときもあれば、すぐに消えてしまうときもある。私が見ているコーンウォールの岸に打ちよせ砕ける波は、はるばるブラジルからやってきたのかもしれない。だとしても、それが意味するのは一つの「物」が大西洋を渡って旅してきたことではなく、ある一定の変化の過程が旅してきたことにすぎない。そして海の波が最後には岩に当って砕けるように、電子と陽子もまた何かの普通でない事態に遭遇するときには消滅しうるのである。

以上のように、現代物理学の一つの成果として、物質はきわめてはっきりとその地位を失ったのである。かつては、物質は感覚の原因とされていた。そこでジョンソン博士(82)は石を蹴って、物質を否定したバークリを「反証」しもしたのだが、もし自分の足が決して石に触れておらず、また石も足も複雑な波動のシステムにすぎないことを知っていたなら、彼は自分の論駁にそれほど満足しなかったかもしれない。我々は「「物質」は感覚の原因である」と言うわけにはいかない。それとはまったく違う、「感覚の原因である出来事は、普通は物理学者が物質と見なすグループに属する」としか言えないのである。かつては不可侵入性は物質の高貴な性質であり、一種の独立宣言であるとされていたのだが、今やそれは物質の定義のされ方からの、トートロジカルな帰結にすぎない。世界の真の素材であ出来事は、時空内で重なりうるのだから不可侵入的ではない。要するに「物質」は、出来事に関する一定の因果法則を述べるための、便利な略記方法にすぎなくなったのである。だが物質が黄昏を迎えるとき、心はそれに比べて少しはましかと言えばそうでもない。「心的」という形容詞は、いかなる正確な意義も持ちえない。確かにパーセプトという「心的」と呼べるものだけからなる重要な出来事グループがありはする。だがパーセプト以外に「心的」な出来事はないと言うのは独断的だろうし、それ以外にどの出来事を含めるべきかを決定できるようにする原理があるとしても、それを見つけだすのは容易ではない。い。心の特徴のうち、もっとも本質的なのはおそらく内観と記憶である。しかしすでに見たように、記憶は条件づけられた反射の法則の結果という形態をとることがあり、それは心理的であるだけでなく少なくとも生理的でもあって、心よりはむしろ生体の特徴なのである。さらに、科学的設備でも持ちうる性質である感受性と知識を区別するのは容易ではないことも見た。また内観は一種の知識であるが、検討してみると、それは普通の「知識」を慎重に解釈したものとほとんど変わらなくなってしまう。哲学者たるもの、自分の子どもが動物園で「あそこにカバがいるよ」と言うとき、「特定の形をした色のパターンしかありはしない。それは「カバ」と呼ばれるような種類の、外的な原因システムと結びついているのかもしれんがね」と答えるべきである（私自身はこの勧めに従うつもりはない）。このように、色のパターンがあると言うときには哲学者は実際に内観を実行しているのだが、それはあくまで私がこの［内観という］語に割り当てることができる意味においてだけのことである。すなわち物理的空間の観点からすれば、彼自身の脳内に位置する出来事に対するものであり、生理的推論もしくはその他の推論をできるだけ意識的に避けているような、そうした知識反応である、という意味でなのだ。この種の知識反応が起きる出来事は「心的」なものであり、またこれら以外にも、これらと何らかの点で類似する出来事もおそらくは心的である。しかし後者のより広いグループを定義する方法としては、私は「心的出来事とは生きている脳内の出来事である」、あるいはもう少しましなやり方として「感受性と学習された反応の法則をかなりはっきりと結びつけている［脳の］領域内の出来事である」という言い方しか思いつけないでいる。少なくともこの定義には、心的であることは単一の出来事の性質ではなく因果法則に関わる問題であること、そして心的であるかどうかが程度問題であることを明らかにするというメリットがある。

脳内の出来事は物質の運動からなると考えてはならないと、ここで改めて述べる必要はおそらくないだろう。すでに見たように、物質と運動は出来事を素材として作られる論理的構成物なのだから、出来事と運動する物質はまったく違うものなのである。私の考えでは、我々があるパーセプトを持つとき、（間違いの原因となるもののうち、回避可能なものは回避されているとすると）我々が知覚しているものそのものが物理的領域の一部を占める出来事なのであり、そして物理学的観点からその領域を見ると、脳がそこを占めているのである。実際、知覚は物理的世界の素材に関して最も具体的な知識を与えてくれる。しかし、我々が知覚するのは自分の脳の素材の一部であって、テーブルや椅子、太陽や月や星の素材の一部ではない。一枚の葉に目を向ければ、我々は緑色の色片を見る。この色片は、葉が位置している「そこ」にあるのではなく、その葉を見ている間、我々の脳の一定領域を占めている出来事なのである。葉を見るということは、脳が占めている領域の内部に、葉と因果的に結びついている緑の色片が存在するということである。あるいはむしろ、物理学が葉を定位する物理空間内の場所から拡がる、様々な出来事からなる系列と因果的に結びついている、と言うべきだろうか。パーセプトはこの出来事からなる系列の一つの項であり、特異な領域で生じるが故に持つ効力のおかげで、それ以外の項とは区別される。あるいはこの異なる効力こそその領域の特異性であると言った方が適切であろう。

　このように「心」や「心的」は近似的な概念に過ぎず、ある近似的な因果法則に簡便な表記法を与えるものなのである。完成した科学からは、「心」という語も「物質」という語も消え、「出来事」に関する因果法則に置き換えられてしまうだろう。数学的かつ因果的な性質以外のことが知られる出来事だけがパーセプトになるのだが、それは脳と同じ領域に位置づけられ、「知識―反応」と呼ばれる特異な効力を持つ出来事である。

　私が支持しているのは唯物論でも唯心論でもなく、（H・M・シェーファー博士(83)の提案に従って）「中性的一元論」と呼ばれる見解であることが分かるだろう。これは、世界はただ一種類の素材、すなわち出来事からなるとする意味では一元論であるが、非常に多くの出来事が存在するとし、最小の出来事はいずれも論理的には自立的な存在者だと認めるという意味では多元論である。

しかし、以上の問題と必ずしも同じではない、さらに別の問題がある。すなわち、心理学と物理学の関係についての問題である。もし我々がより多くを知るなら、心理学は物理学に吸収されるだろうか。それとも逆に、物理学が心理学に吸収されるのだろうか。唯物論者でありつつ心理学を独立の科学とすることも可能である。ブロード博士は、その重要な著書『心と自然におけるその位置』でこの見解を採っている。彼の主張によれば、心は物質的構造に他ならないのだが、構成する物質の性質からは理論的にすら推論できない性質を持っている。彼が指摘するように、ある構造が、現在の我々の知識状態ではその部分の性質や関係から推論できないような性質を持つことがよくある。たとえ我々が水分子の構造について今よりもはるかに完全な知識を持つと想定したとしても、水素や酸素の性質から推論できないような多くの性質を水は持っている。ある全体が持つ性質のうち、その部分の性質と関係から推論することが理論的にすらできないような性質を、ブロード博士は「創発的」性質と呼ぶ。したがって彼は、心（あるいは脳）は「創発的」な性質を持ち、そしてそのかぎりで心理学は物理学や化学から独立であろうと主張するのである。心の「創発的」性質は、物理学や化学の法則からの推論によってではなく、心を観察することによってのみ発見されるだろう。この可能性は重要であり、考えるに値する。

我々は、一単位分の物質はそれ自身としては究極的なものではなく、出来事の集まりと見なすことに決めたが、この決定によって「創発的」性質に関する問いの形式はいくらか変わることになる。「物質は出来事に対し創発的であるか」、「心は出来事に対し創発的であるか」と問わなければならないのである。もし前者［が肯定的に答えられるのだ］として、そのとき心は物質に対し創発的なのだろうか、それとも物質の性質から心を論理的に導き出せるのか。あるいはそのどちらでもないのか。もし後者［が肯定的に答えられるのだとした］なら、物質は心に対して創発的なのだろうか、それとも心の性質から物質を論理的に導き出せるのか。あるいはそのどちらでもないのか。もちろん心も物質も出来事に対して創発的でないのだとすれば、これらの［条件付きで立てられた］問いはもちろん生じない。

時空的関係を持つ出来事から出発し、それらの連鎖が持続的な物質的単位や心として扱えることを前提してかからないような、そうした科学を表す語として「時間地理学」という語を新たに導入しよう。そこで第一に問うべきは、物理学や化学に登場するような物質についての科学は時間地理学に完全に還元できるか、という問いである。もしできないのなら物質は出来事に対して創発的であり、もしできるのなら創発的ではない。

物質は出来事から創発するか。現段階の科学では、この問題に決定的に答えることは難しい。現代物理学では、物質の概念はエネルギーの概念に吸収されてしまった。エディントンは『数理的相対性理論』で、出来事に関して仮定された法則からすれば、物質の観察可能な性質と、保存されるものとしてのエネルギーを持つ何かが存在するはずだということを示した。彼はそれを「物質－エネルギー－テンソル」と呼び、それこそが「物質」と呼ばれたり「エネルギー」と呼ばれたりするものの正体だと示唆している。このかぎりでは、物質は創発的ではないことが明らかにされたわけである。だが電子と陽子の存在は(それらが存在するとするかぎりでだが)、まだ一般相対性理論から論理的に導き出されていないとはいえその試みはなされているし、そのうち成功するかもしれない。もしそれらの試みが成功するなら、そのときには物理学は時間地理学から完全に独立でなくなるだろう。もっとも、今のところは部分的に独立を保っている。化学に関しては、それをそっくり物理学に還元することは実際上はできていないが、できるとすればどうすればよいかは理論的には理解可能であるし、また化学は究極的には独立の科学ではないと仮定しても問題はないと思われる。

　我々はこれまで、「一つの単位となる物質が存在し、かつそれらが現に従っている法則に従うことを、出来事に関する法則から推論することは理論的にでも可能だろうか。それとも、それは論理的に独立な一つの新しい事実なのか」を論じてきた。理論上は、独立ではないことを証明できる可能性はあるが、独立であることを証明するのはかなり難しいだろう。現時点での状況を大雑把に言えば、物理的世界の連続的な性質は時間地理学から導出できるが、電子や陽子、プランクの量子といった非連続的な事実は導き出せていない。それゆえ今のところ、物質であることは実際上――理論上はおそらくそうではないだろうが――一定の出来事グループの創発的特徴なのである。

心は出来事に対して創発的であるか。この問いを理解可能な仕方で議論することは、いまだにできそうにない。心理学は科学として十分発達していないからである。とはいえ、押さえておくべき論点がいくつかある。時間地理学は出来事の抽象的な数学的性質にしか関わらないので、それが根本的に変わらないかぎり、そこから視覚的出来事や聴覚的出来事、あるいは我々が知覚によって知るような任意の種類の出来事が存在することを理解可能な仕方で証明することは不可能である。この意味では、心理学が時間地理学に対して、また物理学に対しても創発的であるのは確実であり、どうすれば創発しないことがありうるのか理解しがたい。こう言えるのは、データについての我々の知識は質的な特徴を含み、データから推論される時空的出来事の数学的特徴だけからでは質的特徴を推論できないにもかかわらず、我々がデータから妥当な仕方で推論できるのはそうした数学的特徴だけだからである。

以上の議論は、もし心が物質的構造であるとすれば、物質に対して創発的であるに違いないと結論するものでもある。我々が自分のパーセプトについて実際に知っているどんな事柄についても、どう頑張っても物理学には決してそれを語ることはできないのである。

心を物質を単位とする構造と見なすべきかどうかが、問うべき問題としてまだ残っている。もしそう見なすのなら、つい先ほど結論した見解を踏まえると、心に関しては我々は創発的唯物論者であることになるが、これはブロード博士が支持する見解である。もしそう見なさないのなら、我々はいかなる意味でも唯物論者ではない。次の事実は、唯物論に有利な材料になる。それは、我々が経験するかぎりでは心は特定の物理的構造、すなわち生きた身体と結びつかなければ生じないという事実、そして心は物理的構造のある種の複雑化が伴って発達するという事実である。心には特殊な特徴があるではないかと論じても、これに対する反論にはならない。なぜならそれは創発的唯物論とまったく整合するからである。その立場を拒否すべきなのだとしたら、いかなる出来事グループが心を構成しているのかを突き止めなければならない。いまこそこの問題に立ち向かうべきときである。

心とは何か。まず明らかなのは、心は心的出来事のグループに違いないということである。なぜなら、たとえばかつて自我は単一の存在者と見なされていたが、心をそうした存在者であるとする見解を我々はすでに退けたからである。そこで我々の最初の一歩は、「心的」出来事とはどういう意味なのかを明確にすることである。

少し前のページで、我々は心的出来事とは、感受性と学習された反応の法則をかなりはっきりと結びつけている領域内の出来事であると述べた。実際的な目的からすると、これは「心的出来事とは生きた脳内の任意の出来事である」という意味になる（これには一つ但し書きがつくが、それについてはすぐに説明する)。先にも説明したように、これは心的出来事が運動する物質からなることを意味しない。古いタイプの物理学者は、脳内でそうした物質からなる出来事が起きているとするのだが、そうではないのだ。すでに見たように、物質が運動することは我々の意味での出来事ではなく、異なる種類の出来事の間の非常に複雑な因果的過程を省略的に記述したものにすぎない。しかし我々の定義を正当化するために、二、三述べておくべきことがある。

別の定義を考察してみよう。心的出来事とは「経験される」出来事だと言ってよいかもしれない。出来事はどんなときに「経験される」のかと問われたなら、「ムネメ」的結果を持つとき、すなわち連合法則に従って結果を持つときだと言えばよい。だがすでに見たように、「心的」なものが何も結びついていないと思われる、どこまでも身体的な出来事、たとえば瞳孔の収縮についてもこの法則は成り立つ。したがって定義を守るためには、別の仕方で「経験」を定義しなければならない。ムネメ的結果には「知識」と呼びうる何かが含まれていなければならないとせねばならない。ここから、「心的出来事とは、記憶されている任意の出来事である」という定義が提案されるかもしれないが、これは定義としては狭すぎる。我々は自分の心的出来事のほんの一部しか覚えていないからである。あるいは「意識」が心的出来事の本質だとされるのかもしれないが、この見解は第20章で検討し、適切ではないことが判明した。さらに言えば、「無意識」を排除する定義は好ましくない。

明らかなのは、何よりもまず心的出来事であると見なされるのは、かつそう見なしても何の問題も起きえないのはパーセプトであることである。だがパーセプトには特異な因果的性質、とりわけ知識反応を惹き起こし、認知であるようなムネメ的結果を持ちうるという性質がある。しかしこれらの因果的性質は、パーセプトであることが明らかではない出来事にも属する。脳内のどの出来事もそうした性質を持ちうると思われる。また、大きな音を聞くことによる瞳孔の収縮には「心的」なところなどないと言い切るのも性急に過ぎるだろう。人間にとって核心的な人格的あり方に属する出来事以外にも、人間の身体と結びついた「心的」出来事があるかもしれない。この可能性にはしばらく後で立ち戻ることにして、今のところは先の「心的」出来事の定義を保持しよう。すでに見たように、この定義からすると心的であることとは程度問題になる。

いまや我々は、心とは何かという問題に戻ることができる。我々が「心」と呼ぶグループの一部にならないような心的出来事もあるかもしれないが、しかし一つの「心」と呼びうるような統一性をもったグループが存在することも確かである。心には二つの目立った特徴がある。特定の身体と結びついていること、そして一つの「経験」という統一性をもっていることである。この二つの特徴は二重人格や多重人格のケースでは一見分裂してしまうようにも見えるが、実際に分裂しているわけではなく、そう見えるだけだと思われる。

これら二つの特徴の一方は物理的で、もう一方は心理的である。我々が一つの「心」で意味しているものを定義する可能な方法として、この二つを順に考察してみよう。

物理的な方法は、知られているかぎりでのすべての心的出来事は、生きた身体の歴史の一部でもあるという事実を直視することから出発し、そして一つの「心」を、特定の生きた身体の歴史の一部を形成する心的出来事のグループとして定義する。生きた身体は化学的に定義され、また実際上は数学的に難しくなりすぎるとはいえ、化学は理論的には明らかに物理学に還元される。ムネメ的因果が一定の化学的構造を持つ物質とほぼ完全に連合することは、今のところ経験的事実にすぎない。だが、同じことは磁気学についても言えるのであって、今はまだ鉄の原子構造の知識からその磁性を論理的に導き出すことはできないが、十分な知識と数学的技術を持つ人なら導き出せることはだれも疑うまい。同じように、ムネメ的因果は理論的には生体の構造から論理的に導き出せると仮定してよい。我々に十分な知識があれば、他にもムネメ的現象を示してみせる可能な構造があることを——しかもそれは今ある構造よりもっと顕著に示すことを、推論できるかもしれない。もしそう推論できるなら、我々よりもはるかに知的なロボットを作ることも可能だろう。

「心」の心理的な定義方法は、ある心的出来事が与えられているとした上で、その他のすべての心的出来事はそれと「経験」によって、すなわちムネメ的因果によって結びつけられているとする。しかしこれは、少し細かく手を入れなければ正確な定義とは見なせない。

瞳孔の収縮を「心的」出来事として数えたくはないので、心的出来事はムネメ的原因だけでなく、ムネメ的結果も持つ出来事であるとすべきだろう。だがその場合、ある人の人生最後の心的出来事は死後の身体に対してもムネメ的結果を持つとしなければ、そうした出来事はありえなくなる。通常はムネメ的結果を持つが、特殊な状況のせいでその発生が妨げられうるような種類の出来事を見つけられれば、こうした不都合は回避できる。あるいは死は段階的であり、即死と言われるようなときですらそうなのだと主張してもよいかもしれない。この場合、人生の最後の出来事は、生命が衰えていくのに合わせて段々に心的ではなくなってゆく。以上の論点はあまり重要ではないので無視することにして、ある心的出来事が属する「経験」を、その出来事からムネメ的因果連鎖によって到達できるすべての心的出来事として定義しよう。この連鎖は前後に延びていくかもしれないし、あるいはまず一方へ延びてから他方へと延び、という具合に交代に進んでいくのかもしれない。これは、線路の十字の交差点、あるいはもっと多くの方向転換が可能な交点上での車両入れ替え用機関車になぞらえて理解できる。どれほど多くの方向転換が必要だとしても、到達可能な線路は全て同じ経験の一部だとされる。

我々は、一つの身体と結びついた心的出来事が、すべてお互いにムネメ的因果の鎖でつながれていることを確信できないので、一つの「心」についての以上の二つの定義方法が同じ結果になると確信することもできない。多重人格のケースでは、一方の人格の人生で

［ある心的出来事の］通常のムネメ的結果が生じるとき、もう一方の人格の人生からはその結果の少なくとも一部が、とくに想起が欠けている。しかしおそらく二つの人格は両方とも分裂以前に起きた出来事とムネメ的連鎖で結びついているのだから、我々の定義によればそこには一つの心しかないことになるだろう。だが、考えておくべき別の可能性がある。身体内の全細胞の一つ一つがそれ自身の心的生を有しているのであって、それらから選抜されたいくつかだけが、我々が自分自身のものと見なす生を作り上げているのかもしれない。従属的な身体部分の心的生こそ「無意識」であり、ときには注意を向けうるムネメ的結果を持つが、おおむね我々の「意識している」生から切り離されているのかもしれない。そうだとすれば、一つの身体に結びついた心的出来事は、中核的な「心」を作る出来事よりもはるかに数多くなる。だがこれは思弁的な可能性にすぎない。

たったいま、我々が「意識している」生について語ったが、私が「意識」の概念をもっと利用しないことを不可解に思われたかもしれない。その理由は、私は意識とは一種のムネメ的効果に過ぎず、それに特別な地位を授けるべきではないと考えるからである。私がある出来事を「意識する」ということは、その出来事が生じた少し後で――どれほど短いとしても後になる――私がそれを思い出しているということである。そして私がある出来事を「思い出している」ということは、「ムネメ的因果によって思い出されている出来事と結びつき、そしてその出来事の「認知」と言われるような種の出来事が、今まさに私の中で生じている」ということである。しかし私が思い出せない出来事も、私の中にムネメ的結果を生むことができる。こうしたことは、フロイト的抑圧の場合だけでなく、字を書いたり話したりすることのように、ずっと以前に身につけて今では自動化してしまっている習慣の場合にもつねに起きている。意識を強調すると、何ら驚くべきものではない「無意識」が神秘的なものになってしまうのである。

「心」の二つの定義のどちらを採用するかはそれほど大きな問題ではない。ここでは仮に第一の定義を採用しよう。すると一つの心とは、ある生きた身体の、あるいは「生きた脳の」と言うべきかもしれないが、その歴史の一部となるすべての心的出来事である。

自分は創発的唯物論者か否かを決定するために、我々はいまや次の問題に取り組むことができる。すなわち、

心とは、物質を単位とする一つの構造なのか。

この問いへの答えが否定的になるのは明らかだと思われる。たとえ心が脳内のすべての出来事からなるのだとしても、それは物理学によってまとめられた出来事グループからなるのではない。つまり心は、まずは脳内の一つの物質を作るすべての出来事をまとめ、次に別の物質を作るものをまとめ、という具合に続けていくことでできたのではない。心を研究するときにはムネメ的因果こそ最大の関心事となるのだが、もし心的なムネメ的因果は脳に対する影響のために成立すると仮定するなら——この仮定自体はもっともらしく思

えるけれども――我々は物理学に頼るよう要求されることになると思われる。しかしこれはまだ決着がついていない問題である。もしムネメ的因果が「他の何かに依存しないという意味で」究極的であるなら、心は創発的である。もし究極的でないなら、問題はもっと難しくなる。先に見たように、決して物理学の一部にはなりえないような知識を、確かに心理学は含んでいる。だがこれは重要な論点なので、その議論を別の言い方で繰り返してみよう。

物理学と心理学の違いは、ある手紙についての郵便配達人が持つ知識と、その受取人が持つ知識の違いに似ている。配達人は多くの手紙の動きを知っているが、受取人はそのごく一部の内容を知っている。世界の中を飛び回っている光や音の波は手紙に喩えることができ、物理学者はその宛先を知っている。人間に宛てられているのはその一部でしかないが、それを読むことで心理的知識が得られるのである。もちろんこの類比は完全ではない。なぜなら物理学者が扱う手紙は移動中にどんどん変化するからである。インクは色あせていき、しかもつねに乾ききっておらず、雨で汚れることすらある手紙のようなものだ。だが強調しすぎなければ類比は成立する。

議論を逆転させ、物質は心的単位からなるものであるとすることもできるだろうし、そうしたとしても、第25章での議論を除けば、本書のこれまでの論述を変更する必要はない。この見解が間違っているとは、私には確信できない。第25章にあったデータについての議論から、この見解はさほど不自然にではなく出てくる。そこで見たように、すべてのデータはパーセプトであるため、最も狭く厳密な意味で心的である。したがって因果法則の検証はつねに、予想されたパーセプトが生じることによってなされるのである。その結果、(現実的なパーセプトであれ可能的なものであれ)パーセプトを越えていくいかなる推論も経験的にはテスト不可能である。そこで、もし物理学に登場する心的ではない出来事は補助的な概念にすぎないとし、なんらの実在性を持つとも仮定せず、ただパーセプトの法則を単純化するために導入されただけだと考えるなら、我々は慎重な態度をとっていることになるだろう。そうすると物質はパーセプトからの構成物になり、我々の形而上学は本質的にはバークリと同じになるだろう。もしも心的でない出来事が存在しないのなら、因果法則はきわめて奇妙なものになる。たとえば蓄音器を隠すと、誰もそれを知覚していないのだから、その間蓄音器は存在しなかったことになるが、にもかかわらずそれで会話を録音できてしまう。しかし奇妙に思えるとしても、それは論理的には不可能ではない。そしてまた、心的でない出来事を認めるときに比べ、物理学を解釈可能にするために必要な疑わしい帰納や類推による推論が少なくなることは認めるべきである。

この見解の論理的な長所にもかかわらず、私はこれを受け入れることができない。もっとも、それを嫌う理由がジョンソン博士よりも少しはましなものかどうか、自分でも確信は持てない。一面の曇り空の日には太陽は存在しないだろうとか、パイを開いた瞬間に中の肉が存在するようになった、などといったことは、私は体質的に信じることができない。こうした異論に対して論理的な切り返し方があることは知っているし、論理学者としてはそれは申し分ないとも思う。しかし論理的な議論によって、心的でない出来事が存在しないことを明らかにすることも、まったくできないのである。明らかになるのは、そうした出来事の存在を確実だと感じることには何の正当性もないことだけだ。疑いを感じるべきだと自分を説得するために言いうるさまざまなことを踏まえても、それでもなお私は自分がその存在を実際に信じていることに気づく。

　今考察している見解に反対するような、一つの議論がある。我々はこれまで、他人やその人が持つ知覚の存在を認め、それを前提しておいて、様々な知覚からそれとは異なる種類の出来事へと推論することだけを問題にしてきた。しかし、もっと論理的に注意深くならなくてもいい理由はまったくない。私には、他人の知覚を使ってある理論を検証することはできず、自分の知覚しか使えない。それゆえ私には、物理学の法則が私のパーセプトの予測を導き出すかぎりでしか、その法則を検証できないのである。そうだとすれば、検証不可能であるがゆえに心的でない出来事を拒否したのだから、同じ理由で私は、自分以外の全員の心的出来事をも認めることを拒否すべきである。こうして「独我論」と呼ばれるもの、すなわち私だけが存在するという理論に追い込まれる。この見解を論駁するのは難しいが、信じる方がもっと難しい。私はかつて、独我論者を自称するある哲学者から手紙をもらったことがあるが、その人は自分以外にはだれも存在しないと信じていたにもかかわらず、自分以外に独我論者がいないことを驚いていたのである！　自分は独我論の正しさに納得したと思っている人すら、本当は独我論を信じていないことはここから明らかであろう。

もう一歩先に進めるかもしれない。過去は間接的にしか検証できない。未来に与える影響によってそれは検証されるのだが、我々が検討してきたような仕方で論理的に慎重になるなら、過去のことは本当に起きていたのだと主張することは控えなければならない。つまり過去とは、未来に適用できる法則を述べるときに便利な、補助的な概念だとしなければならない。そして未来は、それが生じたときには検証可能になるけれども、今のところはまだ検証されていないのだから、未来に対する判断も留保しておかなければならない。もし我々がここまで議論をつきつめるつもりがないのなら、バークリが境界線を引いたところで区切る理由もまったくないだろう。以上の理由から、物理学の法則が推論させてくれる、心的でない出来事が存在すると認めることに私は何の恥ずかしさも感じないのである。もっとも、他の見解を支持することもできると認めることは大切である。

原註1　私の著書、『物質の分析』の第28章を参照していただきたい。

原註2　エディントンの『星と原子』、一〇二頁以下を参照。

第27章　世界の中の人間の位置

この最終章では、我々が到達した諸結論の主なものを要約し、その上で人間の世界に対する関係という話題について二、三述べることにしたい。ただしそれは、この話題について哲学が他からの助けを借りることなく教えられる範囲にかぎってである。

通俗的な形而上学は、我々が知っている世界を心と物質に、そして人間を魂と身体に分ける。ある人は——唯物論者は——物質だけが実在し、心は錯覚であると言う。多くの人——専門的な意味での観念論者、ブロード博士のより適切な呼び方では心理主義者——は心だけが実在し、物質は錯覚であるという正反対の見解を有している。私が提示してきた見解は、心も物質も、心的でも物質的でもないもっと原初的な素材から構成されたものだとする。「中性的一元論」と呼ばれるこの見解は、マッハが『感覚の分析』によって示唆し、ウィリアム・ジェイムズが『根本的経験論』で発展させ、R・B・ペリー教授などのアメリカの実在論者やジョン・デューイによって支持された。「中性的」という語のこのような使い方は、現在もっとも有能な論理学者のひとりである、ハーヴァード大学のH・

M・シェーファー博士に負う〔原註1〕。

人間とは、その人自身が持っている知識の道具である。そこでまずこの道具としての人間を研究する必要がある。そうしてはじめて、感覚器官が世界について教えてくれているように思われる事柄の価値が評価できるようになるのである。第一部で我々は人間を研究したが、それはちょうど時計や温度計を調べるときと同じように、常識的信念の枠内にとどまりながら、人間を環境内の一定の特徴に対する感受性を持つ道具と見なしてのことだった。人間をそう見なしたのは、環境に対する感受性こそ、それについて知識を持つために不可欠の条件だからである。

第二部では物理的世界の研究へと進んだ。現代科学では、物質から堅固さや実体性が失われていることが分かった。物質は、かつての名誉ある地位にまとわりついた一種の亡霊に過ぎなくなってしまったのである。実体としうるような何かを求めて、物理学は日常的な物体を分子へ、分子を原子へ、さらには原子を電子と陽子に分解した。しばらくの間は、そこが分解の終着地点だった。だが今や電子と陽子そのものが、ハイゼンベルクによって放射のシステムへと、またシュレーディンガーによって波のシステムへと――この二つの理論は数学的にはほとんど同じことになる――解体されたのである。付け加えておくが、これらは荒っぽい形而上学的思弁ではない。真剣な数学的計算の結果であり、大多数の専門家に受け入れられているのである。

これとは別の理論物理学の分野、すなわち相対性理論の哲学的帰結は、もっと重要かもしれない。空間と時間が時空で置き換えられたため、実体のカテゴリーはかつてほど適用可能ではなくなってしまった。というのも、実体の本質は時間を通じての持続性にあったのだが、いまや宇宙全体を貫く単一の時間がなくなったからである。その結果、物理的世界は、持続する物質片からなる世界の三次元的状態の系列ではなく、出来事からなる四次元連続体になった。相対性理論の第二の重要な特徴は力、とりわけ重力を廃棄したこと、そして代わりに、かつて重力について考えられていたような遠隔作用ではなく、ある出来事の近傍のみを扱うような微分的因果法則を採用したことである。

現代の原子の研究には、物理学の哲学的意義を大きく変えた二つの帰結がある。一方では、自然には不連続な変化、つまりある状態から別の状態へと中間状態を通過することなく飛び移る場合があるように見える（確かにシュレーディンガーは不連続性を仮定する必要を疑問視しているが、今のところ彼の意見は有力ではない）。他方で、現在知られている物理法則によっては、自然の行程はかつて考えられていたほどには明確に決定されないということがある。ある原子に不連続な変化が起きるかに関して、その平均的な確率を予言することはできるが、それがいつ起きるかは予言できない。「この原子に関わりのある環境の事実と物理法則が与えられれば、理論的には、その現在の状況から今後辿る経路を計算することが可能である」などとはもはや言えなくなったのだ。これは単に我々の知識が不十分だからなのかもしれないが、しかしそうだと確信はできない。事態が現状のとおりだとすれば、物理的世界は過去二五〇年にわたって信じられてきたほど厳密に決定論的ではなくなる。そして今やさまざまな場面で、かつては一つ一つの原子を支配する法則であるかに思えたものが、確率の法則に部分的に基づく平均値にすぎないことが分かったのである。

物理的世界そのものに関する以上の問題から、それとは別の、物理的な科学的知識が依拠するデータに関する問題が出てきた。すなわち知覚の因果性の問題である。外界の出来事と、その知覚と見なされる我々の内部の出来事との間には、つねに長い因果連鎖が介在していることを確認した。それゆえ、我々は外界の出来事そのものを見聞きしているのだとは考えられない。外界の出来事はせいぜい、一定の構造的側面に関してのみパーセプトに類似できるだけである。この事実のために、哲学ではかなりの混乱が起きた。それは一つには哲学者たちが知覚を実際以上に良いものと思いたがったためであり、また一つには彼らが空間という主題について明確な考えを持てなかったからである。普通、空間は心と対比されるものとしての物質の特徴として扱われるが、これは物理空間についてしか正しくない。知覚空間もまた存在し、我々が感官を通じて直接知るものはその中に位置づけられるのである。この空間は物理学の空間と同一ではありえない。物理空間という観点からすればパーセプトはいずれも我々の頭の中にあるが、しかし知覚空間の中では自分の手のパーセプトは自分の頭のパーセプトの外にある。物理空間と知覚空間の区別をつけられなかったことこそが、哲学における大きな混乱の一つの発生源なのである。

第三部では人間の研究に戻ったが、ただし今度は外部の観察者に知られるものとしてだけでなく、当人に現れるものとしての人間を研究した。行動主義者の見解に反して、観察する者とされる者が同じ人物でなければ知りえない重要な事実があると我々は結論した。知覚の際にデータとなるものは、知覚者のみが直接知ることのできる私的な事実である。そしてそれは物理学と同時に心理学にとってもデータとなり、物的かつ心的と見なすべきなのだ。またその後には、「知覚者に経験されていないが物理的世界にのみ属しているのかもしれない出来事が、知覚と因果的に結びついている」という見解には帰納的根拠があり、確実とは言えないがもっともらしいと結論した。

人間の行動を生きていない物質のふるまいから区別するのは、「ムネメ的」と言われる現象、すなわち過去の事象の特定の効果である。記憶、学習、言葉の知的な使用、そしてあらゆる種類の知識がこの種の効果を例証する。しかしこれを根拠として、心と物質を乗り越えがたい壁で区切ることはできない。第一に、生きていない物質もわずかながら類似のふるまいを見せる——たとえば、円く巻いた紙を伸ばすとひとりでに巻き上がる。第二に、生きた身体もまた、心とまったく変わらないほどムネメ的現象を示す。第三に、私が「ムネメ的因果」と呼んだものは一定の時間を飛び越して作用する因果関係を含むが、そうした関係を避けたいのであれば、心的出来事におけるムネメ的現象は過去の出来事による身体の変容のおかげで起きると言わねばならない。つまり、一人の人の経験を作るひと揃いの出来事は因果的に自足しておらず、その人が経験しえない出来事を巻き込んだ因果法則に依存するのである。

一方で、物理的世界についての我々の知識はどこまでも抽象的である。我々は、その構造の一定の論理的特徴については知っているが、その内在的特徴については何も知らない。物理学の中には、物理的世界の内在的特徴が心的世界の内在的特徴と何らかの点で異なることを証明するようなものは何もない。そして物理学と心理学という二つの端から分析を進めていくことで、心的出来事と物理的出来事がまとまって一つの因果的総体を形成し、そしてその総体は異なる二種類の出来事からなるとはかぎらないことが分かった。現在のところは、法則に関しては、我々は心的世界よりも物理的世界をよく知っているが、しかしこの状況は変化するかもしれない。内在的特徴に関しては、我々は心的世界をある程度知っているが、物理的世界については徹頭徹尾何も知らない。そして物理的知識が依拠している推論の本性からすれば、物質について抽象的な法則以上の何かを知る可能性はほとんどないと思われる。

第四部では、哲学は世界について何を言うべきかを考察した。本書で支持した見解に従えば、哲学は、影響力をもつ大きな学派がそれに割り当てているのとは幾分異なる働きをする。カントのアンチノミーを取り上げてみよう。彼は（1）空間は無限でなければならないが（2）空間は無限ではありえないと論じ、そこで空間は主観的だという結論を導き出したのだが、無限であるべきとする議論は非ユークリッド幾何学によって、無限ではありえないとする議論はゲオルグ・カントール(84)によって論駁された。かつては、様々な仮説の中からただ一つを除いて、それらは可能に見えるがじつは不可能なのだと証明し、残った唯一の仮説を真理として主張するために、アプリオリな論理学が使われた。しかし今では、アプリオリな論理学はまさにその逆、つまり不可能に見える仮説が可能であることを証明するのに用いられる。論理学はかつては検察側弁護人だったが、今では被告側弁護人になり、それによりかつて有罪とされたかなり多くの仮説が解放される。空間の例に戻ると、かつて経験は一種類の空間しか論理学に委ねないように見え、そして論理学がこの唯一つの種類の空間が不可能であることを示したのだった。現在では、論理学は経験の助けを借りずに多くの種類の空間を可能なものとして提示し、経験はそれらの中から部分的に特定するにすぎない。こうして、何が存在するかに関する知識はかつて思われていたよりも少なくなる一方で、何が存在しうるかに関する知識は膨大になった。我々は、すべての隅やどんな小さなひび割れでもつつけるような、そんな狭い壁の間に閉じ込められているのではなく、自由に可能性が開かれている世界の中にいる。そしてそこは知るべきことがあまりにも多いので、その大半は知られないままになっているのである。アプリオリな原理を使って世界に指図しようという試みは破綻した。論理学はかつてのように可能性を禁ずるのではなく、想像力の偉大な解放者となり、考えの足りない常識にとっては閉ざされている数え切れないほどの選択肢を提示する。そして論理学が我々に選択を任せる多くの世界の中からこれと決めることができるときには、経験にその仕事を任せるのである。

これまで述べてきたことが正しいなら、哲学的知識と科学的知識は本質的には異ならない。哲学には開かれているが科学には閉ざされているような特別な叡智の源などなく、哲学によって得られる成果は、科学がたどり着いた成果と根本的には違わないのである。哲学を科学から区別するのは、哲学の方が批判的で一般的だというだけのことだ。しかし哲学は批判的だと言ったからといって、哲学は知識をその外部から批判しようとするなどと言うつもりはない。そんなことは不可能だろう。私はただ、哲学は知識だと思われているものの様々な部分を検討し、それらが整合的かどうか、あるいは用いられている推論が注意深く調べても妥当だと思えるかどうか、それらを確認するのだと言いたいだけだ。目指されているのは、特段の理由もなく拒絶するよう結論づけるのではなく、知識であるように見えるものの真価を一つ一つ考察し、この考察が完了したときにもやはり知識だと思えるものは残しておくような、そうした批判である。人間は誤りうるものだから、誤りの危険性がある程度残ることは認めざるを得ない。哲学が正当に主張できるのは、哲学によって誤りの危険性が減ること、そして実際には無視できるほどまでその危険性を小さくすることができるということである。それ以上のことは、誤りが避けられない世界においては不可能である。そして慎みある哲学の擁護者なら、これ以上のことをしたと主張しはしないだろう。

最後に、世界の中での人間の位置についていくつか述べておきたい。世界が何らかの点で善きものであることを示せと、哲学者にこう要求することが通例となっているけれども、この手のいかなる義務も私には受け入れられない。同じように、満足できるようなバランスシートを提示しろと会計士に要求する人もいるかもしれない。だが哲学であれ金銭問題であれ、偽りの楽観が悪いことに変わりはないのである。もし世界が善であるなら何はさておきそれを知りたいと思う。だがたとえ善くはないとしても、そのことを知ろうではないか。いずれにせよ、世界の善さ・悪さについての問題は、哲学ではなく科学の問題である。もし我々が望むような何らかの特徴を世界が持っているのなら、我々は世界は善いと言うだろう。過去の哲学は、世界がそうした特徴をもっていることを証明できると公言していたが、その証明が妥当でないことは、今ではまったく明らかである。もちろん、問題になっている特徴を世界は持っていないという帰結も出てこない。出てくるのは、哲学はこの問題に決着をつけられないということだけである。例として、人格の不死性の問題を取り上げよう。啓示宗教を根拠としてこれを信じる人がいるかもしれないが、それは哲学の外の根拠である。心霊研究で調べられている現象を根拠にして信じる人もいるかもしれないが、それは科学であって哲学ではない。以前であれば、魂は実体でありすべての実体は破壊不可能であるという哲学的根拠に基づいて、不死性を信じることができた。これは多くの哲学者に見られる――多少偽装していることも時折あるが――議論である。しかし、状態を変えつつ永続する存在者という意味での実体の概念は、もはや世界に対して適用可能ではない。電子のように、一連の出来事が因果的に結合しあっているので、それらが一つの存在者を形成していると考えれば実際上便利だ、ということはあるかもしれない。だがこうしたことは科学的事実であって、形而上学的必然性はない。それゆえ人格の不死性の問題はまるごと哲学の外部にあるのであり、もし解決が可能だとしても、それは科学か啓示宗教によって解決すべきなのである。

これとは別の話題で、私の論じたことに失望させられた読者がいそうな話題を取り上げたい。哲学は、善く生きるよう人を励ますことを目指すべきだと、しばしば考えられている。もちろん哲学がそうした効果を持つべきことは私も認めるが、しかし哲学がそれを意識的に目的とすべきだとは認めない。まず、哲学の研究を始めるときには、我々はすでに善き生とは何かについて確実に知っているのだと前提すべきではない。哲学は、何が善いのかについての我々の見方をかなり変えてしまう可能性があり、そうした場合、非哲学的な人からすれば哲学が悪しき効果をもたらしたように思えるだろう。しかしこれは副次的な論点にすぎない。本質的なのは、哲学とは知識の探究の一部だということ、そして知識を手に入れる前に、徳を高めると思われるような知識が得られるべきだと決めつけて探究を制限してはならない、ということである。徳の向上について我々が正当な考えを持っているのなら、あらゆる知識は徳を高めると正しく主張できるかもしれない。この主張が正しくないように思えるとすれば、それは我々の道徳の基準が無知に基づいているからである。無知に基づく道徳基準が幸運にも正しいことがあるかもしれないが、もしそうなら知識を得てもその基準は破壊されないだろう。知識がそれを破壊するのだとすれば、その基準は間違っていたに違いないのである。それゆえ、哲学が意識的に目的とすべきは、道徳的に望ましいと考えられている何らかの命題を確立することではなく、可能なかぎり世界を理解するということのみでなければならない。哲学の研究を始める人は、科学的な先入見だけでなく倫理的な先入見をも疑問に付す用意がなければならない。確かな哲学的信念にも決して屈しないと心をきめてしまっているとき、その人は実りある哲学的探究ができるような心構えになっていないのである。

しかし、哲学は道徳的目的を持つべきではないとしても、ある種の善き道徳的効果を持つべきである。利害関心にとらわれない知識の探究は、必ず我々に自分の力の限界を教えるのであり、それは有益なことである。それと同時に、知識を得れば得るほど、我々は自分の無能さにも限界があることを知るのであり、それもまた望ましいことである。さらに、哲学的知識あるいは哲学的思考には、一種特別で哲学に匹敵するほどそれを持つ知的探究は他にはないような、そうした長所がある。哲学はその一般性によって、人間の情熱を過大視しないようにさせ、個人や階級の間、あるいは国家間の多くの争いを不条理だと認識できるようにするのである。哲学は、人間にとって可能なかぎりで大きく偏りのない目で一つの全体としての世界を見つめようと試み、そうすることで我々を、どこまでも当人にとってのものでしかない運命から引き上げるのである。知性に関わるある種の禁欲主義というものがあり、これは人生の一部としてはよいものである。しかし我々が生きるために奮闘せざるをえない動物であるかぎり、人生全体にとって善いものではありえない。知性に関する禁欲主義は、知識を探究している間は、知ることへの欲求のために他のすべての欲求を抑制するよう我々に求める。哲学をしている間は、世界が善いとかあるセクトの教義が真だとかを証明しようと望むことは、肉体の弱さと見なすべきである——それらは脇へ押しやるべき誘惑なのである。しかしその代わりに、神秘家が神の意志と調和したときに経験する歓喜のようなものが得られる。哲学に与ることができるのはこの歓喜なのだが、しかしこれを得ることができるのは、哲学のあらゆる耐えがたい不確実さにも関わらず、最後までそれについていく意志がある人だけなのだ。

現代科学に基づく哲学が「これを信じなさい」と我々に提示する世界は、過去何世紀かに考えられていた物質の世界に比べると、様々な点で我々にとってよそよそしいものではなくなっている。我々の心の中で生じる出来事は自然の行程の一部であり、それ以外のところで起きる出来事も、それらとはまったく異質だとはかぎらない。現時点で科学が明らかにできたかぎりでは、おそらく物理的世界は、かつて考えられていたほど因果法則によって厳密に決定されてはいない。ほとんど空想的だが、原子にすら一種の限定的な自由意志を帰すことができるかもしれない。我々は自分のことを、強大な宇宙的力に縛りつけられた力なき卑小な存在と考えなくともよいのである。測り方はすべて約束事なのだから、一人の人間を太陽よりも重く見るような、申し分なく使える測定方法を考え出すこともできるだろう。我々の能力には確かに限界があり、そしてこの事実を認めることはよいことである。しかし、たとえば我々にはエネルギーを作り出せないといった抽象的な言い方をする以外、その限界がどこにあるかを言うことはできない。人間の生という観点からは、エネルギーを作り出すことは重要ではない。重要なのはエネルギーを一定の方向に向けられるということであり、これは科学的知識が増大するにつれどんどん可能になっている。人類が考え始めて以来、自然の力は我々を圧迫してきた。地震、洪水、感染症、そして飢饉が人間を恐怖で満たした。少なくとも今では、人類は科学のおかげで、こうした出来事がこれまで惹き起こしてきた被害の多くはどうすれば回避できるかを理解している。私が思うに、現代人が世界と向き合うときに感じるべき気分は、一種の落ち着いた自尊心である。科学によって知られている世界そのものは、人類に友好的でもなければ敵対的でもない。しかしもし忍耐強い知識とともに近づくなら、世界を我々の友人としてふるまわせることができる。世界と関わるときに必要となるのは、どこまでも知識である。生物の中でただ人間だけが、ある意味で環境を支配するのに必要な知識が持てることを示した。人間にとって将来の危険は、あるいは少なくとも目算がつくかぎりでの将来の危険は、自然からではなく人間自身からくる。人間は自分の力を賢明に使うだろうか。それとも人間は自然との闘いから解放されたそのエネルギーを、同じ仲間である人間との闘いに注ぎ込むだろうか。歴史、科学そして哲学はいずれも、人類が集団で達成した偉大な成果に気づかせてくれる。文明化された人類全員がこれらの成果に反応し、もっと偉大なものの登場の可能性を認めつつ、個人や国家の情熱を無駄に費やすつまらない争いにはしかるべく無関心でいるなら、きっと上手くいくだろう。

哲学は我々に人生の目的と、人生の要素のうち、それ自体として価値をもつものは何かを教えてくれる。因果的領域で我々の自由がどれほど限定されていようとも、価値の領域では我々の自由にいかなる制限も認める必要はない。我々がそれ自体として善いと判定するものは、我々自身の感覚以外の何ものにも煩わされることなく、善いと判定し続けてよい。哲学自身には人生の目的を決定することはできないが、偏見による圧制や狭いものの見方のための歪みから我々を解放することならできる。愛すること、美しさ、知識、そして人生のよろこび。それらは、我々の視界がどんなに広がろうとも輝きを失わない。そしてもし我々がこれらの価値を感じることを哲学が助けてくれるのなら、暗い世界に灯りをともすという、人間が力を合わせて集団でおこなうべき仕事の中で、哲学は果たすべき役割を果たしたことになるのである。

原註1　ホルトの『意識の概念』の前書きを参照。

解説

ジョン・G・スレイター

ラッセルは『哲学のアウトライン〔訳者注：本書の原題An Outline of Philosophyを、この解説内に限り『哲学のアウトライン』と訳出する〕』（アメリカ版では『哲学』）を、一九二七年の四月一日から七月一日にかけて執筆した。この本はもともとアメリカの出版者であるW・W・ノートンの発案によるもので、彼は自分のお抱えの著者たちの中にラッセルを加えたいと切望していたのである。自身の考えを提案するため、ノートンはスタンレー・アンウィンに手紙を書いた。アンウィンは、ラッセルの反戦運動のために他の出版社が顔を背ける中、敢然とその物議をかもす著書『社会改造の諸原理』（アメリカ版では『なぜ人間は戦うのか』）を一九一六年に出して以来、ラッセルにとってイギリスで最優先すべき出版社になっていた。ノートンは一九二六年七月一九日の日付のある手紙で、ラッセルはこれまでのように複数のアメリカの出版社と付き合うよりも、ただ一社に絞る方がよい待遇が受けられることをアンウィンに納得させようとしている。当時ラッセルはアメリカでは六つの出版社から本を出していたのである。ノートンは、ラッセルの著作を一所懸命に売ろうと申し出るとともに、ラッセルの次回作に対するとても魅力的な提案をしている。「もしラッセル氏がいま考えていたり、あるいはまさに議論を展開中かもしれない哲学について、なんらかの一般的著作を書いてくださるのなら、私たちは喜んで、印税として総額五〇〇〇ドルを氏に保証いたします。またこの総額をさらに相当額引き上げることも検討するにやぶさかではありません。」アンウィンは、アメリカの出版社は一つにした方がよいとするノートンの議論に説得力を認め、七月二九日に提案をラッセルに取り次いだ。ラッセルは二日後に返事を出している。もし金銭上の取り決めに関してアンウィンが満足しているのなら、ノートンの申し出を受ける用意がある、と。ラッセルはそれに続けて、ケーガン・ポール社に渡す『物質の分析』の第一稿を仕上げているところ（これはアンウィンにとっては非常に苦々しい話であった）であり、その改訂をクリスマスシーズンに終わらせる予定だと書いている。「私の心がこの本から解放されたときには、哲学を一般的に論じる本を書きたいと思う。彼が私に求めている「一般的」というものがどの程度のものか、はっきりしない。『心の分析』よりも分かりやすい本を求めているのだろうか。」

秋になるまで、ラッセルが再び契約交渉に巻き込まれることはなかった。その間にアンウィンが代理人として働き、ノートンとの間で金銭に関する話をつけていたのである。ラッセルは一〇月一四日に、一九二七年の夏の間に本を書いて九月には渡せるかもしれないとアンウィンに語っている。この急ぎ足のスケジュールが可能だったのは、ラッセルがそのときまさに「心と物質」についての二〇回の連続講義を始めたところだったからだ。その講義は、哲学のための新しいイギリスの研究機関の援助により行われていたのだが、これに先立つ何年もの間、同じ研究所の申し出の下に、ラッセルは「哲学の諸問題」についての類似の連続講義を担当していたのである。彼は「私が今している講義が著作の大枠を作ってくれるだろう。しかし全体を改めて書き下ろす必要があるだろうが」とノートンへの手紙に書いている。これらの連続講義のシラバスは、『ラッセル著作集』第9巻の『言語・心・物質についてのエッセイ　一九一九―一九二六』の付録3として出版されている。完成した著作はどのシラバスにも従ってはいないが、講義で取り上げられていたほとんどすべての話題について論じている。哲学の一般的著作を、というノートンの申し出に対しなぜラッセルがかくも素早く応じたのかは、直前までこれらの講義をし続けていたという事実が明らかにしてくれる。その一般向けの素材が収入を増やしてくれそうなときには、いつでもそれを改訂する用意があったのである。

一九二六年の一〇月二二日に、アンウィンはラッセルにサイン入りの出版契約書を送った。それに記された条件によれば、一九二七年の一〇月三一日までに約一〇万語の草稿をアンウィンに渡さなければならなかった。ラッセルは前払いで、二〇〇ポンドを印税として受け取ることになっていた。これは、ノートンが保証した額の約五分の一に当たる。アンウィンはそのときもまだ、ラッセルが『物質の分析』の出版を自分に任せなかったことに気分を害していたのだが、自身の一九二七年の出版リストにラッセルの新しい著作のタイトルを掲載することを喜んでいた。契約にサインを済ませた時点でもまだ、著作をどのレベルに合わせるべきかに関する問題は残っていた。ラッセルは一一月一七日のアンウィンあての手紙でこの問題を切り出している。

論じる範囲についての君の考えを教えてくれないか。哲学全般を平易に論じることに挑戦すべきなのか、それとも心と物質の問題についてでいいのか。読みやすさは『哲学入門』（家庭大学叢書）のレベルであるべきか、それとも『外部世界についての我々の知識』のレベルか、それとも『心の分析』のレベルなのか。この点について冬の間に考えたいとは思うが、四月までは書き始められない。タイトルについて何か考えはないか。私自身は『心と物質』が気に入っているのだが。

アンウィンはラッセルに、アメリカの市場は哲学を全般的に論じている著作、一般の読者に『哲学入門』以上には負担をかけないような著作を好むのではないかと助言した。アンウィンの個人的考えとしては、いいと思うのは「君自身が書きたいと思う本だ。君が書くことを楽しめば楽しむほど、より多くの人が楽しんで読む本になるんじゃないだろうか。」しかし彼は、そうした本が、合衆国の市場にとって十分に読みやすくなるかどうか、疑わしいとも思っていた。

ラッセルはノートンに対して契約した本に関する情報をまったく伝えていなかったので、いらだったノートンは一九二七年の三月末の手紙で、ラッセルに契約上の責務を思い出させろとアンウィンに迫っている。ノートンは広告のために必要なタイトルさえ彼らが決めていないことを不満としており、自分は『哲学』でも満足だ、一語の題名の本はアメリカではよく売れるんだからと述べている。約一週間後、ラッセルはアンウィンに著作の要約と目次の案を送っているが、書いているうちに内容は変わるかもしれないと注意している。タイトルとして『哲学のアウトライン』を提案したのはラッセルであることが分かる。「どんな題名にすべきかなんてどうでもいい。ノートン氏が『哲学』にしたければ、それでまったく構わない。しかし、私が提案したタイトルの方がすこしはましだと思う。」その後の手紙で、ラッセルはノートンと会ったこと、そしてアメリカ版のタイトルは『哲学』で行くべきだという意見で一致したことをアンウィンに知らせている。「私は、君がイギリスでは『哲学のアウトライン』のタイトルで通したいと思っていることを知っている。しかし、君の出版予定リストでは、短い方のタイトルが掲載されているのを見た。どちらでもべつにかまわないのだが、しかしイギリスでは、長いほうのタイトルの方がわずかながら好ましいとも思う。けれども君がそれに反対なら、それを押しのけるほどまで強い気持ちでもない。」

ラッセルが執筆を開始したのは、おそらくアンウィンに要約を送った直後である。というのは、アンウィンに当てた六月三日の手紙で、再び次のように書いているからである。『哲学のアウトライン』は思っていたよりも早く進んでいる。七月一五日頃には君に渡せるように、今月末には脱稿したい。」七月二日にはアンウィンに、全体の四分の三のタイプ原稿が手元にあると語っているので、六月末には十分に間に合ったようである。「七月九日までには確実に、私の本のタイプ原稿を二部、君に渡せる。今日にでもそれを君に送りたかったんだが、タイピストの仕事が遅いんだ。」校正をしながら、ラッセルはそれがアメリカの市場に受け入れられるかどうかに関して懸念を漏らしている。「ノートン氏はこの本に満足しないのではと、すこし不安を感じる。自分の客にとっては読みやすさが足りないと思うかもしれない。もし彼がそう思ったのなら、異議のある箇所はどこでも修正するつもりだと、彼に言っておいてくれないか。もっと冗長に書いたほうが十分に読みやすくなる、なんてことはよくあることだから。」二日後、ラッセルはアンウィンにタイプ原稿を送った。彼は、その長さを一〇万五千語と見積もった。ノートンはまったく修正を求めなかった。

すでに述べたように、本書で取り上げる範囲は、アメリカの読者層の間に認められる需要によって決定された。ラッセルは幅広い哲学の話題を論じることに同意した。一般に「倫理学」と呼ばれる話題も含まれていたが、それについてはラッセルはいつもと同様に気乗り薄であることがうかがえる。彼は倫理学についての章の冒頭の段落で、この話題について自分が論じるのは、哲学一般についての本ではそれを論じることが期待されているからにすぎないからであることを、読者に理解するよう求めている。しかし彼がその章をできるなら削除したかったのだとしても、それでも彼は二つの有意義な論点を出すためにそこを利用している。第一に、ラッセルはG・E・ムーアから受け継いだかつての倫理学上の立場を、部分的にはサンタヤナの批判に応じて、すでに捨ててしまったことを読者に知らせている。ラッセルはもはや善が、ある心の状態や行為は持つが別の心の状態や行為は持たないような、特異で定義不可能な質であるとは信じていない。事実、彼はサンタヤナに言及はしないまま、ムーア的立場を拒否することを、一九一四年の「哲学における科学的方法」(『神秘主義と論理』に収められている)のなかで明らかにしていた。そこでラッセルは驚くべき主張をしている。「倫理とは、そのそもそもの起源においては、自分と協力するために必要な犠牲を払うよう他人に要求する技法である。」そのエッセイでは、ラッセルは代わりとなる理論を展開していない。しかしこの本の性格を踏まえて、理論を提供する必要があると感じていた。ラッセルが好む理論は、情緒主義である。この倫理では、「善悪は欲求から派生する」(三四三頁)。そして彼はそこから、この言明で意味されていることについての、予備的な分析を提出しはじめる。もしノートンが哲学の一般的著作を求めなかったなら、倫理的用語の情緒的意味に関する自身のアイデア――このアイデアは、他の論者によってムーア的立場に対する有力な対抗馬へと仕上げられた――を、ラッセルがここに残すことはありそうになかったと思われる。

しかしノートンが明示的に出した要求は、本の内容をもっと重要な仕方で決定した。アンウィンに宛てた元々の手紙の中で、「ラッセル氏こそ、現代科学の概念によって哲学を更新することにとりかかるべき、今日唯一の研究者であることを確信している」と述べている。また彼は、行動主義心理学者のジョン・B・ワトソンが自分のお抱えの著者であることにも触れていた。本書の執筆時点で、ラッセルがワトソンの著作を重要視しはじめてからすでに約十年は経っていた。なぜならそれが、物理的出来事だけをデータとして用いて心的現象を分析する方法を可能にするように思えたからである。そうした分析を目的とすることは、心の本性についてのラッセル自身の考えの方向性とぴったり一致した。一九一九年の初頭に、ラッセルはそのことについてワトソンに手紙を送っている。残念なことに、ワトソン宛ての手紙は現存していないが、ワトソンからの手紙は残っている。ワトソンの返事は一九一九年二月二一日付で、ラッセルに強い印象を抱いたことがうかがえる一節を含んでいる。彼は、「客観的心理学についての著作を執筆している」ところであると述べ、そしてその少し後で、この「「客観的心理学」という」言い方について、その意味するところを記している。「哲学にまったく無礼を働くことなく、化学や物理学のように、心理学を哲学から遠く引き離すことを試みているところです。もちろん、化学者や物理学者が自身の学問について普通認めているほど、哲学から遠ざかるわけではありません。私がそれを体系的に提示することに成功した暁には、哲学者たちがそれを取り上げ、その体系が可能か否かを示してくれることを望んでいます。」これぞまさにラッセルが『哲学のアウトライン』で行ったことである。

この本の中心的テーマは、行動主義的な知識の定義を発展させること、そしてその限界を確定することを試みつつ、それを様々な問題へと適用することである。ラッセルが「究極的な哲学としての行動主義が破綻する」（一九四頁）地点をあばき出していることは、読めば分かるだろう。行動主義は内観を拒絶するが、それは科学においてさえ必要なものだとラッセルは論じる。だが行動主義に非妥当性を認める一方、ラッセルはそのときでも、作業仮説としてはそれは有効だと考えている。真理と虚偽についての議論のはじめの方で、これらの述語は拡張的には信念に適用されると考えられるけれども、「内観へと戻る前に、行動主義の道を進んでみるという本書での方針に従いながら、言明の真理と虚偽を考察することにしよう」（三八二頁）と述べている。

この本での行動主義（アメリカ的な宣伝文句で言うなら「新心理学」）の役割は、ラッセルの哲学的発展をよく知る人にとっては、まったく驚くべきものではないだろう。一九一二年にウィリアム・ジェイムズの『根本的経験論』を読んでから一九二一年に『心の分析』の執筆を始めるまでの間、ラッセルは「心と物質は、同じ基本的素材を別様に組織したものにすぎない」というジェイムズの主張について、受け入れることには抵抗しつつも考え続けていたのである。一九一八年にジェイムズ的立場を受け入れて以降は、その中性的な構築単位を指すための用語として、ラッセルは「出来事」を好んだ。ジェイムズの立場を支持する以前は、彼は自分の哲学を「論理的原子論」と呼んでいたが、それ以降は「中性的一元論」という名で呼ぶようになった。おそらくこれは、その方がより伝統的な響きを持っているからであろう。もちろん、中性的一元論は論理的原子論と矛盾しない。事実、ラッセルは一方から他方を次第に発展させてきたのである。自分の哲学的立場に対する古いほうの呼び方は、論理分析という手法を強く示唆している。それはラッセルが終生、哲学における方法として選択し続けたもので、それは本書でも用いられている。一方、中性的一元論は、ラッセルが我々に伝えるところでは、「本書で支持する」見解（三二四頁）なのである。

本書は哲学者の間では、おそらくラッセルが哲学史上におけるカントの地位を徹底的に貶めようとしている場として最も知られているだろう。「カントは近代最大の哲学者という世評を得ているが、私に言わせれば一箇の災厄にすぎない」（一一三頁）。C・D・ブロードは『倫理学理論の五つのタイプ』で、哲学的神々の間でのカントの位置づけに対するラッセルの判断について、「明らかにヘーゲルのためにとっておかれるべき蔑称を、カントに当てはめていることを残念に思う。」（ブロード著、一〇頁）別の所では、ラッセルは多くの心理学的実験が、客観性のテストに失敗するようにデザインされていると示唆し、あらゆる学派の心理学者をひるませている。「アメリカ人が研究した動物は、信じ難いほどの精気と活力を発しながら狂ったように走り回り、最後は偶然に望みの結果を獲得する。ドイツ人が観察した動物は沈思黙考し、ついにはその内的意識から答えを導き出す。この本の著者のように平凡な人間にとっては、こうした状況は残念なものである。」（五一頁）ラッセルが自分を「平凡な人間」と皮肉っぽく記しているのは面白い。最後に、ラッセルは我々の思考は頭の中にある（二〇五頁以降）と主張することで、アカデミックな哲学者たちが作るほとんどすべての学派の神経を逆なでしている。後に彼は（『自伝的回想』の中で）、「私は「あなたの思想はご自分の頭の中にあるのですよ」と言って、すべての哲学者を驚かせてしまった。彼らは私に、「私は自分の思想を頭の中に納めているわけではありません」という一言で自分たちの正しさを保証しているが、この保証は受け取らないのが礼儀というものだろう」（原著一六三頁）と、いたずら者のように語っている。ラッセルは上流階級の人たちの鼻をつまんで一ひねりすること、とくに哲学的上流階級の人にそうすることを好んでいたのだ。

訳註

第1章

（1）エドムンド・ゴス（一八四九―一九二八）はイギリスの批評家・エッセイストで、フランスや北欧の文学の専門家として知られた。その父フィリップ・ゴス（一八一〇―一八八八）は著名な動物学者であったが、同時に清教徒的信仰の持ち主で、当時の地質学的知見と、世界は紀元前四〇〇四年に創造されたとする当時の神学的見解を両立させるために、本文で説かれているような仮説を立てたことで知られる。

（2）チャールズ・ダーウィン（一八〇九―一八八二）はイギリスの博物学者。地質学、植物学などに興味を抱き、ビーグル号での航海の際に研究員として乗り込む。その際立ち寄ったガラパゴス諸島でのフィンチに見られる変化の観察と思索を通じて、生物の進化についての見解を得た。

（3）事象 occurrence とは、「起きた occur」事柄のことであるが、ラッセルは、本書では「出来事 event」と同義の言葉として使用する。形而上学的に慎重に論じるべき場面では「出来事」という語の方を優先的に使用している。

（4）出来事 event という存在論的カテゴリーには多様な理解の仕方があるが、ラッセルを読むときに重要なのは、これが「実体」概念を用いる形而上学への批判として持ち出されていることに注意することである。すなわち、ある人や物に何かが起きることではなく、たとえば赤といった性質が一定の時空領域において例化する際のような、「実体-属性」関係を含まない単純な個別者の生起として理解されるべきである。

（5）G・E・ライプニッツ（一六四六―一七一六）はドイツの哲学者・数学者・科学者。外交官としても活躍した。ラッセルは一九二〇年ごろまではライプニッツの影響を大きく受けており、理論哲学に関しては非常に高く評価しているが、その人間性については批判的に見ている。

(6) R・デカルト(一五九六-一六五〇)はフランスの哲学者・数学者・科学者。ラッセルは自身の哲学の方法(「分析の方法」)をデカルト的なものと了解している節があるが(たとえば『哲学入門』第2章を参照)、懐疑論に対する態度ひとつとっても、デカルトとは相当違った思考に導かれているとみるべきだと思われる。

(7) J・B・ワトソン(一八七八-一九五八)はアメリカの心理学者。ロシアの心理学者パブロフと後出のソーンダイクの影響の下、行動主義心理学を創出した。しかし後年は研究をやめて実業家へと転身し、広告調査会社を経営していた。本書における引用の訳出に際しては、安田一郎訳『行動主義の心理学』河出書房新社、一九六八年を参照した。

(8) I・ニュートン(一六四二-一七二七)はイギリスの数学者、科学者で、近代物理学の完成者である。カントをはじめ、初期のラッセルに至るまで、その物理学は哲学にも強い影響を与えた。著書『プリンキピア』の初版は一六八七年に出版された。

第3章

(9) E・ソーンダイク(一八七四-一九四九)はアメリカの心理学者で、ハーヴァード大学でウィリアム・ジェイムズに学んだ。動物実験をもとにした教育心理学についての研究は大きな影響力を持った。

(10) バビンスキー反射とは、足底の皮膚をかかとからつま先方向へととがったもので刺激すると、足指がそりかえる反応をすること。一歳未満の子供にはふつうにみられるが、大人には通常は見られず、器質性中枢神経疾患の鑑別に利用される。

(11) W・ケーラー(一八八七-一九六七)はドイツの心理学者で、ヴェルトハイマー、コフカらとともにゲシュタルト心理学の創設者となった。またM・プランクに物理学を学び、物理現象にもゲシュタルト法則が適用しうるとし、心の過程と脳の過程の同一性を主張した。ゲシュタルト心理学とは、一つの心的現象全体の持つ質は、構成要素の性質の総和に還元できないと主張する立場である。この全体の質のことを形態質あるいはゲシュタルト質という。現象学など、同時代の哲学に対する影響力も大きい。本書での引用の訳出に際しては、宮孝一訳『類人猿の知恵試験』岩波書店、一九六二年を参照した。

第4章

(12) H・G・ウェルズ(一八六六—一九四六)はイギリスの小説家・文明批評家で、『タイムマシン』、『モロー博士の島』などのSF小説で知られる。国際政治や平和主義に対する影響力も大きい。『眠りから覚めるとき』は一八九九年発表の長編小説で、社会派SFの元祖の一つと目されている作品。

(13) R・ゼーモン(一八五九—一九一九)はドイツの動物学者で、外界から得られた印象(エングラム)と生殖質が共同することで遺伝的変化が生じると考えた。「ムネメ」とは、個体に備わる、エングラムを保持する力を指す概念である。

(14) T・カーライル(一七九五—一八八一)はイギリスの評論家・歴史家で、イギリスにおけるゲーテやシラーの作品の紹介者となった。また、俗世間を軽蔑し、英雄や天才を称揚したことでも知られる。T・マコーレー(一八〇〇—一八五九)はイギリスの政治家・歴史家。政治家としてはホイッグ党に属し、ラッセル内閣(ラッセルの祖父、ジョン・ラッセル卿が首相を務めた内閣)で軍支払長官を務めた。歴史家としては、いわゆる「ホイッグ史観」の代表者として知られ、『イギリス史』などの著作がある。

(15) C・K・オグデン(一八八七—一九五九)はイギリスの言語心理学者で、ウィトゲンシュタインの『論理哲学論考』の英訳者として有名だが、実際に訳したのはF・ラムジーらしい。I・A・リチャーズ(一八九三—一九七九)はイギリスの文芸批評家。オグデンとリチャーズは、八五〇語からなる「基礎英語」

を普及させる運動でも知られる。

(16) プラトン(前四二七/四二八―三四八/三四七)は古代ギリシャの哲学者。著作としては『ソクラテスの弁明』、『国家』、『法律』など。ラッセルは一九一八年までの、面識(acquaintance)という心的作用を認めることによって実在論を展開しようとしていた時期では、プラトンに強い影響を受けていた(このことについては、ラッセルの『哲学入門』、特に第8章と訳者解説を参照していただきたい)。しかし本書を含め、面識概念を放棄して以降の著作では経験主義的な実在論に傾斜していき、プラトンの影響もかなり薄くなったように思われる。

第6章

(17) フランシス・ダーウィン(一八四八―一九二五)はイギリスの植物学者。チャールズ・ダーウィンの息子で、父の研究を手伝い、またその伝記や書簡集を編集した。

(18) サミュエル・バトラー(一八三五―一九〇二)はイギリスの小説家、哲学者。牧師の家に生まれ後を継ぐことを期待されたが反抗し、聖職には就かず、ダーウィンの影響下で異端的な哲学を展開した。

(19) H・ベルクソン(一八五九―一九四一)はフランスの哲学者で、著書に『意識に直接与えられたものについての試論』、『物質と記憶』など。一九二八年、ノーベル文学賞を受賞。表象主義に対する批判的姿勢において初期のラッセルと親近性があるが、しかし分析的知性を批判し直観に定位する点で極めて対照的であると言える。ラッセルのベルクソン批判は、『西洋哲学史』第28章で述べられている。

(20) C・D・ブロード(一八八七―一九七一)はイギリスの哲学者で、ラッセルの弟子である。科学哲学や倫理学、哲学史研究に従事し、多くの著作を残した。代表作としては『心と自然におけるその位置』、『科学的思考』がある。後期ウィトゲンシュタインの影響が強かった第二次世界大戦以降の分析哲学業界では軽んじられたきらいがあるが、その著作は現代の心の哲学や形而上学研究に対して無視できない影響力を持っている。

第7章

(21) アリストテレス（前三八四－三二二）は古代ギリシャの哲学者というにとどまらず、「万学の祖」といわれるほどさまざまな学問を創始した。アリストテレスの論理学と形而上学は、中世哲学を経て現代まで強い影響力を持っているが、ラッセルはその論理学にも形而上学にも批判的であった。

(22) F・ベーコン（一五六一－一六二六）はイギリスの哲学者・政治家。自然に従い経験的知識を手に入れることで、自然を支配することを説き、またスコラ哲学や論理学の批判者としても知られる。

(23) ソクラテス（前四七〇／四六九－三九九）は古代ギリシャの哲学者で、アテナイ市内で市民と問答することを通じて哲学的生を実践したため、訴えられ刑死した。

(24) F・C・S・シラー（一八六四－一九三七）はイギリスの哲学者で、プラグマティズムの支持者であった。後年アメリカにわたり、南カリフォルニア大学で教えた。

(25) ガリレオ・ガリレイ（一五六四－一六四二）はイタリアの自然科学者で、落体の法則（落下距離は落下時間の二乗に比例するという法則）を提唱することにより、それまでのアリストテレス的自然学を批判したことで知られる。ただしそれをピサの斜塔から鉄球を落とす実験で示したというのは事実ではないらしい。

(26) D・ヒューム（一七一一－一七七六）はイギリス経験論を代表する哲学者である。ラッセルが一九一八年までに展開していた論理的原子論の哲学、特にそのなかでも知覚を論じるセンスデータ論はヒュームの経験論に近いと解釈されることが多いが、私はそれは誤解だと思う。ラッセルがヒュームを評価し始めるのは、一九一八年以降、中性的一元論の立場に転向してからのことである。本書を、たとえば『哲学入門』と読み比べるならば、ヒュームやバークリの評価がかなり上がっていることに気づかされる。また倫理学に関しても、初めはムーアの影響の下、プラトニズム的な実在論を支持していたが、本書以降でのラッセルはヒュームの見解に近づいていく。

(27) I・カント(一七二四―一八〇四)はドイツ(現在はロシア領のケーニヒスベルク出身)の哲学者である。本書でのラッセルは、スレイターによる解説でも触れられているように、カントに対して非常に冷たい。『哲学入門』でもカントの見解は批判されていたが、しかしその重要性を十分認めてはいたのである。ラッセルがここまでカントの評価を引き下げた理由はよく分からない。時間論・空間論に関する、相対性理論の影響によるラッセル自身の見解の変化(これに関しては、『哲学入門』のドイツ語版への前書きへの註を参照していただきたい)が背景にあると考えることはできるが、今のところ推測でしかない。

(28) S・フロイト(一八五六―一九三九)はオーストリア出身の精神科医であり、精神分析学の創始者である。ラッセルは社会思想との関連で精神分析についてしばしば言及するが、その評価は本書二九一頁に見られるように、大きな意義は認めるが不合理性(あるいは性欲)の影響力を過大に見積もり過ぎている、というものである。

(29) B・スピノザ(一六三二―一六七七)はオランダの哲学者。主著『エチカ』は、形而上学から倫理学までを幾何学的体系として叙述しようという試みである。ラッセルはスピノザの全体論的形而上学には批判的であった(ただし本書での中性的一元論の立場は、スピノザの平行論ときわめて親和的である)が、その倫理学には強い影響を受けている。またその人間性に関しても深い尊敬の念を表明している。

(30) クー・クラックス・クランは、アメリカの白人至上主義者たちによるテロ組織である。南北戦争に敗れたテネシー州で始まり、南部の白人たちの間に支持を広げた。白い山形の頭巾とガウンのコスチュームで有名。

（31）E・バーク（一七二九―一七九七）はイギリスの政治家・思想家。『美と崇高の起源』におけるロマン主義的美学や『フランス革命の省察』での革命批判で知られる。政治に関しては演説家として名をなした。

（32）G・サンタヤナ（一八六三―一九五二）はスペイン生まれの哲学者。幼少時にアメリカにわたり、ジェイムズらに教えを受け、また哲学教授活動もアメリカで行ったが、引退後はヨーロッパに渡った。人間の知識を動物的本能に基づくものとして理解しようとするその認識論的見解も、本書のラッセルの見解に影響を与えているのかもしれない。ちなみにラッセルは幼少時からサンタヤナとは面識があったらしい。

第8章

（33）G・W・F・ヘーゲル（一七七〇―一八三一）はドイツの哲学者で、ドイツ観念論の完成者と目されている。F・H・ブラッドリー（一八四六―一九二四）はイギリスの哲学者で、一九世紀後半のイギリスで流行した新ヘーゲル主義の代表者である。ラッセルも初めは新ヘーゲル主義の立場に立っていたが、しかしそれはヘーゲル自身ではなく、ブラッドリーやマクダガート、ボザンケらのイギリスの新ヘーゲル主義者の影響によるものだったらしい。ラッセルはウィトゲンシュタインやポアンカレなど、優れた論敵に恵まれ、彼らからの批判から多くを学んでいるが、ブラッドリーはその最大の例かもしれない。関係の実在性に関するブラッドリーの批判を、ラッセルは自身の哲学的見解を改めるごとに取り上げ、自説を深めるために利用しているように思える。またラッセルとブラッドリーの間の論争は、現在の分析的形而上学においても未だに現役の問題として論じられている。

第9章

（34）W・ハイゼンベルク（一九〇一―一九七六）はドイツの、E・シュレーディンガー（一八八七―一九六一）

はオーストリアの物理学者。一九二六年にシュレーディンガーが物質波のふるまいを記述する方程式（いわゆる「シュレーディンガーの波動方程式」）を発表し、さらに一九二七年にハイゼンベルクが不確定性原理を発表することで、物質には粒子と波の二重性があるという量子力学の基本的見解が打ち立てられた。しかしハイゼンベルクがボーアとともに、本文で述べられているような量子力学の解釈（いわゆるコペンハーゲン解釈）を唱えたのに対し、シュレーディンガーはいわゆる「シュレーディンガーの猫」の思考実験により抵抗した。ハイゼンベルクは一九三二年に、シュレーディンガーは一九三三年にノーベル物理学賞をそれぞれ受賞した。

(35) A・アインシュタイン（一八七九―一九五五）はドイツの物理学者である。一九〇五年に特殊相対性理論、光量子仮説、ブラウン運動の解明を行い、この年はアインシュタインの「奇跡の年」と言われる。一般相対性理論の発表は一九一六年である。一九二一年、ノーベル物理学賞を受賞。ラッセルと親交が深く、シルプ編『バートランド・ラッセルの哲学』に「バートランド・ラッセルの知識論についての所見」を寄せている。また一九五五年の死の直前には、ラッセルが表明した核兵器廃絶のための宣言に同意署名し、「ラッセル‐アインシュタイン宣言」として発表された。

(36) J・ドルトン（一七六六―一八四四）はイギリスの化学者で、当時はまだ決して一般的ではなかった原子論的発想に基づき、各元素の質量を水素原子の質量を単位とする比として表した。これにより、古代ギリシャ以来の原子論が、思弁的形而上学から科学的知見へと脱皮したとされる。

(37) D・メンデレーエフ（一八三七―一九〇七）はロシアの化学者。各元素の原子量とその化学的性質の間の周期的な関係の洞察に基づき、元素の周期表を作製した。

(38) 自然界にある元素の数は、水素からウランに至る九二個である。それ以外に、原子炉などで人工的に生成される元素がいくつかあり、それも合わせれば元素は現在（二〇一四年）では一一三個だということである。

(39)Ｆ・Ｗ・アストン(一八七七―一九四五)はイギリスの物理学者である。質量分光写真機を開発し、様々な元素の原子の質量を精密に測定し、それが同位体の発見につながった。

(40)Ｅ・ラザフォード(一八七一―一九三七)はニュージーランド出身の物理学者で、一九一一年に原子核の周りを電子が周回するという有核原子モデルを発表したことで知られるが、それ以外にも、α波とβ波の区別や元素変換の発見など、多くの業績を残した。一九〇八年ノーベル化学賞受賞。

(41)Ｎ・ボーア(一八八五―一九六二)はデンマークの物理学者。本章で説明されているのは一九一三年にボーアが発表した原子核構造論であるが、それはラザフォードが提唱した有核原子モデルの困難を解決するものであった。コペンハーゲンに彼が設立した研究所にハイゼンベルグら若い研究者を招き、そこを量子力学の中心的な研究拠点とした。

(42)本書が執筆されたのは、一九二二年のチャドウィックによる中性子発見以前であり、それゆえ原子核の構造について、現在とは異なる知見が説明されていることに注意されたい。ヘリウム・ウラン原子の説明に関しても同様の注意が必要である。

(43)Ｍ・プランク(一八五八―一九四七)はドイツの物理学者。熱放射の研究に取り組み、一九〇〇年にそれを説明するものとして量子仮説にたどり着いた。一九一八年ノーベル物理学賞受賞。プランクが研究したのは、熱せられた気体がそれぞれ固有の波長の光を発する現象であり、ラッセルが本文中で「熱 Heat」と書いているのは光の間違いではないかと思われる。

(44)Ａ・ゾンマーフェルト(一八六八―一九五一)はドイツの物理学者で、ラザフォードが発表した原子モデルを量子論的に説明することを試み、その際に量子化条件を定式化した。また多くの教科書の執筆や研究者の育成にも優れ、ハイゼンベルクやパウリなどは「ゾンマーフェルト学派」と呼ばれることもある。

第10章

(45) J・C・マクスウェル(一八三一―一八七九)はイギリスの物理学者で、ファラデーが実験的に蓄積した電磁気に関する知識を理論化・体系化し、電磁気学を確立した。

(46) A・N・ホワイトヘッド(一八六一―一九四七)はイギリスの哲学者。当初は数学者として出発し、ラッセルとともに『プリンキピア・マテマティカ』を執筆。その後、相対性理論や量子力学などの発展に触発され、『自然認識の諸原理』など科学哲学の著作を発表し、ラッセルが外界問題や科学哲学に取り組む際にも大きな影響を与えている。またハーヴァード大学に移ってからは、主著『過程と実在』を始めとする哲学書を数多く執筆し、現在でも宗教哲学など多様な分野でホワイトヘッドの見解は研究され続けている。

第11章

(47) パーシー・グリフィスという人物が何者であるかはよく分からない。同名の著者による、*A synthetic psychology: or Evolution as psychological phenomenon* という本が一九二七年に出版されているが、ラッセルが言及している人と同一人物かどうか、確認できなかった。

第12章

(48)「全世界の判断は決定的である」はアウグスティヌスの『パルメニアヌスの書簡論駁』を出典とする格言。

第13章

(49) G・バークリ(一六八五―一七五三)はイギリスの哲学者。ラッセルは、バークリの観念的見解に関しては本書でも批判的であるが、その議論の強力さに関しては『哲学入門』よりもかなり評価が上がっている。

第16章

(50) 中性的一元論では、「伝記 biography」は、通常の物理法則によってまとめあげられ、日常的観点から見たときに一つの「物体」と見なすことができる出来事の系列のことを意味する。『物質の分析』第20章「知覚の因果説」、二一二頁参照。本書でも、四一九頁で瞬間の定義に用いられるものとして言及される際には、この中性的一元論における用法を前提している。しかしこの第16章での用法は、むしろセンスデータ論の時期の、「一人の人物の経験内容を構成するセンスデータの系列」という規定に則しているように思われる。センスデータ論における「伝記」については、『論理的原子論の哲学』(拙訳、ちくま学芸文庫、二〇〇七年)の一九八―二〇一頁参照。

第18章

(51) ヒューム、『人間知性論』第一巻、第一部、第一節「観念の起源について」を参照せよ。

(52) 『マクベス』第五幕第五場のマクベスのセリフ。『マクベス』(松岡和子訳、ちくま文庫、一九九六年)一六九頁参照。

(53) 『真夏の夜の夢』第五幕第一場、シーシアスのセリフ。『夏の世の夢』(松岡和子訳、ちくま文庫、一九九七年)一四六頁参照。

(54) H・ボーン(一六二一―一六九五)はイギリスの詩人。ヘルメス哲学の影響を受けた宗教的、神秘的な作風で知られる。いわゆる「形而上詩人」の一人。

(55) アコルーシック acoleuthic とは、感覚器官への刺激が終わった後、次第に薄れながらもなおも続く感覚内容を示すための語で、ラッセルはそれをゼーモンの『ムネメ』から受け取っている。ラッセルの『心の分析』第九講義「記憶」でも言及されている。

(56) ラッセルがここで念頭に置いているのは、おそらく『物質と記憶』の第三章だと思われる。

第19章

(57) F・ブレンターノ(一八三八―一九一七)はドイツ出身の哲学者である。アリストテレス研究から出発し、形而上学や論理学、倫理学などに関して、非常に大きな影響力を持った。現在の英米系の心の哲学では、「心的現象の本質は志向性にある」とする主張を「ブレンターノ・テーゼ」と呼び、議論の出発点とすることが多い。また現在は完全に二分されている観のある英米系分析哲学と大陸系哲学だが、両者の研究伝統をさかのぼっていくと、ブレンターノが一つの合流地点となる。A・マイノング(一八五三―一九二〇)はブレンターノの弟子のひとりである、オーストリアの心理学者・哲学者である。これまではラッセルの『表示について』で批判された、非存在対象を認める奇人という印象が強いが、近年、矛盾許容論理や志向性の説明といった観点から見直され、現在ではその知見が高く評価されている。

(58) E・マッハ(一八三八―一九一六)はチェコスロバキア出身の科学者・哲学者である。彼のニュートン力学批判が若きアインシュタインに影響を与え、相対性理論に道を開いたことで知られる。哲学上の著作としては『感覚の分析』がある。W・ジェイムズ(一八四二―一九一〇)とJ・デューイ(一八五九―一九五二)はアメリカの哲学者で、パースと並んでプラグマティズムの代表的哲学者である。ラッセルはジェイムズの哲学と心理学から大きな影響を受け続けたが、そのもっとも大きなものが、「面識」という心的作用を排して中性的一元論を採用したことであろう。ラッセルとデューイとの間には論理学や真理論に関する批判的応酬があったが、後年、ラッセルがアメリカで教授活動をしようとして反対運動が起きた際、デューイはラッセル擁護の論陣を張った。アメリカの実在論者とは、E・B・ホルト（一八七三―一九四六）、W・T・マーヴィン（一八七二―一九四四）、W・P・モンタギュー（一八七三―一九五三）、R・B・ペリー（一八七六―一九五七）、W・B・ピトキン（一八七八―一九五三）、E・G・スポルディング（一八七三―一九四〇）の六人の哲学者のことである。

(59) フランス語の *voilà* … とドイツ語の *da ist* … が、目の前に何らかの対象がある場合にその対象の存在を語るために使われるのに対し、*il y a* と *es gibt* は、目の前にないが、一定の性質を持っていたり条件を満たしている対象があると思われる場合に、そうした対象について語るために用いられる構文である。

第20章

(60) ここでなされている議論はなかなかややこしいので、解説しておこう。まず、あなたが相手の言うことを復唱するという場面を想定する。ここで相手が発した「調子はいかがですか」という音声（物理的出来事）をe_1、その音声が惹き起こし、あなたが知ることになるパーセプトをp_1としよう。そしてあなたが復唱しようとして発した（これにはp_1がその原因として関わっている）「調子はいかがですか」という音声をe_2、そしてこの音声があなたの中に惹き起こしたパーセプトをp_2としよう。注意しておかなければならないが、e_1についてのあなたの知識とは、脳内にp_1やp_2が生じることではなく、e_2を発話するという仕方で反応すること（知識反応）である。e_2はe_1同様、パーセプトではなく身体外の出来事であるから、p_2というパーセプトを介して間接的に知るほかはないはずである。それゆえ自分が持っている知識について、

「深く知る」ことができるとするのは誤解である。しかしなぜかそう誤解され、知識という自分の心理状態は、e_1とは違ってより深く知られるのだと考えられてしまう。ラッセルがここで説明したいのは、なぜこの誤解が成立するかである。

ではは本文での議論を追っていこう。まずあなたは、p_1とp_2が「類似することを、知覚することができる」。ここからあなたは、e_2がe_1を「正確に再現していると感じるようになる」。つまり自分の現在の状態が、単なる錯覚や思い込みではなく、知識と呼んでよい状態だと確信するにいたる。そして「さらに我々は、根強く残る素朴な実在論のせいで」、p_2はe_2「そのものだと考えてしま」い、p_2をe_1について自分が持っている知識だと誤解することになる。この誤解は、知識を持っているという状態はパーセプトの生起だとする誤解である。それゆえ自分の持っている知識という状態は、「反応を返す」という行動ではなくパーセプトという「深く知る」ことのできる何かだと考えられてしまうのである。

第21章

(61) W・B・キャノン(一八七一—一九四五)はアメリカの生理学者。身体が怪我や恐怖の状態にさらされたときに、交感神経から副腎に至るシステムが活性化されて対処するという救急説を提唱し、そこからホメオスタシスの概念に到達した。

(62)『夏の世の夢』、第五幕第一場のシーシアスのセリフ。『夏の世の夢』(松尾和子訳、ちくま文庫、一九九七)、一三二頁参照。

第22章

(63) 孔子(前五五二または五五一—四七九)は、中国の魯の国出身の思想家で、儒教の祖である。儒教の教えが「仁」の概念を中心とする社会的なものであるのは事実だろうが、しかし孔子の説いたことは古代の呪術的世界観との連続性の下に理解すべきであるとも言われ、宗教的側面は否定できないのではないか。仏陀（前五―四世紀ごろ）は現代のネパール出身の仏教の始祖である。当然のことながら仏教も世俗道徳を超えた宗教的側面を多分に持っているのみならず、神秘主義的ではなく厳密に論理を詰めていく学派も存在したことに留意すべきであろう。

(64) G・E・ムーア（一八七三―一九五八）はイギリスの哲学者であり、かつラッセルの盟友とも言える存在である。とりわけ「面識」の概念に依拠したセンスデータ論の時期には、ラッセルに先行して実在論的世界観を提唱した。しかしラッセルが同時代の科学的知見にも留意しながらその立場を変え続けたのに対し、ムーアは常識的世界観に定位し、日常的な思考の分析を通じて思索を続け、二人の見解が交錯することは次第に少なくなっていく。ただし本書に対しては、ムーアは論文「懐疑論の四つのタイプ」で批判的に検討している。

(65) E・R・ヒュク（一八一三―一八六〇）はフランスのラザリスト会宣教師である。一八三九年に中国伝道を志し、四一年からは、マカオからモンゴル・チベットへと宣教しつつ旅し、その経験を『中央アジア・チベット・中国旅行記』にまとめた。

(66) キルケニーの　ねこ二ひき
たがいにはらで　おもうには
二ひきじゃ　一ぴきおおすぎる
そこで二ひきはたたかった　ののしった
ひっかいた　かみついた
あとには　つめとしっぽがのこっただけ

キルケニーのねこ二ひき　いなくなった
『マザー・グース のうた　第3集』（谷川俊太郎訳、草思社、一九七五年）、三二頁参照。

第23章

（67）H・ミンコフスキー（一八六四―一九〇九）はロシアの数学者で、チューリヒの連邦工科大学でアインシュタインを教え、彼の四次元時空理論が相対論力学を定式化する役割を果たした。

（68）J・ロック（一六三二―一七〇四）はイギリスの哲学者である。本文に見られるとおり、ラッセルは哲学者としてはロックを決して高く評価していないようである。しかしダニエル・デネットの伝えるところでは、列車の中で偶然ラッセルと同席することになったギルバート・ライルが「なぜあなたは哲学史を論じるときにロックを取り上げるのか。トマス・リードの方が哲学者としては優れているのではないか」と尋ねたところ、ラッセルは「ロックこそがイギリス哲学を作ったからだ」と答えたそうである。

（69）パルメニデス（前五世紀ごろ）は古代ギリシャの哲学者で、論理的議論をもとに一元論的存在論を唱えた。論理学を通じて形而上学の考察を試みたことにより、プラトン以下の西洋哲学に大きな影響を与えたと言える。

（70）ヘラクレイトス（前五世紀ごろ）は古代ギリシャの哲学者で、「万物は火である」と主張したことで知られる。古代に原子論を主張していたとされるのは、ギリシャのレウキッポス、デモクリトス、エピクロス、そしてローマのルクレティウスである。中でも代表格とされるのはデモクリトスである。一方、エピクロスやルクレティウスは原子論に基づく倫理学を展開した。

（71）ブラッドリーの『現象と実在』、第三章「関係と質」第三節からの引用である。

（72）本書第4章の九〇頁（原著書では六二頁）を参照。

第24章

（73）L・ウィトゲンシュタイン（一八八九―一九五一）はオーストリアの哲学者。ラッセルとの関係については周知の通り。本書での「構造」に関する見解は、「論理形式はイデア的に実在する論理的対象などではなく、言語と事実に共有された形式である」という『論理哲学論考』の中心的テーゼにして、ラッセルの論理哲学に対する決定的批判となる論点を、ラッセルが積極的に取り込んで、自身の哲学的志向の中で生かそうとしていることを示している。また三九六頁からはじまる「二つ目の省察」は、明らかに『論考』の最後の一文、「語り得ぬものについては沈黙しなければならない」を意識して書かれている。

第25章

（74）probabilityという語は、「蓋然性」とも「確率」とも訳しうる語である。ラッセルが本書で問題にしている、命題の信頼性の度合いについて考察する際には「蓋然性」と訳する（あるいはprobableを「蓋然的」と訳する）のが自然であるため、多くの場面で「蓋然性」という訳語の方を選んだが、その場合でも「確率」についての議論と関係した話題が論じられていることに注意していただきたい。

（75）J・ケインズ（一八八三―一九四六）はイギリスの経済学者・哲学者。周知のとおりケインズ派経済学の創始者であるが、その学問的人生の出発点は確率に関する哲学的考察であった。ラッセルは経験的信念の蓋然性について論じるとき、ケインズの確率論の影響を強く受けている。

（76）ジャン・ニコ（一八九三―一九二四）はフランス出身の哲学者・論理学者で、後述する「シェーファー・ストローク」を用いて、命題論理学がただ一つの公理に基づいて展開できることを示した研究で知られる。ラッセルの下で、幾何学論や帰納法についても研究したが、おしくも三一才で夭折した。

（77）R・B・ブレイスウェイト（一九〇〇―一九九〇）はイギリスの哲学者で、先述したブロードとともに、ラッセルやムーアの次の世代のケンブリッジの哲学を担った。彼の部屋でポパーとウィトゲンシュタインがもめた事件は有名。

（78）J・S・ミル（一八〇六―一九七三）はイギリスの哲学者・倫理学者で、功利主義の大成者として知られる。ラッセルの名付け親であったことから、両者の見解に親近性があるように思われがちだが、理論哲学に関する限り、ラッセルはミルに対して批判的である。倫理学に関しては、ラッセルは初めはミルに対して批判的であったが、本書では功利主義を支持している。

（79）A・エディントン（一八八二―一九四四）はイギリスの天文学者で、一九一九年の日食の際に、星からの光が太陽の重力によって曲げられたために、通常とは異なる位置に見えることを観測し、アインシュタインの一般相対性理論に基づく予測を裏付けた。『物理世界の本質』や『物理科学の哲学』などの科学哲学的著作もあり、経験されるテーブルと科学的に記述されるテーブルの二つのテーブルがあるという主張は有名。哲学者はしばしば素朴すぎる見解として揶揄するためにこれを引き合いに出したりするが、もっとまじめに批判すべき、傾聴に値する見解だと思う。

（80）R・S・ニスベット（一九一三―一九九六）はアメリカの社会学者で、社会変動の歴史的分析研究を行った。

第26章

（81）L・ド・ブロイ（一八九二―一九八七）はフランスの物理学者で、物質波仮説の提唱と研究で知られる。一九二九年ノーベル物理学賞受賞。

（82）S・ジョンソン（一七〇九―一七八四）はイギリスの文学者で、初の英語大辞典である *A Dictionary of the English Language*（一七七五）の編集で知られる。また友人のボズウェルによる『サミュエル・ジョンソン伝』は英文学史上最高の伝記であるとされている。

（83）H・M・シェーファー（一八八三－一九六四）はアメリカの論理学者で、命題論理学における「シェーファー・ストローク」という命題関数の発案者として知られる。

第27章

（84）G・カントール（一八四五－一九一八）はドイツの数学者で、集合論の創始者として知られる。ラッセルは、カントールの「最大の基数が存在しない」ことの証明を検討しているときに、集合論のパラドクス（いわゆる「ラッセルのパラドクス」）を発見した。

訳者解説

本書は、ラッセルが一九二七年に出版した *An Outline of Philosophy* の全訳である（邦題については、この解説の最後に説明させていただきたい）。この本でラッセルが目指しているのは、行動主義心理学やゲシュタルト心理学、そして相対性理論や量子力学といったまさに当時の最新の科学的知見を踏まえたうえで、心と物（身体）の二元論を乗り越えた統一的世界像を作り上げることである。その統一的世界像とは、心的でも物的でもないという意味で「中性的」な存在者から心的状態や物的対象が構成されるとする、「中性的一元論 neutral monism」のことである。

中性的一元論は、ラッセルが論理的分析の手法をもとに伝統的認識論に取り組んだ「センスデータ論」を展開していた一九一八年まで、その哲学の中心概念であった「面識 acquaintance」の概念を拒否することによって成立した。面識とは主体と対象の間に成立する認知的関係のことであるが、面識の対象は主体からも面識という心の働きからも独立であるとされる（外的関係の理論）。ラッセルはこの面識概念によって知覚経験を分析し、認識される世界は我々の心から独立の実在そのものであり、心の内なる観念ないし表象ではないとすることができた。その結果、センスデータ論を展開していた時期のラッセルは、心身関係に関しては、面識の対象である物理的世界と、面識の主体の心的状態からなる心的世界を明確に区別する二元論的世界観を有することになった。面識は、峻別されたこれらの存在領域を架橋し、心を物理的実在に接触させるという役割を担っていたのである。しかし一九一八年の連続講義「論理的原子論の哲学」の最終回において、ラッセルはこの面識概念を捨てる。すると物と心を架橋することができなくなり、これらの存在領域の峻別は我々の世界観の内に走ったギャップとして、不斉合として認識されざるをえない。そこでラッセルが二元論を克服した新しい立場として形成しようとしたのが「中性的一元論」の哲学なのである。

中性的一元論期のラッセルの代表的な著作としては、面識概念を用いずに「命題」という論理的存在者の理解を分析しようとした、一九一九年の論文「命題について」を皮切りに、命題理解から心的状態一般へと分析対象を拡大した一九二一年の『心の分析』、そして同時代の物理学の知見を積極的に取り込みながら、センスデータ論以来の課題である外界問題に取り組んだ一九二七年の『物質の分析』がある。そして『物質の分析』と同年に出版された本書『現代哲学』（原題は *An Outline of Philosophy*）は、中性的一元論の立場からの哲学入門書であると同時に、心と物質双方の分析結果をまとめて統一的な世界観を提示するという、この時期の考察の総決算としての意味も持つ重要な著作である。

しかし残念ながら一九一八年までの著作に比べると、中性的一元論期のラッセルの著作はそれほど読まれているとは言い難い。日本でも、この時期のラッセルの哲学的著作で翻訳されたのは『心の分析』と一九二八年の論文「論理的原子論」くらいのものであり、しかも前者が訳出されたのは原著出版から七〇年以上も経った一九九三年のことである。『物質の分析』にいたっては未だ訳出されていない。その最大の原因は、おそらく第二次世界大戦後の英語圏の哲学の動向にある。戦後の英語圏の哲学を席巻したのは、ウィトゲンシュタインや日常言語学派の哲学だった。それらの哲学の核心（あるいは少なくとも核心に近いところ）に、自然（ピュシス）と人為（ノモス：人の為すこと。取りきめによることがら）の鋭い対比があった。

たとえば、ある人が約束を守って待ち合わせ場所に赴くとき、それを「一定の脳状態が原因となって手足を動かし、身体をある場所まで移動させた」と言っても、その人の行為の説明にはならない。その人の信念や、約束に関する社会的慣習を持ち出すべきであろう。そして、この自然と人為の区別を重視する哲学者たちは、自然の因果的解明を目指す科学では究明できない問題があり、それこそが哲学者が扱うべき問題だとする。そして哲学の実行方法として、科学研究に先行する概念分析を行うのだという自己了解を持っている。こうした観点からすれば、なるほど、哲学的考察においても心理学や量子力学の知見を積極的に利用しようとする中性的一元論期のラッセルの仕事は、自分が何をやろうとしているかを根本的に理解していない、汲むべきところのない混乱した著作に思えるにちがいない。

もちろん、こうした自然と人為の区別、あるいは哲学だけが特権的に探究できる問題領域を認めない哲学者も多い。哲学は科学的知識やその探究方法を取り込むべきだとする「自然主義」は、現在かなり勢いのある立場である。後で述べるように、ラッセル自身がかなり自然主義的なところもある。だから、この立場の哲学者たちは中性的一元論のラッセルをもっと読んでもよさそうなものなのだが、そうはならないのは、ラッセルが科学以外の考えに対して譲歩しすぎているように見えるからだろう。二元論を克服するなら、唯物論を支持すればよいではないか。なぜ心を物に近づけるだけでなく、物を心の側に近づけて「中性的」一元論にしなければならないのか。自然主義者の代表格であるクワインならば、おそらくそれはラッセルが「基礎づけ主義」という破綻した認識論的プログラムに従事していたからだと考えるだろう。科学的・理論的知識を直接経験によって基礎づけなければならないという不必要な哲学的強迫観念さえ脱却すれば、科学だけで一枚岩の世界観を作ることができる。哲学は、その世界観に収まりそうもない心的状態や価値などを、物に還元したり消去すれば十分にその役目を果たしたことになる。

概念分析と自然主義。この現代哲学の二つの潮流の間で、中性的一元論はいかにも中途半端に見えるかもしれない。だが、そうではない。意味や価値に関わる自然科学の知見も相当量蓄積され、哲学の手法としての概念分析の信頼性も揺らいでいる。人為と自然を峻別することは難しくなっている。一方で、物理主義・自然主義的議論の流行の中で、意味や心など、人為に関わる領域を還元的に説明することの難しさも明らかになってきた。こうした時代の趨勢に合わせてか、英語圏では近年、中性的一元論期のラッセルに言及する論文・著作が少しずつ増えてきている。ただし、残念ながら日本ではいまだにほとんど取り上げられる機会がない。この翻訳と訳者解説が、日本における中性的一元論の再評価に向けた一歩となれば幸いである。

本書の概要

入門書であるにもかかわらず、本書はかなり長い。しかも行動主義心理学や相対性理論などの同時代の科学的知見の紹介にかなりの頁を割いているため、一読しただけでは哲学書としての議論の骨格をつかむのは困難である。そこでまずは本書の内容を概観しておくことにしたい。

「哲学的な疑い」と題された第1章で論じられているのは、哲学的考察の方法である。ラッセルにとって哲学とは、実在のあり方を個別科学よりも広い視点から捉え、記述し、一枚岩の世界観を形成するという知的営みである。そうした世界観を形成するために、哲学は人類がこれまでに獲得した様々な知識を批判的に検討するのだが、重要なのはこの「批判的検討」がどのようになされるかである。

第1章だけを見ていては必ずしも明らかではないが、随所で述べられている哲学観を手がかりにすると（二五〇―一、四四八頁）、本書でラッセルが採用している方法論は『哲学入門』などの以前の著作と同じ「分析の方法 Method of Analysis」であると言ってよい（『哲学入門』訳者解説二七三―六頁を参照）。知識の批判的検討とは「知識」と見なされているものを疑うことだが、しかしそれはただ漠然と「間違っているかもしれない」と疑ったり、あるいはデカルトのように、確実に正しいと言えるもの以外の一切を退けるような大掛かりな懐疑を行うことではない。ラッセルの考えでは、知識の批判は別の知識を根拠とすべきである。そこで知識の批判は、知覚経験や常識的知識、そして物理学などの経験科学や数学など、知識として通用している事柄の総体を受け入れることから出発し、そこに含まれる知識の間の矛盾やギャップを取りのぞく作業になる。

人間の知識は、全体としては信頼すべきものだが、いたるところに矛盾やギャップがある。本書の第1章では、知っていると認めてよいかどうかが分からないことまで知識として認める「思い上がり」、考えられていることはおそらく正しいのだが、しかし一体そこで何が考えられているかが不明瞭であるという「曖昧さ」、そして知識として考えられていることが互いに対立しあう「矛盾」の三つが問題として指摘されている。哲学は、知識を互いにつきあわせて分析し、一部の信念を改訂することで矛盾を取りのぞいたり、概念を明確にしたり、仮説を導入してギャップを埋めたりする。そして、そうして分析された知識を統合して一つの体系にし、統一された世界観を作る営みなのである。

第2章以下は四つの部に分けられているが、この区分自体が「分析の方法」に即している。第一部では「外」からの（客観的観点からの）アプローチによって得られる、心についての知見、第二部では物理学の知識、第三部では「内」からの（主観的観点からの）アプローチによって得られる心についての知見をそれぞれ取り上げて検討している。これは「分析の方法」における、経験的知見を受け入れることから出発し、それをできるだけ保存しながら分析を進めて問題を取り除く作業に対応している。そして第四部で分析結果を統合した世界像の描出を試みている。各部のポイントをそれぞれ見ていこう。

第一部でラッセルが目指しているのは、「面識」の概念を用いずに心的状態を分析することである。「コーヒーカップを見る」という知覚が、心の外にあるコーヒーカップという物体に向けられているように、あるいは「昨日の朝食をいま思い出している」という記憶が昨日の朝食という過去の出来事に向けられているように、多くの心的状態はその状態自身とは異なる何かに向けられている。心的状態のこの特性を「志向性」という。志向性は知覚や記憶以外にも、思考や感情、欲求などにも備わっている。

先にも見たように、ラッセルの「面識」は、心とは独立に存在する対象へと向けられた心的作用であり、したがってそれこそが様々な心的状態の志向性の核となる関係である。センスデータ論の時期のラッセルは、志向性を分析不可能な所与としたうえで、その対象となる命題の分析のような、哲学的問題に取り組んでいたと言ってよい。しかし、もはや面識を認めなくなった本書では、志向性を他の概念で分析する必要が生じる。

そこでラッセルが注目したのが、ワトソンの行動主義心理学であった。行動主義心理学によれば、知識とは、過去の経験から、「条件づけられた反射の法則」（もしくは「学習された反応」）に従って習得された、環境に対して反応する能力であるとされる。そしてラッセル自身は、この能力の基底にあるのは「ムネメ的因果」、すなわち原因と結果との間に時間的ギャップを許容する因果関係であると理解している。したがってこの第一部のねらいは、心の志向性を因果性に還元することにあると言ってよい。

第5章では知覚、第6章では記憶、第7章では推論がこの行動主義的方針に沿って分析されている。またムネメ的因果関係が成立しているかどうかは、人の身体と環境との間の関係の問題であるため、その身体を持つ人だけでなく、その人と環境の両者を「外から」観察する人にも確認できることである。そこで、これは客観的観点から心のあり方を分析するものであるとも言える。

第一部では行動主義的分析の限界も二点指摘されている。一つは言語習得、あるいは意味理解の説明における限界である。単語という単純な言語的要素の意味の理解は条件づけられた反射によって説明できるかもしれないが、文のような構造化された複合的表現の理解は、その要素となる単語の理解の総和として説明することができないとされる。たとえば、「ソクラテスはプラトンを愛する」という文の意味は、「ソクラテス」、「プラトン」、「愛する」という単語の意味理解の総和として説明できない。なぜなら、単なる総和であるなら「プラトンはソクラテスを愛する」という文と同じ意味であることになってしまうからだ。そこでラッセルはゲシュタルト心理学の研究に訴え、複合的事象全体に対して反応する能力を心は持つとする。ただしケーラーが「洞察」のような心的能力を持ちだすのに対し、ラッセルは言語理解、あるいは複合物への反応を「新しい感覚」と呼んでいる（一四五頁）ことから、因果性以外の要因によってではなく、むしろ単純な事象との因果関係とは違う複合的事象との因果関係、あるいはその事象が一定の構造を備えているが故に成立するより高次の因果関係を措定して説明しようとしていると理解すべきであろう。

もう一つは、記憶の説明における限界である。記憶の対象となる事象との、習慣による結びつきとして記憶が成立するとしても、そこで前提される「習慣」は、主体が顕在的に示す行動（具体的には特定の文の発話）と同一視することはできない。たとえば私たちは、他人の発言の内容を憶えることは得意だが、その人が実際に使った言い回しを憶えることはひどく不得意である。行動主義と同種の説明をこの場合にも適用するためには、一つの全体としての主体が示す行動ではなく、主体の何らかの内部状態、たとえば「脳内の微小事象」を持ち出し、それと記憶されている事象との結びつきとして、習慣を理解しなければならない。

ただしこの二つの問題はあくまで行動主義の限界であって、心を客観的観点から分析することと自体の限界ではないことに注意すべきである。構造ゆえに成立する因果関係であれ、主体内部の事象を関係項とする因果関係であれ、どちらも主体の「外から」その成立・不成立を調べることができる。ここでラッセルが指摘している問題は、実際に行動主義心理学の躓きの石となったのだが、これらの問題を克服する形で成立したのは、人間（あるいは脳）の内部に表象を認め、それに適用される生得的な文法によって言語習得を説明したり、知覚や記憶といった心的事象を説明する、認知科学という「心の科学」であった。心に対する客観的アプローチそのものの限界は、次の第二部で指摘される。

第二部では、当時の最先端の物理学の知見を分析し、そこから一定の哲学的帰結を導き出している。その前半に当たる第9・10章では、それぞれ量子力学と相対性理論を取り上げているが、ここでラッセルが狙いとしているのは、物理学の知識によって伝統的な形而上学的概念を批判することである。

量子力学は、きわめてミクロなレベルでの物質のふるまいについて数学的に精緻な記述を与えるが、しかしそれは物質そのものではなく、物質が放射するエネルギーの記述でしかない。放射の元となる物質そのもののあり方は科学的に信頼できる仕方では語りえない。物質の正体は語りえず、ただその効果だけが記述されるのである。しかもエネルギーの放出あるいは吸収を決定する電子の運動は、連続的ではなく量子的である。この過程は、「電子という同一性を保つ実体が連続的に空間中を移動して一つの軌道から別の軌道へと移行すること」として理解することはできない。つまり「実体」という形而上学的概念が、実在の精密な記述には適切でも必要でもないことを、量子力学は示しているのである。

一方、相対性理論の哲学的意義は、時間と空間、そして力といった形而上学的概念を根本的に改変・あるいは放棄する必要性を示すことにある。時間・空間は時空という枠組みに統合され、時間的関係や空間的関係は時空内の出来事の関係として捉えなおされる。重力もこの時空内での出来事の推移の法則として捉えられることになる。それにより、たとえば二つの出来事が「同時」に起きたかどうかが一意的に決まるはずであるという考えや、あるいは幾何学を世界の経験的探究とは独立なアプリオリな学問であるとする、時間や空間に関する形而上学的見解、そして力・強制として理解される因果関係に基づく形而上学が、実在の究極的な描出には不適切であることが明らかにされるのである。

第二部の後半では、物理的世界そのものではなく、物理的知識のあり方についての検討がなされる。まず第12章では知覚の因果説を元に、物質の知識が媒介されていること、言い換えればパーセプトから推論された知識であることが主張される。客観的観点から見るならば、物理的世界についての知識はパーセプトに基づく環境への反応として成立する。しかし知覚する人自身から見るなら（主観的観点から見るなら）、知覚的知識の内容には、この反応の内容には取り込めない側面、すなわちパーセプトの内在的特徴についての知識が含まれている。この知識こそが、心に対する客観的アプローチの限界を決定的に示す論拠とされる（一九一頁）。

第13・14章では、主観的観点から見た空間である、パーセプトが位置づけられる知覚空間と、物理学が描出する物理空間を区別しつつ、知覚空間を物理空間の中に位置づけることを試みる。そのために重要になるのは、世界についての客観的・物理学的知識が抽象的・数学的構造の知識であり、内在的特徴についての知識ではないとする論点である。この論点により、実在について異なる、あるいは対立する描写を与えるように思われる主観的観点と客観的観点からの世界の記述が、同じ一つの世界の異なる側面の記述として組み合わされ、両者の間には矛盾もギャップもないことが示される。

最後に15章では物理的世界の客観的認識が、外界の事象とパーセプトの構造上の類似に基づいて成立することが述べられる。物理的世界の知識は世界の構造に関する知識である。そして行動主義によれば、環境についての知覚は、因果関係に基づいている。だとすれば、物理的知識は、世界の構造と知覚の核であるパーセプトの構造の間の、因果関係に基づくにちがいない。つまりラッセルは、言語理解に関して行動主義の見解を批判するためだけでなく、物理的世界の知識の成立基盤としても「構造による因果」の考え方に訴えていることになる。

第三部では、主観的観点から捉えられた心のあり方が分析される。ここでのラッセルのねらいは、心についての認識の内容を削減し、客観的観点から捉えられない心のあり方をパーセプトの内在的特徴だけに限定することである。先に見たように、パーセプトの内在的特徴は物理学的知識と斉合的にできるが、それ以外の特徴までもが、客観的観点から捉えられないものとして残ると、心と物の間にギャップが生じてしまうからである。標的となるのは自我、面識（あるいは意識）というあらゆる心的状態が含むと思われる心的作用、そして各心的状態に特有のものとされる特徴（たとえば意志における「力」）である。

たとえば第16章ではデカルトの「我思う、ゆえに我あり」を分析対象として取り上げるが、分析の結果、確実な知識の主張内容としてはパーセプトだけが残され、「我」も「思う」もそぎ落とされる。そして、デカルト的二元論の論拠とされる内観的知識の確実性は、第一部での知識の分析に即して、脳のあり方に対する反応として解釈することが可能であるとされる。続く第17、18、19章では、それぞれパーセプトとそれが持つ内在的特徴、そしてパーセプト相互の関係（たとえば鮮やかさの違いや組み合わせ方）だけを主観的観点から取り出せる要素とし、それに外界との因果関係を組み合わせることで、想像（イメージ）、記憶、知覚が分析される。第20章では意識という心的作用（すなわち面識、あるいは志向性）が不要であること、そして第21章では感情、欲求、意志が内観的には特に重要な特性を持たないことが論じられる。

第四部では、これまでの分析結果を総合して統一された世界観を作ることが目標になる。ただしこの第四部の前半、第23章から第25章までは、総合というプロセスの妨げになりうる要因を一つずつ潰していくことに費やされている。その要因とは、ラッセルとは違う哲学的アプローチや、そうしたアプローチが重視する哲学的概念である。つまりこれらの章でラッセルが行っているのは、自身の哲学的アプローチを正当化し、そしてそれを通じて自身の世界観である中性的一元論が、一つの可能な仮説であることを示すことである。

第23章では近代哲学のいくつかの立場を取り上げ、哲学から取り去るべき要因を指摘していく。まず、デカルトからスピノザを経てライプニッツに至るいわゆる大陸合理論については、心身二元論を批判すべき見解として取り出すだけでなく、その根底にある「実体」の概念が現代科学と両立しないという理由で批判されている。カントの哲学については空間とカテゴリーという二つの「アプリオリ」な認識のもととなる概念を、ヘーゲルとブラッドリーの哲学については関係についての論理的議論から（世界には数的に言ってただ一つの存在者しかないという意味での）一元論を導き出すことを批判している。これらの要因が批判されるのは、もしそれらが妥当な概念であるならば、「経験的知識を受け入れることからはじめ、それを分析した上で総合する」などということをせずとも、一息に世界のあり方を論証できてしまうからである。

第24章では、形而上学に対して論理学的にアプローチする際に中心的な概念となる、真理の概念を検討している。ラッセルはここで真理概念を、表現される実在のあり方とそれを表現する媒体の間に、それぞれが持つ構造のゆえに成立する因果関係によって説明している。続く第25章では、帰納的推論を論じている。ここで主張されている「帰納原理は経験によって検証されもしなければ反証されもしない」という見解は『哲学入門』と共通している。しかし『哲学入門』ではここから、帰納原理はアプリオリな知識であるとされているのに対し、本書ではそうした認識論上の特権的地位を与えることを拒否していることに注目すべきである。

そして第26章では、出来事を基底的存在者とする存在論を採用し、それらの間に成立する法則的相関関係によって「物」と「心」という二つのカテゴリーに属する存在者が構成されることを示す。この二つのカテゴリーを形成する法則はそれぞれ独立であると思われ、一方が他方よりも根本的であるとは見なせない。それゆえ、出来事はこの二つのカテゴリーに対して「中性的（ニュートラル）」であると主張され、中性的一元論の世界像が完成する。第27章ではラッセル自らが本書の内容をまとめてくれているのだが、著者自身であるがゆえのそっけなさのためか、見通しがいいとは言い難い。重複をいとわず、訳者解説内で概要をまとめた次第である。

センスデータ論と中性的一元論：その類似と相違

先にも述べたように、中性的一元論は「面識」という心的作用の存在を否定することにより形成されたものである。このような経緯があるためか、しばしば中性的一元論と、それ以前にラッセルが支持していたセンスデータ論の距離を少なく見積もるような理解がなされることがある（例えば、Savage, C. W. and Anderson, C. A.（eds.）*Rereading Russell*, University of Minnesota Press, 1989 の編者序文を参照）。これに、ラッセルのセンスデータ論を基礎づけ主義的認識論だとする従来の（誤った）解釈が重ねられることにより、中性的一元論もまたパーセプトの知識によって理論的知識を基礎づける試みだと見なされることになる。

ラッセルはセンスデータ論において、面識の対象であるセンスデータと面識という心の働きを区別し、それによって心が物理的世界に直接触れることを可能にした。しかしその一方で、『哲学入門』では、面識されるセンスデータと物体を区別し、物体はセンスデータから推論されるとしていた。つまりこの時点では、物理的世界が面識されるものと推論されるものとに二重化していたのである。

しかしその後すぐに、この推論関係のために発生する外界についての懐疑論に対処するため、方針を切り替える。一九一四年の論文「センスデータの物理学に対する関係」や同年の著書『外部世界についての我々の知識』、そして一九一八年の「論理的原子論の哲学」に至るまで、ラッセルはセンスデータとセンシビリア（存在論的にはセンスデータと同種であるが、面識されていないもの）から物理的世界を論理的に構成することで、懐疑論を退けようと試みるのである。それにより物理的世界の二重性が整理され、面識の対象となっているセンスデータ（およびセンシビリア）からなる物理的世界と心的世界の二元論が成立する。先に挙げた論者たちは、さらにここから面識という心的作用を取り除くために、この論理的構成を徹底化し、主体やその心の働きにまで適用することによって、中性的一元論は成立したと解釈するのである。

確かに、センスデータ論と中性的一元論の間には多くの類似点がある。まず、センスデータとパーセプトはほとんど同種の対象であるように思える。どちらも色のような感覚的性質の担い手として規定される。パーセプトも、センスデータと同様に直接的（あるいは非推論的）に知られ、存在することがもっとも確実な対象である。また物理的対象の論理的構成にはセンスデータだけでなく面識されていないセンシビリアが必要であったのと同様に、本書でも構成のためには、パーセプトだけでなく知覚されていない出来事が利用されている。さらには、パーセプトもセンスデータと同じく私的空間（知覚空間）に位置づけられ、その私的空間がさらに物理的空間中の一点に定位されるという複合的な空間論も共通している。最後に、センスデータあるいはパーセプトをまとめあげて物的対象にする紐帯として、センスデータ論においても中性的一元論においても物理法則が利用される。このように見てくると、中性的一元論は物的世界についてはセンスデータ論をそのまま踏襲した上で、心的世界にまで論理的構成を適用することによって成立したのだと、確かにそう理解したくなる。

しかしセンスデータ論と中性的一元論の間には、物的世界に関しても無視しがたい違いがある。まず、センスデータとパーセプトは認識論上の役割は確かに似ているが、存在論的にはまったく異なる概念である。すなわち、センスデータもパーセプトも、色や形の見え方といった知覚・感覚内容の質的特徴を説明する役割を果たすものだが、その質の理解が根本的に異なる。センスデータ論の時期には、ラッセルは性質をプラトンのイデアのような強い実在性をもつ普遍として理解し、センスデータという個物ときっぱりと区別していた（『哲学入門』第9章参照）。普遍はセンスデータという個物に担われることなく存在しうるし、センスデータもまた普遍を担うことなく存在しうる。だとすると、個物としてのセンスデータそのものは、いかなる性質をも持たない空虚な担い手（裸の基体 bare particular）として理解されることになる。「論理的原子論の哲学」では、普遍がセンスデータから論理的に独立に存在しうることは否定されるものの、やはりセンスデータは「属性の論理的主語である」という伝統的な意味での実体として理解されている。つまりセンスデータ論の時期のラッセルは、「実体」という伝統的な形而上学的カテゴリーを妥当なものとみなし、センスデータと質的特徴の関係を実体‐属性関係として理解しているのである。

一方、本書ではラッセルは性質をイデア的普遍として理解していない。『哲学入門』で普遍の存在が要請されたのは、一般名の意味理解を普遍の面識によって説明するためであったが、本書ではそうした理路ははっきりと否定される（八五―六頁）。また出来事を、「物に何らかの変化が起きること」として理解することを否定している点を見ても（四二三頁）、さらにはパーセプトの記述に際しても「これは三角である」のような主語‐述語形式の命題を取らないことを見ても（三一二頁）、ある実体が属性を担うこととしてパーセプトを理解しているとは言い難い。パーセプトと質的特徴の間には「実体‐属性」関係があるわけではない。むしろパーセプトの存在を、時空の一定領域において感覚的性質が生起することとして理解しており、ここに個物と普遍の区別は認められていない。本書では「属性の担い手」、「論理的主語」としての実体概念すらラッセルは拒否しているのである。

センスデータとパーセプトは導入のされ方も異なる。センスデータもパーセプトも「我々はテーブルのような物的対象を直接知覚している」とする見解（本書の言い方ではために「素朴な実在論」）の批判を通じて、直接的な知覚の対象として導入される。この点では違わないのだが、「素朴な実在論」を批判する議論が異なるのである。センスデータ論においては、「真上からは長方形に見えるテーブルが斜め上からは台形に見える。しかし同じ物体が長方形であると同時に台形ではありえない。だから、長方形や台形に見えているのはテーブルではない」のような、物的対象が異なる視点からは異なる現れ方をするという問題（「相反する現れ」と呼ばれる問題）が指摘される。センスデータはそれを解決するための一つの提案として、仮説的対象として導入される。

このとき、見え方が相反するという問題さえ解消できるなら、あとはセンスデータについてどう考えるのも自由である。『哲学入門』では、各視点に対して現れるセンスデータを物体から区別し、その視点に立つ主体の内部に位置づける。たとえば、主体の脳状態と同一とする。そうすることで、相反する見え方は、異なる脳状態に担われ、相反が解消される。一方、論理的構成の時期では、懐疑論を退けるために「素朴な実在論」にも一定の正しさを認め、センスデータを客観的空間中に定位しようとする。そのために、客観的空間を、三次元の物理空間（パースペクティブ空間）の各点からさらに三次元の知覚空間（パースペクティブ）が開けているとし、後者の内部にセンスデータを定位する。このように、センスデータの位置づけにはかなりの自由がある。

それに対して本書では、知覚の因果説を通じて「素朴な実在論」は否定される（九九—

一〇〇頁。論理的構成が素朴な実在論の回復を狙うものであったことからして、ここでラッセルは自己批判を行っているのだと見るべきである）。さらに錯覚や幻覚、夢の可能性を引き合いに出し、それらには主体の身体外の因果的過程が欠けていることから、パーセプトは認識主体の内部、脳に位置づけられざるをえなくなっている。つまり導入方法の違いのために、パーセプトはその位置づけに関して、センスデータのような自由を欠いているのである。

以上のような導入方法の違いは、その他の存在者にも反映する。外界の論理的構成を試みるときには、センスデータだけでなくセンシビリアも構成の材料としてその存在が前提されていた。センシビリアは面識されていないという点を除けばセンスデータとまったく同種であるとされるため、色や形などの質的特徴を担う対象である。だとすれば、ラッセルはセンスデータ論の時期には、外界の構成要素のうち、センスデータ以外の面識されていないもの（センシビリア）についても、色や形といった質的な内在的特徴を持つとしていたことになる。

これに対し本書では、我々がパーセプト以外の出来事の内在的特徴を知る可能性ははっきりと否定され（二二二、二三七頁）、それらについては構造的・関係的特徴しか知りえないとされる。それゆえ、パーセプト以外の出来事はセンシビリアとはまったく異なる存在者であり、両者の間にはほとんど何の類似性もない。

この違いは、センスデータが「相反する現れ」の解決のために導入されたことでセンシビリアの想定が整合的な仮説でありえたのに対し、知覚因果を通じて導入されたパーセプトの生起は認識主体の内的状態と見なさざるをえず、そのためパーセプトと因果的に結びついているだけの外界の出来事とパーセプトが内在的特徴に関して類似していると考えることができない、という導入方法の違いから生じる。

このような違いを踏まえるならば、中性的一元論の体系が物的世界に関してはセンスデータ論での見解をそのまま踏襲し、心的状態にまで論理的構成の手法を適用することによって成立したという理解は採りえない。むしろ面識概念を前提していたセンスデータ論の挫折の後、ラッセルは一から自身の哲学を作りなおしたのだと考えるべきである。先にも述べたように、センスデータ論と中性的一元論は確かに方法論においては共通していた。しかしその方法が適用されるべき知識の総体は、センスデータ論と中性的一元論とではまったく異なり、また面識の拒否に伴い分析の方針も変わる。しかも面識という関係は、外界問題という領域で単に物的世界と心的世界を架橋するだけでなく、もっと多様な役割をラッセル哲学の内部で果たしていた。それゆえ面識の排除により、センスデータ論と中性的一元論の間には一見するよりもはるかに大きな断絶が生じるのである。

「面識」の役割

そもそも面識は、ラッセルが外界問題に取り組む以前、数学を論理学に還元しようという数学の哲学における「論理主義」のプロジェクトに従事していた際に、当時の新ヘーゲル主義的観念論を排し、実在論的立場から論理学と数学を分析するために必要とされた概念である。最初期には「命題 proposition」という論理的対象が、いわゆる「ラッセルのパラドクス」を解決するための「不完全記号の学説」を採用して以降は「論理形式 logical form」という対象が、実在物として認められていた。論理学や数学は、これらの論理的実在についての学であり、我々にそれが認識できることを説明するものこそ、面識という関係だったのである。ラッセルにとっては時間的・空間的世界よりも、論理学や数学が関わる超経験的世界の実在の方がはるかに重要であり（例えば『哲学入門』の一九四頁を参照）、センスデータ論は数理哲学の副産物であると言ってよい。だからこそ、ウィトゲンシュタインの批判を一因とする論理形式にまつわる困難の自覚が、面識そのものの放棄へとつながったのであろう（この点については、『論理的原子論の哲学』の訳者解説を参照していただきたい）。

センスデータ論の時期において、面識の対象として重要なものは論理形式だけではない。たとえば先にも述べたように、『哲学入門』では、一般名や形容詞の意味理解を面識概念を用いて説明するために普遍が導入されていた。しかしそれにとどまらず、普遍のみから構成される一般的事実までもが存在を認められる。このような形而上学的違いは認識論的違いにも反映し、その一般的事実を面識することとしてアプリオリな知識すら主張されることになる。たとえば帰納原理が経験によって検証も反証もされないという論点は『哲学入門』と本書で共通しているが、『哲学入門』ではそこからさらに一歩踏みこんで帰納原理の知識はアプリオリな知識であるとされる。普遍という超経験的対象の存在を認めることは物理学的世界観の内部では正当化しがたいかもしれない。しかし意味理解や一般的知識のあり方を、そうした理解や知識の持ち主自身の観点から（いわゆる「現象学的」観点から）分析するならば、それらを面識の対象として認めることは一定の説得力を持つ。

またラッセルは論理形式だけではなく、「主語 subject」や「存在 existence」などの論理的・形而上学的概念もまた面識によって知られると考えていた。したがって知識内容の分析の際にも、伝統的な形而上学的概念をかなり自由に使用できる。たとえば知覚経験に主語－述語という命題的構造を読み込み、センスデータを基体とし普遍を属性とする事実として分析することが可能になる。たとえそれにより、センスデータがいかなる属性も持たない「裸の基体」になったとしても、別に問題はない。そうした対象も面識によって知られるとすることに論理的な困難はないと、あくまで言い張ることができるからである。このように、「面識」概念を承認していることは、知識一般の分析に際して伝統的な論理的－形而上学的概念を利用することを可能にしていたのである。

面識概念と、それにより可能になる伝統的な哲学的概念は、どのような経験的知識を分析するかにも関わる。たとえば、本書で取りあげられるのが量子力学と相対性理論であるのに対し、センスデータ論で取りあげられる物理学はそれらの出現以前の古典力学である。そこでは時間次元と空間次元は明確に区別することができ、いかなる出来事の間にも一定の時間的前後関係か、あるいは同時性関係が成り立つはずだと考えられ、それゆえ時間や空間に関するアプリオリな認識は成立しうる。そしてそのアプリオリ性に関しては一般的事実との面識が説明を与えてくれる。また運動は質点の移動として理解されるが、それは通時的同一性を保つ存在としての伝統的な実体概念を用いた図式に則っている。つまり、物理的世界観の分析としても伝統的な形而上学的概念を破棄する必要はないのである。『哲学入門』でラッセルは、ライプニッツやカントの観念論的側面を否定しつつも、ロックやバークリ、ヒュームといったイギリス経験論者よりもはるかに好意的に思える筆致で紹介していた。それは、ラッセル自身が、実体の概念などを通じて、合理論的世界観を積極的に取り込もうとしていたからに他ならない。そしてそれを可能にしていたのが面識関係だったのである。

心に関する知識も、センスデータ論では本書のように「外からの観察」による知識と「内から」の知識に分けられていない。知覚においては事実との面識によって、それ以外の思考や欲求に関しては、面識されている個物や普遍から判断によって構成された命題を内容とする信念として、一括して論じられている。これは、当時のラッセルが主に念頭に置いていたのが、ブレンターノやマイノング、あるいはイギリスにおいて彼らの影響を受けたスタウトらの、心的状態に関して現象学的観点からアプローチする心理学であったからである。この立場では、「われわれ」という一人称複数の観点から捉えられる心的状態の記述が重視されるのだが、これは一人称的であると同時に客観的な観点でもあり、「内」と「外」の分裂をもたらさない。しかも現象学的心理学では心的状態は志向性を持つ（面識関係を含む）状態として定義される。センスデータ論でも、ラッセルは非現象学的な実験心理学上の知見を援用するが、しかし心的状態の基底に面識を置くという、現象学的アプローチの基本は崩さない。

以上のように、「面識」の概念を用いることは、主体（心）を物的世界とだけでなく超越的な世界とも架橋し、伝統的な哲学的概念を知識の分析において使用することを可能にするものであり、また古典力学や現象学的心理学を分析対象として受け入れることとも整合的であった。だからこそ、その面識の概念が排除されるべきだということになると、哲学的考察の内実は大きく変化せざるをえないのである。

ラッセル哲学の自然化

一般的に言って、心身問題との関連で心の志向性を面識や意識といった心的作用を用いずに分析しようとするならば、因果関係に注目するのは自然なことである。したがって、心的状態を「ムネメ的因果」で分析しようという本書の立場も自然な選択である。しかし

「われわれ」という現象学的観点からは、ある心的状態はその主体自身にとっても他人から見ても面識を含むように見える。そこで心的状態を、面識を含まないものとして記述する研究は、現象学とは異なる意味での客観的アプローチであることになる。こうして心についての経験的知識として、分析の対象とすべき研究が大きく変化する。「われわれ」という一人称複数からの心の研究が、人称性を排除したという意味で「客観的」な観点を代表する行動主義と、心についての重要なデータの供給源としては依然として重要な、一人称的観点からの知見とに分裂する。

また論理形式や普遍といった超経験的対象が、因果関係の項となるという見解は理解しがたい。それゆえ面識を因果関係で置き換えることは、同時に伝統的な哲学的概念を分析の際に使用することに対する疑念を呼び起こすことになる。少なくともそれを無批判に使用することはできず、因果関係による知識の説明との整合性を配慮する必要がでてくる。因果関係というものが経験を通じて捉えられ、かつ世界にいかなる種類の因果関係が成立しているかは経験科学によって特定されることを踏まえるなら、この伝統的概念の批判は、経験主義あるいは自然主義への転回と特徴づけることができる。実際本書の第23章でも明らかだが、これ以降ラッセルはイギリス経験論の哲学、とくにヒュームの哲学に急接近し、プラトンやカントの影響が薄れていくことになる。

面識の役割が心と超経験的世界との架橋にあった以上、その拒絶は当然、抽象的な存在者についての議論にも影響する。センスデータ論の時期に前提していた論理形式が拒絶されるのはもちろんだが、「実体」のような形而上学的概念やイデア的に理解される普遍に対しても批判的姿勢を取らざるをえなくなる。というのは、「実体」という形而上学的概念は、「主語 - 述語」という命題の論理形式に基づき、ある対象（たとえばセンスデータ）を実体として捉えることは、それを命題の主語として捉えることに基づくからである。

論理形式の面識が可能であるなら、たとえ一切の性質的規定を欠いた「裸の基体」だったとしても、「主語項に位置するもの」として実体の概念を獲得することができる。しかし論理形式が拒絶されてしまえば、「担われるべき性質と論理的に独立のものとして、担い手そのものを理解する」などということがいかにして可能なのか、説明することができなくなる。かくして論理的実体としてのセンスデータを措定することはもはや許されない。

一方、センスデータによって担われる性質の側も無事ではいられない。『哲学入門』での時空超越的な「普遍の世界」を認める立場は存在論的には単純明快であるが、その分だけ認識論にしわ寄せが来ざるをえない。特に問題になるのは、なぜ時間・空間的に特定のポジションに縛られざるをえない我々人間に、そのような普遍の認識が可能になるか、である。この問題に対してラッセルは、面識という心的作用を、分析・還元不可能な原初的関係として措定することで答えていた。つまり、なぜかは説明できないが、とにかく我々には普遍を面識する力があるのだと言いきっていたのである。もちろんその考えを独断的に主張していたわけではなく、一般名の意味理解と一般的知識の説明として、それが最善の理論であるとすることを論拠としてはいた。

しかし面識を拒絶し、人間が知識を持っているということを「条件づけられた反射」あるいはムネメ的因果として理解するならば、このような仕方で普遍を認める必要はなくなっている。というのは、「条件づけられた反射」は、環境内に一定の状態が実現しているときには、あるいは一定の刺激が与えられたときには、主体はいつでもある一定の反応を環境に返していくということであるのだから、それによって説明される知識はすでにして一般的だからである。普遍など、持ち出すまでもない（二四七頁）。

面識が、人との出会いやパイナップルを味わうことのような、個別的知識を原型的場面としていたのに対し、行動主義では、一般的であることこそが知識の常態なのである。そこでむしろ説明すべき課題として残っているのは、特定の事物や出来事についての知識（単称命題を内容とする知識）がいかにして成立するかである（三八四頁参照。本書ではこの点についてはほとんど論じられていないが、一九一三年の『知識の理論』ではこれを根拠としてジェイムズやマッハの見解を批判している。この問題にラッセルが取り組むのは、『真理と意味の探究』と『人間の知識』においてである）。

かくしてセンスデータという個体的実体も普遍という抽象的な実体も排除され、時空領域に一定の性質が生起することとして理解される「出来事」概念が、存在論における基底的対象として立てられるに到る。面識の拒絶は、因果関係による分析を認識論に課すことによって伝統的な形而上学的概念を不要としたわけであり、この点でもやはりセンスデータ論から中性的一元論への展開は、ラッセルにとっては自身の哲学の経験主義化・自然主義化という意味を持っていたのだと言える。

この自然主義への転回という解釈は、本書の立場に関する一つの大きな疑問に答えることを可能にしてくれる。センスデータ論においてラッセルが物的対象の論理的構成を試みたのは、質的特徴の担い手を外界に位置づけることによって「素朴な実在論」を保持しつつ「相反する現れ」を解消するためだった。つまり、自分の見解にとって大きな困難になっている哲学的問題を解決するために論理的構成は行なわれていた。しかし中性的一元論では面識は排除され、もはやラッセルは素朴な実在論を支持していない。質的特徴は主体の内的状態の一部であるパーセプトに担われ、パーセプト以外の対象は推論されるものとなった。ならば、なぜ中性的一元論においても外界や物的対象はパーセプトと出来事から構成されねばならないのか。『哲学入門』のように物的対象を措定し、パーセプトから推論されるべきものとしておけば十分ではないか。なぜ外界は、推論されかつ構成されねばならないのか。

その理由は、「物理学そのものが物体を出来事から構成することを求めているから」である。センスデータ論とはちがい、中性的一元論の時期に念頭に置かれている物理学は、相対性理論と量子力学であり、そこで物質は幽霊のごとき捉えがたい存在となってしまった。しかも相対性理論においては、日常的な物体理解においてその同一性の条件を定める時間と空間の枠組みが時空に置き換えられる。その結果「ある物体が同一性を保ちつつ、各時点ごとに異なる空間的位置を占めるという仕方で、空間中を移動する」という日常的な語り方が、実在の描写として、根本的なものとは考えられなくなる。だからこそ、そうした日常的な語り方に登場する物体は基底的存在者として理解しうる出来事から構成されねばならなくなるのである。時間・空間に関しても、相対性理論の影響の下、時空に統一されるだけでなく、幾何学はアプリオリだという理解そのものが批判される。

このように、中性的一元論においては、科学そのものが哲学的概念を支持する理由を排除したり、あるいは拒否する理由を与えている。センスデータ論での外界の論理的構成においても、分析の対象として科学的知識は積極的に活用されており、それゆえ自然主義的な面があった。しかし本書では、分析手段にまで科学的知識が影響し、はるかに徹底した自然主義的態度がとられているのである。

ラッセル、クオリア問題に挑む

ここまで、ラッセルの哲学的発展のなかでの本書の位置づけ、その概要、センスデータ論との相違点をまとめてきたが、最後に、いま本書を読むことの意義について少し論じることにしたい。本書はきわめて豊かな内容を持ち、注目すべき論点は多いが、まず取り上げるべきは、やはり現代の心の哲学の中でも指折りの難問である「クオリア」問題とのつながりであろう。

ラッセルは行動主義に好意的に議論を進めつつも、最終的にはそれを批判するが、その決定的な論拠とされるのは、知覚に代表される経験という心的状態には「内から」の観点からのみ捉えられる質的側面があるということである。そうした側面の存在を正当化する際、ラッセルは次のように論じている。完全な物理学の知識を持っており、環境やある経験主体の身体（脳）状態をすべて知ったとしても、それはその主体がなしている経験についてすべてを知ったことにはならない。その経験主体自身の観点からは、そうした物理的知識には取り込まれない側面が知られることが明らかだからである、と（一九一、二六一―二頁参照）。

このラッセルの議論は、フランク・ジャクソンが心の哲学としての機能主義を批判するために提出した、いわゆる「知識論法」の完全な先取りとなっている。「知識論法」は、トマス・ネーゲルの「コウモリであるとはどのようなことか」という問いや、ジョセフ・レヴァインの「説明ギャップ」の指摘と並んで、意識の質的側面（クオリア）が還元主義的物理主義にとって難問となることを示すものとして現在に至るまで盛んに論じられているが、ラッセルは彼らに約五十年近く先んじていたことになる。もっとも、「知識論法」

の提起自体はラッセルの手柄とは言えない。本書でも言及されている、ブロードの『心と自然におけるその位置』においてすでに論じられているからである。むしろ本書の驚くべきところは、この時点できわめて洗練された一つの解決策を提案していることにある。

　知覚経験もまた一種の知識状態であり、志向的内容を持つ。この志向的内容については、行動主義（あるいはその後継者としての機能主義）的に分析することができる。つまり、それがある物理的対象についての知覚経験であることは、主体とその物理的環境との因果関係を手がかりに分析できる。すると、知覚経験とは認識主体のある特定の部位（たとえば脳）が一定の機能的役割を果たしている状態として理解されることになる。つまり客観的観点からすれば、知覚経験は一定の脳状態によって実現されていると見なされる。

　しかし同じ知覚経験を主観的観点から見てみれば、そこには赤さや音、温かさや硬さのようなさまざまな質が見出される。錯覚や幻覚の経験にも質的特徴が備わっていることを考えるなら、それらは物理的環境に位置づけられないように思われる。質を含む経験は、脳状態によって実現されているのだから、これらの質は脳状態に担われると理解すべきではないか。だが、ここで問題が生じる。それは、脳は脳で、それ自身一定の色や形といった質を持っている、ということだ。たとえば赤いポストを見ているときの脳状態は、決して赤くはなく、むしろ乳白色をしている。脳には別の質がすでに担われているのだから、それと両立しない質的特徴は物理的世界描写からはじき出されざるをえない。では経験に見出されるあの赤さはどこにあるのか。物理的世界には、居場所が残されていない。

かくして、客観的観点からは捉えがたい質的特徴を認めることは、脳によって実現されてはいるが脳とはあくまで別ものとして、質的特徴が位置づけられる領域である「心」を認めることを帰結するように思われる。もちろんデカルトのように、物体以外に心という実体が存在するという「実体の二元論」を取る必要はないかもしれないが、しかし同じ脳が物理的性質と心的性質の両方を担うとする「性質の二元論」を採用せざるをえないのではないか。事実、「知識論法」の提案者であるブロードもジャクソンも、そうした二元論の一種（創発説や随伴現象説）をそこから導き出していた（ブロードはすでに故人であるため、ジャクソンは存命だが唯物論に転向してしまったので、どちらも過去形で言わねばならない）。

本書でのラッセルの中性的一元論は、知識論法自身は支持しつつも、そこから二元論を導き出すことを批判し、その導出に含まれる根本的な錯誤を指摘するものと言ってよい。先の議論では、物理的世界に質的特徴を位置づけることはできないとしていたが、その際、我々は物理的事物の内在的特徴を知りうるのだということが前提されていた。すなわち、脳は乳白色の質という内在的特徴を持つのであり、我々はそのことを知っていると前提していた。しかし、ラッセルによればそれは誤った先入見である。実は我々は、その前提が正しいと言えるほど物理的世界について知らないのである。

知覚の因果説を踏まえるならば、知覚経験を最終的な基盤とする経験的知識が物理的世界について教えてくれるのは、その関係的・構造的特徴に過ぎず、物理的事物や出来事の内在的特徴についてては我々は何も知らないはずである。一方、その位置づけが問題になっている質的特徴は、経験される対象（それが実際は何であるかはともかく）の内在的特徴であるように思われる。すると、我々が本当に信頼できる知識として手にしている物理的世界描写の中に、質的特徴を位置づけるのはわけはない。客観的観点からして、経験という状態が脳の状態であるならば、経験の質的特徴はその脳の内在的特徴であるとしても、何の問題も生じない。質的特徴の存在を認めるにせよ認めないにせよ、それが心身二元論を導くと考えるのは、実際以上に我々が物理的世界について知っていると考えるからである。本書第1章での言い方を使えば、そうした「思い上がり」を取り除き、物理的世界についての知識の少なさを率直に認めさえすれば、整合的な一元論的世界観を形成することができるのである。

科学的探究は知覚経験に基づき、知覚経験は世界の構造しか伝えない。それゆえ結局のところ、ラッセルの考えでは、科学は身体も含め実在の構造的特徴しか解明できない。なぜ一定の経験が質的特徴を備えているかは、科学的に解明できないものとして残らざるをえない。しかし同時にラッセルは徹底した一元論をとっているため、神秘主義の入り込む余地はない。質的特徴を担う出来事は、経験だけでなく脳をも構成するものであり、物体とは異なる何ものかであるわけではない。ラッセルによればクオリアが還元できないのはその論理的位置のためなのである。

このように、本書の中性的一元論は、クオリア問題を解決するために、物理的世界についての常識的・哲学的理解の改訂をせまるものとして解釈することができる。こうした観点から中性的一元論期のラッセルに注目する論者として、グローバー・マクスウェル、マイケル・ロックウッド、ディヴィッド・チャルマーズやゲイレン・ストローソンなどを挙げることができる（ラッセルの仇敵と言えるピーター・ストローソンの息子が含まれているのが面白い）。

ただしこれらの論者は、ラッセルの見解を唯物論の一種として理解している点に注意しておかねばならない。違いは、心の志向的側面が、客観的観点からの因果的分析によって、物理的過程に還元的に理解できるとするか否かにある。ラッセルは第26章で論じているように、志向的側面に関しても物理的過程に還元できないと考えていたために、自説を「中性的」一元論であるとした。それに対し現代の哲学者たちは、心の志向性については物理主義の立場で還元的に説明できると考えている。それゆえ本書で基底的存在者となる出来事も、それについての究極的な法則が物理的なものに限られることになるため、物理的出来事として語ってしまって構わない、ということになる。

『論考』・倫理学・その他の可能性

本書で出されているもので興味深い論点は他にもまだたくさんある。たとえば言語理解と知覚の議論の両方に登場する「構造」の概念、特に構造的特徴のゆえに成立する因果関係によって表象関係が成立するという主張は、ラッセルなりに『論理哲学論考』を受容した結果である。これはウィトゲンシュタイン研究者からは「ラッセルはやはりウィトゲンシュタインを理解できなかったのだ」と言われてしまうような物言いであろう。ウィトゲンシュタインの考えからすれば、因果関係を語るためにも論理形式（本書の「構造」に相当する）は表象と世界とによって共有されていなければならない。だから表象関係を因果関係で解明しようというのは、転倒した試みなのだ。

実際、ラッセルはウィトゲンシュタインの言っていることが十分には理解できなかったのだろうと私も思う。しかしだからと言って、ここでラッセルが述べている見解が哲学的に間違っているとか、実りがないとは言えない。むしろ『論考』を正確に理解したはいいが、それを自前のものとして「使う」ことができない解釈者よりは、よほど興味深い見解を示していると思われる。たとえばこのラッセルの主張を、「生得的な普遍文法は単なる自然選択の結果ではなく、物理的世界の基本的な構造・法則的関係に基盤を持つ」とするチョムスキーの見解の先駆として理解することも可能ではないだろうか（ちなみにチョムスキーは、心身問題についても本書のように物を心の側に近づけることによる解決法を提案している。先に挙げたストローソンがラッセルを評価する論文を寄せたのは、チョムスキーへの献呈論文集であった。チョムスキーと言えば、社会的・政治的活動に関してはラッセルの思想を受け継ぎつつも、理論的哲学に関してはむしろ批判的という印象があるが、案外理論的にも肯定的な影響を受けているのかもしれない)。

これまでまったく触れることができなかった、倫理学についての見解も興味深い。本書で述べられているような「情緒主義」と呼ばれるメタ倫理学上の立場に対しては、現在かなり厳しい批判が寄せられている。しかしここで、倫理学と哲学を区別しようというラッセル自身の意に逆らって読むことになるが、情緒主義を中性的一元論という背景の中に置きなおしてみると、新しい可能性が開けるかもしれない。というのは、情緒主義をめぐる議論では、思考や信念のように真理値が付与されるような心的状態と、欲求のような真理値を持たない状態の対比が一つの争点になるのだが、中性的一元論では信念や思考もまた欲求の一形態であるとされるからである。そこで、客観的観点からとらえた広い意味での欲求の内部で、狭い意味での欲求(我々自身に欲求として理解される状態)と思考や信念がどう区別されるのか、価値についての判断はこの狭い意味での欲求と思考のどちらに分類されるのか、などを考察することにより、情緒主義について新しい地平を開くような議論ができるかもしれない。

逆にそうすることで、価値の実現などを目指す我々の行為、そしてそれを導く心的状態を、物理的過程に還元して説明することの難しさが明らかになるかもしれない。倫理学を話題の中に取り込むことで、現代の物理主義者に抵抗し、あるべき一元論は唯物論ではありえず、中性的でなければならないと論じることができるかもしれない。

あるいは、本書の第25章で開始された確率論をもとにした帰納的推論の考察は、その後『人間の知識』の第五・六部で大々的に展開されるが、その見解は近年、認識論におけるベイズ主義（確率論の「ベイズの定理」をもとにして、証拠がいかにして理論を正当化するかを分析しようとする立場）の先駆と解釈される。またそこでラッセルが取り上げている帰納の妥当性に関わる問題は、ネルソン・グッドマンの「グルー」のパラドクスの先取りとなっていると見る論者もいる。実は『物質の分析』から『人間の知識』に至る後期のラッセルの思考を「成熟期のラッセル」として早くから注目していたのは、科学的実在論の立場から帰納的推論や因果について考えようとする人々（グローバー・マクスウェルやウェスリー・サーモン）だった。

さらに意外なところでは、ラッセル哲学はフランスの現代哲学、とくにジル・ドゥルーズの哲学とも通じるところが多いように思われる。ラッセルとドゥルーズは、センスデータ論期ならスピノザにライプニッツ、中性的一元論以降であればヒュームなど、影響を受けた哲学者を共有している。出来事の単称性（ドゥルーズ研究では「特異性」と表記されるようだ）を考察の主題とする点で内容上のつながりも多く、『経験論と主体性』ではラッセルとブラッドリーの関係をめぐる議論についての言及もあるそうだ（この点に関しては、千葉雅也『動きすぎてはいけない』の第2章に教えられた。また國分功一郎『ドゥルーズの哲学原理』の、特に第一～三章にはラッセルと共通するテーマが次々と登場し、ラッセル読みにとってきわめて刺激的である）。分析哲学とフランス現代哲学というと水と油（猿と犬とは言うまい）のように思えるが、そこはやはり哲学。掘り下げれば共通の水脈が見えてくる。

これまで本書の読み方、使い方についていろいろ述べてきたが、しかし結局のところ、本書は一冊の哲学書にすぎない。そして哲学にとって、最も重要なのは、精神の自由、ということだ。だから、私の言ってきたことなど気にせず、好きに読んで、使ってくれても一向にかまわない。分析哲学者はあんまりラッセルを読まないのか。もったいねえ。じゃ、俺たちで勝手に使っちまうか——。そういう人がどんどん出てくれたら、訳したかいがあるというものだ。

謝辞

スレイターによる解説では著者と出版社がタイトルに関してもめていたことが紹介されているが、実はこの翻訳の題名もなかなか決まらなかった。原著のタイトル *An Outline of Philosophy* を直訳するなら、おそらく『哲学概論』だろう。それでいきましょうよ、というのが出版社側の提案だったのだが、私としてはそれはどうしても避けたかった。だってなんだか鎧を着てるみたいで（とくに「概」の字！）、敷居が高そうでしょう。大学の授業で「哲学概論」なんて名前がついていたら、第一回目の講義で「ソクラテスは、自分が一番の知者だという宣託を「無知の知」として受けとめ……」みたいな話をおじいちゃん先生が始め、春の穏やかな日差しの中でさっそく学生はまどろみ、となるパターンだ。そういうイメージのある題名はいやだ、『哲学のアウトライン』にしたいとゴネたのだが、それはやめてほしいということで、題名を棚上げにしたまま翻訳作業を進めたのである。『新哲学入門』というあざとい題名を思いつき、いやさすがにそれはと自ら却下したりしたあげく、最終的に、『哲学入門』が伝統的な哲学の問題を論理分析の見地から論じていたのに対し、本書は同時代の科学的成果に正面から取り組んで世界観を作ろうとしていること、そしてクオリア問題などまさに現代哲学の課題に通じる議論が展開されていることを踏まえて、『現代哲学』と題することにした。担当していただいた天野裕子さんには、そうした訳者の無理難題（と言うほどのことではないと思うが）につき合わせてしまったことをお詫びするとともに、作業を進めるにあたっていろいろと細やかなお気づかいをしていただいたことを感謝します。また物理学・数学用語に関する翻訳に関して、中島義道先生が主宰する哲学塾カントの学生の方々、特に藤井崇史さんには多くを教えていただいた。校正や索引作りに関しては、妻の高村京夏にプロの仕事をしてもらった。これらの人々にも感謝します。

や行

ら行

わ行

独我論（solipsism）　438-9
ド・ブロイ（De Broglie, L）　420
ドルトン（Dalton, J）　150

な行

内観（introspection）　22-6, 109-10, 253, 259-61, 302, 305-7, 389, 422-3
名前（name）　26, 84-5, 384
波（waves）　106, 155, 163, 166, 188, 218, 222-4, 233, 420
二元論（dualism）　211, 356-7, 361
ニコ（Nicod, J）　405, 411
ニスベット（Nisbet, R. H.）　414
ニュートン（Newton, I）　24, 62, 154, 165, 362, 366
認知（cognition）　96, 303-5, 312, 360
脳（brain）　37-8, 45, 119, 192-3, 198-9, 200-1, 210-2, 222, 234, 242-3, 268-9, 321, 423-4, 429-30

は行

ハイゼンベルク（Heisenberg, W）　149, 159, 364, 419, 442
バークリ（Berkeley, G.）　208, 366, 368-71, 421, 437, 439
パーセプト（percepts）　200-7, 210-12, 248, 251, 323-4, 401-2, 417, 422, 424, 428, 431, 437, 444-5
バトラー（Butler, S）　110
パルメニデス（Parmenides）　376
必然性（Necessity）　173-4, 178
ヒュク（Huc, E. R.）　346
ヒューム（Hume, D）　123, 270, 286-7, 366, 370-1, 373
表象（representation）　197
物質（matter）　148-50, 160-1, 218-20, 222, 225, 236-240, 419-30, 435-7, 441-4
仏陀（Buddha）　338
物理学（physics）　13, 30, 99-100, 119, 148-9, 166, 175, 178, 184, 200-4, 209-10, 212-5, 219-25, 227-40, 258-9, 261-3, 356-9, 412, 425-7, 436-7, 442-3
普遍（universals）　85-6, 304
ブラッドリー（Bradley, F. H.）　142, 376-80
プラトン（Plato）　85, 304, 338
プランク（Plank, M）　153-4, 428
ブレイスウェイト（Braithwaite, R. B.）　405
ブレンターノ（Brentano, F）　303
フロイト（Freud, S）　123-4, 435
ブロード（Broad, C. D.）　118, 291, 300, 425, 429, 441
文（sentence）　67, 72, 81-2, 86-9, 116-8, 132, 365, 371, 382-3
ヘーゲル（Hegel, G. W. F.）　142, 339, 341, 376, 380
ベーコン（Bacon, F）　121-2
ヘラクレイトス（Heraclitus）　376
ペリー（Perry, R. B.）　441
ベルクソン（Bergson, H）　110, 113, 296, 380
ボーア（Bohr, N.）　151, 153-4, 156-60
放射能（radioactivity）　150-1, 156-7
ホワイトヘッド（Whitehead, A. N.）　170, 239

ま行

マイノング（Meinong, A.）　303
マクスウェル（Maxwell, J. C.）　163, 217
マッハ（Mach, E.）　308, 441
見かけの現在（specious present）　292, 295

20, 185-6, 209, 222, 225, 262, 432-5
信念（belief） 11, 285-6, 289-91, 381, 387-93
神秘主義（mystics） 342, 396-9, 452
真理、真（truth, true） 129, 142-3, 381-2, 385-7, 389, 392-5
心理学（psychology） 33, 35, 166, 213, 224, 228, 258-9, 276-7, 425, 428, 436
推論（inference） 14-5, 20-9, 102-3, 108, 121-33, 174, 181, 195-6, 202-4, 208-9, 227, 231, 236, 310
数学（mathematics） 116, 129-33, 157, 163, 217-8, 220, 223, 236, 320, 368, 374, 388, 419-20, 428
スピノザ（Spinoza, B） 125, 361, 363, 376
生気論者（vitalits） 45
生得的、生得観念（innate ideas） 367-8
ゼーモン（Semon, R） 78, 270
善（good） 343, 449-50
相関関係（correlation） 25, 100, 177-8, 230-1, 275
想起（recollection） 17, 281-4, 295-9
想像（imagination） 285-91
相対性理論（the theory of relativity） 162-71, 362, 419-20
創発（emergence） 425-9, 435-6
測地線（geodesc） 169, 177
ソクラテス（Socrates） 121, 338
素朴な実在論（Naïve realism） 74, 196, 199, 205, 262-3, 318, 324
ソーンダイク（Thorndike, E） 52-5, 58-9, 80
ゾンマーフェルト（Sommerfeld, A） 157

た行

対象（object） 222-3, 303-4, 317-8, 327-8, 332-3
C. ダーウィン（Darwin, C） 17
F. ダーウィン（Darwin, F） 110
多元論（pluralism） 375-6, 380
単語、語、言葉（word, words） 21-2, 24, 26, 67, 70-91, 105, 116-8, 231, 246-7, 266-8, 390-1, 393-4
知覚（perception） 23-6, 36-8, 88-9, 92-108, 185-226, 248, 268, 301-13, 317-8, 325, 423-4
力（force） 81, 169-70, 172-3, 176-7, 181-4, 213-4
知識（knowledge） 9-12, 34-45, 92-3, 134-45, 190-2, 195-8, 259-61, 298-9, 302-3, 313, 321-5, 359, 374, 422-3, 430
中性的一元論（neutral monism） 313, 314, 424, 441
デカルト（Descartes, R） 21, 243-51, 253, 320, 355-63, 365
出来事（event） 36-7, 78-9, 166-71, 176-8, 211-2, 216-20, 224-5, 233-4, 260, 319-22, 364-5, 369-70, 416-39
データ（data） 109-10, 242, 247, 311-3, 400-1, 417, 436-7
哲学（philosophy） 9-12, 70, 105, 122-3, 148-9, 194, 213, 336, 354-5, 364-6, 446-55
デューイ（Dewey, J） 308, 441
電子（electrons） 13-5, 151-6, 160, 178, 192-3, 213-5, 235-6, 365, 412, 420-1, 442
統語論（syntax） 365 395-6
道徳（moral） 337-50
動能（conation） 303-4

ity） 51-2, 105, 168, 229-33, 242, 254
キャノン（Canon, W. B.） 326
虚偽 偽（falthfood, false） 381-2, 385-7, 389, 392-5
空間（space） 75, 89, 164, 166-9, 205-15, 362, 372, 379, 444-5, 447
グリフィス（Griffith, P） 184
経験（experience） 24, 26-7, 180-1, 183-4, 247, 249-50, 295, 374, 430-3
形式（form） 87-9, 107, 129-32, 144-5
ケインズ（Keynes, J. M.） 405-14
ゲシュタルト心理学（Gestaltpsychologie） 62, 67, 72, 107, 371
決定論（determinism） 357-8, 443-4
ケーラー（Köhler, W） 62-9, 81, 97-8, 395
言語（language, words） 58, 70-91, 112-20, 172, 187-8, 231, 379, 384-5, 390, 396-9
原子（atom） 148-61, 235-6, 442-3
原子論（atomism） 370-1, 376
言明（statement） 389-91
公共的、公共性（public, publicity） 25, 253-6, 310, 343
孔子（Confucius） 338
構造（structure） 75-6, 87, 89-90, 107, 163, 322, 385, 396-9, 428-9, 435, 444, 446
行動主義（behaviourism） 41, 59, 68-9, 109-20, 194-5, 258-9, 395-6
功利主義（utilitarianism） 342
心（mind） 19-21, 301-2, 315-21, 325, 368-9, 422-3, 429-39
──と物質（mind and matter） 33, 211-3, 222, 225, 355-9, 361-2

さ行

再認（recognition） 294
サンタヤナ（Santayana, G） 129, 343
三段論法（syllogism） 121
シェイクスピア（Shakespeare, W） 288-9
ジェイムズ（James, W） 308, 314, 325, 334, 441
シェーファー（Sheffer, H. M.） 424, 442
視覚（sight） 221-2, 229-30, 232-5, 267-8, 311-2
時間（time） 75, 89, 107-8, 164-5, 175, 237, 292, 379
時空（space-time） 164-9, 177, 218-20, 225, 416, 418-20
思考（thought） 115, 119, 245-6, 248, 251, 261-3, 281, 322-3, 356, 359-60, 390
自己観察（self-observation） 189-90
実体（substance） 15, 90, 149, 170, 237, 245, 356-7, 361, 363-6, 420-1, 442-3, 450
習慣（habit） 58-62, 110-4, 281, 293
重力（gravitation） 165, 170, 176, 218, 221, 419, 443
主観的、主観性（subjective, subjectivity） 23, 52, 194-6, 201-4, 232-3, 242
シュレーディンガー（Schrödinger, E） 149, 159, 364, 419- 20, 442-3
条件づけられた反射（conditioned reflex） 59-62, 78-9, 83, 95-7, 103, 123, 138-9, 185, 422
証言（testimony） 16, 19-21, 227, 256
常識（common sense） 11, 13, 160, 164, 172-3, 252, 315-9, 325, 442, 448
触覚（touch） 230, 234-5
シラー（Schiller, E. C. S.） 121
身体（body） 42-7, 100, 113, 115, 118-

索引

あ行

曖昧さ（vagueness） 10, 73, 92, 165, 203, 206, 270, 286-7, 294, 381, 383-4
アインシュタイン（Einstein, A） 149, 176, 221, 359, 362, 372
アストン（Aston, F. W.） 151
アプリオリ（a priori） 15, 225, 343, 372-5, 398, 409-10, 413, 447
アリストテレス（Aristotle） 121-2, 338
意志（will） 45, 96, 173, 279, 302-3, 333-5, 355-6
意識（consciousness） 37-8, 94-5, 261, 314-25, 331-2, 434-5
（多元論と対立するものとしての）一元論（monism） 375-6
一般化（generalisations） 26, 128, 409-11
意味（meaning） 70, 77-9, 83-4, 103, 115-6, 132, 227-8, 382-4, 393-4, 397-8
イメージ（images） 264-81, 285-7, 292-3
因果、原因（causation, cause） 15, 74, 76, 78, 83-5, 87-8, 100, 113, 172-5, 177, 210, 246, 255-6, 269, 271, 275, 299, 319, 321, 358, 365, 370-3, 406, 431-4, 444
因果法則（causal laws） 170-1, 174-9, 216-8, 220-5, 245, 370, 424, 437
ウィトゲンシュタイン（Wittgenstein, L） 397
エディントン（Eddington, A. S.） 412, 426, 440
エネルギー（energy） 158-60, 218-9, 222
オグデン（Ogden, C. K.） 84

か行

蓋然性、確率（probability） 217, 256, 404-14, 443-4
概念（concept） 304
学習（learning） 50-69, 78, 81, 135-6, 143-4
── された反応（learned reactions） 39-42, 55, 59, 124, 335, 400-1, 423, 429
ガリレオ（Galileo Galilei） 122
感覚（sensation） 14-5, 36, 93, 97, 106-7, 208-9, 214, 221-2, 225, 265, 269-76, 278, 283-4, 293-5, 305-6, 360, 421
関係（relations） 88-90, 197, 317-20, 377-9, 397-8
感受性（sensitivity） 94-6, 108, 135, 143-4, 185, 265, 282, 322, 442
感情（emotions） 11, 124-5, 326-30, 338, 342, 388-9
カント（Kant, I） 123, 302, 358-9, 363, 371-4, 398, 447
カントール（Cantor, G） 447
記憶（memory） 16-9, 109-120, 280-284, 291-9
幾何学（geometry） 166, 372-3
帰納（induction） 28, 122-8, 132-3, 190-1, 370, 402-15
客観的、客観性（objective, objectiv-

本書はちくま学芸文庫のために新たに訳出したものである。

資本論を読む（全3巻）
ルイ・アルチュセール他
今村仁司訳
マルクスのテクストを構造論的に把握して画期をなした論集。のちに二分冊化されて刊行された共同研究（一九六五年）の初版形態の完訳。

資本論を読む 上
ルイ・アルチュセール他
今村仁司訳
アルチュセール、ランシエール、マシュレーの論文を収録。古典経済学の「問い」の構造を問い直し、『資本論』で初めて達成された「科学的認識」を剔抉。

資本論を読む 中
ルイ・アルチュセール他
今村仁司訳
アルチュセール「『資本論』の対象」を収録。マルクスのテクストが解析した「対象」の構造を明かし、イデオロギー的歴史主義からの解放を試みる。

資本論を読む 下
ルイ・アルチュセール他
今村仁司訳
マルクス思想の《構造論》的解釈の大冊、完結。バリバール「史的唯物論の根本概念について」、エスタブレ「『資本論』プランの考察」を収載。

哲学について
ルイ・アルチュセール
今村仁司訳
カトリシズムの救済の理念とマルクス主義の解放の思想との統合をめざしフランス現代思想を領導した孤高の哲学者。その到達点を示す歴史的文献。

スタンツェ
ジョルジョ・アガンベン
岡田温司訳
西洋文化の豊饒なイメージの宝庫を自在に横切り、愛・言葉そして喪失の想像力が表象に与えた役割をたどる。21世紀を牽引する哲学者の博覧強記。

プラトンに関する十一章
アラン
森進一訳
『幸福論』が広く静かに読み継がれているモラリスト、アラン。卓越した哲学教師でもあった彼が平易かつ明快にプラトン哲学の精髄を説いた名著。

増補 ソクラテス
岩田靖夫
ソクラテス哲学の核心には「無知の自覚」と倫理的信念に基づく「反駁的対話」がある。その意味と構造を読み解き、西洋哲学の起源に迫る最良の入門書。

重力と恩寵
シモーヌ・ヴェイユ
田辺保訳
「重力」に似たものから、どのようにして免れればよいのか……ただ「恩寵」によって。苛烈な自己無化への意志に貫れた、独自の思索の断想集。ティボン編。

言葉にのって

ジャック・デリダ
林好雄／森本和夫／本間邦雄訳

自らの生涯をたどり直しながら、現象学やマルクスとの関係、嘘、赦し、歓待などのテーマについて肉声で語った、デリダ思想の到達点。本邦初訳。

死を与える

ジャック・デリダ
廣瀬浩司／林好雄訳

キルケゴール『おそれとおののき』、パトチュカ『異教的試論』などの詳細な読解を手がかりに、デリダがおそるべき密度で展開する宗教論。

声と現象

ジャック・デリダ
林　好　雄　訳

フッサール『論理学研究』の綿密な読解を通して、「脱構築」「痕跡」「差延」「代補」「エクリチュール」など、デリダ思想の中心的〝操作子〟を生み出す。

省察

ルネ・デカルト
山田弘明訳

徹底した懐疑の積み重ねから、確実な知識を探り世界を証明づける。哲学入門者が最初に読むべき、近代哲学の源泉たる一冊。詳細な解説付新訳。

哲学原理

ルネ・デカルト
山田弘明／吉田健太郎／久保田進一／岩佐宣明訳・注解

『省察』刊行後、その知のすべてが記された本書は、デカルト形而上学の最終形態といえる。第一部の新訳と解題・詳細な解説を付す決定版。

方法序説

ルネ・デカルト
山田弘明訳

「私は考える、ゆえに私はある」。近代以降すべての哲学は、この言葉で始まった。世界中で最も読まれている哲学書の完訳。平明な徹底解説付。

公衆とその諸問題

ジョン・デューイ
阿　部　齊　訳

大衆社会の到来とともに公共性の成立基盤は衰退した。民主主義は再建可能か？　プラグマティズムの代表的思想家がこの難問を考究する。（宇野重規）

旧体制と大革命

A・ド・トクヴィル
小　山　勉　訳

中央集権の確立、パリ一極集中、そして平等を自由に優先させる精神構造――フランス革命の成果は、実は旧体制の時代にすでに用意されていた。

ニーチェ

G・ドゥルーズ
湯浅博雄訳

〈力〉とは差異にこそその本質を有している――ニーチェのテキストを再解釈し、尖鋭なポスト構造主義的イメージを提出した、入門的な小論考。

ヒューム
G・ドゥルーズ／アンドレ・クレソン
合田正人訳
ロックとともにイギリス経験論の祖とあおがれる哲学者の思想を、二〇世紀に興る現象学的世界観の先どり、《生成》の哲学の嚆矢と位置づける。

カントの批判哲学
G・ドゥルーズ
國分功一郎訳
近代哲学を再構築してきたドゥルーズが、三批判書を追いつつカントの読み直しを図る。ドゥルーズ哲学が形成される契機となった一冊。新訳。

スペクタクルの社会
ギー・ドゥボール
木下誠訳
状況主義――「五月革命」の起爆剤のひとつとなった芸術＝思想運動――の理論的支柱で、最も急進的かつトータルな現代消費社会批判の書。

ニーチェの手紙
茂木健一郎編・解説
塚越敏／眞田収一郎訳
哲学の全歴史を一新させた偉人が、思いを寄せる女性に綴った真情溢れる言葉から、手紙に残した名句まで――書簡から哲学者の真の人間像と思想に迫る。

存在と時間 上・下
M・ハイデッガー
細谷貞雄訳
哲学の根本課題、存在の問題を、現存在としての人間の時間性の視界から解明した大著。刊行時すでに哲学の古典と称された20世紀の記念碑的著作。

「ヒューマニズム」について
M・ハイデッガー
渡邊二郎訳
『存在と時間』から二〇年、沈黙を破った哲学者の後期の思想の精髄。「人間」ではなく「存在の真理」の思索を促す、書簡体による存在論入門。

ドストエフスキーの詩学
ミハイル・バフチン
望月哲男／鈴木淳一訳
ドストエフスキーの画期性とは何か？《ポリフォニー論》と《カーニバル論》という、魅力にみちた二視点を提起した先駆的著作。（望月哲男）

表徴の帝国
ロラン・バルト
宗左近訳
「日本」の風物・慣習に感嘆しつつもそれらを〈零度〉に解体し、詩的素材としてエクリチュールとシーニュについての思想を展開させたエッセイ集。

エッフェル塔
ロラン・バルト
宗左近／諸田和治訳
伊藤俊治図版監修
塔によって触発される表徴を次々に展開させることで、その創造力を自在に操る、バルト独自の構造主義的思考の原形。解説・貴重図版多数併載。

エクリチュールの零度
ロラン・バルト
森本和夫／林好雄訳註

哲学・文学・言語学など、現代思想の幅広い分野に怖るべき影響を与え続けているバルトの理論的主著。詳註を付した新訳決定版。（林好雄）

映像の修辞学
ロラン・バルト
蓮實重彦／杉本紀子訳

イメージは意味の極限である。広告写真や報道写真、そして映画におけるメッセージの記号を読み解き、意味を探り、自在に語る魅惑の映像論集。

ロラン・バルト 中国旅行ノート
ロラン・バルト
桑田光平訳

一九七四年、毛沢東政権下の中国を訪れたバルトの旅行の記録。それは書かれなかった中国版「記号の国」への覚書だった。新草稿、本邦初訳。（小林康夫）

ロラン・バルト モード論集
ロラン・バルト
山田登世子編訳

エスプリの弾けるエッセイから、初期の金字塔『モードの体系』に至る記号学的モード研究まで。初期のバルトの才気が光るモード論考集。オリジナル編集・新訳。

エロスの涙
ジョルジュ・バタイユ
森本和夫訳

エロティシズムは禁忌と侵犯の中にこそあり、それは死と切り離すことができない。二百数十点の図版で構成されたバタイユの遺著。（林好雄）

呪われた部分 有用性の限界
ジョルジュ・バタイユ
中山元訳

『呪われた部分』草稿、アフォリズム、ノートなど15年にわたり書き残した断片。バタイユの思想体系の全体像と精髄を浮き彫りにする待望の新訳。

エロティシズム
ジョルジュ・バタイユ
酒井健訳

人間存在の根源的な謎を、鋭角で明晰な論理で解き明かす、バタイユ思想の核心。禁忌とは、侵犯とは何か？ 待望久しかった新訳決定版。

純然たる幸福
ジョルジュ・バタイユ
酒井健編訳

著者の思想の核心をなす重要論考20篇を収録。文庫化にあたり「クレー」「ヘーゲル弁証法の基底への批判」「シャプサルによるインタビュー」を増補。

エロティシズムの歴史
ジョルジュ・バタイユ
湯浅博雄／中地義和訳

三部作として構想された『呪われた部分』の第二部。荒々しい力〈性〉の禁忌に迫り、エロティシズムの本質を暴く、バタイユの真骨頂たる一冊。（吉本隆明）

ニーチェ覚書

ジョルジュ・バタイユ編著
酒井健訳

バタイユが独自の視点で編んだニーチェ箴言集。ニーチェを深く読み直す営みから生まれた本書には二人の思想が相響きあっている。詳細な訳者解説付き。

入門経済思想史 世俗の思想家たち

R・L・ハイルブローナー
八木甫ほか訳

何が経済を動かしているのか。スミスからマルクス、ケインズ、シュンペーターまで、経済思想の巨人たちのヴィジョンを追う名著の最新版訳。

分析哲学を知るための
哲学の小さな学校

ジョン・パスモア
大島保彦／高橋久一郎訳

数々の名テキストで哲学ファンを魅了してきた分析哲学界の重鎮が、現代哲学を総ざらい！ 思考や議論の技を磨きつつ、哲学史を学べる便利な一冊。

マクルーハン

W・テレンス・ゴードン
宮澤淳一訳

テクノロジーが社会に及ぼす影響を考察し、情報社会の新しい領域を開いたマクルーハンの思想をビジュアルに読み解く入門書。文献一覧と年譜付。

ラカン

フィリップ・ヒル
新宮一成／村田智子訳

フロイトの精神分析学の跡を受け構造主義思想に多大な影響を与えたジャック・ラカン。きわめて難解とされるその思想をビジュアルに解く。（新宮一成）

デリダ

ジェフ・コリンズ
鈴木圭介訳

「脱構築」「差延」の概念で知られるデリダ。現代思想に偉大な軌跡を残したその思想をわかりやすくビジュアルに紹介。丁寧な年表、書誌を付す。

ベンヤミン

ケイギル／コールズ／アピニャネジ
久保哲司訳

〈批評〉を哲学に変えた思想家ベンヤミン。親和力、多孔質、アウラ、廃墟などのテーマを通してその思想の迷宮をわかりやすく解説。詳細な年譜・文献付。

フーコー

リディア・アリックス・フィリンガム
モシュ・シュッサー絵
栗原仁／慎改康之編訳

今も広い文脈で読まれている20世紀思想のカリスマ、フーコー。その幅広い仕事と思想にこれ以上なく平明に迫るビジュアルブック。充実の付録資料付。

ビギナーズ 哲学

デイヴ・ロビンソン文
ジュディ・グローヴズ画
鬼澤忍訳

初期ギリシャからポストモダンまで。社会思想や科学哲学も射程に入れ、哲学史を見通すビジュアルガイド。哲学が扱ってきた問題が浮き彫りになる！

ビギナーズ 倫理学
デイヴ・ロビンソン
クリス・ギャラット画
鬼澤忍訳

正義とは何か？ なぜ善良な人間であるべきか？ 倫理学の重要論点を見事に整理した、道徳的カオスの中を生き抜くためのビジュアル・ブック。

ビギナーズ『資本論』
マイケル・ウェイン
チェ・スンギョン画
鈴木直監訳　長谷澪訳

『資本論』は今も新しい古典だ！ むずかしい議論や概念を、具体的な事実や例を通してわかりやすく読み解き、今読まれるべき側面を活写する。（鈴木直）

自我論集
ジークムント・フロイト
竹田青嗣編
中山元訳

フロイト心理学の中心、「自我」理論の展開をたどる新編・新訳のアンソロジー。「快感原則の彼岸」「自我とエス」など八本の主要論文を収録。

エロス論集
ジークムント・フロイト
中山元編訳

フロイト精神分析の基幹、性欲、エディプス・コンプレックスについての理論の展開をたどる。『性理論三篇』「ナルシシズム入門」などを収録。

明かしえぬ共同体
M・ブランショ
西谷修訳

G・バタイユが孤独な内的体験のうちに失うという形で見出した〈共同体〉。そして、M・デュラスが描いた奇妙な男女の不可能な愛の〈共同体〉。

精神疾患とパーソナリティ
ミシェル・フーコー
中山元訳

観察者の冷やかな視点を排し、狂気の側に立って「精神疾患」を考察した一九五四年刊の処女作。構造主義的思考の萌芽を伝える恰好の入門書。

フーコー・コレクション
（全6巻＋ガイドブック）
ミシェル・フーコー
小林康夫／石田英敬／松浦寿輝編

20世紀最大の思想家フーコーの活動を網羅した『ミシェル・フーコー思考集成』。その多岐にわたる思考のエッセンスをテーマ別に集約する。

フーコー・コレクション1
狂気・理性
ミシェル・フーコー
小林康夫／石田英敬／松浦寿輝編

第1巻は、西欧の理性がいかに狂気を切りわけてきたかという最初期の問題系をテーマとする諸論考。〝心理学者〟としての顔に迫る。（小林康夫）

フーコー・コレクション2
文学・侵犯
ミシェル・フーコー
小林康夫／石田英敬／松浦寿輝編

狂気と表裏をなす「不在」の経験として、文学がフーコーによって読み解かれる。人間の境界＝極限を、その言語活動に探る文学論。（小林康夫）

フーコー・コレクション3　言説・表象
ミシェル・フーコー
小林康夫／石田英敬／松浦寿輝編

ディスクール分析を通しフーコー思想の重要概念も精緻化されていく。『知の考古学』へ研ぎ澄まされる方法論。（松浦寿輝）

フーコー・コレクション4　権力・監禁
ミシェル・フーコー
小林康夫／石田英敬／松浦寿輝編

政治への参加とともに、フーコーの主題として「権力」の問題が急浮上する。規律社会に張り巡らされた巧妙なるメカニズムを解明する。（松浦寿輝）

フーコー・コレクション5　性・真理
ミシェル・フーコー
小林康夫／石田英敬／松浦寿輝編

どのようにして、人間の真理が〈性〉にあるとされてきたのか。欲望的主体の系譜を遡り、「自己の技法」の主題へと繋がる論考群。（石田英敬）

フーコー・コレクション6　生政治・統治
ミシェル・フーコー
小林康夫／石田英敬／松浦寿輝編

西洋近代の政治機構を、領土・人口・治安など、権力論から再定義する。近年明らかにされてきたフーコー最晩年の問題群を読む。（石田英敬）

フーコー・コレクション
フーコー・ガイドブック
ミシェル・フーコー
小林康夫／石田英敬／松浦寿輝編

20世紀の知の巨人フーコーは何を考えたのか。主要著作の内容紹介・本人による講義要旨・詳細な年譜で、その思考の全貌を一冊に完全集約！

わたしは花火師です
ミシェル・フーコー
中山元訳

自らの軌跡を精神病理学と文学との関係で率直に語った表題作を始め、フーコー中期の貴重な肉声を伝えるオリジナル編集のインタヴュー・講演集。

間主観性の現象学　その方法
エトムント・フッサール
浜渦辰二／山口一郎監訳

主観や客観、観念論や唯物論を超えて「現象」そのものを解明したフッサール現象学の中心課題。現代哲学の大きな潮流「他者」論の成立を促す。本邦初訳。

間主観性の現象学Ⅱ
エトムント・フッサール
浜渦辰二／山口一郎監訳

フッサール現象学のメインテーマ第Ⅱ巻。自他の身体の構成から人格的生の精神共同体までを分析し、真の関係性を喪失した孤立する実存の限界を克服。

風土の日本
オギュスタン・ベルク
篠田勝英訳

自然を神の高みに置く一方、無謀な自然破壊をする日本人の風土とは何か？　フランス日本学の第一人者による画期的な文化・自然論。（坂部恵）

心身の合一
モーリス・メルロ＝ポンティ
滝浦静雄／中村文郎／砂原陽一訳
近代哲学において最大の関心が払われてきた問題系、心身問題。三つの時代を代表する対照的な哲学者の思想を再検討し、新しい心身観を拓く。

知覚の哲学
モーリス・メルロ＝ポンティ
菅野盾樹訳
時代の動きと同時に、哲学自体も大きく転身した。それまでの存在論の転回を促したメルロ＝ポンティ哲学と現代哲学の核心を自ら語る。

空飛ぶ円盤
C・G・ユング
松代洋一訳
UFO現象を象徴比較や夢解釈を駆使して読み解き、近代合理主義が切り捨てた心的全体性を回復しようとする試み。生前に刊行された最後の著書。

哲学入門
バートランド・ラッセル
髙村夏輝訳
誰にも疑えない確かな知識など、この世にあるのだろうか。近代哲学が問い続けてきた諸問題を、これ以上なく明確に説く哲学入門書の最高傑作。

論理的原子論の哲学
バートランド・ラッセル
髙村夏輝訳
世界は原子的事実で構成され論理的分析で解明しうる――急速な科学進歩の中で展開する分析哲学。現代哲学史上あまりに名高い講演録、本邦初訳。

存在の大いなる連鎖
アーサー・O・ラヴジョイ
内藤健二訳
西洋人が無意識裡に抱き続けてきた「存在の大いなる連鎖」という観念。その痕跡をあらゆる学問分野に探り「観念史」研究を確立した名著。（高山宏）

自発的隷従論
エティエンヌ・ド・ラ・ボエシ
山上浩嗣訳
西谷修監修
圧制は、支配される側の自発的な隷従によって永続する――支配・被支配構造の本質を喝破した古典的名著。20世紀の代表的な関連論考を併録。（西谷修）

レヴィナス・コレクション
エマニュエル・レヴィナス
合田正人編訳
人間存在と暴力について、独創的な倫理にもとづく存在論哲学を展開し、現代思想に大きな影響を与えているレヴィナス思想の歩みを集大成。

実存から実存者へ
エマニュエル・レヴィナス
西谷修訳
世界の内に生きて「ある」とはどういうことか。存在は「悪」なのか。初期の主著にしてアウシュヴィッツ以後の哲学的思索の極北を示す記念碑的著作。

ちくま学芸文庫

現代哲学《げんだいてつがく》

二〇一四年十月十日　第一刷発行
二〇二五年三月五日　第二刷発行

著　者　バートランド・ラッセル
訳　者　髙村夏輝（たかむら・なつき）
発行者　増田健史
発行所　株式会社　筑摩書房
東京都台東区蔵前二―五―三　〒一一一―八七五五
電話番号　〇三―五六八七―二六〇一（代表）

装幀者　安野光雅
印刷所　株式会社加藤文明社
製本所　株式会社積信堂

ISBN978-4-480-09616-6 C0110